MICHAEL BROWN

Die Kraft gelebter Gegenwart

GOLDMANN
Lesen erleben

Buch

Angst, Wut, Trauer – negative Gefühle wie diese, zurückgehend bis in die Kindheit und längst vergessen geglaubt, beeinflussen täglich unser Erleben und hindern uns daran, absolut im Jetzt zu sein. Jeder Versuch, zu innerem Frieden und Gelassenheit zu gelangen, ist zum Scheitern verurteilt, solange diese Gefühle unterdrückt und ausgeblendet werden. Mit Hilfe Michael Browns zehnwöchiger Reise lernt der Leser, diese Hindernisse zu erkennen und anzunehmen, um schließlich im intensiven Erleben der Gegenwart anzukommen.

Autor

Michael Brown arbeitete als Musikjournalist, bis er 1989 an starken chronischen Kopfschmerzen erkrankte. Nach jahrelanger Odyssee fand er schließlich Linderung von seinen Schmerzen durch den Eintritt in einen Zustand erhöhten Bewusstseins. Auf Grundlage seiner eigenen Erfahrung entwickelte er eine praktische Methode, die es jedem ermöglicht, diesen Zustand zu erreichen und ganz im Jetzt zu sein. Er lebt heute in Johannesburg, Südafrika, und gibt seine Methode weltweit in Seminaren weiter.

Michael Brown

DIE KRAFT GELEBTER GEGENWART

Aus dem amerikanischen Englisch
von Astrid Mohr-Kiehn

GOLDMANN

Die Originalausgabe erschien 2010 unter dem Titel »The Presence Process.
A Journey into Present Moment Awareness« bei
Namaste Publishing Inc., Canada.

FSC
www.fsc.org
MIX
Papier aus verantwortungsvollen Quellen
FSC® C014496

Verlagsgruppe Random House FSC® N001967

4. Auflage

Deutsche Erstausgabe April 2012

Published by Arrangement with Namaste Publishing, Inc., Vancouver, BC, Canada
Dieses Werk wurde vermittelt durch die Literarische Agentur
Thomas Schlück GmbH, 30827 Garbsen
Umschlaggestaltung: UNO Werbeagentur, München
Umschlagmotiv: FinePic®, München
Redaktion: Georg Patzer
SB · Herstellung: cb
Satz: EDV-Fotosatz Huber/Verlagsservice G. Pfeifer, Germering
Druck: GGP Media GmbH, Pößneck
Printed in Germany
ISBN: 978-3-442-21980-3

www.goldmann-verlag.de

Dieses Buch wurde für dich geschrieben.

Inhaltsverzeichnis

TEIL II – Vorbereitung auf die Reise

TEIL III – The Presence Process

TEIL IV – Möglichkeiten

TEIL V – Beständigkeit

Danksagung

Meine tiefe Dankbarkeit gilt Constance Kellough, Kathy Cholod, David Robert Ord, Lucinda Beacham und Nora Morin, die sich so liebevoll um dieses Buch gekümmert haben.

Danke für den Einsatz, um diese überarbeitete Ausgabe in solchem Glanz erstrahlen zu lassen.

Vorwort

Dieses Menschsein ist wie ein Gästehaus.
Jeden Morgen eine neue Ankunft.

Freude, Depression, Gehässigkeit,
vorübergehendes Bewusstsein
sind die unerwarteten Gäste.

Begrüße sie und nimm sie alle auf:
Auch wenn es eine Menge Betrübnis ist,
die da rasend in dein Haus einkehrt
und dessen Möbel mit sich reißt,
erweise dennoch jedem Gast die Ehre.
Er macht vielleicht nur Platz
für neue Freuden.

– RUMI

Ich habe das Gedicht von Rumi immer geliebt. Später gab mir ein weiser Freund den Rat: »Akzeptanz ist der erste Schritt zur Transformation.«

Die gleiche Botschaft: Heiße die Gäste in dir willkommen, ohne Urteil, ohne Widerstand, und sie werden dich verändern, »Platz machen« in deinem Inneren. Die Frage war: »Wie?« Ganz besonders, wenn sie dunkel, unfreundlich, sogar gemein erschienen.

Als ich vor einigen Jahren das Buch *Die Kraft gelebter Gegenwart* von Michael Brown las, lernte ich eine klare und sichere Methode dafür. Michael sagt uns oft: »Mach den Boten nicht für die Botschaft verantwortlich. Nimm die Botschaft entgegen.« Die »Boten« sind die Menschen und Situationen, die uns »aus der Fassung« bringen, uns scheinbar behindern und klein machen. Die »Botschaften« sind die nicht integrierten, noch nicht gelösten emotionalen Erinnerungen und Wunden aus der frühen Kindheit, die sich durch diese aktuellen »erwachsenen« Erfahrungen in Szene setzen. Wie vernachlässigte Kinder lassen sie uns nicht in Ruhe, sondern manifestieren sich immer wieder in unserem täglichen Leben – als Personen, Ereignisse und Umstände, die bei uns Schmerz und Unbehagen hervorrufen. Häufig drücken sie sich durch eine der drei zentralen Emotionen aus: Wut, Angst oder Trauer/Gram. Üblicherweise reagieren wir aus Gewohnheit entweder mental oder körperlich. Wir versuchen, es zu lösen, indem wir den Verstand bemühen oder uns über körperliche Aktivität ablenken. Wir essen, laufen, arbeiten zu viel oder ziehen uns einfach ins Mentale zurück, um uns nicht damit beschäftigen zu müssen. Aber das verängstigte, verletzte Kind in uns leidet weiter, will und braucht verzweifelt Aufmerksamkeit und Anerkennung. Diese Wunden, oft unsere ältesten und tiefsten, brauchen eine Herangehensweise, die sicher und effektiv ist. Glücklicherweise erfüllt The Presence Process™ diese Anforderungen.

Michael beginnt klugerweise damit, uns zwei Annäherungsmöglichkeiten an das Buch anzubieten: das Durchlesen und die direkte Erfahrung. Für mich persönlich war es ein hilfreicher Ansatz, mich zunächst durch das Lesen der Teile I und II mit der Methode vertraut zu machen. Diese beiden Teile des Buches bieten eine Art Übersicht und Annäherung an die Inhalte. Die psychologische Entwicklung, die verschiedenen Techniken und Methoden, mögliche Reaktionen und Handlungen werden im einführenden Teil des Buches klar dargestellt, was uns auf die eigentliche Reise vorbereitet. Wenn wir zum Erfahrungsteil kommen, werden wir erneut langsam, sanft und Schritt für Schritt herangeführt. Wir haben zehn Wochen Zeit, um den Prozess vollständig zu durchlaufen, und jede Woche führt uns etwas tiefer und intensiver hinein. Wir haben reichlich Zeit, zu fühlen, zu hinterfragen und zu integrieren. Wie bei der Wassersitzung in Woche 7 sind wir eingeladen, langsam und allmählich immer tiefer in die »warmen, heilenden Gewässer« dieses kraftvollen Prozesses einzutauchen.

Ich war sehr erfreut, als ich hörte, dass Michael eine überarbeitete Version seines ursprünglichen Manuskripts verfasst hatte, und ich war begeistert, als ich eingeladen wurde, ein Vorwort zu schreiben. Die Frage war natürlich, inwieweit diese Version anders war und welche Aspekte verbessert wurden. Zunächst würde ich sagen, dass das Original den Eindruck eines Handbuchs machte, mit Übungsaussagen in Kursivschrift zur Aktivierung der Präsenz und Aufgaben am Ende der einzelnen Kapitel. Die aktuelle Version fühlt sich nicht so formell an, weniger »belehrend«. Die Übungsaussagen wurden in »bewusste achtsame Reaktionen« ohne Kursivschrift geändert, und außerdem gibt es keine formellen »Hausaufgaben« für die Folgewoche. Ich fühle mich nicht von einem »aufmerksamen Professor überwacht«, sondern eher von einem »weisen Freund begleitet«. Die Stimme des Lehrers ist wärmer und herzlicher geworden. Ich fühle mich von Michael mehr wahrgenommen und persönlich angesprochen.

Außerdem scheint dieser Text leichter zu fließen und klarer und effektiver zu kommunizieren. Michael hat für jede wöchentliche Übung eine Überschrift hinzugefügt, die im Original noch nicht vorhanden war. Diese Überschriften richten die Aufmerksamkeit auf den Kernfokus der einzelnen Kapitel. Darüber hinaus erhalten wir zu Beginn eines jeden Kapitels die »bewusste achtsame Reaktion der nächsten sieben Tage«, also den Satz, den wir die Woche über wie ein Mantra wiederholen sollen und der uns dabei unterstützen soll, den Fokus der Woche zu verinnerlichen. Dieser Fokus wird dann in mehrere Schlüsselgedanken aufgebrochen und im Text weiter ausgeführt, um unser Verständnis zu vertiefen. Wir erhalten auch bestimmte Übungen, die diese Gedanken in unserem Körper zum Leben erwecken. Zum Ende jedes Kapitels werden Herausforderungen festgehalten, die auftauchen können, und wir erhalten Hinweise, wie wir damit arbeiten können. Auf diese Weise entfaltet sich jedes Kapitel elegant und ganz natürlich, integriert gekonnt das bisher Gelernte und leitet geschickt zum nächsten Schritt im Prozess über, immer klar, immer behutsam.

Der Schlüssel zur »Arbeit« mit The Presence Process ist, damit aufzuhören, vor dem immer wieder auftauchenden, ungelösten emotionalen Ballast aus der Kindheit davonzulaufen oder ihn auf andere Menschen zu projizieren. Wir lernen stattdessen, behutsam mit diesem Ballast zu sein, ihm unsere Aufmerksamkeit und Unterstützung bedingungslos zukommen zu lassen. Wie bei wütenden, verletzten oder verängstigten Kindern kritisieren oder verlassen wir auch unsere verletzten kindlichen Anteile nicht, und wir versuchen auch nicht, sie zu kontrollieren oder zu manipulieren. Damit würden wir sie nur noch weiter aufbringen. Nein, wir leisten ihnen stattdessen ruhig mit unserer wohlwollenden Präsenz und unserer bedingungslosen, liebevollen Unterstützung Gesellschaft, bis sie sich beruhigen. Wir müssen nichts sagen und nichts tun, wir lassen sie einfach in Resonanz unsere Empathie spüren.

Kern dieses Prozesses ist das Erkennen der Präsenz und das Ruhen in ihr. In dieser neuen Version des Buches legt Michael besonderen Wert hierauf. In den ersten sechs Wochen des Praxisteils zeigt er uns, wie wir unsere »Schatten«, unsere ungelösten Emotionen, erkennen und mit unseren verletzten Kindanteilen in Verbindung bringen können. – Wir lernen aber auch, wie wir sie durch liebevolle Präsenz willkommen heißen, halten und wieder integrieren können. In den letzten vier Wochen (sieben bis zehn) zeigt er uns weitere Präsenzfertigkeiten auf der Metaebene. Er beginnt, indem er uns ganz allgemein zeigt, wie wir uns weniger in unserem Kopf aufhalten und uns von unseren mentalen Geschichten lösen, uns von physischen Ablenkungen und Sublimierungen lösen und stattdessen unsere »gefühlte Wahrnehmung« entwickeln. – Eckhart Tolle würde wohl davon sprechen, dass wir unseren »inneren Körper spüren«. Denn wir können uns nicht durch unseren Verstand oder unsere emotionale Dramatik in unsere ungelösten Emotionen einfühlen und mit ihnen sein. Wir müssen lernen, unsere gefühlte Wahrnehmung, »das Wissen mit der Schwingung unseres Herzens«, zu entwickeln, damit wir uns in den energetischen Ballast einfühlen können, der unsere verängstigten inneren Kinder so aus der Bahn wirft, und damit wir mit ihm in Resonanz sein können. Wir müssen außerdem die Geschichten und Überzeugungen erkennen lernen, die diese unbehaglichen Schwingungsfrequenzen zementieren. Wir erkennen erstmals das allgemeingültige Naturell dieser Geschichten. Wir lernen, uns und anderen zu vergeben, indem wir erkennen, dass wir alle an der Unmöglichkeit leiden, dass wir bedingungslose Liebe verzweifelt bei hoffnungslos bedingungsüberfrachteten und instabilen Quellen außerhalb von uns selbst zu finden hoffen. Wir verurteilen uns nicht mehr selbst für diese unerfüllten Bedürfnisse, sondern lernen, sie als unausweichlich zu akzeptieren und ihnen die einzige beständige Quelle bedingungsloser Liebe anzubieten: unsere eigene, bedingungslose und immerwährende innere Präsenz. Erst wenn wir sie uns selbst gewähren können, sind wir auch offen, sie den verängstigten, verletzten Kindern in anderen Menschen anzubieten.

Es ist wohl am schwierigsten, die Geschichten der unbewussten Definitionen von Liebe zu erkennen und loszulassen, die wir erschaffen, um unsere frühen frustrierenden Erlebnisse in Sachen Liebe zu erklären. Michael sagt uns, dass wir alle »ein primäres Thema für unsere Dramatik« haben, eine bestimmte Achillesferse der Liebe, die wir immer und immer wieder neu erschaffen und neu durchleben. Dies beginnt als eine bestimmte gefühlte Resonanz, eine energetische Prägung, die sich uns in unserer Kindheit aufdrückt, ein energetisches Muster des permanenten Widerstands. Durch diese Prägung, diesen »Ballast«, schaffen wir uns ständig wieder die gleichen Umstände, die auch die ersten Wunden der Liebe aus unserer Kindheit begleiteten, und wir hoffen, dass wir sie dieses Mal aufarbeiten können. Da wir die gleichen Charaktere und Lebenssituationen erschaffen, wiederholen wir unglücklicherweise aber einfach die gleiche Dramatik und die gleichen Verluste. Da ist er wieder, der »Wiederholungszwang« von Freud. Meine eigene Geschichte oder »unbewusste Definition der Liebe« bestand in der Annahme »heute hier, morgen fort«. Aufgrund meiner Verlusterlebnisse in der Liebe aus meiner frühen Kindheit wählte ich unbewusst Menschen, die mich wohl eine Zeit lang lieben, mich schließlich aber unweigerlich verlassen würden. Ich musste erst das Muster, die Geschichte, erkennen und dann die Energie dieses zerstörerischen Drehbuchs fühlen, akzeptieren und schließlich loslassen. Ich musste lernen, mir selbst bedingungslos die Liebe zu geben, die ich so verzweifelt bei elterlichen Prototypen gesucht hatte, die vollkommen unfähig waren, mir meine Bedürfnisse zu befriedigen, ohne dass es ihre Schuld gewesen wäre. Als es mir gelang, diese Geschichte, dieses zwanghaft wiederholte Energiemuster, loszulassen und die darin gebundene Energie in mein Wesen zu integrieren, konnte ich immerwährende Liebe finden.

Woche 10, der Höhepunkt dieser Methode auf der Erfahrungsebene, ist in dieser Version »Bewusstes Eintreten in das einheitliche Feld« überschrieben. Michael bezeichnet das ultimative Ziel dieses Transformationsprozesses mutig als das Eintreten in eine nicht-duale Lebenserfahrung, das Verweilen in der gefühlten Einheit mit der völligen und anhaltenden Präsenz. Er bietet eine Reihe außergewöhnlicher Einsichten in diese Realität an. Zunächst bekräftigt er das Gesetz von Ursache und Wirkung: »Bittet, so wird euch gegeben; suchet, so werdet ihr finden.« Gestützt durch die Gesetze der Intention aus der Quantenphysik (»Die Überzeugung bestimmt die Wirklichkeit«), teilt er uns mit, dass die gefühlte Qualität unserer Überzeugungen über die Liebe zwangsläufig unsere tatsächliche Erfahrung von Liebe bestimmt. In der Tat gibt es eine perfekte Übereinstimmung zwischen unserer inneren Resonanz zur Liebe und den äußeren Umständen der Liebe in unserem Leben. Er bürdet uns die kreative Verantwortung auf: »Wenn wir uns nicht in Harmonie mit der Qualität unserer Lebenserfahrung fühlen [in meinem Fall sind das die Umstände im Zusammenhang mit dem Thema Liebe], liegt es in unserer Verantwortung, die Prägung zu integrieren, die die Ursache hierfür ist.«

Später erläutert Michael, wie und warum wir Getrenntsein und Nicht-Liebe, Isolation und Einsamkeit kennen, obwohl wir in einem ständigen »einheitlichen Feld der menschlichen Erfahrung« leben. Er sagt, dass wir eine »Kluft« zwischen uns und allen anderen fühlen, solange wir das Gefühl haben, einen von den anderen »getrennten« physischen Körper, Verstand, emotionalen und Schwingungskörper zu haben. Die »Welt« wird innerhalb dieser Kluft existent, in diesem Raum zwischen den scheinbar unterschiedlichen Formen. Wir schreiben den Dingen, die wir in diese Kluft stellen, dann auch Wichtigkeit und Bedeutung zu. Und so richtet sich unser mentaler, emotionaler und physischer Fokus auf die einzelnen Objekte und Personen, aus denen unsere Welt scheinbar besteht, und auf die Kluft zwischen uns, in der alles ist. Solange unsere Wahrnehmung so ausgerichtet ist, werden wir uns weiterhin getrennt, einzeln, isoliert fühlen. Wie innen, so außen. Sobald wir aber gelernt haben, mit dem mentalen und emotionalen Ballast, der uns in einem Zustand der Trennung und Nichtintegration in uns selbst hält, sein zu können, ihn zu akzeptieren und zu beruhigen, und sobald wir zum einheitlichen Feld der Präsenz werden, das wir eigentlich sind, geschieht etwas Wunderbares: Wir können es dann auch außerhalb von uns selbst wahrnehmen, als den scheinbar unterschiedlichen und getrennten Formen zugrunde liegend, die so weit weg und getrennt von uns zu sein scheinen. Wir beginnen, die »gemeinsame Präsenz« zu fühlen, zu der wir alle gehören, das »einheitliche Feld« und die »Einheit in der Verschiedenheit«, was uns durch unsere Wahrnehmung und Anerkennung des unverzichtbaren und immerwährenden Lebendigseins verbindet und nährt. Schließlich laden wir dieses Bewusstsein der Präsenz ein, ständig bei uns zu sein, indem wir es bewusst im Hier und Jetzt erkennen und feiern. Wir aktivieren dies durch Ursache und Wirkung, indem wir bewusst nach Beweisen in unserer Erfahrung suchen, dass wir ein einheitlicher Körper, eine einheitliche mentale Matrix, ein einheitliches Herz und ein einheitliches Schwingungsfeld sind. Durch die Suche nach Beweisen nehmen wir dies wahr, weil Ursache und Wirkung bedingen, dass wir wahrnehmen, wonach wir suchen. Indem wir ständig versuchen, »Präsenz zu sehen und zu schätzen«, erhalten wir ständig Gelegenheiten, sie sowohl in ihrer ewigen Gesamtheit als auch in ihrem einzigartigen und individuellen Ausdruck in diesem Moment, genau hier, genau jetzt, zu fühlen und zu feiern. Diese Gedanken sind zwar schon in der ursprünglichen Version des Buches enthalten, aber in der überarbeiteten Version mit ihren Zusätzen, Änderungen und Umstellungen erstrahlen sie so viel klarer und in sich geschlossener.

Am Ende dieser überarbeiteten Ausgabe hat Michael ein »Geschenk zum Abschied« hinzugefügt, eine abschließende Meditation, die er als tägliche Praxis empfiehlt, damit wir leichter mit der gefühlten Präsenz in Kontakt bleiben. Indem er uns bewusst den Atem fühlen und hören lässt, uns das Einatmen und Ausatmen spüren und leben lässt, uns in die verschiedenen Empfindungen im Feld um uns herum einstimmen und damit in Resonanz stehen lässt, unser Bewusstsein nur auf das dritte Auge und die Geräusche im Außen und im Innen konzentrieren lässt, lädt er uns ein, »mit«, »in« und »als« gelebte Präsenz zu wissen und zu verweilen. Durch die gleichzeitige Wiederholung der Mantra-Absicht »Ich bin jetzt vollkommen hier« lässt er uns ebenfalls die Erfahrung erschaffen/leben, um die wir bitten: »Sag es, tu es, sag es, sei es.« Er zeigt uns, dass wir sofort in das Reich der Präsenz eintreten können, wenn wir uns zu jedem Zeitpunkt unserer Wahl erinnern und sie in Ehre halten. Möglicherweise müssen wir immer wieder einmal zurückkehren und mit unserem Schatten arbeiten, aber er möchte, dass wir unseren Fokus auf unsere wahre und bleibende Identität richten, auf das Licht der Schwingung und die Freude des einen Großen Selbst, die göttliche, immerwährende Präsenz in uns und um uns herum als das einheitliche Quantenfeld.

(Bill) Gorakh Hayashi
Professor, Humanities & Psychology
Columbia University, Chicago, USA

Einleitung

Nachdem ich mich mehr als 35 Jahre lang mit der integrativen Atemarbeit beschäftigt hatte und nun die größte Atemschule auf dem Planeten leite, lernte ich vor etwa einem Jahr The Presence Process kennen und begann, damit zu arbeiten. Nach den ersten beiden Zyklen erkannte ich, dass The Presence Process das fehlende Bindeglied in der integrativen Atemarbeit ist.

Es war mir eine große Freude und Ehre, vorab einen Einblick in die neue Ausgabe des Buchs *Die Kraft gelebter Gegenwart* von Michael Brown zu bekommen. Nun führe ich also meinen dritten Zyklus mit diesem neuen Text durch.

Ich bin ausgesprochen erstaunt darüber, welche Wirkung The Presence Process auf mein Leben und das gesamte Spektrum meiner Arbeit hat, unter anderem auf die Ausbildung von mehreren hundert Breath Work Facilitators im Jahr sowie die Arbeit mit tausenden Anfängern des bewussten Atmens. Es war bemerkenswert, die Veränderungen bei diesen Personen und Facilitators sowie deren Arbeit zu beobachten, die auf The Presence Process zurückzuführen sind.

Ausgesprochen interessant war für mich der große Unterschied meiner Erfahrungen mit den ersten beiden Zyklen dieses Prozesses mit der ersten Ausgabe im Vergleich zum dritten Zyklus mit der neuen Ausgabe, die definitiv eine Verbesserung darstellt.

Mit dieser neuen Version fällt das Lesen und Verarbeiten der Konzepte leichter, trotzdem führte mich der Prozess tiefer und genauer auf den

Punkt. Für mich spiegelt dies die verbesserte Klarheit und die Veränderungen im Bewusstsein des Autors wider, die sich in der neuen Ausgabe auf den Leser übertragen.

Außerdem ist mir aufgefallen, dass die emotionale Integration eine stärkere Intensität erhalten hat. Die neue Version sprach offensichtlich meinen kausalen emotionalen Körper direkt an und brachte mich zu neuen Plätzen von Heilung und Freiheit. Sie führte mich über den Kern der Verdrängung aus meiner Vergangenheit hinaus und bot mir eine endgültige Bewältigung vieler alter, emotionaler Muster und Verhaltensmuster.

Diese neue Ausgabe von *Die Kraft gelebter Gegenwart* ist ein Geschenk und tatsächlich eine unbedingte Notwendigkeit für alle Menschen, die die Präsenz wirklich intensiver erfahren wollen. Dieses Buch beschenkt uns mit einem kraftvollen Pfad, der sehr präzise ist und uns den Weg in ein authentisches und freudvolles Leben aufzeigt.

Danke, Michael.

Breathing in Love,
Dr. Judith Kravitz
Gründerin und Leiterin der Transformational Breath Foundation

Erwachen

Es ist zutiefst befriedigend für mich, dass Sie die Beschreibung für The Presence Process™, das Buch *Die Kraft gelebter Gegenwart*, in den Händen halten. Dieser Prozess ist für jeden Menschen gedacht, der sich erneut mit unserer gemeinsamen Präsenz verbinden möchte. Der Prozess ist sicher, sanft und einfach zu befolgen. Er bietet echte Vorteile mit anhaltender Wirkung.

The Presence Process ist eine geführte Reise, die die praktischen Techniken und wahrnehmenden Werkzeuge bereitstellt, die erforderlich sind, um unsere Aufmerksamkeit von den Ablenkungen einer zeitbasierten Mentalität abzuziehen und uns zu erlauben, allmählich wieder im gegenwärtigen Augenblick anzukommen, in dem sich unsere Erfahrung entfaltet.

The Presence Process ist das Ergebnis einer Suche, die bewusst im Jahr 1996 in der Wüste Arizonas begann. Hier vereinte ich mich, wohl zum ersten Mal seit meiner frühen Kindheit, mit meinem authentischen *Sein* wieder und habe das tiefe Strahlen einer solchen Vereinigung empfunden. Im gesamten Text beziehe ich mich mit dem Begriff »Präsenz« auf dieses authentische *Sein*, und nenne die erhebende Erfahrung, die möglich wird, wenn diese göttliche Essenz das Steuer in unserem Leben übernimmt, das »Bewusstsein im gegenwärtigen Augenblick«.

Vor diesen Zusammentreffen mit meinem Sein hatte ich mich fast zehn Jahre lang damit beschäftigt, mit einem überaus schmerzhaften neurologischen Leiden mit der Bezeichnung Horton-Syndrom zurechtzukommen und mich zu heilen. Es begann 1987 und äußerte sich als unerträgliche Schmerzen, die mehrmals täglich auftraten. Ich muss hier nicht detailliert auf die Symptome eingehen. Es genügt zu sagen, dass mich einer der führenden Neurochirurgen Südafrikas darüber in Kenntnis setzte, dass für diese Krankheit weder eine Ursache noch eine Heilmethode bekannt war. Er warnte mich auch, dass ich aufgrund der Schwere meines Leidens als Kandidat für Drogenabhängigkeit oder sogar Selbstmord galt.

Auf der Suche nach Linderung nahm ich zunächst verschiedene verschreibungspflichtige Medikamente ein. Mit zunehmender Verzweiflung erkundete ich die verschiedensten alternativen Verfahren und setzte mich allem aus, das auch nur die Chance einer Heilung bot. Einschließlich das Injizieren von Kortison in mein Gesicht, die Entfernung meiner Weisheitszähne, den Besuch bei einem südafrikanischen Sangoma, einem Medizinmann der Xhosa, und viele faszinierende Begegnungen mit »Heilern«. Nichts davon verschaffte mir Linderung, Erleichterung oder eine Lösung.

Nach Jahren der endlosen Suche nach einem hilfreichen Verfahren, die nirgendwohin führte, wurde ich 1994 mit der Möglichkeit konfrontiert, dass nichts und niemand »da draußen« mein Leiden lindern konnte. An dem Punkt hatte ich zwei Optionen: *aufzugeben* – oder *mich ganz einzubringen.*

Da ich noch nicht zum Sterben bereit war, begab ich mich auf die Suche nach *Selbstheilung.* Dieser Weg begann mit dem Erlernen der schwedischen Massage und meinem Abschluss als Reiki-Meister. Während ich mit verschiedenen physikalischen, mentalen und emotionalen Techniken Selbstexperimente durchführte, fiel mir auf, dass die Intensität meiner Schmerzen und die Häufigkeit ihres Wiederauftretens erheblich geringer wurden, wenn ich einen Zustand aufrechterhielt, den ich damals eine »hohe persönliche Energiefrequenz« nannte. Dies war eine erste Ahnung dessen, was ich heute Bewusstsein im gegenwärtigen Augenblick nenne.

Meine erste bedeutungsvolle Begegnung mit der Präsenz und dem Strahlen des Bewusstseins im gegenwärtigen Augenblick widerfuhr mir 1996 in einer indianischen Schwitzhütte in Tucson, Arizona, unter der Leitung eines Medizinmannes der Yaqui-Indianer. Ich werde nie vergessen, wie ich nach einer zweistündigen Reise durch Hitze, Dampf, Trommeln, Singen und Beten auf Händen und Füßen aus der Öffnung der Schwitzhütte gekrochen kam. Als ich dort in der kühlen Nachtluft stand, vibrierte alles in mir und um mich herum voller Leben. – Es war, als ob ich gerade geboren worden wäre. Dieser besondere Augenblick war mein erster Vorgeschmack, wie es sich anfühlt, in meinem Leben »präsent« zu sein.

Nach dem Verlassen der Schwitzhütte stand ich in ehrfürchtiger Stille neben dem knisternden Feuer. Ich blieb noch bis spät in die Nacht und fühlte das warme Blut durch meine Adern fließen, spürte die frische Luft meine Lungen massieren und hörte auf den wohligen Rhythmus meines Herzschlags. Noch Stunden später hielten diese Erfahrung der direkten Verbindung mit der Präsenz und das Strahlen dieses *Seins* an, das Vibrieren in jeder Zelle meines Körpers. Ich begann, den Körper einfach als Vehikel für die Manifestation der Präsenz zu verstehen. Ich bezeichne den Körper oft als unser »Körpervehikel«, und wenn ich das Wort »Körper« in diesem Text verwende, so meine ich damit den Körper als Vehikel.

Meine zweite Begegnung mit der Präsenz und dem Bewusstsein im gegenwärtigen Augenblick fand einige Monate später statt und wurde dadurch eingeleitet, dass ich einen Tee eingenommen hatte, der aus dem Peyote-Kaktus gebrüht war. Peyote ist eine der am stärksten basischen Substanzen auf der Erde. Und darüber hinaus ist Peyote unbestritten eine der am widerlichsten schmeckenden Flüssigkeiten, die meinem Mund je begegnet sind! Die Indianer, die diese Pflanze im Rahmen der Zeremonien der Native American Church als Sakrament einnehmen, bezeichnen sie als »die Medizin«. Meine erste Erfahrung mit der Einnahme »der

Medizin« war sehr tiefgreifend. Nach einer Stunde zunehmenden Unwohlseins und Übelkeit wachte ich wie aus einem tiefen und dunklen Traum auf und machte die Erfahrung des Bewusstseins im gegenwärtigen Augenblick. Diese Erfahrung war zwar nur flüchtig, aber ich erfuhr das unverwechselbare Gefühl der Ganzheitlichkeit, das aus einer engen Verbindung mit der Präsenz entsteht. Ich fühlte mich physisch präsent, mental klar, emotional ausgeglichen und mit den Schwingungen »in Übereinstimmung«.

Ähnlich wie bei meiner ersten Erfahrung nach der Schwitzhütte hat mich die Fähigkeit, die Präsenz während dieser Erfahrung mit Peyote zu fühlen und bewusst damit zu sein, mit dem kostbaren Teil meiner authentischen Natur wiedervereint, der durch den Lärm, die Geschäftigkeit und die Ablenkungen des täglichen Lebens verschüttet worden war. Peyote machte es mir möglich, durch einen Schleier der Wahrnehmung hindurchzutreten. Auf der anderen Seite des Schleiers entpuppte sich das Leben als durch eine einzige, intime, intelligente, gemeinsame Präsenz verbunden. Ich erkannte, dass uns die atemberaubende, strahlende Schönheit der natürlichen Welt verborgen ist, weil wir so mit unseren nicht integrierten Traumata aus der Vergangenheit und den angstvollen Projektionen für die Zukunft beschäftigt sind.

In diesem Augenblick wurde mir bewusst, dass mein schmerzhaftes Leiden kein bloßer Zufall war, sondern dass darin eine Absicht lag. Meine schmerzhafte neurologische Störung entpuppte sich nicht als Feind, sondern als Freund und Helfer. Es war die Präsenz, die mich aus einem Zustand zurückrief, in dem ich unbewusst meine Aufmerksamkeit an das mentale Netz der Zeit angeheftet hatte, wodurch ich meine Aufmerksamkeit zerstreute.

Während dieses Zusammentreffens mit »der Medizin« wurde mir deutlich, dass meine wichtigste Aufgabe die Entdeckung einer praktischen Möglichkeit ist, wie ich meine Erfahrung des Bewusstseins im gegenwärtigen Augenblick steigern konnte. Wenn es mir nicht gelang, einen Weg zu finden, dies für mich selbst zu erreichen, wäre mein Nutzen für andere nur begrenzt, weil ich *nicht authentisch* war.

Es war auch offensichtlich, dass Erfahrungen wie Schwitzhütten und Peyote nicht für jedermann geeignet sind. Die Methoden einer Reise in das Bewusstsein im gegenwärtigen Augenblick müssen so natürlich wie möglich sein: ein Pfad, dem jeder folgen kann – unabhängig von den Umständen. Daher war eine der Fragen, die ich an die Präsenz richtete: *Wie kann das Bewusstsein im gegenwärtigen Augenblick vorrangig durch innere Arbeit erreicht werden, ohne auf äußere Umstände, Substanzen, Werkzeuge, Zeremonien, Riten und Rituale zurückgreifen zu müssen?*

Noch im gleichen Jahr erhielt ich den ersten Hinweis. Ich lernte die offensichtliche, aber bis dahin irgendwie übersehene Technik der bewusst verbundenen Atmung kennen. Die bewusst verbundene Atmung ist die Praxis der absichtsvollen Atmung ohne signifikante Pause zwischen dem Einatmen und dem Ausatmen. Es gibt also keine »atemlosen Lücken« zwischen den Atemzügen.

Nach meinen ersten Sitzungen mit der bewusst verbundenen Atmung erkannte ich, dass mit diesem Verfahren eine Steigerung meines Wohlbefindens erreicht wurde, durch eine verbesserte persönliche Präsenz. Aus Gründen, die sich mir damals nicht erschlossen, führte diese Atmung zu einem allmählichen, aber stetigen Rückgang in der Intensität meiner körperlichen Schmerzen. Zum ersten Mal in vielen Jahren spürte ich einen Funken Hoffnung auf eine echte Überwindung des Horton-Syndroms, an dem ich litt.

Diese Atemsitzungen förderten auch explosive Einsichten. Zum Beispiel ermöglichte mir diese natürliche Atempraxis, indem sie mich Augenblicke der Distanz von den alltäglichen Geschehnissen erfahren ließ, einen deutlichen Unterschied zwischen dem, was Präsenz ist, und meiner sich entfaltenden menschlichen Erfahrung zu entdecken. Bevor ich mit der bewusst verbundenen Atmung angefangen hatte, konnte ich diesen Unterschied nicht erkennen. Ich war so in meine Alltagserfahrungen verstrickt gewesen, dass mein Leiden der Inbegriff dessen war, mit dem ich mich identifizierte.

Als Folge der Arbeit mit dieser Atemtechnik begann ich zu erkennen, dass ich mit jedem Erleben der Präsenz eine Ganzheitlichkeit und eine Vollkommenheit des Seins erfuhr. Dies war eine Erfahrung des mühelosen Friedens, in dem ich in perfekter Harmonie mit allem war, was sich in meinem Leben ereignete. Ich erkannte, dass es meine sich entfaltende physische, mentale und emotionale *Erfahrung* war, die aus dem Gleichgewicht geraten und korrekturbedürftig geworden war, nicht das, was ich eigentlich *bin*. Die Vorstellung, dass »unsere Präsenz Heilung erfordert«, stellte sich als komische Vorstellung heraus.

Durch die Arbeit mit der bewusst verbundenen Atmung, um noch präsenter zu werden, wurde ich zu Entscheidungen angeregt, die mein Gefühl des Wohlbefindens wiederherstellten. So begann ich zum Beispiel, auf bestimmte Situationen achtsam zu reagieren, statt reaktiv zu agieren. Diese eine, einfache Verhaltensänderung wirkte sich auf jeden Aspekt meines Lebens aus. Meine Begegnungen mit der Welt um mich herum und mit anderen Menschen wurden harmonischer und angenehmer.

Gleichzeitig klang die Intensität meiner schmerzhaften Krankheit mehr und mehr ab. Nach Jahren des Leidens an diesen quälenden Schmerzen – und an der damit zusammenhängenden Niedergeschlagenheit, Angst, Wut, Trauer und Depression – war da nun ein Licht, das in der Dunkelheit leuchtete.

Es dämmerte mir, dass ich kein wunderbareres Heilungswerkzeug zur Verfügung hatte als die bewusst verbundene Atmung verknüpft mit dem Bewusstsein der Präsenz, das durch diese Technik hervorgerufen wird. Ich wollte mehr über dieses Werkzeug lernen und begann damit, andere Menschen in dieser Atemtechnik zu unterrichten und beobachtete genau, welche Wirkungen sie hatte.

Eine weitere wichtige Einsicht war die, dass meine Absicht, mich selbst zu heilen – »meine Beschwerden loszuwerden« –, fehlgeleitet war. Vielleicht hatte ich deshalb trotz größter Anstrengungen keinen Erfolg. Danach verwendete ich das Wort »Heilung« nicht mehr, weil es andeutete, dass etwas falsch war und in Ordnung gebracht werden müsste. Stattdessen benutzte ich das Wort »Integration«, was für mich signalisierte, dass es einen Teil meiner Erfahrung gab, der unbewusst war – ein Teil meiner Erfahrung, gegen den ich Widerstand leistete, den ich kontrollierte und ruhigstellte, der darum bat, in das Ganze eingefügt zu werden. Für mich fühlte Heilung sich an, als wollte ich etwas aus meiner Erfahrung ausschließen, Integration, als würde ich alle meine Erfahrungen umarmen.

Diese wichtigen Augenblicke, in denen ich in das Bewusstsein im gegenwärtigen Augenblick eingeführt wurde, wurden zu einem Maßstab, an dem ich alle folgenden Erkundungen maß, die für mich zur Kunst der Integration wurden. Wenn etwas, mit dem ich mich beschäftigte, zu einer Steigerung des Bewusstseins im gegenwärtigen Augenblick führte, nahm ich es als authentisch an. Wenn das nicht der Fall war, verschwendete ich keine weitere Zeit damit. Bis heute ist die Erfahrung des Bewusstseins im gegenwärtigen Augenblick die Richtschnur, der ich vertraue und die mir hilft, ineffiziente Aktivitäten und glamouröse, aber wirkungslose Verfahren, die reine Augenwischerei sind, beiseitezuschieben.

Neben der Vertiefung der bewusst verbundenen Atmung begann ich auch mit der Erforschung des schamanischen Paradigmas. Vier Jahre lang ging ich als Hüter des Feuers in der Native American Peyote Church in die Lehre. Ich nahm auch an Zeremonien mit den lebenden Ahnen des Peyote-Wegs, den Huicholen in Mexiko, teil. Wann immer sich eine Gelegenheit ergab, benutzte ich mich als Versuchskaninchen für die Aktivierung des Bewusstseins im gegenwärtigen Augenblick, und die daraus folgende Erfahrung wurde zur Bühne, auf der ich die Auswirkungen dieses Ankommens in der Gegenwart beobachtete.

Manchen mag diese persönliche Odyssee etwas romantisch anmuten, und ich hatte auch viel Spaß auf diesem Weg. Aber trotzdem war es selten einfach für mich, und der Pfad war häufig völlig unklar. Anfangs gab es keine Orientierungspunkte für die Kommunikation mit anderen Menschen darüber, was die Präsenz und das Bewusstsein im gegenwärtigen Augenblick sind. Ich hatte keine Worte, um zu erklären, was ich entdeckte und zu erreichen versuchte. Ich setzte einen Fuß vor den anderen auf einem Pfad, der häufig nur für mich einen Sinn ergab.

Oft war ich verwirrt und entmutigt. Es gab Augenblicke, in denen ich meine Einsichten infrage stellte. Zum Glück stand mir immer eine Möglichkeit zur Verfügung, mich erneut mit meiner Suche zu verbinden: durch das Verbinden meiner Atmung und das Wiedereintreten in das Strahlen der Präsenz. Immer wenn ich das tat, erinnerte ich mich, dass meine Aufgabe eigentlich einfach war. Damals konnte ich es nicht in Worte fassen, aber jetzt kann ich es: *Wie kann ich meine Präsenz immer weiter steigern, sodass ich für andere Menschen, die ebenfalls umfassend in ihrer Lebenserfahrung stehen wollen, eine Spur hinterlasse?*

Mir war nicht klar, dass ich mit der Verfolgung dieser Aufgabe letztlich auf der Suche nach *einer bestimmten Vorgehensweise* war. Im Rückblick kann ich feststellen, dass ich zur Entdeckung der praktischen Techniken, Werkzeuge der Wahrnehmung und tiefen Einsichten geführt wurde, die sich in der Zwischenzeit zu The Presence Process entwickelt haben.

Im Wesentlichen zog ich meine Absicht aus dem mentalen Raum und sorgte für eine Verwurzelung auf dieser Erde als praktischer, systematischer, integrierter Prozess, der für eine Balance zwischen den physischen, mentalen und emotionalen Aspekten unserer Erfahrung sorgt.

Nach neun Jahren der Abwesenheit von Südafrika kehrte ich 2002 in dem Wissen zurück, dass ich den ersten Teil meiner Aufgabe erledigt hatte: das Finden des Rohmaterials für ein Verfahren, das die Aktivierung, Erhaltung und Fortsetzung des Prozesses ermöglicht, Bewusstsein im gegenwärtigen Augenblick anzusammeln. Etwas später im gleichen Jahr und fünfzehn Jahre, nachdem ich während meines ersten Anfalls aufgrund des Horton-Syndroms auf einer Schotterstraße in der Transkei zusammengebrochen war, begann ich damit, mein Ziel bewusst zu leben, indem ich The Presence Process mit anderen Menschen teilte.

Es spielt keine Rolle, wie viele Menschen ich bereits persönlich mit The Presence Process unterstützt habe, wie oft ich diesen Prozess durch Schulungen und schriftlich mit anderen teile, ich finde es nach wie vor ausgesprochen beeindruckend, was dieser Prozess für jeden bewirken kann, der sich darauf einlassen will. The Presence Process ist ein seltenes Juwel. Der Prozess bietet uns einen methodischen Ansatz für die Auflösung nicht integrierter Traumata und angstvoller Projektionen, die uns hindern, das uns allen Gemeinsame zu erfahren: die Präsenz und die tiefe Erfahrung des Lebens im Bewusstsein im gegenwärtigen Augenblick.

The Presence Process ist eine Einladung, einen Weg zu gehen, der uns aus dem Gefängnis der unbewussten geistigen Ablenkung befreit. Ich habe miterlebt, wie viele Menschen, die sich dieser Reise verschrieben haben, in ihrer Wahrnehmung neu geboren wurden, zu Botschaftern des Lebens geworden sind und jetzt als authentische Friedensstifter in ihren Familien und Gemeinschaften leben.

Nachdem ich etwa vier Jahre lang andere Menschen intensiv durch diesen Prozess begleitet hatte, wurde mir klar, dass ich den Ansatz, Menschen zu Presence-Process-Trainern auszubilden, nicht verfolgen wollte. Mir kommt es so vor, dass ein solcher Ansatz die Wirkung dieses Prozesses verwässern würde, zu falschen Interpretationen der Feinheiten führen und ihn zu einer Einkommensquelle für Trainer und Moderatoren machen könnte, deren Fachgebiet das »Geschäft der Spiritualität« ist. Ich habe aus eigener Erfahrung gelernt, dass nur das Leben selbst uns die Integrität lehren kann. Ich habe auch gelernt, dass das Leben dies vollbringt, indem es uns einlädt, diese Integrität zu entwickeln, indem wir uns zunächst *selbst* schulen. Dementsprechend ist das primäre Ziel von The Presence Process die Kunst der Selbstschulung.

Ich habe die Absicht, The Presence Process allen Menschen als Werkzeug der emotionalen Integration zur Verfügung zu stellen. Aus diesem Grund habe ich The Presence Process nicht zu einem Verfahren gemacht, das über ausgebildete Trainer verbreitet wird, sondern beschlossen, Ihnen diesen Prozess direkt mit diesem Buch anzubieten. So haben Sie den Prozess in seiner Reinform. Das Buch *Die Kraft gelebter Gegenwart* wurde so geschrieben und strukturiert, dass *Sie* der Moderator und Trainer *Ihrer* Reise in das Bewusstsein im gegenwärtigen Augenblick werden. So hat jeder, der aus dem Traum der Ablenkungen einer zeitbasierten Mentalität aufwachen möchte, zum Preis eines Buches Zugang zu diesem Prozess. Trotzdem ermutige ich Sie, sich gegenseitig auf dieser großartigen Reise zu begleiten. Möge das Wesen dieser Kameradschaft durch Vorbilder und frei von vermeintlicher Autorität erlebt werden.

Ich bin den Lehrern dankbar, die ihre Erfahrung mit mir geteilt und mir damit die Möglichkeit geschenkt haben, dieses profunde Verfahren zu entdecken. The Presence Process ermöglicht es jedem, Präsenz und das Bewusstsein im gegenwärtigen Augenblick zu erfahren, ohne den langen Weg voller Herausforderungen gehen zu müssen, den ich gegangen bin. Im Nachhinein erkenne ich, dass es bei einem großen Teil meiner Reise darum ging zu lernen, was *nicht* zu tun ist. Sie sind eingeladen, durch die einfachen Hinweise in diesem Text selbst Ihren Weg zu einer Erfahrung der Präsenz zu finden, ohne unnötig Zeit und Energie aufwenden zu müssen, um die Konsequenzen fehlgeleiteter Absichten zu erkunden.

Obwohl die respektvolle Anwendung von Pflanzenmedizin und Zeremonien ein Bewusstsein der Präsenz aktiviert, sind für die meisten von uns diese Werkzeuge im besten Fall als Wegweiser zu verstehen, nicht als die Straße selbst. Wenige sind dazu berufen, den Lebensweg eines Medizinmannes oder einer Medizinfrau zu beschreiten. Ich verstehe diese Werkzeuge, Zeremonien, Arzneimittel und ihre Bewahrer als Verbündete. So werde ich ihnen gegenüber immer empfinden. Ich weiß, dass sie den Weg des Menschen eingeschlagen haben, um uns zu helfen, zu erinnern, was vergessen wurde und uns einen Eindruck davon zu verschaffen, was möglich ist. Ich betrachte ihren Ansatz jedoch nicht als einen *Weg für jeden.* Die Anlagen für den *Weg, den jeder gehen kann*, sind bereits in jedem von uns vorhanden, als innerer Entwurf, als bewusste Blaupause und als beabsichtigtes Geburtsrecht.

Rituale und die eingenommenen Substanzen lösen zwar ein Bewusstsein der Präsenz aus und ermöglichen uns, das Bewusstsein im gegenwärtigen Augenblick zu erfahren und somit einen tiefen Einblick in die Evolution der Menschheit zu erhalten, aber ihre Wirkung lässt nach einiger Zeit deutlich nach. Da sie nicht notwendigerweise die erforderliche tägliche Erfahrung zur Wahrung des Bewusstseins fördern, sind sie potenziell ebenso irreführend wie nützlich. Daher riskieren die Menschen, die diesen Ansatz wiederholt zur Erlangung und Wahrung des Bewusstseins nutzen, ohne gleichzeitig Willenskraft und Disziplin einzusetzen, um diese Fähigkeit auf natürlichem Weg zu entwickeln, dem Widerspruch zwischen *der Ausprägung einer äußeren Abhängigkeit im Namen der inneren Entwicklung* zu erliegen.

Ich habe die Erfahrung gemacht, dass für die meisten von uns die Entwicklung einer authentischen, offenen Beziehung zur Präsenz und zum Bewusstsein im gegenwärtigen Augenblick am besten auf natürlichem Weg erreicht wird, durch bewussten und nüchternen Zugang, Ansammlung und Anwendung von Willenskraft und ausdauernder Disziplin. Das Erlangen des Bewusstseins im gegenwärtigen Augenblick ist eine Lebensweise, ein täglich praktizierter Ansatz für das Leben auf diesem Planeten, keine einmalige Notlösung. Es ist eine Reise, nicht das Ziel. Mit diesem natürlichen Ansatz wird The Presence Process für alle erreichbar.

Das Wunderbare an The Presence Process ist, dass uns dieser Prozess den Weg zurück zu unserem authentischen Zustand ebnet ohne künstliche Instrumente oder äußere Aktivitäten – ohne komplizierte Zeremonien, Rituale, Dogmen oder Überzeugungen. Es erfordert nur einen bewussten und disziplinierten Einsatz von Absicht und Aufmerksamkeit. Diesen Prozess zu durchlaufen – und, für viele von uns, ihn etwa dreimal zu wiederholen – aktiviert allmählich die Fähigkeit, die uns allen gemeinsam ist, ermöglicht uns das Ansammeln des Bewusstseins der Präsenz und das daraus folgende Strahlen des Bewusstseins im gegenwärtigen Augenblick. Dies kann auf sichere Weise in der Struktur unserer weltlichen Erfahrung erreicht werden, unabhängig davon, wo oder wie wir in dieser schnelllebigen, komplexen Welt sind. Auf keiner Ebene müssen wir uns von dem lösen, was uns das Schicksal bereitet hat.

The Presence Process stellt uns auch ein Konzept vor, das in der Welt der sich ändernden Bedingungen unbekannt ist: *Die Präsenz kennt keine unterschiedlichen Schwierigkeitsgrade.* Damit meine ich, dass Präsenz die wunderbare Eigenschaft hat, sich unter genau den Umständen in unserer täglichen Erfahrung zu manifestieren, die erforderlich sind, um die Funktionsstörung zu integrieren, die uns genau zu diesem Zeitpunkt davon abhält, das Bewusstsein im gegenwärtigen Augenblick zu erfahren.

Wie viele von Ihnen, die sich zu diesem Text hingezogen fühlen, bin auch ich ursprünglich in dieses Abenteuer hineingeraten, weil ich Beschwerden hatte. Mein Leiden veranlasste mich, mich auf der Suche nach den Ursachen meiner Schmerzen nach innen zu wenden. Ich habe selbst bei mir und anderen erlebt, wie sich dieser Prozess auf Beschwerden auswirkt – Krankheiten und Beschwerden wie Depression, Phobien, Drogen- und Alkoholabhängigkeit, Trauer, Wut, Angst, Allergien, Mangel und viele weitere äußere Anzeichen von innerem Unbehagen. Der Prozess unterstützt auch bei der Heilung körperlicher Verletzungen, verbessert die sportlichen und kreativen Fähigkeiten und belebt Übungen vom Yoga bis zur Meditation.

The Presence Process ist ein erfahrungsbasierter Weg, der uns dahin führt, Verantwortung für die Integration unserer emotionalen Blockaden zu übernehmen. Anders ausgedrückt: Es ist ein Weg, bewusst »erwachsen« zu werden.

Wenn wir uns bewusst um emotionale Integration bemühen, stellen wir unweigerlich fest, dass das große Geschenk dieses Prozesses nicht die Linderung der Symptome ist, die wir so häufig erfahren, sondern die Fähigkeit, die umfassende Verantwortung für die Qualität unserer Gesamterfahrung zu übernehmen.

Die intensive Beschäftigung mit der Präsenz und dem zunehmenden Bewusstsein im gegenwärtigen Augenblick ist eine ausgesprochen lohnende Reise, die anscheinend grenzenlos ist. Diese Reise setzt sich noch heute für mich mit der gleichen vertrauten Resonanz fort wie damals, als sie mit der Schwitzhütte und den Erfahrungen mit Peyote begann. Sie setzt eine *Art des Seins* frei, die uns befähigt, achtsam auf das Leben zu antworten statt zu reagieren. In uns wird ein Bewusstsein dafür geweckt, was wir mit anderen teilen, und wir konzentrieren uns nicht so sehr auf die Dinge, die bei uns ein Gefühl von Getrenntsein auslösen. Aber solange wir uns nicht auf unsere persönliche Reise in das Bewusstsein im gegenwärtigen Augenblick machen, bleibt die Erfahrung der Präsenz hinter den profanen Anforderungen und Ablenkungen der Welt verborgen.

Die Aktivierung des Bewusstseins der Präsenz ist eines der größten Geschenke, das wir uns selbst machen können. Darüber hinaus ist sie auch ein verantwortungsbewusster Beitrag für die Menschheit, weil wir durch das Eintauchen in das Bewusstsein im gegenwärtigen Augenblick die tiefen Möglichkeiten der Präsenz in alle unsere Interaktionen und Handlungen einbringen.

The Presence Process ist eine Einladung, unsere gemeinsame Präsenz zu aktivieren und ihr zu erlauben, uns in ein immer tieferes Bewusstsein dessen zu führen, *was ist.* Dies ist ein Geschenk, mit dem wir unsere Wahrnehmung der Möglichkeiten des Lebens transformieren können. Deswegen empfehle ich, weder durch das Buch noch durch den Prozess zu hetzen. Es dient uns nicht, wenn wir von Verzweiflung getrieben versuchen, »es so schnell wie möglich abzuschließen«.

Es ist nicht sinnvoll, diesen Prozess als etwas zu behandeln, durch das wir »durch« müssen, um woanders anzukommen. Alles, was wir erstreben, hat uns bereits gefunden und ist in uns vorhanden. Dieser Prozess ist eine Gelegenheit, dies selbst zu erfahren.

Ja, ich habe den emotionalen Zustand erfolgreich aufgelöst, der sich als schmerzvolle neurologische Erkrankung manifestiert hatte. Es ist mir gelungen, indem ich eine intime Beziehung zur Präsenz eingegangen bin und diesem »inneren Wissenden« erlaubt habe, die Führung auf meinem Weg in das Bewusstsein im gegenwärtigen Augenblick zu übernehmen.

Die gleiche allmächtige Qualität steckt auch in Ihnen, denn wir teilen sie – als einen Aspekt dessen, was wir *sind.* Dieser Zustand des *Seins* ist auch Ihnen einfach zugänglich. Möge diese magische, mystische und mysteriöse Reise die Qualität Ihrer gesamten Erfahrung so segnen, wie es bei mir der Fall war – und wie es für die vielen Menschen der Fall war, die die Einladung, vollständig in ihrer Erfahrung zu sein, bereits angenommen haben.

In der heutigen Welt mit ihrem hohen Tempo ist das Bewusstsein im gegenwärtigen Augenblick noch Neuland. Gleichzeitig ist es eine Tür zur persönlichen Befreiung, die immer offensteht. Präsenz ist unser getreuer Reiseleiter für den Eintritt und das Verbleiben dort. Wie Sie bin ich ein wissbegieriger Forscher. Immer weiter, nach innen und nach oben.

Danke, dass Sie sich dieses Geschenk machen.

Mit besten Grüßen,
Michael Brown

TEIL I

Einstimmung in den Prozess

Der Text dieses Buches soll das erfahrungsbasierte Verfahren unterstützen, das The Presence Process™ genannt wird. Während des Lesens werden wir allmählich an diesen Prozess herangeführt, wir werden eingeladen, den Prozess zu erfahren, und wir werden in einen transformierten Alltag geführt.

Durch die Erfahrung von Präsenz werden wir *präsent.*

Wenn wir diesen Prozess abschließen, sind wir für die Selbstschulung unserer ständigen Reise ins Bewusstsein im gegenwärtigen Augenblick trainiert. Wir erfahren eine erneute Verbindung mit einem Aspekt unseres *Seins*, der uns ständig zur Verfügung steht, um uns zu führen, und müssen diese Führung nicht mehr bei äußeren Quellen suchen.

The Presence Process ist eine Reise nach innen, *zu uns selbst.* Sie führt uns durch vergessene Erinnerungen und in unvertrautes emotionales Gelände. Auf diesem Weg werden wir darauf vorbereitet, die verdrängten Gefühle der Angst, Wut und Trauer zu integrieren, die sich immer wieder in unserem Alltag bemerkbar machen. Dieses emotionale Gelände mag uns zunächst fremd erscheinen, aber es ist diese vergessene energetische Landschaft, die uns wieder mit unseren angeborenen Gefühlen der Unschuld, Freude und Kreativität vereint.

Es mag scheinen, dass wir diese Reise alleine unternehmen. Das ist nicht der Fall. Teil I dieses Textes hilft uns, das zu erkennen, weil er die direkte Beziehung zur Präsenz erwecken soll. Auch wenn wir vielleicht jetzt nicht wissen, wohin die Reise geht oder wie wir uns in die richtige

Richtung bewegen, gibt es einen Aspekt unseres *Seins*, der das weiß, denn er weiß alles. Er ist es, der uns einlädt, diesen inneren Pfad zu gehen. Diese Präsenz weiß, was wir suchen und was erforderlich ist, um es zu erlangen.

Die Präsenz ist unser bester Freund und engster Verbündeter, unser Begleiter und unsere Ehrengarde. Sie trägt unsere Flagge und unsere Vorräte. Sie schickt uns mit Begeisterung hinaus und begrüßt uns freudig, wenn wir im Bewusstsein im gegenwärtigen Augenblick ankommen.

Teil I bereitet Sie darauf vor, empfänglich für die Kommunikation der Präsenz zu sein. Durch das Lesen dieses Textes lernen Sie die Sprache der Authentizität, die Sprache, in der die Präsenz kommuniziert.

Sie brauchen sich nichts von diesem Text zu merken. Es ist jedoch vorteilhaft, den Text so häufig wie möglich zu lesen, ganz besonders in stillen Momenten, wenn Sie sich entspannt und aufnahmefähig fühlen.

Wenn Sie sich irgendwann überwältigt fühlen, ist dies ein Zeichen, dass Sie das Buch beiseitelegen und sich den Raum gönnen sollten, das Gelesene zu *integrieren*. In diesem Zusammenhang bedeutet »Integration«, dass Sie sich die Ruhe und den Raum geben, die gelesenen Inhalte physisch, mental und emotional zu erfassen, und die Erfahrungen verdauen, die durch diesen Text ausgelöst werden, damit Sie sich daran nähren können. Ich möchte noch einmal betonen, dass keine Eile besteht. Es ist wichtig, diese Worte sorgfältig zu lesen und sich die erforderliche Zeit zu nehmen, sie zu verarbeiten.

Damit dieser Prozess für jeden geeignet ist, hat The Presence Process zwei Einstiegsebenen: Einführung und Erfahrung. Die erste Ebene erreichen Sie, indem Sie einfach den Text lesen. Die zweite Ebene erfordert praktische Erfahrungen, die sich allmählich über einen Zeitraum von zehn Wochen entwickeln. In Teil I dieses Buches finden Sie die Informationen, anhand derer Sie eine Entscheidung treffen können, welche Ebene für Sie geeignet ist. In Teil II findet eine Ausrichtung mit dem übergreifenden Ziel dieses Prozesses statt. Wenn Sie Ihre Absicht formulieren,

Ihre Aufmerksamkeit fokussieren und Ihre innere Führung aktivieren, bereiten Sie sich vor und ermutigen sich selbst.

Was ist Bewusstsein im gegenwärtigen Augenblick?

Bewusstsein im gegenwärtigen Augenblick ist ein Zustand des *Seins*, im Gegensatz zu etwas, das wir *tun*. Die einfachste Definition für das Bewusstsein im gegenwärtigen Augenblick ist: *sich vollkommen des Augenblicks bewusst zu sein, in dem wir sind*, oder *im Augenblick präsent zu sein.*

Dabei liegt die Betonung nicht auf dem *Augenblick*, sondern auf dem *Sein*, das wir in unserer Lebenserfahrung zum Tragen bringen, wenn wir dem Augenblick unsere volle Aufmerksamkeit schenken.

Ein zuverlässiges Zeichen, dass wir in das Bewusstsein im gegenwärtigen Augenblick eingetreten sind, ist, wenn unsere Erfahrung mit *Dankbarkeit* erfüllt ist, egal wie angenehm oder unangenehm sie sich gerade anfühlt.

Wenn ich von Dankbarkeit spreche, meine ich nicht die Art Dankbarkeit, die sich aus einem Vergleich ergibt, etwa Dankbarkeit, weil wir gesünder oder reicher sind als jemand anderes. Und ich meine auch nicht die Art Dankbarkeit, die wir fühlen, weil sich das Leben so entwickelt, wie wir es wollen, und weil uns alles einfach erscheint. Ich meine die grundlose Dankbarkeit – Dankbarkeit für die Einladung, die Reise und das Geschenk des Lebens selbst.

Dankbarkeit ist das einzige zuverlässige Anzeichen dafür, wie präsent wir in unserer Erfahrung sind. Wenn wir nicht dankbar sind, einfach weil wir am Leben sind, dann haben wir uns aus der Präsenz verirrt und sind in einen trügerischen mentalen Zustand geraten, der »Zeit« genannt wird.

Da wir in eine Kultur hineingeboren wurden, die fast gänzlich in der Welt der Zeit existiert, ist es nur wenigen von uns möglich, ständig präsent zu sein. Dies ist der Fluch der modernen Zivilisation. Wir dürsten nach Fortschritt, aber oft führt Fortschritt nur dazu, dass wir das Leben so strukturieren, dass wir nicht mehr da sein müssen, wenn es stattfindet. Je automatisierter unsere Erfahrung wird, umso weniger pflegen wir die Kunst des Lebens.

In der Welt der Zeit ist es schwierig, dankbar zu sein, weil sich scheinbar nichts so entwickelt, wie wir *denken*, dass es sein sollte. In der Vergangenheit gibt es Dinge, die wir bereuen, die Zukunft verspricht Fortschritt, aber die Gegenwart erfordert ständige Anpassung. Daher verbringen wir unsere wachen Momente mit Gedanken daran, was in der Vergangenheit nicht funktioniert hat, und mit der Planung der Veränderungen, die wir für erforderlich halten, damit wir den angestrebten Frieden und die erwünschte Erfüllung finden. Weil sich diese Veränderungen auf ein »besseres Morgen« richten, haben wir vergessen, wie wir ein *Heute* voller Bedeutung haben können. Also wird die Erfahrung, die wir *jetzt gerade* machen, nur als *Mittel zum Zweck* betrachtet. Und da wir keinen Zugang zu einer anderen Erfahrung haben, mit der wir unsere derzeitige Lage vergleichen könnten, erscheint uns ein solches Leben normal.

Wenn wir so leben, überspringen wir ständig die Gegenwart. Obwohl die Vergangenheit vergangen ist und nicht verändert werden kann und obwohl sich die Zukunft noch nicht manifestiert hat, entscheiden wir uns dafür, uns mental an diesen imaginären Orten aufzuhalten, statt vollkommen in dem einzigen Augenblick zu sein und diesen auch wirklich zu erfahren, in dem wir uns tatsächlich befinden – jetzt in diesem Augenblick.

Da wir uns gewohnheitsmäßig in einem mentalen Zustand befinden, in dem wir unsere Aufmerksamkeit in eine imaginäre Vergangenheit oder Zukunft projizieren, verpassen wir die authentischen physischen und emotionalen Erfahrungen, die sich *genau jetzt* ereignen. Wir sind uns kaum des einzigen Augenblicks bewusst, der die gesamte Dynamik des

Lebens enthält. Wir *denken*, dass wir leben, aber wir existieren nur. Wir *denken*, dass wir uns vorwärtsbewegen, aber wir laufen im Kreis. Wir haben alles in das Denken verlagert und damit die Erfahrung geopfert, wie es ist, physisch präsent und emotional ausgeglichen zu sein. Auch wenn wir denken, dass wir mental sehr fortgeschritten sind, sind wir einfach nur verwirrt.

Wir sind so an diesen Zustand des »Nicht-Seins«, dieses einfach nur Existierens, gewöhnt, dass uns das nicht nur ganz natürlich vorkommt, sondern dass wir es sogar anstreben. Natürlich ist es nicht natürlich, denn es kennt keine Harmonie. Auf irgendeiner Ebene erkennen wir das, weil wir in unseren geistigen Sprüngen spüren, dass irgendetwas nicht stimmt. Unser Mangel an innerem Frieden spiegelt sich im Außen als ständiges Chaos – und darin, wie wir vor jeder Erfahrung von Ruhe und Stille zurückschrecken. Das Thema dieses mentalen Zeitalters ist: *Es werde Lärm und Bewegung.*

Da wir uns nicht erinnern, was wir verloren haben, wissen wir nicht, was uns fehlt. Wir können es nicht finden, weil wir es entweder in Bildern aus der Vergangenheit oder in einer Vision der Zukunft suchen. Unser unstillbar bedürftiges Verhalten, das ständig nach etwas sucht, ist ein Zeugnis für die Leere, die unsere derzeitige Herangehensweise an das Leben nicht füllen kann. Das Wort »genug« hat keine Bedeutung für uns.

In unserer Angst drehen wir jeden Stein auf diesem Planeten um in der verzweifelten Suche nach etwas gefühltem Frieden, aber nichts, was wir tun, bringt das Bewusstsein von Frieden in unseren Zustand des hektischen »Handelns«. Das liegt daran, dass wir schon seit langem vergessen haben, dass Frieden nichts mit »Handlungen« zu tun hat, sondern ein Gefühl ist. Frieden kann nicht erzwungen oder mechanisch hergestellt, sondern nur durch ein gefühlsmäßiges Eintreten in *diesen Moment* verwirklicht werden.

Unser Zustand der inneren Unruhe manifestiert sich als äußere physische, mentale und emotionale Symptome von Unbehagen und Krankheiten. Egal, was wir dagegen einnehmen, wohin wir auf der Flucht davor laufen, wie wir uns mit endlosem »Handeln« ablenken: Linderung scheint immer gerade außer Reichweite zu sein. Wie ein Mensch, der unter Schlafentzug leidet, unweigerlich dem physischen, mentalen emotionalen Zusammenbruch entgegengeht, führt uns unsere Vernachlässigung der Oase des Bewusstseins im gegenwärtigen Augenblick rasch in den immer stärker werdenden planetarischen und gesellschaftlichen Zerfall.

Dieser mentale Zustand des »Lebens in der Zeit«, also des unaufhörlichen Wegrennens vor dem Gestern und der verzweifelten Jagd nach dem Morgen ohne Rast und Pausen, um Frieden zu fühlen, ist der Zustand, den The Presence Process behandelt und lindert. Dieser Prozess bietet uns einen Ausweg aus dem Dilemma, indem er uns hilft, die Ursache unserer Lage zu erkennen. Er wirft uns das Seil des Bewusstseins zu und gibt uns die Kraft, uns selbst aus der Ablenkung durch Vergangenheit und Zukunft herauszuziehen, er ermöglicht uns die Rückkehr auf das einzige feste, sichere und friedvolle Terrain: die Gegenwart.

Das Verhalten, das wir an den Tag legen, um uns in der Welt sicher und anerkannt zu fühlen, ist ein Ersatz für wahren Frieden und entspricht nicht dem, wer wir sind. The Presence Process zeigt unserem Bewusstsein den Weg zu der authentischen Präsenz, die wir wirklich sind. Der Prozess erreicht dies, indem er zur bewussten Demontage der Nicht-Authentizität und Vorspiegelung von Tatsachen ermuntert, die wir benutzen, um uns vor der Angst, Wut und Trauer zu schützen, die wir aufgrund unserer Entfremdung vom gegenwärtigen Augenblick aushalten müssen.

Der zehnwöchige Prozess, der vor uns liegt, zeigt uns, dass der Weg, um wirklich unsere Erfahrung der Welt ändern zu können, in unserer Befreiung vom Virus des »Lebens in der Zeit« liegt. Dass wir uns selbst von diesem mentalen Chaos befreien, ist der größte Dienst, den wir *jetzt* leisten können.

Was immer die Zukunft zu sein verspricht, der gegenwärtige Augenblick – *Dies-Hier-Jetzt* – hat nichts zu tun mit dem Gestern und dem Morgen. Solange wir unbewusst auf die Ereignisse des Lebens reagieren und uns auf das *Das-Dort-Damals* konzentrieren, sehen wir nicht einmal, was direkt vor unseren Augen liegt. Stattdessen bewegen wir uns in einem mental gesteuerten Traum und erschaudern angesichts der Geister der Vergangenheit und der Phantome, die wir in die Zukunft projizieren. Dies ist keine Art zu leben. Eigentlich ist es gar kein richtiges Leben, weil die Schwingungsresonanz dessen, was Leben *wirklich* ist, nicht in der Zeit existieren kann. Unsere derzeitige, zeitbasierte Erfahrung ist eine Hölle unserer Wahrnehmung, die von unserer nicht integrierten Angst, Wut und Trauer bewacht wird. Das führt uns nicht weiter. Es hat uns nie irgendwohin geführt und wird es auch nie. Innerhalb der »Zeit« geschieht nichts Authentisches – wir *denken* es nur.

Dies mag zwar die einzige Art der Erfahrung sein, derer wir uns derzeit bewusst sind. Aber die gute Nachricht ist, dass es keineswegs die einzige Erfahrung ist, die wir machen können. Es gibt ein weiteres Paradigma, das parallel zur Welt der Zeit existiert. Wir nennen es den »gegenwärtigen Augenblick«. Sein heiliger Statthalter ist unsere gemeinsame Präsenz, seine ewige Weite kann durch das Bewusstsein im gegenwärtigen Augenblick erfahren werden. Wir wissen um seine Existenz, weil wir ihn anstreben, selbst wenn wir uns nicht bewusst sind, dass es dies ist, wonach wir dürsten. Wir wissen um seine Existenz, weil viele ganz normale Menschen aus verschiedenen gesellschaftlichen Bereichen wieder in dieses Paradigma eingetaucht sind und genau jetzt dort leben. Es gibt eine wachsende Gemeinschaft der Präsenz auf diesem Planeten, die dieses Bewusstsein im gegenwärtigen Augenblick pflegt. Dieses Buch und der darin enthaltene Prozess sind Ihre persönliche Einladung, an dieser Feier teilzuhaben.

Wir können auf das Bewusstsein im gegenwärtigen Augenblick zurückgreifen, wo immer wir sind. Wir müssen nicht extra an einen bestimmten Ort gehen oder eine äußere »Handlung« aufgreifen, um es zu aktivieren.

Ein freudvolles, gesundes und üppiges Leben ergießt sich über uns alle, genau jetzt. Wenn wir jedoch »in der Zeit leben«, wird das Gefäß, das wir in Wirklichkeit sind, gekippt. In dieser Schieflage gestalten wir irrtümlicherweise unsere Erfahrung dadurch, dass wir *versuchen, etwas zu bekommen*, statt einfach das zu *empfangen, was bereits und immerwährend gegeben* ist.

Bewusstsein im gegenwärtigen Augenblick ist kein Konzept – es ist eine *Erfahrung*. Die Tatsache, dass mehr und mehr Menschen in diesen Zustand gelangen, ist eine Folge unserer sich beschleunigenden Entwicklung. Diese Einladung ist für jeden ausgesprochen, der bereit ist, diese Segnungen zu empfangen: jetzt, in *diesem* Augenblick, unter genau *diesen* Umständen. Der Ruf ertönt mit leiser Stimme: *»Halt. Du musst nirgends hingehen und nichts tun. Sei einfach.«* Dies ist die Einladung, die Reise und das Geschenk, die durch The Presence Process möglich werden.

Wir können nun ein umfassenderes Verständnis des Bewusstseins im gegenwärtigen Augenblick als *Zustand des Seins* annehmen, *in dem wir mühelos die authentische Präsenz, die wir sind, in jeden Augenblick integrieren, sodass wir auf jede Erfahrung bewusst und achtsam reagieren können.* Unsere Antwort ist voller Dankbarkeit, deren Fluss unsere Illusionen fortschwemmt.

Es mag anspruchsvoll und kompliziert klingen, in einen solchen Zustand einzutreten, weil wir so daran gewöhnt sind, in der Zeit zu leben. Da aber das Bewusstsein im gegenwärtigen Augenblick unser Geburtsrecht ist, ist diese Art zu leben ganz natürlich und somit mühelos für uns. Es ist das Reich des Bewusstseins, durch dessen Tore die verlorenen Kinder, die nun wieder erwacht sind, zurückkehren.

Der Herzschlag der Verstärkung

The Presence Process geht davon aus, dass *unser authentisches Sein nicht der Verstand ist.* Wir sind ewige Präsenz.

Im Kontext dieses Buches ist der »Verstand« das Medium, durch das wir mit unserer vergänglichen menschlichen Erfahrung im Austausch stehen. Er besteht aus unseren physischen Aspekten (unser Körper), den mentalen (unsere Gedanken) und den emotionalen Aspekten (unsere emotionalen Zustände).

The Presence Process ist eine Erfahrung des Bewusstseins im gegenwärtigen Augenblick, die in Form eines Buches vermittelt wird. Deswegen ist es so geschrieben und strukturiert, dass es uns ungewöhnlich erscheinen mag. Zwar wird der mentale Aspekt des Verstandes als Werkzeug genutzt (was in diesem Buch als der »mentale Körper« bezeichnet wird), aber dieses Buch wurde nicht geschrieben, um uns zum Denken anzuregen. Da der mentale Aspekt des Verstandes in erster Linie innerhalb des zeitbasierten Paradigmas arbeitet, hat er seine Schwierigkeiten mit dem Verständnis des Bewusstseins im gegenwärtigen Augenblick. Denken und Bewusstsein im gegenwärtigen Augenblick treffen sich selten.

Wenn wir in das Bewusstsein im gegenwärtigen Augenblick eintreten, ist eines der Zeichen, dass wir erfolgreich sind, die stetige Abnahme der mentalen Analyse. Da wir jedoch zum Diener unseres Denkens geworden sind, statt dass uns das Denken dient, erfordert dieses Beruhigen der mentalen Aktivität bewusste Absicht – einen Prozess des wahrnehmenden »Nicht-Handelns«. Auch das ist The Presence Process: ein Prozess des *Nicht-Handelns.* Deshalb erscheint der Rhythmus des Textes an manchen Stellen unter Umständen unkonventionell.

Unser mentaler Körper hat möglicherweise seine Probleme mit dem Tempo dieses Textes. Er wird sagen: »Hier sind mir zu viele Wiederholungen. Genau diese Erläuterung hatten wir schon, warum besprechen wir das also noch einmal? Glaubt denn der Autor, ich sei auf den Kopf gefallen?«

Der Grund, warum unser mentaler Körper wahrscheinlich auf diesen Text reagieren wird, liegt darin, dass sich der denkende Aspekt des Verstandes im Wesentlichen um das »Verstehen« dreht, solange wir mit unserer Wahrnehmung in einem zeitbasierten Paradigma verwurzelt sind. Der Versuch, über das Denken zu verstehen, ist derzeit die Hauptanwendung des mentalen Körpers. Verstehen hat in der Tat für den mentalen Körper etwas Göttliches!

Wenn der denkende Aspekt des Verstandes glaubt, dass er etwas bereits versteht, ist er beleidigt und gelangweilt, wenn der Sachverhalt wiederholt wird, besonders, wenn er in genau der gleichen Art und Weise wiederholt wird. Der denkende Aspekt des Verstandes interpretiert den Zweck von Informationen allein als Werkzeug zum Verständnis und zur Analyse. Die Informationen in diesem Buch haben jedoch einen tieferen Zweck, als einfach nur das Verständnis zu fördern. Die Informationen auf diesen Seiten ermöglichen es uns, allmählich mit dem Fluss dieses komplexen Verfahrens in Übereinstimmung, also »in Formation« (Information), zu kommen.

Wenn der denkende Aspekt des Verstandes ein Buch vor sich hat, geht er davon aus, dass es für *ihn* geschrieben wurde, und möchte daher, dass jeder Satz neu und aufregend ist und dass jedes Kapitel mit der Spannung eines Thrillers endet. Er ist hungrig und süchtig nach Aufregung und Neuigkeiten, möchte ständig unterhalten werden. Er ist nicht in der Lage, die Ruhe und Stille zyklischer Erfahrungen zu verstehen, und dies gilt besonders für die tiefe Ruhe und Stille, aus der Präsenz aufsteigt und in die wir eingeladen sind.

Für den denkenden Aspekt des Verstandes sind Zyklen sinnlose Wiederholungen. Deswegen hat der denkende Aspekt des Verstandes häufig Probleme damit, sich einfach nur an den Strand zu setzen und die Wellen zu beobachten, die Stille eines Sonnenuntergangs zu genießen oder sich in der Gesellschaft eines Baums an der Ruhe zu erfreuen. Wiederholungen nerven ihn: »Müssen wir das jetzt wirklich wiederholen?« Der denkende Aspekt des Verstandes reagiert so, obwohl die meisten Gedanken, die ihn so umtreiben, *ebenfalls* sinnlose Wiederholungen sind!

Das Leben ist im Kern seiner Schwingung nichts Neues. Das Leben ist so, wie es ist, bereits vollständig und ändert sich in seiner Essenz nicht. So betrachtet ist das Leben in dieser Welt eine endlose Ruhe und Stille und fließt, wie die Gezeiten, in endlosen Zyklen. Diese Zyklen sind jedoch keine reinen Wiederholungen. Sie sind eine Verstärkung, die aus dem ewigen Tanz des Ausdrucks entsteht. In dieser Welt der Erlebnisse sind diese Zyklen der Verstärkung der Herzschlag unseres gemeinsamen *Seins*.

The Presence Process wurde nicht geschrieben, um den mentalen Körper zu unterhalten, sondern um ihn neu auszurichten und zu inspirieren. Was dem denkenden Aspekt des Verstandes als Wiederholung erscheint, ist also eine Verstärkung, die zu einem allmählichen Erwachen des Bewusstseins im gegenwärtigen Augenblick führt. Auf dieser Reise hat unser mentaler Körper die Aufgabe übernommen, uns beim Lesen zu unterstützen und die Informationen zu behalten, damit wir sie in die Struktur unserer physischen und emotionalen Erfahrung aufnehmen können. Darüber *nachzudenken* ist weder erforderlich noch wünschenswert. Den Pfad zum Bewusstsein im gegenwärtigen Augenblick können wir nicht *denken*. Wir können nicht außerhalb unseres Kastens denken, wenn das Denken der Kasten *ist*!

Im Nachhinein werden wir erkennen, warum der Text genau so fließt und warum bestimmte Informationen zyklisch immer wieder auftauchen. Bevor wir jedoch zum Kern des Buches vordringen, möchte ich Sie auf einige der strukturellen Absichten hinweisen. Damit wird der denkende Aspekt des Verstandes beruhigt, und wir werden etwas vor seinem Hang zu Langeweile, Verdruss und Widerstand geschützt.

Ziel dieses Prozesses ist es, dass das Unbewusste in unser Bewusstsein tritt. Dann können wir fehlgeleitete Wahrnehmungen korrigieren, die unser Bewusstsein der Präsenz verschleiern. Wenn das Unbewusste zutage tritt, hilft es, wenn bestimmte Informationen wiederholt verstärkt werden, damit uns gewahr ist, dass das Hervortretende stichhaltig ist.

Das Buch aktiviert sanft auch ein Bewusstsein dessen, was wir »das Kind in uns« nennen könnten: ein wesentlicher Aspekt unseres *Seins*, der zurückgelassen wurde, als wir der Kindheit entwuchsen. Wenn dieser Aspekt zutage tritt, um integriert zu werden, hilft die Verstärkung bestimmter Informationen dem Kind in uns zu erkennen, dass es sicher ist, wenn es *Das-Dort-Damals* verlässt und sich uns im *Dies-Hier-Jetzt* anschließt. Das Buch spricht also nicht nur zu dem Teil von uns, der bewusst die Seiten umblättert, sondern kommuniziert gleichzeitig mit diesem kindähnlichen Aspekt unseres Selbst sowie weiteren Aspekten unseres *Seins*, die unserem Bewusstsein noch nicht zugänglich sind. Kinder brauchen diese Bekräftigung, was auch für Erwachsene gilt, die in unbewusstes Verhalten verstrickt sind.

Wenn wir diesen Weg einschlagen, fangen wir damit nicht nur ein zehnwöchiges Verfahren an, sondern wir beginnen ein Abenteuer fürs Leben. Präsenz ist etwas, mit dem wir mit zunehmendem Bewusstsein im gegenwärtigen Augenblick Tag für Tag näher vertraut werden. The Presence Process ist ein Fluss von erfahrungsschaffenden Informationen, der uns in den ewigen Ozean des Bewusstseins im gegenwärtigen Augenblick trägt.

Es ist entscheidend zu erkennen, dass es uns nicht hilft, im Buch von Abschnitt zu Abschnitt zu springen oder Sätze und Passagen zu überspringen. Die vorgestellten Informationen werden gezielt und stufenweise in einer bestimmten Reihenfolge präsentiert. Wenn wir den einfachen Hinweisen Beachtung schenken und Tag für Tag, Seite für Seite vorgehen, klären wir sanft unsere Wahrnehmung und verankern das Bewusstsein im gegenwärtigen Augenblick dauerhaft in jedem Aspekt unserer Erfahrung. Durch eine bewusste Herangehensweise und Beständigkeit wird dieser Ansatz zur *Routine* und damit zu unserem Weg in ein neues Leben.

Ausrichten der Absicht

Das Aktivieren des Bewusstseins im gegenwärtigen Augenblick und die unbegrenzten Möglichkeiten der Präsenz sind das übergeordnete Ziel in The Presence Process. Da Präsenz keine unterschiedlichen Schwierigkeitsgrade kennt, ermöglicht uns diese Aktivierung die Verarbeitung von nicht integrierten Erfahrungen.

Das Paradigma der Präsenz und des Bewusstseins im gegenwärtigen Augenblick kann weder in Konzepten gefunden noch durch Konzepte bestätigt werden. Wir können es uns nicht über die Erklärung durch eine andere Person erschließen. Im Gegenteil, wir müssen Präsenz und das Bewusstsein im gegenwärtigen Augenblick direkt erfahren, bevor wir auch nur ansatzweise verstehen können, was das Wort »Präsenz« umfasst. Alle Inhalte dieses Buches werden daher als eine *Einladung zu einer Erfahrung* präsentiert. Es ist eine Einladung, eine Tür zu öffnen und selbst in diesen Zustand der Präsenz einzutreten, damit wir durch persönliche Erfahrung erkennen, was das Geschenk des Bewusstseins im gegenwärtigen Augenblick ist.

Es kommt nicht darauf an, ob Sie denken, dass die Informationen in diesem Buch stichhaltig sind. Es kommt darauf an, ob die Erfahrung, die durch das Lesen und Anwenden des Gelesenen ausgelöst wird, unsere Aufmerksamkeit aus dem zeitbasierten Denken herausholt und ins Bewusstsein im gegenwärtigen Augenblick bringt.

Die Funktionsweise können Sie sich ungefähr so vorstellen wie ein Schlaflied, das eine Mutter ihrem neugeborenen Kind singt, bei dem die Worte ohne Bedeutung sind, denn das Kind kann sie nicht verstehen. Wirken wird das Schlaflied, wenn der *emotionale* Inhalt das Kind beruhigt. Ganz ähnlich bestimmt sich die Wirksamkeit dieses Textes dadurch, ob er das Bewusstsein der Präsenz aktiviert und die Erfahrung des Bewusstseins im gegenwärtigen Augenblick einleitet.

Wenn wir The Presence Process als praktische Erfahrung beginnen, verpflichten wir uns gleichzeitig uns selbst gegenüber, diesen Prozess auch abzuschließen. Diese Selbstverpflichtung ist nicht an Bedingungen gebunden, denn wir wissen ja gar nicht, wie die Erfahrung sein wird, bis wir den Prozess tatsächlich abgeschlossen haben. Teil I dieses Buches stellt die Informationen bereit und die Ermunterung, diese bedingungslose Selbstverpflichtung einzugehen.

The Presence Process führt uns an Orte in uns selbst, mit denen wir bisher wahrscheinlich nicht vertraut sind. Also *werden wir zwangsläufig Erfahrungen machen, bei denen wir uns fühlen, als ob wir nicht wissen, wohin die Reise geht oder was geschieht.* Das ist ganz normal und soll auch so sein. In diesen Augenblicken des »Nicht-Wissens« findet persönliches Wachstum im beschleunigten Tempo statt.

Auch wenn wir diesen Prozess abschließen, wird es immer noch schwierig sein, anderen zu erläutern, was geschehen ist. Das ist ebenfalls ganz normal angesichts der Tatsache, dass es bei großen Teilen dieses Prozesses um gefühlte Wahrnehmung geht, nicht um unser mentales Verständnis dessen, was sich ereignet. In der Tat ist The Presence Process in erster Linie ein Prozess zur Erweckung der gefühlten Wahrnehmung. Mit Abschluss dieses Prozesses werden Sie nicht daran zweifeln, dass diese Erfahrung ein wertvolles und liebevolles Geschenk an Sie selber war.

Es gibt auch *keine bestimmte Erfahrung, die Sie machen sollen*, weil Sie diesen Prozess durchlaufen.

Nach Abschluss des Prozesses werden Sie keinen Zweifel daran haben, dass er *eine Erfahrung* aktiviert hat. Genau die Erfahrung, die der Prozess bei Ihnen auslöst, ist *für Sie* die richtige Erfahrung und *für Sie* stichhaltig. Die Informationen in diesem Buch sollen Sie nicht nur auf dem bewussten Weg durch diese Erfahrung unterstützen, sondern auch bei ihrer Integration.

Wenn wir in der Lage sind, die Einsichten aus dieser Erfahrung zu verarbeiten, sind wir befreit. Wir müssen nicht mehr die Erfahrungen und Einsichten anderer analysieren, um durch das Leben zu navigieren. *Dann wird unsere Erfahrung zu unserem Lehrer.*

Wir müssen erkennen, dass unsere Erfahrung *immer* richtig und stichhaltig ist. Jeder Aspekt unserer Erfahrung wird uns genau deshalb dargeboten, weil es das ist, *was wir zu diesem Zeitpunkt lernen müssen.* Das enthüllt uns unsere Erfahrungsreise durch The Presence Process.

In unserem Leben wachsen wir physisch, weil wir eine angemessene Ernährung dem zuführen, was ich am liebsten als Körpervehikel bezeichne, aber aus Gründen der Einfachheit, wie erwähnt, schlicht unseren »Körper« nenne. Für unser mentales Wachstum sorgt die Grunderfahrung der Schule. Aber unserer emotionalen Entwicklung, die sich üblicherweise um das Alter von sieben Jahren herum drastisch verlangsamt, wird wenig oder gar keine bewusste Aufmerksamkeit geschenkt, während wir erwachsen werden und sind. Die Reise mit The Presence Process ist deshalb im Wesentlichen eine Reise zur emotionalen Entwicklung durch die Aktivierung des Bewusstseins unserer physischen Präsenz in Verbindung mit mentaler Klarheit.

Die Erfahrung physischer Präsenz stellt sich ein, wenn wir entdecken, wie wir unser Bewusstsein in unserem physischen Körper verankern. Viele von uns glauben, dass wir unseren physischen Körper bewohnen, aber wir sind selten anwesend. Das Nachdenken über Vergangenheit und Zukunft spielt sich im mentalen Raum ab, der sich nicht auf unser physisches Gehirn beschränkt, sondern sich so weit erstreckt, wie wir denken können. Wenn wir an einen Freund in einem anderen Land denken, vielleicht an eine Erinnerung unseres letzten Zusammentreffens, gehen wir davon aus, dass wir immer noch in unserem Körper sind, was ganz eindeutig nicht der Fall ist. *Wir sind dort, wo unsere Aufmerksamkeit ist.* Möglicherweise spielt sich etwas genau vor unseren Augen ab, aber wir nehmen es nicht wahr, weil wir in unseren Gedanken umherwandern. Wir sind ganz sicher nicht in unserem Körper anwesend!

Zwar spiegelt der Körper Erfahrungen aus der Vergangenheit und Projektionen in die Zukunft wider, aber er selbst ist *immer* vollständig präsent. Er ist vollkommen präsent bei den kniffligen Einzelheiten seines Funktionierens, was sich daran erkennen lässt, dass jeder Herzschlag immer nur in der Gegenwart stattfindet. Die *Erfahrung* der physischen Präsenz wird jedoch nur dann aktiviert, wenn wir in das Bewusstsein im gegenwärtigen Augenblick eintreten. So *erfahren* wir zum Beispiel physische Präsenz, wenn wir unser Herz schlagen *fühlen* können.

Leider kommen wir häufig dann einer Erfahrung unserer physischen Präsenz am nächsten, wenn wir zum Beispiel fast einen Unfall haben und den Schrecken fühlen. In den Augenblicken, nachdem der Schreck einsetzt, konzentriert sich unser Bewusstsein vollkommen auf unseren Körper, sodass wir spüren, wie das Blut durch unsere Adern gepumpt wird und wie das Herz in unserer Brust klopft. Wenn wir unsere Tage mit unseren Gedanken im mentalen Raum verbringen, sind wir uns nicht bewusst, dass wir ein Herz haben, und schon gar nicht können wir es hören oder spüren.

The Presence Process lehrt uns eine Atemtechnik, die unser Bewusstsein absichtsvoll in unserem physischen Körper verankert. Von diesem Punkt des gesteigerten Bewusstseins streben wir dann nach mentaler Klarheit und emotionaler Integration. Wenn wir emotionale Integration erreichen, ist dies eine effektive Möglichkeit zur Initiierung der emotionalen Entwicklung

Emotionale Entwicklung ist nicht einfach. Ihre Notwendigkeit wird durch unser Umfeld selten verstanden und noch weniger unterstützt. Die Hinweise in diesem Buch sollen die Erfahrung etwas erleichtern, doch der Prozess selbst soll nicht einfach sein. Und anfangs fühlen wir uns dadurch auch weder »besser« noch »gut«.

Sich »besser«, »gut« oder »in Ordnung« zu fühlen, sind Begriffe, die wir verwenden, wenn wir emotional abgestumpft sind. Ich ermuntere Sie, während der Dauer dieser Erfahrung den Fortschritt nicht daran zu messen, wie gut Sie sich fühlen. *Wie auch immer* Sie sich während der Durchführung dieses Prozesses fühlen, ist *richtig* und *stichhaltig*.

Bei diesem Prozess geht es darum, sich daran zu erinnern, wie es ist, *authentisch* zu fühlen. Dazu gehören anfangs durchaus auch Erfahrungen verdrängter Emotionen wie Angst, Wut und Trauer. Das Besondere an The Presence Process ist, dass er uns dabei unterstützt, behutsam auf verdrängte Emotionen zuzugreifen. – Emotionen, die wir uns normalerweise lieber nicht eingestehen. Während des Prozesses lassen wir diese Emotionen aber bewusst zu, weil *sie die unbewussten energetischen Ursachen jener Verhaltensweisen und Erfahrungen sind, die uns nicht mehr dienen.* Durch den Zugang zu den verdrängten Gefühlen stellen wir die Resonanz der Authentizität wieder her.

Dieser Prozess transportiert *auf der Erfahrungsebene* – jenseits unseres *Verständnisses*, warum es notwendig ist – den Grund, warum wir uns zur emotionalen Entwicklung verpflichten. Auf unserem Weg entdecken wir auch, dass mentales Verständnis selten ein Teil der emotionalen Integration ist. Wie bei jeder Reise ins Unbekannte nehmen wir nur wahr, wo wir sind und warum sich bestimmte Umstände so ereignen, wenn wir einen Zielpunkt, einen Punkt der Vollendung erreichen, der uns die Möglichkeit der Reflexion erlaubt.

Im Zusammenhang mit The Presence Process steht das Wort »Emotion« als Abkürzung für »Energy in motion«: »Energie in Bewegung«. Die emotionale Entwicklung erfordert, verdrängte und blockierte Emotionen zu befreien und dann zu lernen, diese Energie verantwortungsbewusst zu kanalisieren, sodass sie die Qualität unserer Erfahrung verbessert. Das erreichen wir durch die Nutzung einiger einfacher Werkzeuge der Wahrnehmung. Sie unterstützen uns bei unseren Erfahrungen und ermöglichen uns die bewusste Steuerung auf den Pfaden unseres Lebens, ganz gleich, was passiert.

Bei The Presence Process geht es nicht darum, das zu verändern, was wir bereits sind – was unmöglich ist. Es geht um das *Loslassen unserer*

Bindung an eine *konstruierte* Identität, damit wir behutsam zu einem Bewusstsein authentischer Präsenz zurückkehren. Durch das Loslassen unserer konstruierten Identität werden wir bewusst mit einem Aspekt des *Seins* verbunden, der ab dem Augenblick, in dem wir in die Welt treten, konstant und immer gegenwärtig ist.

The Presence Process *bringt uns vom Schein in das Sein.*

Bei The Presence Process geht es nicht darum, *etwas oder jemand anderes* zu werden. Es geht darum, dass wir uns erinnern und erfahren, *was wir bereits sind.* Es geht auch nicht darum, die Zeichen, die die »Sterne« auf unserer Stirn, unseren Händen und Füßen hinterlassen haben mögen, zu verändern. Es geht darum, zum vollen Potenzial jedes Augenblicks zu erwachen, während er sich *genau jetzt* entfaltet, und dabei in Präsenz und Achtsamkeit auf das Leben zu reagieren, statt in einer Art reaktiv darauf zu agieren, als ob eigentlich etwas anderes hätte passieren sollen.

The Presence Process offenbart, dass unser Verlangen, jede unserer Erfahrungen so zu manipulieren, dass wir uns wohler fühlen, aus dem Unvermögen entsteht, ganz hier zu sein und das Wunder unserer Erfahrung genau so zu genießen, *wie es ist.* The Presence Process erweckt in uns das Bewusstsein, dass die Art und Weise, wie wir mit dem umgehen, was gerade *in diesem Augenblick* geschieht, den Samen dafür legt, was jenseits unserer gegenwärtigen Erfahrung liegt. Er hilft uns zu erkennen, dass die Beschaffenheit der Samenkörner, die wir in jedem beliebigen Augenblick aussäen, davon abhängt, ob wir uns entscheiden, *reaktiv zu agieren* oder *achtsam zu reagieren.*

Auf unsere Erfahrungen *reaktiv zu agieren*, bedeutet, dass wir unsere Entscheidungen auf der Grundlage dessen treffen, was wir glauben, was gestern geschehen ist und morgen geschehen mag. Im Gegensatz dazu *reagieren wir achtsam* auf unsere Erfahrungen, wenn unsere Wahl darauf beruht, was genau hier, genau jetzt geschieht. Dieses achtsame Reagieren stützt sich auf die *Weisheit*, die wir aus den Ereignissen der Vergangenheit geschöpft haben, während reaktives Agieren durch das *ungelöste Trauma* angetrieben wird, *das in uns schlummert.*

Da The Presence Process nicht *für* eine andere Person erlebt oder erfahren werden kann, um einer anderen Person *gefällig* zu sein, und da die Aktivierung des Bewusstseins im gegenwärtigen Augenblick in unserer persönlichen Verantwortung liegt, ist dies eine Erfahrung, die sich nicht für Vergleiche und Bewertungen eignet. Da dies eine Reise ist, die durch Selbstverpflichtung, Wissbegierde und Absicht Fortschritte macht, gibt es bei The Presence Process auch kein Scheitern. Welche Erfahrungen wir während dieses Prozesses auch machen, sie sind richtig und stichhaltig. Abgesehen davon, dass wir die einfachen Hinweise möglichst gut befolgen, gibt es kein »Sollen« und keinen »maßgeblichen« Weg. – Es gibt nur *unseren eigenen* Weg.

Während wir The Presence Process durchlaufen, stellen wir fest, dass *unser* Weg durch diesen Prozess *immer ein Fraktal dessen ist, wie wir uns mit unserer gesamten Lebenserfahrung befassen.* Unsere Reise durch den Prozess dient uns also als Spiegel, wie wir an unsere Alltagserfahrung herantreten.

The Presence Process dient keinem »Zweck«, wie nichts an uns je einen Zweck haben sollte. Der Prozess ist einfach die *Fortführung* einer lebenslangen Reise, auf der wir uns bereits befinden und die uns in das Herz der Präsenz und in das Bewusstsein im gegenwärtigen Augenblick führt. Stellen wir auf dieser Etappe der Lebensreise die Absicht in den Mittelpunkt, uns auf dem restlichen Weg unserer menschlichen Erfahrung unserer emotionalen Entwicklung zu verpflichten.

Es lohnt sich, wenn Sie sich vor dem Weiterlesen einen Augenblick der Stille nehmen, um sorgfältig über die folgende Frage nachzudenken: Was ist *meine* Absicht, mich auf The Presence Process einzulassen?

Die Technik des Prozesses

Im Rahmen dieses Prozesses geht es nicht um das »Handeln im Außen«. Stattdessen führt uns dieser Prozess an eine Technik des achtsamen Reagierens in der Wahrnehmung heran, die als »Nicht-Handeln« bezeichnet wird.

»Nicht-Handeln« ist nicht mit Untätigkeit oder Inaktivität zu verwechseln. Das Leben fordert uns zu Handlungen auf und drückt sich durch uns als Impuls aus. Es gibt jedoch den *reaktiv agierenden* Impuls und den *achtsam reagierenden* Impuls. Reaktives Agieren ist der Impuls, der unbewusst durch nicht integrierte, gefühlte und stark aufgeladene Emotionen gesteuert ist und aus einem verdrängten inneren Unbehagen hervorgeht. Achtsames Reagieren ist ein Impuls, der darin verwurzelt ist, dass wir die Verantwortung für unser inneres Unbehagen übernehmen. Dies bedeutet, dass wir einfach dieses Unbehagen wahrnehmen und zulassen, dass es ganz in unser Bewusstsein rückt, ohne dass wir Bedingungen damit verknüpfen.

Im Kontext dieses Prozesses ist *Handeln* ein – physischer, mentaler oder emotionaler – Impuls, dessen Absicht in der Ruhigstellung und Kontrolle unseres inneren Unbehagens liegt. Im Gegensatz dazu ist das »Nicht-Handeln« ein – physischer, mentaler oder emotionaler – Impuls, dessen Absicht ein achtsames Reagieren auf das innere Unbehagen ist.

Die Struktur dieses Prozesses setzt sich aus Techniken zusammen, die mit ihrer Absicht im *Nicht-Handeln* verwurzelt sind. Zum Beispiel:

- Wir haben auch bisher schon geatmet. Dieser Prozess befähigt uns nun, bewusst zu atmen. Dem, was bereits geschieht, wird nichts hinzugefügt, nur das achtsame Reagieren.
- Wir waren auch bisher schon mental aktiv. Dieser Prozess befähigt uns, uns gedankliche Prozesse, die uns dienen, bewusst zu eigen zu

machen. Dem, was bereits geschieht, wird nichts hinzugefügt, nur das achtsame Reagieren.

- Wir haben bisher auch schon gefühlt. Dieser Prozess befähigt uns, uns bewusst mit den Dingen auseinanderzusetzen, die derzeit verdrängt und ruhiggestellt sind. Dem, was bereits in unserer Erfahrung geschieht, wird nichts hinzugefügt, nur das achtsame Reagieren.
- Wir haben bisher auch schon einen Teil unseres Tages damit verbracht, zu lesen. Dieser Prozess bietet uns einen Text an, der unser Bewusstsein in die Gegenwart führt. Dem, was bereits geschieht, wird nichts hinzugefügt, nur das achtsame Reagieren.
- Wir haben auch bisher schon verschiedene Wege der Wahrnehmung genutzt. Dieser Prozess gibt uns nun Werkzeuge an die Hand, mit denen wir die Welt so wahrnehmen können, wie sie ist, und nicht durch den Filter der Interpretationen und Überzeugungen, die wir aus nicht integrierten Erfahrungen der Vergangenheit gewonnen haben. Dem, was bereits geschieht, wird nichts hinzugefügt, nur das achtsame Reagieren.

Anders als Methoden, die von uns verlangen, Techniken anzuwenden, die meist nicht Teil unserer üblichen Erfahrung sind, wie zum Beispiel einen Kopfstand zu machen, fügt The Presence Process *dem Bestehenden* einfach nur *die Resonanz des Bewusstseins* hinzu. Bewusstsein ist das einzige Werkzeug, das für die authentische Transformation aller Aspekte unserer Erfahrung erforderlich ist.

The Presence Process ist als eine Reihe von zehn aufeinanderfolgenden Abschnitten strukturiert, die jeweils Inhalte für sieben Tage enthalten. Diese zehn Abschnitte für je sieben Tage räumen ausreichend Zeit und Raum ein, die erforderlichen Erfahrungen aus den Interaktionen unseres ganz normalen Alltags zu sammeln. Diese Interaktionen unseres normalen Alltags unterstützen uns bei der Integration der Erkenntnisse, die wir im Laufe des Prozesses gewinnen. Die durch die tägliche Erfahrung untermauerten Einsichten werden zu persönlich gewonnenem Wissen.

Wenn sich dieses persönlich gewonnene Wissen auf der Frequenz bewegt, auf der auch unsere gefühlten Wahrnehmungen, Gedanken, Worte und Handlungen fußen, treten wir in die Resonanz der Weisheit ein. So betrachtet lädt uns The Presence Process ein, Erfahrungen zu sammeln, die Weisheit hervorbringen.

In der ersten Woche dieses Prozesses werden wir in die Praxis der bewusst verbundenen Atmung eingewiesen, die wir während der gesamten Dauer dieser Reise zweimal am Tag 15 Minuten lang praktizieren. Diese Atemtechnik ist das Rückgrat des Prozesses. Die Atmung fördert die tägliche Zunahme von Bewusstsein im gegenwärtigen Augenblick durch die Integration der energetischen Muster, die uns in der zeitbasierten Mentalität gefangen halten.

Während des gesamten Prozesses nutzen wir bewusst die Werkzeuge der Wahrnehmung, die wir *Aufmerksamkeit* und *Absicht* nennen. Aufmerksamkeit ist das Werkzeug des mentalen Körpers und bezieht sich auf das *Was* unseres Fokus. Absicht ist das Werkzeug des emotionalen Körpers und bezieht sich auf das *Warum* unseres Fokus. Wir setzen Aufmerksamkeit und Absicht ein, um auf unsere Erfahrungen zu, durch sie hindurch und wieder heraus zu steuern. Normalerweise nutzen wir diese Werkzeuge der Wahrnehmung unbewusst. Deshalb soll The Presence Process Bewusstsein in unsere Anwendung von Aufmerksamkeit und Absicht bringen. Die Qualität unserer Erfahrung wird dadurch bestimmt, wie bewusst wir diese Werkzeuge einsetzen.

In jeder Woche erhalten wir zusätzlich zu unserer täglichen Atemübung eine Aussage zur Aktivierung der mentalen Klarheit. Wir nennen diese Aussagen »bewusste achtsame Reaktionen«. Wir wenden die bewusste achtsame Reaktion der jeweiligen Woche auf die täglichen Lebenserfahrungen an, die durch diesen Prozess angeregt werden. Und zusätzlich lesen wir jede Woche einen Text, der Werkzeuge der Wahrnehmung und Einsichten zu dem Zweck anbietet, dass wir uns über unser unbewusstes Verhalten klar werden.

Bei The Presence Process geht es nicht darum, dass jemand oder etwas »da draußen« uns »in Ordnung bringt«. Im Gegenteil: Der Prozess konzentriert unsere Aufmerksamkeit auf die Entwicklung unserer inneren Fähigkeiten. Durch diesen Prozess übernehmen wir die volle Verantwortung für unseren Zugang zum Bewusstsein im gegenwärtigen Augenblick.

Dieser Prozess hilft uns zu erkennen, dass wir vollkommen in Ordnung sind, dass *nichts* an dem falsch ist, was wir authentisch sind. Der Prozess erreicht dies, indem er uns lehrt, uns von unserer Erfahrung zu lösen und sie zu beobachten. Dadurch lernen wir zu sehen, dass nicht *wir*, sondern die Art der *Erfahrung*, die wir machen, ins Gleichgewicht gebracht werden muss. So zeigt uns The Presence Process, dass ein Unterschied besteht zwischen dem, *was wir bereits sind*, und *der Erfahrung, die wir zurzeit machen*.

Der Erfolg dieses Prozesses ist weder mit Magie noch mit einem Geheimnis zu erklären. Er ist einfach eine Technik der Wahrnehmung, die sich an dem orientiert, wie der natürliche Fluss und die Tendenz unseres Bewusstseins funktionieren. Er respektiert den Fluss von Ursache und Wirkung von einem Augenblick zum nächsten und wendet ihn an. Durch die persönliche Erfahrung mit dem Prozess erkennen wir, dass die Wirkungsweise und die Erkenntnisse dieses Prozesses offensichtlich und natürlich sind.

Was diese Erfahrung von vielen anderen introspektiv ausgerichteten Verfahren unterscheidet, ist das Fehlen äußerer Rituale, Zeremonien und einer Glaubenslehre. Es gibt keine Spielzeuge oder »Kraftobjekte«, an die man sich klammern könnte. Nicht erforderlich sind außerdem ein bestimmtes Überzeugungssystem, religiöse Konzepte oder die Kenntnis einer etablierten Philosophie. Je weniger vorgefasste Meinungen Sie in den Prozess einbringen, umso effizienter wird er sein.

Alles, was wir in diesem Prozess erreichen, geschieht durch die Disziplinierung unserer Willenskraft mit dem Ziel, unsere Aufmerksamkeit und Absicht bewusst zu nutzen. Die Zeit, die wir sonst auf endlose Überlegungen verwendet haben, nutzen wir nun für eine integrierte physische, mentale und emotionale Erfahrung. Wir haben ständig Gelegenheit, jede Einsicht zu *erfahren*, weil uns diese Einsichten während des Prozesses als Ereignisse, Umstände und Zusammentreffen in unserem täglichen Leben begegnen. Wenn wir unsere Möglichkeiten gemäß den Hinweisen in diesem Buch einsetzen und dann die Auswirkungen erleben, erkennen wir durch persönliche Erfahrung, dass *nichts eine anhaltendere Wirkung auf unsere Gefühle hat als die Entwicklung einer bewussten Beziehung zu unserer gemeinsamen Präsenz.*

The Presence Process lädt uns auf eine *freudvolle persönliche Begegnung mit dem ein, was wir bereits sind.* Es ist möglich, dass der Wunsch, diese Reise zu machen und abzuschließen, *anfangs* als Reaktion auf ein Unbehagen und äußere Umstände entsteht. Aber während dieser Erfahrung lernen wir, wie wir unsere Absicht und unsere Willenskraft direkt aus unserer inneren Quelle speisen. Wenn wir erkennen, wie wir die ganze Verantwortung für die Qualität unserer Erfahrung übernehmen, lassen wir unsere Opfer-/Sieger-Mentalität los.

The Presence Process vermittelt uns die Einsicht, dass *authentisches Wachstum aus dem entsteht, was wir nicht wissen.* Dieser Punkt kann gar nicht stark genug betont werden. Dies kann auch nicht mental verstanden werden. Der denkende Aspekt des Verstandes geht entweder davon aus, dass er bereits alles Notwendige weiß, oder er glaubt, dass alles bisher Unbekannte über Denken und Analyse erschlossen werden kann.

Da authentisches Wachstum eine vorsätzliche Haltung des »Nichtwissens« erfordert, macht ein Denken, dass wir genau wissen, was in allen Aspekten unserer Erfahrung passiert, es schwer, sich dem Prozess hinzugeben. Mit dem Antritt dieser Reise öffnen wir uns daher der Möglichkeit, dass wir nicht wissen, was wir sind, was wir suchen oder wie dieses Bewusstsein erlangt werden kann. Es kann sogar alles falsch sein, was wir glauben verstanden zu haben.

Wir haben gesehen, dass es nicht die Absicht dieser Reise ist, »uns gut zu fühlen«, sondern zu fühlen, was sich tatsächlich gerade in uns entwickelt. Anders ausgedrückt ist es *nicht unsere Absicht, uns besser zu fühlen, sondern besser fühlen zu lernen.*

Unser authentischer Zustand der Präsenz ist voller Freude, harmonisch und friedliebend. Das Erwachen zu einem ständigen Bewusstsein dieser Präsenz erfordert zunächst jedoch eine Reise durch die derzeitige Verfassung des emotionalen Körpers. Diese Reise führt uns zu verdrängter Angst, Wut und Trauer. Wir haben diese unbehaglichen emotionalen Zustände verdrängt, weil wir glauben, dass etwas nicht stimmt, wenn solche Emotionen auftauchen. Diese Überzeugung hilft uns nicht.

Unsere *Versuche, uns immer gut zu fühlen,* gehen auf den Wunsch zurück, die Tatsache zu verdrängen, dass wir uns in Wirklichkeit ängstlich und wütend und traurig fühlen. Mit dem Eintreten in The Presence Process wollen wir die verdrängten emotionalen Zustände an die Oberfläche treten lassen.

Wenn wir das Auftauchen dieser verdrängten Emotionen erleben, werden sich die Menschen um uns herum Sorgen machen und instinktiv versuchen, dass wir uns »besser fühlen«. Dadurch aber ermuntern sie uns, die nach oben kommenden, bisher verdrängten Emotionen wieder *zuzudecken.* Unsere Aufgabe ist nicht das *Zudecken,* sondern das *Aufdecken.*

Wenn wir das Auftauchen der verdrängten emotionalen Zustände erleben und uns dann Menschen anvertrauen, die keine Anhaltspunkte dafür haben, in welchem Prozess wir stehen, schaffen wir uns unnötige Verwicklungen. Es wird empfohlen, während dieser Reise sehr zurückhaltend damit umzugehen, unsere Erfahrung mit anderen zu erörtern. Wir nennen dies »Zurückhaltung«. Achten Sie darauf, nach oben kommendes emotionales Unbehagen nicht als Mittel einzusetzen, Aufmerksamkeit zu erlangen. Das Projizieren unserer persönlichen Dramatik mag uns anfangs helfen, uns besser zu fühlen – *zuzudecken.* Aber es kann uns nicht dabei helfen, besser im Fühlen zu werden – *aufzudecken.*

Unsere Atmung mit Bewusstsein zu füllen ist ein wichtiger Bestandteil dieses Prozesses, weil unsere Atmung ein effizientes und frei verfügbares Werkzeug für die Verankerung unserer Aufmerksamkeit im gegenwärtigen Augenblick ist. Zunächst könnten Sie denken, dass die in diesem Prozess genutzte Atemtechnik der Atemarbeit und dem Rebirthing ähnelt. Die Atemtechnik, die im Rahmen von The Presence Process verwendet wird, ist zwar nicht an den Absichten und Praktiken der Atemarbeit und des Rebirthing ausgerichtet, ist aber im Prozess des Suchens weitgehend mit ihnen gleich und kann daher als begleitende Technik betrachtet werden. Die Absicht der bewusst verbundenen Atmung finden Sie jedoch nur bei The Presence Process.

Dieser Prozess entspricht auch nicht dem Pranayama-Yoga oder irgendeiner anderen Technik, die unser Bewusstsein der Atmung mit der Absicht erweitern möchte, die Erfahrung der Schwingung zu aktivieren und zu nutzen. *Dieser Prozess befasst sich nicht mit der Kontrolle der Atmung, sondern mit dem Loslassen der unbewussten Kontrolle unserer Atmung, damit wir zu einem normalen und gesunden Atemmuster finden.*

Das Hauptziel der bewusst verbundenen Atmung ist die Aktivierung und Anreicherung von Präsenz und Bewusstsein im gegenwärtigen Augenblick durch die Integration unbewusster emotionaler Blockaden, die unsere derzeitige Erfahrung hemmen.

Wie aktiviert bewusst verbundene Atmung das Bewusstsein im gegenwärtigen Augenblick? Viele von uns verbringen die Stunden des Wachseins damit, über Umstände aus der Vergangenheit oder über Ereignisse, die noch nicht passiert sind, nachzudenken. Tatsächlich beschäftigt sich der denkende Aspekt des Verstandes fast ausschließlich mit solchen Aktivitäten. Das Nachdenken über Vergangenheit und Zukunft ist eine Sucht des Verstandes, die die Menschheit in einem internen Traumzustand der Ablenkung gefangen hält, was sich nach außen als permanenter planetarischer Konflikt, Chaos und Verwirrung zeigt.

In diesem Buch nenne ich diesen abhängig machenden Traumzustand »Leben in der Zeit«, ein Zustand, der ohne Bewusstsein im gegenwärtigen Augenblick ist und daher ohne Bewusstsein der Folgen. Wir können nur dann Verantwortung für die Qualität unserer Erfahrung übernehmen, andere unterstützen und unsere Verbundenheit mit allem Leben erfahren, wenn wir im Bewusstsein im gegenwärtigen Augenblick sind.

Ohne Bewusstsein im gegenwärtigen Augenblick ist es schwer, die energetische Verbindung zwischen Ursache und Wirkung wahrzunehmen. Wir sind uns des einheitlichen Felds, in dem wir alle tanzen, nicht bewusst. Wenn wir jedoch authentisch präsent sind, können wir anderen nicht bewusst schaden, weil uns die enge Verbindung durch das Bewusstsein im gegenwärtigen Augenblick die Fähigkeit verleiht, die Folgen unseres Verhaltens zu *fühlen*. Unsensibles Verhalten ist ein Anzeichen, dass weder Bewusstsein im gegenwärtigen Augenblick noch die gefühlte Wahrnehmung, die daraus entsteht, vorhanden ist.

Glücklicherweise sind wir im Traumzustand des zeitbasierten Paradigmas nicht vollkommen verloren. Es gibt in allen von uns eine rettende Verbindung in das Bewusstsein im gegenwärtigen Augenblick: unseren Atem. Es ist nicht möglich, in der Vergangenheit oder in der Zukunft zu atmen. Atmung ist nur im gegenwärtigen Augenblick möglich. Indem wir uns unserer Atmung bewusst werden, aktivieren wir ein Werkzeug, das die Rückkehr unserer Aufmerksamkeit aus Vergangenheit und Zukunft unterstützt. Wenn wir unsere Aufmerksamkeit und Absicht auf das Verbinden unserer Atmung richten, unterstützen wir damit, dass ein Aspekt unseres Bewusstseins im gegenwärtigen Augenblick verankert bleibt.

The Presence Process bringt nicht integrierte und verdrängte Erinnerungen so behutsam wie möglich an die Oberfläche und ermöglicht gleichzeitig ihre sichere Integration, das Erlangen der erforderlichen Einsichten und die Neutralisierung der destruktiven Auswirkungen der verdrängten, stark aufgeladenen Emotionen auf unsere aktuelle Erfahrung. Wenn wir das erreichen, beantworten wir zwei Fragen, die wir uns alle seit unserer Kindheit in der einen oder anderen Form stellen: *Was ist passiert?* und *Wie kann ich verhindern, dass es wieder passiert?* Solange diese beiden Fragen unbeantwortet bleiben, lenken sie unsere Aufmerksamkeit weg von der Gegenwart hin zu den Traumata aus der Vergangenheit und zu den angstvollen Projektionen für die Zukunft. Unbeantwortet sind diese Fragen die Quelle ständiger Ängstlichkeit. The Presence Process reduziert die Ängstlichkeit und löst sie an ihrer Ursache auf.

Dieses Verfahren ist nicht als ein »spiritueller« Prozess oder als »spirituelle Erfahrung« gedacht, wird sich aber unzweifelhaft auf unser Schwingungsbewusstsein auswirken. Genau genommen sollten Sie diesen Prozess als eine integrierte physische, mentale und emotionale Technik sehen, die das emotionale Erwachen, emotionales Wachstum und eine fortgesetzte emotionale Entwicklung fördert.

Bei The Presence Process geht es darum, *ganz im Leben zu stehen, indem wir erwachsen werden,* und *erwachsen zu werden, indem wir ganz im Leben stehen.*

Bewusstsein der Fragen

Es hilft uns, die Haltung der Hingabe zu aktivieren, die eine Voraussetzung für The Presence Process ist, wenn wir zunächst unsere Herangehensweise an Fragen verändern. Wir konzentrieren uns auf *das Stellen der Frage,* nicht auf den Versuch, uns eine Antwort auszudenken. Wir lassen zu, dass sich die Antwort unerwartet und organisch manifestiert, und vertrauen darauf, dass sie sich in dem Augenblick einstellt, in dem wir diese Erkenntnis brauchen. Damit öffnen wir unsere Fähigkeit zu empfangen.

Einer unserer größten Irrtümer ist die Annahme, dass der denkende Aspekt des Verstandes unsere einzige zur Verfügung stehende Möglichkeit ist, wenn wir mit schwierigen Fragen konfrontiert sind. Achten Sie einmal darauf, wie Ihr mentaler Körper bei Fragen nach Erfahrungen aus der Vergangenheit das Gedächtnis nach der Antwort absucht. Auf manche Antworten können wir sofort zugreifen, ohne nachdenken zu müssen. Bei anderen Antworten müssen wir offensichtlich etwas nachdenken, bevor wir auf sie zugreifen können. Und dann gibt es die Fragen, deren Antworten uns nicht zugänglich sind, egal wie lange wir darüber nachdenken.

Der mentale Körper sucht und sucht, bis ein bestimmter, selbstbegrenzender Gedanke auftaucht, wie »ich weiß nicht« oder »daran kann ich mich nicht erinnern«. In dem Augenblick, in dem der mentale Körper einen solchen selbstbegrenzenden Gedanken in Betracht zieht, schließt der denkende Aspekt des Verstandes die Nachforschungen ab.

Wenn wir akzeptieren, dass die Antwort auf eine Frage über die Vergangenheit nicht durch das Nachdenken darüber ergründet werden kann, taucht in uns eine Selbstbeurteilung auf, zum Beispiel: »Ich kann mich nicht daran erinnern, weil mein Langzeitgedächtnis nicht so gut ist.« »Ich kann mich nicht daran erinnern, weil es für mich keine Bedeutung hat.« »Ich kann mich nicht erinnern, weil es zu schmerzhaft ist.« »Ich kann mich nicht erinnern, weil es vor so langer Zeit passiert ist.« Der mentale Körper unterstreicht seine Unfähigkeit, die Frage zu beantworten, durch einen Gedanken der Selbstbeurteilung, weil er so die Tatsache verschleiern kann, dass er nicht alles weiß. Statt sich mit dem Unbekannten anzufreunden, schiebt der mentale Körper die Schuld für sein offenkundiges Unvermögen, durch Nachdenken auf Informationen zuzugreifen, auf äußere Umstände. Jedes Mal, wenn dies geschieht, schneiden wir unbeabsichtigt unsere Erfahrung von dem »Wissen« ab, das aus der Präsenz kommt. Das ist so, weil sich die Präsenz nicht einmischt. Sie kommuniziert fortwährend, aber wir nehmen diese Kommunikation nicht wahr, wenn wir darauf bestehen, Informationen nur über den Denkprozess zu erlangen.

Der Zugriff auf Informationen ohne die Anwendung von Denken mag uns fremd erscheinen, weil wir durch den verstandesdominierten Ansatz unseres Bildungssystems geprägt sind. Entgegen der allgemeinen Annahme ist der denkende Aspekt unseres Verstandes jedoch nicht das Maß aller Dinge, wenn es um das Gewinnen von Einsichten geht. Im Gegenteil haben wir die Fähigkeit, Einsichten zu empfangen, wenn wir das am wenigsten erwarten.

Es ist uns allen schon passiert, dass wir plötzlich die Antwort auf eine Frage wussten, obwohl wir eigentlich gedacht hatten: »Ich komme nicht darauf.« Weil wir das Gefühl haben, dass wir auf die Antwort zugreifen können, sie nur eben gerade nicht fassen können, brechen wir unsere mentale Suche danach nicht ab, sondern sagen uns selbst etwas wie: »Ich weiß, dass ich das weiß.« »Ich komme noch darauf.« »Es liegt mir auf der Zunge.« Und das Ergebnis ist dann, dass wir *tatsächlich* darauf kommen. Während unsere Aufmerksamkeit mit etwas anderem beschäftigt ist, taucht die Antwort auf mysteriöse Art und Weise in unserem Bewusstsein auf, als ob sie immer schon da gewesen wäre.

Ganz ähnlich geben viele Erfinder zu Protokoll, dass der entscheidende Einfall, der die Erfindung möglich gemacht hat, zu einem Zeitpunkt aufgetaucht ist, als sie mit ihrer Aufmerksamkeit nicht mehr mit der Aufgabe beschäftigt waren, sondern sich mit etwas ganz anderem befasst haben, zum Beispiel bei einem Entspannungsschlaf.

Diese Art Erfahrung zeigt, dass alle relevanten Informationen, die wir über unsere vergangenen Erfahrungen anstreben, auch zur Verfügung stehen, wenn wir nur die richtige Zugangsmethode wählen. Die richtige Zugangsmethode muss nicht unbedingt das Nachdenken sein. Was erforderlich ist, ist die *Offenheit, die Antwort von einem Aspekt unseres Selbst zu empfangen, der alles weiß.*

So, wie wir uns derzeit selbst begreifen, wissen wir nicht alles. Aber es gibt einen Aspekt unseres *Seins*, der alles weiß. Unter Umständen sind wir uns dieses Aspekts unseres *Seins* noch nicht bewusst. Er weiß alles, ohne über etwas nachdenken zu müssen. Die Präsenz ist ein stiller Zeuge jeder Erfahrung, die wir durchleben, und sie erinnert sich an alles aus jedem Augenblick dieser Erfahrungen, als ob diese noch immer stattfinden würden. Für die Präsenz sind alle Erfahrungen, die wir je machen, so, als ob sie im Jetzt stattfinden würden, weil sich das *Sein* im Bewusstsein im gegenwärtigen Augenblick befindet, das keine Zeit kennt. Die Präsenz ist ein ständiger Zeuge aller Erfahrungen, als ob sich alle Erfahrungen gleichzeitig entfalten.

Wir sind aufgefordert, während des gesamten Prozesses viele Fragen über unsere Erfahrung zu stellen. Um das Potenzial unserer Fragen nicht zu begrenzen, sind wir aufgefordert, das Stellen der Fragen *ohne Nachdenken über die Antworten* zu bewerkstelligen. Entweder wissen wir die Antwort auf eine Frage – oder wir wissen sie nicht. Das Nachdenken darüber ändert nichts daran. Das Nachdenken mag zu Vermutungen verleiten, ist aber wirkungslos im Vergleich zum Aktivieren des *Wissens*, wenn das Wissen nicht von sich aus bereits offensichtlich ist. Wenn wir uns nur auf das Denken stützen, erfinden wir unweigerlich Geschichten, die nicht authentisch sind.

Im Gegensatz zum mentalen Verständnis erfordert das Wissen, dass wir uns einer integrierten physischen, mentalen und emotionalen *Erfahrung* dessen anvertrauen, was wir wissen wollen. Eine Frage und die Antwort darauf stehen in gleicher Beziehung wie eine Ursache und ihre Wirkung. In dem Moment, in dem wir eine Frage stellen, operieren wir aus der Kausalität, aus der Ursache, heraus. Folglich sind wir bereits mit der Erfahrung der Antwort verbunden. Wenn wir diesen Augenblick der Kausalität nicht mit einer selbstbegrenzenden reaktiven Aktion beenden, wird die Antwort in der einen oder anderen Form in unserem Bewusstsein auftauchen, und zwar genau, wenn sie erforderlich ist (allerdings, und das betone ich, *nicht unbedingt, wann wir uns das wünschen).* Die Frage ist die Ursache, die Antwort ist die Wirkung. Sie sind bereits eng miteinander verknüpft, weil sie ein Teil desselben Ganzen sind. Der eine

Teil garantiert den anderen. Wir sind eingeladen, diesen Ansatz anzuwenden, wenn wir während dieses Prozesses vor irgendeiner Frage stehen.

Seien Sie nicht auch nur ansatzweise beunruhigt, wenn Sie auf eine Frage in diesem Text keine unmittelbare Erinnerung haben. Unsere Aufgabe ist erfüllt, wenn wir die Frage ernsthaft gestellt haben. Wenn die Antwort nicht gleich offensichtlich ist, bleiben wir in Bezug auf diese Sache einfach offen und erlauben der Antwort, zwischen unseren Alltagserfahrungen mühelos aufzusteigen. Die Antwort kommt, wenn es der richtige Zeitpunkt ist, nicht wenn wir es wollen.

Wenn wir die wichtigen Fragen des Lebens von einem Standpunkt des Bewusstseins aus stellen, lassen wir zu, dass die Energie der Inspiration und Einsicht in unserer täglichen Erfahrung geweckt wird. Dies erlaubt es uns, die Resonanz des *Wissens* zu erfahren, *ohne den Grund zu kennen.* Dies wird während des Prozesses besonders hilfreich sein, weil wir auf Erfahrungen zugreifen werden, die sich vor der Entwicklung unserer mentalen Fähigkeiten ereignet haben, also bevor wir die Fähigkeit hatten, alles mit mentalen Konzepten zu versehen. Viele dieser Erfahrungen stehen uns jetzt nur als emotionale Zustände, energetische Schwingungen und körperliche Empfindungen über unsere gefühlte Wahrnehmung zur Verfügung. Sie sind gefühlte »Energien in Bewegung«, Erfahrungen von Schwingungen, die wir im Mutterleib und kurz nach unserer Geburt erlebt haben, mit denen wir über unsere Fähigkeit zur gefühlten Wahrnehmung direkten Kontakt aufnehmen. Wenn wir darauf bestehen, die Gründe, das »Warum« aller Dinge, mental zu verstehen, blockieren wir unsere Fähigkeit, Zugang zu diesen frühen, gefühlten Erinnerungen zu gewinnen.

Die Fragen, die wir während dieser Erfahrung der emotionalen Verarbeitung stellen, sind bedeutsam. Die Antworten darauf befreien uns. Es ist wie mit Ursache und Wirkung. Wenn wir eine Frage stellen und gleichzeitig offen bleiben, manifestieren sich die Antworten immer in irgendeiner Weise. Für die Dauer dieses Prozesses sind Sie eingeladen, die Erfahrung zu ergründen, wie es ist, uns selbst zu erlauben, Antworten zu *empfangen*, statt sie zu *bekommen*.

Bewegung über die Bewegung hinaus

Häufig schlagen wir den Weg zu einer neuen Erfahrung ein, so wie hier bei The Presence Process, weil wir »uns ändern wollen«.

Wenn wir fälschlicherweise annehmen, dass wir unsere Erfahrung *sind*, und nicht erkennen, dass wir Präsenz sind, die eine Erfahrung *macht*, werden wir uns vermutlich »zu heilen« versuchen, indem wir unser Verhalten, unser Äußeres oder die Umstände verändern. Diese sind aber nur ein *Ausdruck* dessen, was wir sind, und stehen für eine Erfahrung, die wir gerade machen.

Wenn wir diese Wahrheit nicht erkennen, wenn wir nicht unterscheiden können zwischen dem, was wir bereits sind, und der Erfahrung, die wir gerade machen, veranlasst uns das zu endlosem Handeln im Außen.

Wir sind unveränderlich *wir*, aber wir können die *Qualität unserer Erfahrung* verändern.

Wenn Sie sich auf The Presence Process einlassen, bitte ich Sie, Ihre Wahrnehmung dessen, was Sie unter »Bewegung« verstehen, zu justieren. Wenn wir von Bewegung sprechen, meinen wir im Allgemeinen etwas Körperliches, wie zum Beispiel die Bewegung von einem Ort an einen anderen. In der physischen Welt ist eine Reise ohne körperliche Bewegung nicht möglich.

The Presence Process macht uns eine andere Art Bewegung bewusst, die nicht auf physischer Aktivität beruht: Bewegung über die physische Bewegung hinaus, die zu einer Veränderung in der Qualität unserer Lebenserfahrung führt, eine Veränderung, die sich immer in Richtung zunehmender *Authentizität* bewegt.

Den Unterschied zwischen den beiden erkennen wir, wenn wir uns überlegen, wie wir normalerweise handeln, wenn wir mit unserer Erfahrung, unserem Leben, unzufrieden sind. Wir verändern zum Beispiel die Umstände, indem wir einen neuen Partner wählen, wir suchen uns eine neue Arbeitsstelle oder ziehen in eine andere Stadt oder sogar in ein anderes Land. Alle diese Veränderungen erfordern viel physische Bewegung.

Herumlaufen und doch nirgends ankommen ist die Art Bewegung, die die Welt wählt, um die Unzufriedenheit zu bewältigen, die wir angesichts unserer Alltagserfahrung fühlen. Das Problem ist, dass wir, am Ziel unserer physischen Bewegung angekommen, unweigerlich feststellen, dass unsere Unzufriedenheit trotz der veränderten Umstände wieder auftaucht. Der Grund hierfür ist, dass wir trotz der Veränderung an der äußeren Situation keine authentische Bewegung *in uns* in die Wege geleitet haben. Ein Weiser sagte einmal: »Wo immer wir hingehen, sind wir.«

Wir haben diese frustrierende Erfahrung alle schon einmal auf die eine oder andere Weise gemacht. Diese Art der Neuorganisation unserer Alltagserfahrung ist reines Spektakel – ein besseres Wort wäre vielleicht »Dramatik«, das Wort, das in diesem Buch verwendet wird, um diese Art sinnloser Bewegung zu bezeichnen. Dramatik ist eine physische, mentale und emotionale Aktivität, die sich auf die Wirkung konzentriert, ohne die Ursache zu berühren.

The Presence Process führt uns aus der Dramatik heraus, indem er authentische Bewegung in unserer Erfahrung aktiviert. Ein großer Teil unserer unbewussten Vorgehensweisen für das Leben entsteht aus einem Dilemma. Dieses Dilemma besteht darin, dass wir reaktiv mit Dramatik agieren, bis wir authentische Bewegung in unserer Erfahrung aktivieren. Aber solange wir reaktiv mit Dramatik agieren, versuchen wir nicht, authentische Bewegung zu aktivieren. The Presence Process zeigt uns, wie wir uns aus diesem Dilemma befreien können, indem wir blockierte *Emotionen* integrieren. Wenn diese blockierten Emotionen erst einmal befreit sind, spiegeln sich die Auswirkungen automatisch in unserer physischen, mentalen und emotionalen Erfahrung.

Indem wir unsere Fähigkeit zur kausalen Veränderung – auch als »Alchemie« bezeichnet – verbessern, aktivieren wir in unserer gesamten Erfahrung authentische Bewegung, ohne auf Dramatik zurückzugreifen. Erst wenn wir die Wirksamkeit dieses alchemistischen Ansatzes erkennen, sind wir bereit, der Dramatik zu entsagen. Durch authentische Alchemie wird die Sinnlosigkeit jeglicher Dramatik augenscheinlich. Wenn wir das erkannt haben, haben wir Zugriff auf das Dharma aller Dramatik.

Im Lauf von The Presence Process beginnen wir, uns zu bewegen: vom »Handeln« zum Sein, vom Ansehen zum Sehen, vom Zuhören zum Hören, vom Unbehagen ins Gleichgewicht, von der Trennung zur Einheit, von der reaktiven Aktion zum achtsamen Reagieren, vom Unauthentischen zur Authentizität, von der Zersplitterung zur Integration, von der Suche nach Glück zum Zulassen von Freude, von Schuld und Rache zur Vergebung, von der unrichtigen Wahrnehmung zur richtigen Wahrnehmung, von der Beschwerde und dem Konkurrenzdenken zum Mitgefühl, vom unbewussten Verhalten zum bewussten Verhalten und vom »Leben in der Zeit« zur Erfahrung des Bewusstseins im gegenwärtigen Augenblick.

Alle oben beschriebenen Möglichkeiten der Bewegung sind Variationen der gleichen Veränderung: von der Täuschung in die Präsenz. Diese Veränderung wird allein dadurch bewirkt, dass wir Aufmerksamkeit und Absicht nutzen, um unsere gefühlte Wahrnehmung zu justieren.

Durch die Vorbilder, die wir in der Welt sehen, ist es nicht einfach, die Möglichkeit des Erreichens authentischer Veränderung ohne Dramatik unter den gegebenen Umständen zu verstehen. So erschaffen wir unter Umständen schon zu Beginn dieser Erfahrung unnötige Dramatik. Möglicherweise haben wir die Absicht, das Rauchen oder andere Gewohnheiten mit Abhängigkeitspotenzial aufzugeben, einer speziellen Ernährungsrichtlinie zu folgen und neben unserem täglichen Programm zusätzlich ein sportliches Training zu absolvieren – und das alles, während wir die Erfahrung dieses Prozesses machen!

Wenn wir versuchen, irgendeinen Aspekt unserer Erfahrung zu verändern, um uns besser zu fühlen, greifen wir automatisch auf Dramatik zurück. Dramatik richtet den Fokus unserer Aufmerksamkeit auf die Wirkung, nicht auf die Ursache. Wenn wir die Möglichkeit in Betracht ziehen, dass wir jetzt nicht noch mehr Dramatik, sondern die Aktivierung authentischer Bewegung brauchen, verschwenden wir nicht so viel Energie darauf zu versuchen, unsere Erfahrung dieses Prozesses durch unnötige Aktivität im Außen zu ergänzen.

Wenn wir mit The Presence Process beginnen, sind wir aufgefordert, unsere Erfahrung nicht daran zu messen, *wie gut wir uns fühlen.* Erwarten Sie nicht, dass diese Erfahrung *einfach* sein wird. Streben Sie stattdessen für sich eine *authentische* Erfahrung an, auch wenn das unbehaglich sein kann.

Wir sind aufgefordert, die Möglichkeit in Betracht zu ziehen, dass der Schlüssel zur Wiederherstellung von Harmonie in unserem Leben in einer persönlichen, emotionalen Entwicklung liegt. Wir sind außerdem aufgefordert, es für möglich zu halten, dass die persönliche, emotionale Entwicklung aus der Hingabe an eine Erfahrung des »Nichtwissens« entsteht.

Unser äußeres Erscheinungsbild, unser Verhalten und unsere Lebensumstände, so wie sie *jetzt* sind, sind die kumulierten Folgen des jetzigen Zustands unseres emotionalen Körpers. Wenn uns Aspekte davon nicht gefallen, haben wir die Möglichkeit, sie zu ändern. Authentische Bewegung, die eine dauerhafte Veränderung unserer Erfahrung bewirkt, ist jedoch nur durch ein Ansetzen an der Ursache zu erreichen. Wenn wir kleinere Änderungen an unserem Verhalten, unserem Aussehen oder unseren Lebensumständen vornehmen, kann das zu vorübergehender Besserung führen, aber nicht zu einer dauerhaften Lösung – nicht zur Integration.

Drastische Veränderungen im Außen sind eine Manifestation unseres unbewussten Wunsches, die Entwicklungen zu kontrollieren und ruhigzustellen. Reaktives Agieren dieser Art bringt Aufregung und Aufruhr hervor. Es verleitet uns dazu, zu früh zu viel auf uns zu nehmen, was eine unbewusste Methode ist, uns selbst zu sabotieren. The Presence Process vermittelt uns auf der Erfahrungsebene, dass wir nachhaltige Veränderung in unserer Erfahrung umsetzen können, indem wir die Kausalität justieren: durch die Aktivierung authentischer Bewegung innerhalb des derzeitigen Zustands unseres emotionalen Körpers.

Beim Antritt dieser Reise ist es ratsam, sehr zurückhaltend damit zu sein, gleichzeitig größere Veränderungen an unserem Verhalten, unserem Aussehen oder den äußeren Umständen vornehmen zu wollen. Wenn solche plötzlichen Veränderungen warten können, bis wir diesen Prozess abgeschlossen haben, wäre es vorteilhaft, wenn wir uns selbst die Erlaubnis geben würden, in dieser Zeit äußere Dramatik zu vermeiden. Gehen Sie vorsichtig mit impulsivem Verhalten um, das nach drastischen Änderungen verlangt. Betrachten Sie während der Dauer dieses Prozesses die Worte »impulsiv« und »drastisch« als Indikatoren für Dramatik.

Niemand kann uns sagen, was für uns erforderlich ist. Unser *Herz* kennt jedoch den Unterschied zwischen Erzwingen und natürlicher Entfaltung. Erzwingen Sie nichts! Wenn Sie diesen Prozess durchlaufen, *werden Gedanken und die Beschäftigung mit äußerem »Handeln« uns von unserer direkt gefühlten Wahrnehmung entfernen.* Wenn Sie das Gefühl haben, dass Sie Einsichten erhalten, die Sie zu größeren Veränderungen an Ihrem Aussehen, Verhalten oder den Lebensumständen führen, sollten Sie damit einverstanden sein, zunächst eine Zeit lang einfach mit diesen Einsichten »zu sein«, bevor Sie handeln. Lassen Sie diesem Drang, »etwas zu tun«, einigen Raum zum Atmen, damit Sie erkennen können, ob es ein stichhaltiges achtsames Reagieren oder ein Reflex des reaktiven Agierens ist. Solche Impulse zu drastischen Maßnahmen tauchen häufig während emotionaler Verarbeitungsphasen auf und sind eine Reaktion auf unbewusste emotionale Prägungen, die zur Integration nach oben kommen.

Fehlgeleitete Versuche, uns zu verändern, indem wir an unserem Aussehen, Verhalten oder den Lebensumständen herumspielen, sind wie der Versuch, einen Sender richtig einzustellen, indem wir das Radio im Zimmer herumtragen. Bei der Reise mit The Presence Process hingegen, bei der wir erkennen, wie wir an der Ursache ansetzen müssen, um unsere Erfahrung zu verändern, bleibt das Radio genau an dem Ort stehen, an dem es sich befindet. Wir nutzen unsere Aufmerksamkeit und Absicht, um die Sender einzustellen. Das ist viel einfacher als die Zuhilfenahme von Dramatik – und es ermöglicht uns das Einstellen auf die Musik, die uns genau das vermittelt, was wir brauchen.

Die Erfahrung des Bewusstseins im gegenwärtigen Augenblick liegt nirgendwo »da draußen« in der Welt. Bewusstsein im gegenwärtigen Augenblick ist eine Errungenschaft im Inneren. Unsere Reise durch The Presence Process ist einfach. Machen Sie sie nicht kompliziert, indem Sie *sich große Mühe geben*, die Arbeit des Herzens *richtig* zu machen, indem Sie auf gesteigerte Aktivität zurückgreifen. Solche Dramatik ist verschwendete Energie. Es ist wie Staub gegen den Wind zu blasen. Es ist nicht mehr erforderlich als das beständige Anwenden der Atemtechnik und der bewussten achtsamen Reaktionen sowie das Lesen der zugehörigen Textpassagen mit den Werkzeugen der Wahrnehmung.

Der Pfad des Bewusstseins und der 7-Jahres-Zyklus

Der Pfad des Bewusstseins

The Presence Process hat eine klare Wirkung auf unsere Wahrnehmung, ist häufig naheliegend und angesichts dessen, was alles damit erreicht wird, nahezu mühelos, weil er einen Weg des Bewusstseins beschreitet und untermauert, der allen Menschen zu eigen ist. Im Rahmen dieses Buches nennen wir dies den »Pfad des Bewusstseins«.

Unsere Erfahrung manifestiert sich in erster Linie durch die unbewusste Anwendung von Aufmerksamkeit und Absicht entlang dieses Pfads. Dies ist ganz natürlich für uns alle, bleibt uns jedoch verborgen, bis wir uns dessen bewusst werden.

Wenn wir mit der einfachen Dynamik dieses Pfads vertraut sind, hilft uns das bei der Integration der Tatsache, dass wir auf den emotionalen Kern unserer Erfahrung zugreifen und ihn ausrichten müssen, um eine authentische Transformation auf der mentalen und physischen Ebene in die Wege zu leiten. Wenn wir unsere Spuren auf dem Pfad des Bewusstseins erkannt haben und den 7-Jahres-Zyklus in unserer Lebenserfahrung wahrnehmen können, haben wir bessere Voraussetzungen für die Integration der Ursachen unbehaglicher Erfahrungen.

Der Pfad des Bewusstseins ist einfach zu erkennen: Beobachten Sie einmal die natürliche Entwicklung eines neugeborenen Kindes. Obwohl die emotionalen, mentalen und physischen Fähigkeiten bereits offensichtlich sind und sich vom Augenblick der Geburt an parallel entwickeln, gibt es doch einen bestimmten Pfad, den unser individuelles Bewusstsein einschlägt, um sich bewusst durch dieses Umfeld hindurchzubewegen. Zunächst kann ein Kind weinen, lächeln und Gurrlaute äußern, was auf der emotionalen Ebene angesiedelt ist. Dann lernt das

Kind, auf verschiedene Art und Weise zu kommunizieren, schließlich auch über die Sprache. Dies ist die mentale Ebene. Dann erst lernt das Kind zu gehen, was natürlich zur physischen Ebene gehört. Der Pfad des Bewusstseins führt daher *vom Emotionalen über das Mentale zum Physischen.*

Wenn wir den Mutterleib verlassen, sind wir vorrangig emotionale Wesen. Wir können nur über die Emotion in Kontakt mit der Welt treten. Wir verfügen nicht über die Sprache, um unsere Erfahrung in Konzepte zu fassen oder damit zu kommunizieren. Auch verfügen wir nicht über die motorischen Fähigkeiten, um körperlich unabhängig an der Welt teilzunehmen. Unsere Erfahrung der Welt besteht aus *Energy in motion, Energie in Bewegung,* und wir treten hauptsächlich über die gefühlte Wahrnehmung in Kontakt. In diesem überwiegend emotionalen Zustand bleiben wir, gebadet in gefühlter Wahrnehmung, bis wir etwas erkennen und damit in Austausch treten.

Unsere nächste Stufe auf dem Pfad des Bewusstseins, die mentale Ebene, entfaltet sich, wenn wir entdecken, wie wir Emotionen bewusst einsetzen können, um ein bestimmtes Ergebnis zu erzielen. Wenn diese Stufe erreicht ist, sind Emotionen nicht mehr nur ein reaktiver Reflex auf unsere Umstände. Sie werden nun zu einem Mittel, mit dem wir bewusst mit unserer Erfahrung in Wechselwirkung treten. In dem Augenblick, in dem wir Weinen und Lachen als Mittel der bewussten Kommunikation einsetzen, befinden wir uns nicht mehr vorrangig auf der emotionalen Ebene, sondern es liegt auch eine mentale Beteiligung vor. Dieses Eintreten in das Mentale wird konkreter, wenn wir unser erstes Wort sprechen. Dieses erste Wort ist der Akt einer Benennung, ein Akt des Wiedererkennens. Wenn wir in der Lage sind, Aspekte unserer Erfahrung zu erkennen, steht uns die Tür für den nächsten Schritt auf dem Pfad des Bewusstseins offen, für den Schritt in die physische, die körperliche Ebene.

Wenn wir Aspekte unserer Erfahrung erkennen und benennen können, nehmen wir diese Aspekte nicht mehr nur als *Energy in motion* wahr.

In dem Augenblick, in dem wir etwas benennen, können wir dies tun, weil unsere Wahrnehmung als *Energy in motion* schwindet und durch die Wahrnehmung als physische Materie ersetzt wird.

Unsere Fähigkeit des Erkennens und der nachfolgenden Benennung ist die Konsequenz unserer Anerkennung, dass die vormals fließende Energie jetzt in etwas transformiert ist, das als feste, dichte und stabile Materie erscheint. Teil der menschlichen Erfahrung ist es, die Wahrnehmungsfähigkeit zu besitzen, Dingen Bedeutung, Substanz und Masse zu geben, sie als Materie wahrzunehmen. Wir werden dann so von dieser Fähigkeit abhängig, dass wir uns nicht mehr bewusst sind, wie unsere Erfahrung vorher war. Durch diese Abhängigkeit sind wir in der Lage, Umstände, die in Wirklichkeit reine Schwingung sind, als physische Begegnungen wahrzunehmen. Wir »halten die Welt an«, damit wir uns darin bewegen können.

Wenn wir als Kinder mit unserer Wahrnehmung »die Welt anhalten« und die einzelnen Teile zu benennen lernen, krabbeln wir neugierig auf das Benannte zu und begeben uns in persönlichen Kontakt damit. Diese durch Neugierde ausgelöste, nach außen gerichtete Bewegung von Aufmerksamkeit und Absicht führt uns aus der primär emotionalen und mentalen Erfahrung heraus und in die dritte Stufe des Pfads des Bewusstseins, auf die physische Ebene. Neugierde ist für diesen Schritt eine notwendige Voraussetzung.

Dieser Pfad des Bewusstseins von der emotionalen über die mentale und auf die physische Ebene, den wir alle durchlaufen, um in die Erfahrung dieser Welt einzutreten, wird in der Art und Weise reflektiert, wie sich die Welt uns gegenüber verhält, obwohl dieses Verhalten in erster Linie unbewusst ist. Das Verständnis, wie die Welt den Pfad des Bewusstseins würdigt, lässt den 7-Jahres-Zyklus erkennen.

Der 7-Jahres-Zyklus

Wenn wir uns dem Alter von sieben Jahren nähern, lässt die primär emotionale Entwicklung, die mit unserer Geburt beginnt, nach und hört bei den meisten von uns auf. Mit sieben Jahren ist die Kindheit offiziell vorbei. Nun gelten wir als junge Mädchen und Jungen. Das ist der Grund, dass die formelle Schulbildung etwa zu dieser Zeit beginnt. Gleichzeitig wird uns gesagt, dass es Zeit wird, erwachsen zu werden.

Dieser Übergang im siebten Jahr kennzeichnet das Ende unserer betont emotionalen Entwicklung in der Kindheit und den Anfang einer größeren Betonung der sich entwickelnden geistigen Fähigkeiten. Zwischen sieben und vierzehn Jahren werden wir darin unterrichtet, die Grundlagen der Kommunikationsfähigkeiten mental zu erfassen und zu entwickeln: Sprechen, Lesen, Schreiben. Wir werden auch zu einem Verhalten angeleitet, das für die Gesellschaft angemessen ist, in die wir hineingeboren wurden.

Etwa mit vierzehn Jahren findet der nächste Übergang statt. Unsere mentale Entwicklung konzentriert sich darauf, was andere Menschen für uns erforderlich finden, damit wir in der Gesellschaft eine sinnvolle Rolle einnehmen können. Diese Anpassung unseres Fokus ist gleichzeitig durch eine erhöhte physische Wahrnehmung unserer Umwelt und unserer Beziehungen gekennzeichnet. In unserem physischen Körper wird diese Neufokussierung vom primär mentalen zum im Wesentlichen physischen Ausdruck durch die Erfahrung der Pubertät hervorgehoben.

Die Pubertät signalisiert das Ende unseres siebenjährigen Zyklus der mentalen Sozialisierung und Anpassung und den Eintritt in den dritten 7-Jahres-Zyklus. Jetzt intensivieren wir die Entwicklung unserer Beziehung zur physischen Welt. Jetzt sind wir Teenager. Während dieses dritten Zyklus werden wir uns unseres eigenen physischen Körpers, aber auch unserer physischen Wechselbeziehungen mit der Welt mehr und mehr bewusst. Wir fühlen uns durch andere Menschen angezogen und abgestoßen. Wir suchen uns unsere Gruppenzugehörigkeit aus. Der Schwerpunkt liegt auf der mentalen Kartierung, wie wir unsere Rolle als physisch fähige und verantwortungsbewusste Menschen ausfüllen werden. Der Abschluss dieses dritten 7-Jahres-Zyklus wird häufig durch die Feier zu unserem 21. Geburtstag gekennzeichnet. Wir sind nun junge Erwachsene.

The Presence Process vermittelt durch eigene Erfahrung, dass infolge des natürlichen Flusses des Bewusstseinspfads und der ersten drei 7-Jahres-Zyklen die Ursache unserer derzeitigen physischen Erfahrung nicht in unseren gegenwärtigen physischen Umständen zu suchen ist. Auch nicht in unseren gegenwärtigen Gedankenformen. Indem er uns anleitet, wie wir zunächst die physische Präsenz aktivieren und dann mentale Klarheit gewinnen, enthüllt uns dieser Prozess auf der Erfahrungsebene, dass der erste, emotional bestimmte 7-Jahres-Zyklus unserer Kindheit die Ursache unserer derzeitigen unbehaglichen Erfahrungen ist.

Emotionale Samenkörner, die während des ersten 7-Jahres-Zyklus in erster Linie energetisch durch gefühlte Wahrnehmung ausgesät wurden, wachsen zu anhaltendem Unbehagen heran, wenn sie nicht bewusst integriert werden. Aus diesem anhaltenden Unbehagen heraus kreieren wir reaktive mentale Zustände, die sich als die unausgeglichenen Bedingungen und Umstände manifestieren, die wir auf der physischen Ebene erleben. In diesem Buch nennen wir den Mechanismus dieser Kausalität »emotionale Prägung«.

Eine der tiefgründigen Erkenntnisse, die The Presence Process anbietet, ist die Feststellung, dass sich *seit dem Ende unseres ersten 7-Jahres-Zyklus auf der emotionalen Ebene nichts Neues ereignet hat.* Auch wenn es so wirkt, als wenn wir täglich neue physische Umstände und mentale Erfahrungen erleben würden, ändert sich doch *auf der emotionalen Ebene nichts, wenn wir keine bewusste Integration vornehmen.*

Auf der emotionalen Ebene wiederholen wir alle sieben Jahre den gleichen Zyklus, auf den unser emotionaler Körper in den ersten sieben

Jahren geprägt wurde. Wenn wir lernen, die zugrundeliegenden emotionalen Strömungen zu erkennen, die hinter unseren mentalen und physischen Erfahrungen liegen, merken wir, dass es nur den *Anschein* macht, dass wir erwachsen werden und viele verschiedene Erfahrungen machen.

Im Alter von vierzehn Jahren sind unsere Aufmerksamkeit und unsere Absicht gewohnheitsmäßig auf die physischen Lebensumstände *fixiert.* Wir befinden uns in einer mentalen *Trance, fest verankert* in einer Welt des Physischen. Als Erwachsene nehmen wir nur die feste Oberfläche der Dinge wahr. Da die physische Welt in ihrer zyklischen Natur so erscheint, als ob sie sich ständig verändert und sich in jedem Augenblick neu erschafft, entsteht die Illusion des ständigen Wandels. Aber dieser Anschein des ständigen Wandels ist ein Trick der physischen Welt. Dies ist die große Illusion. Im Osten wird diese Täuschung *Maya* genannt.

The Presence Process zeigt uns, wie wir hinter den Schein der Dinge blicken können, und enthüllt uns damit diese Täuschung. Wir erreichen dies durch den Einsatz unserer gefühlten Wahrnehmung, um prüfend hinter die physischen Umstände und die mentalen Geschichten, die wir uns dazu erzählen, zu blicken und den emotionalen Inhalt des Lebens zu erkennen. Dieses Erkennen wird begleitet von unserer *Erlaubnis, dass wir Aspekte unserer Erfahrung fühlen dürfen, die wir schon vor langer Zeit verdrängt hatten.* Wenn uns dieses Erkennen, diese gefühlte Wahrnehmung, gelingt, stellen wir fest, dass wir alle unablässig, wenn auch unbewusst, ein Muster wiederholen, das unserem emotionalen Körper in unserer Kindheit eingeprägt wurde.

Durch die Wiederholung dieses emotionalen Musters erschaffen wir unbewusst die Erfahrung des »Lebens in der Zeit«. Wir begreifen, dass es nicht möglich ist, in das Bewusstsein im gegenwärtigen Augenblick einzutreten, indem wir einfach nur, bildlich gesprochen, die »Armbanduhr ablegen«, also indem wir nur auf der mentalen und physischen Ebene Anpassungen unserer gegenwärtigen Umstände vornehmen. Wir treten in dieses Bewusstsein ein, indem wir die energetischen Auswirkungen integrieren, die unsere unbehaglichen Kindheitserfahrungen auf unseren emotionalen Körper hatten.

Wenn wir The Presence Process durchlaufen, können wir die sich wiederholende und gleichzeitig stillstehende Bedingung erkennen, die unseren persönlichen Energiezustand enthüllt. Sie zeigt, dass wir in der Tat in der Vergangenheit leben und ständig eine Zukunft erschaffen, die gehorsam die emotionalen Inhalte unserer Vergangenheit nachbildet.

The Presence Process deckt auch auf, dass wir emotional gestorben sind, als wir ungefähr sieben Jahre alt waren. Dies ist der ursprüngliche energetische Nullpunkt, aus dem wir erwachen können. Unsere sich wiederholenden emotionalen Muster sind der Traum, der, oberflächlich betrachtet, die Realität zu sein scheint. Indem wir lernen, unter die Oberfläche dieses Traumzustands zu blicken, entdecken wir etwas Verblüffendes: Erwachsene, die in einem mental gesteuerten, physisch fixierten, zeitbasierten Paradigma leben, sind »tote Kinder«.

Dieser Tod des Kindes in uns, um zu einem akzeptablen Erwachsenen zu werden, ist ein Bewältigungsmechanismus, keine Notwendigkeit. Wir geben nur vor, tot zu sein. Wir können entscheiden, ob wir aus den selbst errichteten Gefängnismauern der erwachsenen Wahrnehmung ausbrechen und das Kind in uns aus dem Kerker der Täuschung befreien wollen. Indem wir die notwendige Erfahrung sammeln, unsere Unschuld (das innere Gefühl) zu retten, rüsten wir uns, in ein komplett neues Paradigma aufzubrechen, ein Paradigma, bei dem das innere Gefühl und die äußere Erfahrung im Gleichgewicht der Weisheit in Harmonie fortbestehen.

In Situationen, die sich scheinbar ständig wiederholen, sagen wir manchmal: »Ich weiß nicht, warum mir das immer wieder passiert.« Wir könnten fragen: »Warum passiert mir das immer wieder?« Wenn wir eine bewusste Reise in die Dynamik unserer emotionalen Strömungen machen, erkennen wir, warum wir solche Aussagen oder Fragen von uns oder anderen hören. Der Kern liegt nicht in unserer physischen Lebenssituation oder in den sich wiederholenden Geschichten, die wir uns über genau diese Umstände erzählen. Der Kern liegt in unserem *gefühlten Zustand*, wenn die Dinge sich wiederholen. Dieser gefühlte Zustand ist eine Reaktion auf die emotionalen Zyklen der Kindheit, die sich in unserer gegenwärtigen Erfahrung wiederholen. Der nicht integrierte, emotionale Inhalt unserer Erfahrung verursacht und wiederholt ständig Manifestationen mentalen und physischen Unbehagens.

Wenn wir erst erkennen, dass wir unbewusst ständig die emotionale Resonanz unserer Kindheit neu erschaffen, machen wir den ersten Schritt auf dem Weg des Erwachens aus diesem Traumzustand. Wir verstehen, dass es keinen Sinn hat, an unseren physischen Umständen herumzudoktern, wenn wir authentische Veränderungen in der Qualität unserer Lebenserfahrung einleiten wollen. Eine Zeit lang versuchen wir unter Umständen aus Gewohnheit, noch an diesen physischen Erfahrungen zu manipulieren. Vielleicht versuchen wir auch, die Geschichte zu ändern, die wir uns selbst erzählen. Aber letztlich werden wir einsehen, dass solche Aktivitäten, Aktionen und Tumulte reine Dramatik sind und nichts bewirken.

Einer der Gründe, warum die emotionalen Erfahrungen unserer ersten sieben Jahre unverarbeitet geblieben sind, ist die Tatsache, dass unsere menschliche Erfahrung nicht nur auf der emotionalen Ebene stattfindet. Auch mentale und physische Komponenten spielen hinein. Zur vollständigen Integration einer Erfahrung muss sie emotional, mental und physisch angenommen werden. Während unseres ersten 7-Jahres-Zyklus haben wir zwar die Fähigkeit zum emotionalen Austausch, aber unsere mentalen und physischen Fähigkeiten sind noch nicht weit genug entwickelt, um an einem integrativen Prozess teilnehmen zu können. Darum greift die Welt ein, wenn wir etwa sieben Jahre alt sind, und legt uns die formelle Schulbildung nahe, wobei allerdings unsere emotionale Entwicklung nahezu eingefroren wird. Wäre das nicht der Fall, würden wir uns nicht auf die Entwicklung unserer mentalen und später physischen Fähigkeiten konzentrieren, die alle notwendig sind, damit wir zu gegebener Zeit zu einer vollständig integrierten Person werden können.

The Presence Process befasst sich nicht damit, »noch eine Erfahrung« außerhalb der Erfahrung zu erschaffen, die bereits im Gange ist. Wir streben nicht »Glückseligkeit« oder »Erleuchtung« an. Unsere Absicht ist es, das *Dies-Hier-Jetzt* umfassend anzunehmen. Uns wird gezeigt, wie wir vollkommen in *dieser* Erfahrung stehen können, *hier* und *jetzt*. Wir erreichen dies, indem wir auf die gefühlte Kommunikation unserer emotionalen Prägung hören. Wir entdecken, wie wir Aufmerksamkeit und Absicht einsetzen können, um unser Bewusstsein an den Ort zurückzubringen, an dem unsere emotionale Entwicklung abrupt endete, an den Ort, an dem Präsenz durch Täuschung verschleiert wurde.

Dann verstehen wir unmittelbar, warum eine absichtsvolle Reise hinter die physische Illusion und die mentale Verwirrung erforderlich ist, um die Energien neu zu aktivieren und zu beleben, die die authentische Bewegung tragen. Auf dieser Reise bewegen wir uns absichtlich entlang des Bewusstseinspfads zurück und deaktivieren die Auswirkungen der stark aufgeladenen Emotionen, die der 7-Jahres-Zyklus auf unsere gegenwärtigen Erfahrungen hat. Der Schleier des Traumas aus der Vergangenheit ist zerrissen, wie auch die projizierte Zukunft, und die Freude und Schönheit des gegenwärtigen Augenblicks können zutage treten. Wir dürfen die Größe dieser Aufgabe nicht unterschätzen, aber wenn wir diesen Auftrag annehmen, erkennen wir, warum dies eine der wichtigsten Bestrebungen ist, der wir folgen können.

Dies als Reise »rückwärts« zu beschreiben, ist nicht angemessen für diesen Prozess. Es ist auch nur deshalb sinnvoll, weil wir in der Denkart der linearen Zeit leben und uns deshalb als ständig vorwärtsstrebend wahrnehmen. Bis wir unsere Vergangenheit integrieren, drehen wir uns energetisch im Kreis, wie ein kleiner Hund, der versucht, seinen Schwanz zu fangen. Es wäre angemessener, die durch The Presence Process aktivierte Reise als den Beginn einer Bewegung »nach innen« zu unserem Schwingungsbewusstsein zu beschreiben.

Die äußere Hülle unserer Erfahrung ist und bleibt physisch. Mit der Entdeckung der Schritte nach innen bewegen wir uns durch die mentale Ebene und dann durch die emotionale Ebene, die nur einen Schritt von der Schwingung entfernt ist. Wenn wir den Zustand stark aufgeladener Emotionen nicht bewusst integrieren, werden wir nicht die Fähigkeit entwickeln, das Schwingungsbewusstsein zu fassen. Wir können physische und mentale Prozesse benutzen, um zwischendurch in das Schwingungsbewusstsein einzutauchen, aber ohne emotionale Integration sind wir nicht in der Lage, das Schwingungsbewusstsein aufrechtzuerhalten.

Unsere innere Reise entlang des Pfads des Bewusstseins ist uns bereits vertraut. Immer wenn wir uns mit unserer Quelle verbinden wollen, machen wir diese Reise automatisch. Dies kann man beobachten, wenn man ein Kind beten sieht. Zuerst kniet es sich nieder und faltet die Hände (physisch). Dann spricht es zur Quelle (mental). Schließlich berühren seine Worte der Unschuld unser Herz und aktivieren unser Gefühl (emotional). Die Reise zurück in das Bewusstsein der Quelle entlang des Bewusstseinspfads führt vom Physischen über das Mentale über das Emotionale in den Schwingungszustand.

The Presence Process macht uns nicht nur den Pfad bewusst, den wir genommen haben, als wir unsere kindliche emotionale Unschuld verlassen haben und in die Welt der Erwachsenen aufgebrochen sind. Er lehrt uns auch, wie wir unseren ersten 7-Jahres-Zyklus mit der Absicht aufsuchen können, Erfahrungen zu integrieren, die sich in unseren emotionalen Körper eingeprägt haben. Wenn wir nicht auf den Bewusstseinspfad zurückkehren und dem Kind in uns Frieden bringen, bleiben wir als Erwachsene ohne Integration. Die authentische Bewegung in unserer gegenwärtigen Erfahrung wird nicht aktiviert – und wir können die Harmonie für unsere mentalen und physischen Ebenen nicht wiederherstellen.

Der 7-Jahres-Zyklus passt sich ständig an die aktuelle Beschleunigung unserer Entwicklung an. So erfahren heute manche Kinder Zyklen, die sich auf sechs oder sogar fünf Jahre verkürzen, und wir beobachten ihre Entwicklung vom emotionalen zum mentalen Körper früher. Im Rahmen von The Presence Process bezeichnen wir aber dennoch diese Wiederholung energetischer Zyklen als 7-Jahres-Zyklus.

Im Presence Process integrieren wir allmählich die Auswirkungen der stark aufgeladenen Emotionen, die unser erster 7-Jahres-Zyklus auf unsere gegenwärtige Erfahrung hat. Wenn Sie diesen Prozess mehrmals wiederholen, entflechten Sie diesen energetischen Zyklus vollkommen, weil die internen Beschränkungen der Wahrnehmung aufgehoben werden, die auf den emotionalen Tod zurückgehen, den wir beim Eintritt in das Erwachsenenalter durchgemacht haben.

Wenn dieser Zyklus ausreichend entflochten ist, stehen wir am Rand der Möglichkeiten. Unser programmiertes Bewusstsein einer wahrgenommenen Vergangenheit und einer projizierten Zukunft verblasst im ewigen Augenblick der Präsenz. Dann löst sich unsere energetische Erfahrung der Polaritäten auf, unser Bewusstsein verschmilzt absichtsvoll mit dem einheitlichen Schwingungsfeld.

HINWEIS: Machen Sie sich keine Sorgen, wenn Sie unter Umständen noch keine Hinweise auf den 7-Jahres-Zyklus in Ihrem Leben finden können. Sie brauchen diesen Zyklus nicht mental zu verstehen, um ihn zu integrieren. Durch The Presence Process integrieren wir diese Muster, ob wir sie mental erfassen können oder nicht. Ihren 7-Jahres-Zyklus erkennen Sie am besten durch Einsicht, nicht durch Verstehen. Die relevante Einsicht stellt sich ein, wenn wir die Fähigkeit entwickeln, sie zu erfassen.

Das Erfassen einer solchen Einsicht erfordert es, dass wir unsere Aufmerksamkeit von den oberflächlichen Ereignissen unserer Erfahrung lösen und uns durch die Entwicklung der gefühlten Wahrnehmung der emotionalen Strömungen bewusst werden, die sich durch unsere Erfahrung ziehen. Das erfordert eine Steigerung des Bewusstseins im gegenwärtigen Augenblick. The Presence Process befähigt uns, dies in dem Tempo zu vollbringen, das für uns am dienlichsten ist. Wenn wir Geduld aufbringen, wird sich alles so zeigen, wie es erforderlich ist.

Emotionale Prägung

Wir verwenden in The Presence Process den Begriff »emotionale Prägung«, um die unbewusste Weitergabe der nicht integrierten, emotionalen Bedingungen unserer Eltern und Bezugspersonen an uns zu beschreiben. Wenn wir das Alter von sieben Jahren erreichen, stehen wir emotional dort, wo sie aufgehört haben.

Die unvermeidliche Konsequenz der Kindheit besteht darin, dass wir alle diesen emotionalen Staffelstab von unseren Eltern empfangen, um unseren Beitrag für die Menschheit zu übernehmen. Die Prägung ist ein Ausdruck einer heiligen Übereinkunft, die wir miteinander geschlossen haben. Diese Prägung ist daher nichts, das uns unsere Eltern *antun* oder das wir jemandem *anderen antun,* wenn wir die Elternrolle übernehmen. Es ist eine Erfahrung, die wir *miteinander* machen.

Dieser erste Zeitraum von sieben Jahren kann auch als absichtlicher Prozess des »Herunterladens des Schicksals« betrachtet werden. Denn der Inhalt unseres ersten, emotionalen 7-Jahres-Zyklus legt ein energetisches Muster fest, das das Potenzial unserer emotionalen, mentalen und physischen Umstände enthält.

Das Potenzial für unsere Lebenserfahrung wird auf der *Schwingungsebene* während der letzten sieben Monate im Mutterleib »heruntergeladen«, auf der *emotionalen Ebene* während der ersten sieben Jahre nach der Geburt, auf der *mentalen Ebene* im Alter zwischen sieben und vierzehn

Jahren und auf der *physischen* Ebene etwa, wenn wir 21 Jahre alt werden. Jede Dimension dieser Übertragung geschieht durch Prägung, ähnlich wie Osmose. Diese Prägung, die in erster Linie über die gefühlte Wahrnehmung an unsere energetischen Systeme erfolgt, geschieht durch eine ganze Bandbreite an interaktiven physischen, mentalen und emotionalen Erfahrungen.

In den ersten sieben Monaten werden wir hauptsächlich durch die gefühlten Schwingungen geprägt, die wir im Mutterleib erfahren. Hier spielen unsere Wahrnehmungen des klopfenden Herzens, der atmenden Lungen, des pulsierenden Blutes, der Körperbewegungen, des Klangs ihrer Stimme hinein. In den ersten sieben Jahren erfolgt die Prägung vorrangig durch den Austausch mit unseren Eltern und dem unmittelbaren Familienkreis, aber auch durch unsere gefühlten Begegnungen mit allen Aspekten unserer Umwelt. Im Alter zwischen sieben und vierzehn Jahren haben Lehrer, Begegnungen an der Schule und gleichaltrige Kinder einen prägenden Einfluss auf der mentalen Ebene. Zwischen 14 und 21 prägen uns unsere ersten Liebespartner sowie der Austausch mit unserer Umgebung. Wenn wir dann 21 Jahre alt sind, haben wir die Prägung des energetischen Potenzials unseres Schicksals in der Struktur unserer multidimensionalen Erfahrung auf der Schwingungsebene, der emotionalen, mentalen und physischen Ebene erhalten.

Während wir »in der Zeit leben«, tauchen diese Prägungen und energetischen Potenziale immer wieder scheinbar willkürlich und zufällig als physische, mentale und emotionale Manifestationen auf. Tatsächlich gibt es daran nichts Willkürliches und Zufälliges.

Ein Maßstab für das Ausmaß unseres Eintauchens in das Bewusstsein im gegenwärtigen Augenblick ist, wie stark wir wahrnehmen, wie gezielt und absichtlich sich jede Erfahrung entfaltet.

Wenn bereits vor der Geburt eine Prägung auf der Schwingungsebene stattfindet, warum konzentrieren wir uns dann nur auf die Integration der emotionalen Prägung, die wir zwischen unserer Geburt und dem

Alter von sieben Jahren erfahren haben? Nun, sowohl die Integration der Prägung auf der Schwingungsebene als auch die Integration der emotionalen Prägung erfordert die gefühlte Wahrnehmung. Wir können die Schwingungen erst integrieren, wenn wir sie fühlen können. Indem wir unsere Aufmerksamkeit auf die Integration unserer stark aufgeladenen Emotionen konzentrieren – wenn wir *diesen energetischen Zustand bedingungslos fühlen können* –, erwecken wir unsere gefühlte Wahrnehmung und entwickeln sie weiter.

Wenn unsere gefühlte Wahrnehmung dann entwickelt ist, verfügen wir über die Wahrnehmungsfähigkeit, bewusst an unserer Entwicklung auf der Schwingungsebene teilzuhaben. Wenn wir das Bewusstsein im gegenwärtigen Augenblick durch die Integration unserer emotionalen Prägung erreichen, verfügen wir automatisch über die Wahrnehmungsmöglichkeiten, mit denen wir mühelos auch auf die Schwingungsebene gelangen.

Bis wir den Punkt erreichen, an dem wir den 7-Jahres-Zyklus auf der emotionalen Ebene durch vorbehaltlose, gefühlte Wahrnehmung anpassen, sind wir die Sklaven dieses Zyklus. Unsere Bereitschaft des Erwachens in das Bewusstsein unseres Schicksals befähigt uns, unseren Pfad bewusst und in voller Verantwortung selbst zu bestimmen.

Erst an diesem Punkt aktivieren und erforschen wir etwas, über das wir jetzt konzeptionell als »freier Wille« *denken.* Unsere bewusste Teilnahme an unserem Schicksal wird in dem Maß möglich, in dem wir das Unbehagen in unserem emotionalen Körper integrieren, indem wir die stark aufgeladenen Emotionen reduzieren. Wenn wir dann nicht mehr durch sie in Kompensationserfahrungen getrieben werden, werden unsere Interaktionen mit dem emotionalen Körper wieder ihr höchstes Potenzial erreichen.

Wir nehmen unser Leben also *in unsere eigenen Hände,* indem wir die *aufgeladenen Emotionen reduzieren,* was es uns ermöglicht, absichtsvoll zu leben. Die Verantwortung für die Qualität unserer Erfahrung zu übernehmen, indem wir die stark aufgeladenen Emotionen integrieren, ist der Weg zur authentischen persönlichen Freiheit.

Dieses Niveau der emotionalen Integration wird nur möglich, wenn wir unseren Schmerz und unser Unbehagen auf ein Maß reduzieren, bei dem wir alle Emotionen als »Energy in motion«, also »Energie in Bewegung«, betrachten, statt einige Arten von Emotionen als bedrohlich und daher zu vermeiden erachten, während wir andere Emotionen so verlockend finden, dass sie uns unkontrollierbar in das Handeln treiben. Die Erfahrung authentischer emotionaler Integration bedeutet, dass wir darüber hinauswachsen, eine Art der Emotion einer anderen vorzuziehen. Vollständige emotionale Integration führt einen Zustand der gefühlten Akzeptanz in uns selbst herbei, in dem wir keine Präferenzen mehr haben, welche Emotionen wir erleben wollen.

Erinnern Sie sich daran, dass wir Energie hauptsächlich als »Energie in Bewegung« wahrgenommen haben, bevor wir damit anfingen, Energie mit Bezeichnungen und Namen zu versehen. Das war zu einem Zeitpunkt, bevor wir versuchten, Dingen einen Sinn zu verleihen, als wir in einem Zustand der *Präsenz* waren.

Die Rückkehr zum Bewusstsein im gegenwärtigen Augenblick ist eine Anpassung unseres Wahrnehmungsvermögens, die unsere neutrale Beziehung zu Energie wiederherstellt. Durch diese Veränderung wird sämtliche »Energie in Bewegung« zu Treibstoff für authentische Bewegung in unserer Erfahrung.

Stark aufgeladene Emotionen

Das Hauptmerkmal stark aufgeladener Emotionen ist, dass wir sie als *unangenehm* oder *unbehaglich* empfinden. Wir empfinden sie als unbehaglich, weil es sich um festsitzende, blockierte, ruhiggestellte und stark kontrollierte Energie handelt.

Weil uns diese starken Emotionsladungen schon seit unserer Kindheit begleiten, sind wir ihnen gegenüber zum großen Teil abgestumpft. Der Widerstand, den wir gegen den innewohnenden Drang der Emotionen zur Bewegung aufbauen, führt jedoch zu Reibung. Diese Reibung führt zu einer gewissen Hitze, die in verschiedene Aspekte unserer Erfahrung einfließt. Daraufhin manifestieren wir ein Spiegelbild dieser aufgeladenen, inneren Hitze, was sich negativ auf unsere Lebenserfahrung auswirkt.

Gegenwärtig ist unsere menschliche Erfahrung äußerst stark durch Hitze geprägt. Wir formen unsere Lebensumstände durch Erhitzen, Kochen und Verbrennen. Wir erhitzen fast alle unsere Nahrungsmittel. Viele Flüssigkeiten, die wir trinken, vom Kaffee bis zum Alkohol, erzeugen in uns Hitze. Viele Substanzen, nach denen wir süchtig sind, wie Zucker, erzeugen Hitze in unserem Körper. Wir benutzen sogar Zigaretten, um die Luft, die wir atmen, zu verbrennen und zu erhitzen. Unsere derzeitigen Fortbewegungsmittel sind auf den Verbrennungsprozess angewiesen.

Dieser ständige Faktor der Erhitzung bzw. Verbrennung ist eine Manifestation unserer kollektiven, unbewussten, inneren Verbrennung. Unser angestrengter Widerstand gegen unsere eigene Authentizität facht diese Flammen weiter an. Weil wir uns mit dem Schein wohler fühlen als in der Präsenz, ist uns eine »Welt in Flammen« angenehmer. Da wir den energetischen Mechanismus unserer inneren Hitze nicht wahrnehmen können, können wir auch nicht wahrnehmen, was es bedeutet, »in den Flammen der Hölle zu schmoren«.

Wir beschreiben den gefühlten Aspekt dieses Zustands stark aufgeladener Emotionen mit Hilfe verschiedener Bezeichnungen, aber die drei Emotionen, die überall mit im Spiel sind, sind Angst, Wut und Trauer. Angst, Wut und Trauer sind mentale Definitionen der Hitze, die aus den starken emotionalen Widerständen aufsteigt. Das Verständnis der Beziehung zwischen Hitze und den stark aufgeladenen Emotionen, aber auch der Tatsache, dass der emotionale Körper symbolisch mit dem Element

Wasser verknüpft ist, vermittelt uns eine tiefere Wertschätzung vieler sprachlichen Ausdrücke, die emotionale Überlastung beschreiben:

»In der Hitze des Gefechts«
»Vor Wut kochen«
»In die Luft gehen«
»Dampf ablassen«

Neben dem Bild des Höllenfeuers im Zusammenhang mit diesen stark aufgeladenen Emotionen manifestiert sich das Dilemma auf zwei Arten:

1. DRAMATIK: Die erste Folge stark aufgeladener Emotionen ist Dramatik. *Dramatik ist* – physisch, mental oder emotional – *eine reaktive Projektion*, die wir einsetzen, um von anderen die Aufmerksamkeit zu bekommen, die *wir uns noch nicht selbst schenken können.*

   Wir alle verfügen über bestimmte bewährte Verhaltensweisen, die wir uns in Situationen zugelegt haben, in denen wir unser authentisches Verhalten nicht leben konnten – in denen wir gelehrt wurden, der Spontaneität zu widerstehen. Diese Verhaltensweisen sind unser reaktives Agieren.

   Ein spontan kreatives Kind voller Freude ist reine Emotion im Sinne von »Energie in Bewegung«. Um uns in die Welt der Erwachsenen einzugliedern (in das »Leben in der Zeit«, wie wir in The Presence Process sagen), jäten uns unsere Eltern und unsere Umgebung einen großen Teil unseres spontanen Verhaltens aus. Im Rahmen unserer emotionalen Prägung werden wir in der Kindheit Erfahrungen ausgesetzt, in denen wir von unserem authentischen Verhalten abgebracht werden und berechenbar angemessenes Verhalten zeigen. Dies geschieht, damit wir in der Welt der Erwachsenen soziale Akzeptanz finden. Auf diese Art und Weise wird die Präsenz des Kindes durch die Scheinwelt der Erwachsenen ersetzt.

Spontanes Verhalten, wie zum Beispiel nackt in der Öffentlichkeit herumzulaufen, gilt bei einem zweijährigen Kind als niedlich, bei einem achtjährigen Kind jedoch als unpassend. In vielen Gesellschaften ist es bei einer achtzehnjährigen Person sogar verboten. Ob es nötig ist, spontanes Verhalten zu mäßigen, ist hier nicht der Punkt, weil wir uns auf die Folgen dieses Verhaltens konzentrieren.

Das Umformen von spontanem Verhalten wird in der Regel durch mahnende Worte der Eltern in Form von »Nein« oder »Halt« bewirkt. Was nicht offensichtlich ist, ist die Tatsache, dass *die energetische Aktivität, die dem spontanen Verhalten zugrunde liegt, mit der Disziplinierung nicht aufhört. Sie wird lediglich in eine andere Form umgewandelt* und wird zu energetischem Widerstand, der sich als gut berechnete Dramatik manifestiert.

Berechnete Dramatik ist insofern erfolgreich, als sie uns in der Welt der Erwachsenen Akzeptanz verschafft, gleichzeitig wird unsere eigene Authentizität aber für uns selbst untragbar. Diese Zurückweisung unseres inneren Wesens löst einen energetischen Konflikt aus, der sich in den vielen Verhaltensweisen, die wir an den Tag legen, um Aufmerksamkeit und Billigung zu bekommen, nach außen hin bemerkbar macht.

Wenn wir uns auf diese Weise selbst ablehnen, suchen wir in der Folge *andere, die uns stattdessen akzeptieren. Wir versuchen verzweifelt, das Gefühl, akzeptabel zu sein, von diesen anderen Personen zu bekommen.* Dieses Bemühen liefert die Inspiration für einen Großteil unserer Dramatik. Unser zugrundeliegender Wunsch nach Aufmerksamkeit und Billigung ist die Sehnsucht, das Unbehagen und die Hitze zu betäuben, die aufgrund der starken Emotionen entstehen. Unsere Dramatik entsteht aus der irrigen Annahme, dass jemand »da draußen« dieses Unbehagen für uns lindern und ausräumen kann.

Während wir erkennen, dass bestimmte Aspekte unseres authentischen Verhaltens nicht mehr akzeptabel sind, und Verhaltensweisen entwickeln, um akzeptiert zu werden, messen wir die Effektivität dieser Verhaltensweisen daran, wie viel Aufmerksamkeit sie uns bei unseren Eltern und unserer Familie verschaffen. Häufig ist dann jede Art der Aufmerksamkeit, egal wie unbehaglich sie sein mag und mit welchen unangenehmen Folgen sie verbunden sein mag, besser als gar keine Aufmerksamkeit. Dies ist der Grund, warum unser Vorrat an Verhaltensweisen sowohl negative *als auch* positive Aufmerksamkeit nach sich zieht.

Dieses Streben nach Aufmerksamkeit und Billigung kann positiv und kreativ kanalisiert werden, beispielsweise in vielen Formen der darstellenden und kreativen Künste. In einer Kunst authentisch zu sein, erfordert jedoch, dass wir zunächst lernen, wie wir uns selbst die bedingungslose Aufmerksamkeit geben können, die wir bei anderen suchen.

2. SELBSTMEDIKATION – RUHIGSTELLEN UND KONTROLLE: Die zweite Folge stark aufgeladener Emotionen ist ebenfalls eine Art des dramatischen Verhaltens, das reaktiv auf inneres Unbehagen entsteht. Dieses Verhalten richtet sich jedoch nicht an andere, um Aufmerksamkeit zu bekommen, dieses Verhalten richtet sich nach innen, auf uns selbst, und ist ein Versuch, unser inneres Unbehagen zu reduzieren. In The Presence Process wird dieses Verhalten als »Selbstmedikation« bezeichnet. Es manifestiert sich als *Ruhigstellen* und *Kontrolle*.

Wenn Umstände in unserem Leben eintreten, die zur Folge haben, dass stark aufgeladene Emotionen in unser Bewusstsein dringen, sodass wir uns unbehaglich fühlen, versuchen wir, die Erfahrung entweder ruhigzustellen oder zu kontrollieren. Wir wollen uns diese beiden reaktiven Verhaltensweisen etwas genauer ansehen:

Ruhigstellen ist eine Störung der weiblichen Seite und ein Versuch, unser Bewusstsein der stark aufgeladenen Emotionen zu betäuben.

Das gewohnheitsmäßige Trinken von Alkohol ist beispielsweise ein Versuch, das Unbehagen ruhigzustellen. Wir übertönen unseren authentischen emotionalen Zustand. Es wird gemeinhin davon gesprochen, »seinen Kummer zu ertränken«.

Kontrolle ist eine Störung der männlichen Seite und ein Versuch, Macht über das Unbehagen zu erlangen, es zu überwältigen. Das gewohnheitsmäßige Rauchen von Zigaretten soll der Kontrolle unserer stark aufgeladenen Emotionen dienen. Immer wenn wir nicht wissen, was eigentlich los ist, und einen Kontrollverlust spüren, greifen wir nach einer Zigarette, weil wir durch das Rauchen wenigstens wissen, was los ist: Wir rauchen eine Zigarette. Das Rauchen einer Zigarette erlaubt uns die Illusion, dass wir Kontrolle über unsere stark aufgeladenen Emotionen haben.

Das gewohnheitsmäßige Rauchen von Marihuana ist ein beliebtes Mittel der Selbstmedikation, weil damit gleichzeitig ein Ruhigstellen und eine Kontrolle bewirkt wird.

Verhaltensweisen aus dem Bereich der Ruhigstellung und der Kontrolle sind auf der gesamten Skala von krass bis subtil zu finden. Solange wir unsere starken Emotionen nicht erheblich reduziert haben, wenden wir auf der einen oder anderen Ebene Selbstmedikation an. Unsere Suche nach »Glück«, »es gut haben« und »es einfach haben« speist sich aus Verhaltensweisen, die mit Kontrolle und Ruhigstellen zu tun haben.

Wenn wir nicht dem Gewohnheits- oder Suchtverhalten nachgeben, entdecken wir unmittelbar die gefühlte Identität der stark aufgeladenen Emotionen, die hinter unseren Gewohnheiten und Süchten steckt. Der gefühlte Zustand, der der Abstinenz entspringt, enthüllt die Art und Intensität der stark aufgeladenen Emotionen, die unserer Selbstmedikation zugrunde liegen.

Abhängigkeiten, die eine Form der Selbstmedikation sind, sind durch Schwingungs-, emotionale, mentale und physische Prägung energetisch in unserem Feld verankert. Die Integration der stark aufgeladenen Emotionen ist die einzige authentische, am Ursprung ansetzende Behandlung für Suchtverhalten, weil alle Gewohnheiten der Selbstmedikation eine Auswirkung eines inneren, emotionalen Dilemmas sind.

Die Aufgabe von Verhaltensweisen der Selbstmedikation ohne Integration der zugehörigen stark aufgeladenen Emotionen ist unwirksam und führt zu nichts. Wenn wir uns auf die Manifestation der starken Emotionen konzentrieren statt die gefühlte Ursache aufzugreifen, ersetzen wir unweigerlich ein Verhalten der Selbstmedikation durch ein anderes. Dies wird »Übertragung« genannt.

Wie umfassend wir unsere aufgeladenen Emotionen integrieren, unterscheidet die von uns, die ihre Erfahrung authentisch »im Griff« haben, von denen, die die »Last ihrer Emotionen« tragen, die ihre Erfahrung bestimmen.

Wenn eine neue Person in unser Bewusstseinsfeld tritt, ist nicht unbedingt gleich offensichtlich, ob sie die Qualität ihrer Erfahrungen *selbst bestimmt* oder ob sie die *Last ihrer Emotionen trägt*. Wenn wir jedoch ihr Verhalten über einen gewissen Zeitraum beobachten, wird deutlich: Jede Person, die die Last erheblich aufgeladener Emotionen trägt, wird früher oder später physische, mentale und emotionale Dramatik zeigen. Sie hat auch bestimmte Gewohnheiten und Abhängigkeiten: Verhaltensweisen der Selbstmedikation, die der Ruhigstellung und Kontrolle dienen. Die Tatsache, dass die Gesellschaft Alkohol und Zigaretten billigt, ermöglicht uns eine offene Selbstmedikation, ohne dass wir uns unbehaglich fühlen müssen.

Jenseits von Abhängigkeit und Leiden

In The Presence Process stehen Abhängigkeiten und Leiden (Erkrankungen und chronische Krankheiten) auf der gleichen Stufe. Beides sind äußere Manifestationen nicht integrierter, emotionaler Lasten im emotionalen Körper.

Wir sprechen zwar nicht speziell über Allergien, aber sie sind im gleichen Licht zu betrachten wie Abhängigkeiten und Leiden. Eine Allergie ist das polare Gegenteil einer Abhängigkeit. Wenn wir abhängig sind, ziehen wir eine bestimmte Erfahrung an. Wenn wir eine Allergie haben, stoßen wir eine bestimmte Erfahrung ab. Ursache für beide Manifestationen sind nicht integrierte, emotionale Lasten.

In The Presence Process definieren wir Abhängigkeit nicht nur als ein Verhalten, das wir aus Gewohnheit und nicht kontrollierbar an den Tag legen, sondern auch als *scheinbar willkürliche Aktivität, zu der wir uns magnetisch hingezogen fühlen, wenn wir mit bestimmten emotionalen Auslösern konfrontiert sind.*

The Presence Process lehrt uns wirkungsvoll, wie wir die Ursache von Abhängigkeit und Leiden integrieren, egal wie lange wir schon damit zu tun haben und wie stark sie unsere Erfahrung beeinflussen. The Presence Process lehrt uns nicht die Integration, indem er eine »Heilung« verspricht, weil eine Heilung ein *Ziel* ist. Er zeigt uns, wie wir eine ständige innere Reise in Richtung vollständiger emotionaler Integration antreten, die uns allmählich über die Manifestation dieser äußeren Erfahrungen hinausführt.

Niemand ist unempfänglich für ein »Leben im Gleichgewicht«, egal wie heftig unser Leiden ist! Es ist eine Frage des persönlichen Willens, der Selbstverpflichtung und der *Beständigkeit.* Wenn wir beabsichtigen, die Präsenz zu aktivieren, und wenn diese Absicht im Vordergrund unseres Bewusstseins bleibt, ist die Integration der stark aufgeladenen Emotionen unvermeidlich.

The Presence Process zeigt, dass Abhängigkeiten, egal, ob es von illegalen Drogen, Alkohol, Essen, Sex, Spiel oder verschreibungspflichtigen Medikamenten ist, Verhaltensweisen der Selbstmedikation sind, die wir manifestieren, um die emotionalen Lasten in unserem emotionalen Körper ruhigzustellen und zu kontrollieren. Ohne Selbstmedikation wird ein Suchtkranker unweigerlich ein Leiden entwickeln. Wenn ein Leiden erfolgreich durch die ständige Einnahme verschreibungspflichtiger Medikamente unterdrückt wird, manifestiert sich die gleiche zugrundeliegende Bedingung als Abhängigkeit. Beide sind Manifestationen von nicht integrierten, stark aufgeladenen Emotionen. Ob sich nicht integrierte, stark aufgeladene Emotionen als Abhängigkeit, Leiden oder Allergie oder eine Kombination aus diesen drei Möglichkeiten manifestieren, hängt von unseren individuellen Umständen ab.

Wenn solche stark aufgeladenen Emotionen ausreichend integriert werden, entziehen wir damit Abhängigkeit und Leiden die Grundlage. Auf Basis dieser einfachen Erkenntnis nimmt dieser Prozess einen Standpunkt ein, der als ungewöhnlich und umstritten bezeichnet werden darf. Mit dieser ungewöhnlichen und umstrittenen Herangehensweise stellt er die Harmonie bei denen wieder her, die auf Suchtverhalten und verschreibungspflichtige Medikamente zurückgegriffen haben, um die emotionale Last in unserem emotionalen Körper ruhigzustellen und zu kontrollieren.

Wenn wir mit The Presence Process beginnen, sollten wir unser Verhalten der Selbstmedikation nicht beenden. So wie empfohlen wird, keine zusätzlichen äußeren Aktivitäten zu verfolgen, was reine Dramatik wäre, ist es auch nicht erforderlich, uns im Rahmen von The Presence Process zu zwingen, Suchtverhalten zu beenden oder verschreibungspflichtige Medikamente abzusetzen, bevor wir diese Reise beginnen.

Verhaltensweisen der Abhängigkeit sind eine *Auswirkung*. Bis zu diesem Augenblick in unserem Leben kann dies ein notwendiger Akt der Selbstmedikation sein. Wenn wir versuchen, die Selbstmedikation aufzugeben, bevor wir die stark aufgeladenen Emotionen zurückgefahren haben, riskieren wir den Rückfall in Zustände unbewussten Verhaltens, in denen es uns unmöglich wird, weiter unseren Selbstverpflichtungen im Rahmen des Prozesses nachzukommen. Wenn wir zu tief in das Unbewusste sinken, vergessen wir unsere »Werkzeuge«. Wir fühlen uns dann überwältigt und entmutigt mit der Folge, dass wir wieder zu unserem Abhängigkeitsverhalten zurückkehren, das dann eine höhere Intensität erreicht als vor dem Eintritt in diesen Prozess.

Selbstverständlich wird empfohlen, soweit möglich keine Selbstmedikation anzuwenden, während Sie sich Ihrer täglichen Atemtechnik widmen und den Text für die jeweilige Woche lesen.

MEDIZINISCHER HINWEIS: Die an einer Krankheit leiden, sind aufgefordert, mit Beginn dieses Prozesses an der Einnahme verschreibungspflichtiger Medikamente oder der Durchführung anderer therapeutischer Maßnahmen keine Veränderungen vorzunehmen. Setzen Sie alle Maßnahmen so fort, wie der Arzt sie verschrieben und empfohlen hat. Beobachten Sie jedoch genau die Auswirkungen, die die verschreibungspflichtigen Medikamente auf Ihre Erfahrungen haben, während Sie diesen Prozess durchlaufen. Wenn sich Ihre Reaktion auf die medizinischen Maßnahmen verändert, sollten Sie sofort Ihren behandelnden Arzt zurate ziehen und eine Untersuchung sowie eine erneute Überprüfung des medizinischen Status verlangen. Der Hintergrund für diese Empfehlung ist, dass sich mit Beginn der Integration stark aufgeladener Emotionen, die mit der Krankheit in Beziehung stehen, auch unsere Beziehung zu den medizinischen Maßnahmen verändert. Sie merken dies beispielsweise daran, dass Sie das Gefühl haben, die Dosierung der Medikamente sei zu hoch. Dann empfiehlt es sich, beim Arzt um eine Neuuntersuchung und ggf. eine geringere Dosierung der verschriebenen Medikamente nachzusuchen.

Medizinische Maßnahmen einzustellen oder zu verändern, bevor Sie die erste Reise durch The Presence Process unternehmen, ist deshalb nicht empfehlenswert, weil wir nichts an unserem Leben verändern können, indem wir an den Auswirkungen herummanipulieren. Abhängigkeiten und Leiden sind Auswirkungen, und somit sind auch unser Suchtverhalten und die Beziehung zu verschreibungspflichtigen Medikamenten Auswirkungen. Es ist vorteilhafter, sich auf die Integration der Ursache zu konzentrieren, als Energie in das Aufgeben irgendeiner Aktivität zu stecken.

Andererseits ist es auch nicht angebracht, den Versuch zu unternehmen, die positiven Auswirkungen von The Presence Process zu nutzen, wenn wir in einem Maße ruhiggestellt und sediert sind, dass wir nicht in der Lage sind, dem Lesestoff, den bewussten achtsamen Reaktionen und der Atemtechnik Aufmerksamkeit zu schenken. In einem solchen Fall sollten Sie zunächst eine entsprechende Rehabilitationstherapie durchlaufen, um sich zu entgiften und genügend Klarheit zu erlangen, damit Sie den Anforderungen dieses Prozesses gewachsen sind. Bei einer sehr starken Abhängigkeit hilft uns die Rehabilitationstherapie, in einen Zustand zu gelangen, in dem sich die Auffassungsmöglichkeiten für unsere Wahrnehmungen stabilisieren.

Aber seien wir ehrlich: Der heikle Zustand, den wir »Erholung« oder »Genesung« nennen, ist ein Zustand der anhaltenden, stillen Verzweiflung. In diesem Zustand verwickeln wir uns in ein ständiges *Handeln*, das zum Ziel hat, die Ursache unserer misslichen Lage von unserem Bewusstsein fernzuhalten. Trotzdem ermöglicht uns dieser Genesungszustand, unser Verhalten mit klarerem Verstand und mehr Disziplin zu steuern. Wenn Sie dann die Rehabilitationstherapie abgeschlossen haben, sollten Sie The Presence Process unmittelbar anschließen, damit Sie die erforderlichen Schritte ergreifen können, um die Ursache Ihrer Erfahrung zu integrieren.

Wenn wir The Presence Process auf der Erfahrungsebene bestmöglich und vollständig durchlaufen, beginnt die Integration unserer stark aufgeladenen Emotionen. Wir statten uns mit den Werkzeugen der Wahrnehmung aus, mit denen wir in einer Art und Weise leben können, durch die unsere stark aufgeladenen Emotionen ständig integriert werden. Wenn Sie sich erst einmal auf diese Reise begeben haben, stellt sich allmählich Harmonie in Ihrem Leben ein. Wie lange es dauert, um die Harmonie wiederherzustellen, hängt von vielen Faktoren ab: unserer Bereitschaft zur emotionalen Entwicklung, unserem gegenwärtigen Niveau der gefühlten Wahrnehmung, wie lange wir schon mit der Abhängigkeit bzw. dem Leiden leben, welche Lektion wir aus der Erfahrung zu lernen haben, wie lange wir uns für eine Rolle in der Sieger/Opfermentalität entscheiden und wie gut wir mit Integrationsarbeit umgehen können.

Je mehr wir unsere stark aufgeladenen Emotionen integrieren, umso weniger stark machen sich unsere Leiden bemerkbar und umso weniger brauchen wir Medikamente. An einem gewissen Punkt wird sich eine Veränderung einstellen: Wenn wir Alkohol missbrauchen (wenn das unsere Abhängigkeit ist), wird unser Alkohol zu Rizinusöl, wenn wir rauchen (wenn das unsere Abhängigkeit ist), wird unser Zigarettenrauch zu Ammoniak, wenn Opium unsere Abhängigkeit ist, verwandelt es sich in Säure. Selbstmedikation hat nur dann eine angenehme und beruhigende Wirkung, wenn wir sie brauchen. Wenn wir diese Wirkung nicht mehr brauchen, wird die Freude daran schal, der Trost, den wir daraus gewinnen, wird zu Unbehagen.

Je mehr wir also in unserer physischen, mentalen und emotionalen Erfahrung präsent werden, umso mehr spüren wir, was die Medikamente und Drogen wirklich mit uns machen. Es ist nichts Angenehmes daran, toxische Substanzen in sich aufzunehmen, deren Nebenwirkungen die Einnahme weiterer toxischer Substanzen erforderlich machen. Dieses Verhalten erscheint uns nur deshalb vorteilhaft, weil wir dieses ständige Unbehagen in unserem emotionalen Körper spüren.

An dieser Stelle will ich betonen, dass ich, wenn ich den Begriff »erforderlich« verwende, solches Verhalten nicht legitimiere. Wir erkennen lediglich an, dass wir diese Verhaltensweisen zeigen, weil wir leiden und noch keine Lösung gefunden haben. Durch die Integration der stark aufgeladenen Emotionen, die die Triebkraft unseres Ungleichgewichts sind, reißen wir das Fundament nieder, auf dem diese Verhaltensweisen entstehen.

Wenn wir schon seit langer Zeit Selbstmedikation betreiben oder verschreibungspflichtige Medikamente einnehmen, ist es empfehlenswert, diesen Prozess mit der Absicht zu beginnen, dass wir die Ursache unserer unbehaglichen Erfahrung integrieren, ohne uns an den *Auswirkungen* festzubeißen. Als Suchtkranke spüren wir unter Umständen Scham und Schuldgefühle. Dies ist natürlich, aber nicht notwendig. Wir haben zur Selbstmedikation gegriffen, weil die Gesundheitssysteme unserer Gesellschaft physisch nicht präsent genug, mental nicht klar genug oder emotional nicht reif genug sind, um uns zu lehren, wie wir unsere prägenden Faktoren integrieren können. Dies ist jedoch kein Grund, der Gesellschaft die Schuld für unseren Zustand zu geben. *Wir* sind für unsere missliche Lage verantwortlich. Abhängigkeit ist eine Erfahrung der Selbstmedikation, die *wir* machen. Unsere Erfahrungen können sich ändern. Indem wir die Verantwortung für unsere Erfahrungen übernehmen, nehmen wir unsere Fähigkeit wahr, sie zu ändern.

Es wird ebenfalls empfohlen, dass Sie während der Durchführung des Prozesses bei langfristiger Abhängigkeit einen ausreichend langen Zeitraum einräumen, damit die Integration stattfinden kann. Suchtprogramme bläuen uns in der Regel ein, dass wir *immer abhängig sein werden.* Sie versichern uns, dass wir in unser Suchtverhalten zurückfallen werden, wenn wir nicht für immer und ewig regelmäßig an den Gruppensitzungen teilnehmen. Da Selbsthilfegruppen bei Abhängigkeiten nicht in der Lage sind, bei der Integration der Ursache zu helfen, wird der Glaube, dass wir zu einer Existenz in Verzweiflung verdammt sind, zu einer selbsterfüllenden Prophezeiung. Aber dies ist nicht wahr. Wenn wir eine solche Wahrnehmung als Wahrheit annehmen, übertragen wir unbewusst unsere Abhängigkeit vom Missbrauch der Substanzen auf die Treffen der

Selbsthilfegruppe. Wir werden von der Gruppe abhängig, die uns gegen die Abhängigkeit helfen soll. Unser Stützen auf unsere Gruppe wird zu unserem Leiden.

The Presence Process lädt uns ein, gegen dieses selbstzerstörerische Überzeugungssystem und diese dann unvermeidliche, selbst gewählte Gefangenschaft in der Opferhaltung anzugehen, die durch endlose Gruppensitzungen gestützt und verewigt werden. Er lädt die, die an diesen Sitzungen teilnehmen, zur Beobachtung ein, wie Suchtkranke, die sich angeblich in Enthaltung üben und gesund werden, das Suchtverhalten auf andere Aspekte ihrer Erfahrung übertragen. So ist zum Beispiel festzustellen, dass *genesende* Alkoholiker mehr Zigaretten rauchen, *genesende* Raucher mehr essen und *genesende* Heroinkonsumenten sich Schmerzmitteln zuwenden. Alle diese Übertragungen *decken* die Ursache *zu*, statt zu helfen, die Ursache *aufzudecken*.

Genesung im Sinn einer Lebensweise, die stark aufgeladene Emotionen ständig zudeckt, führt zu einem Leben in stiller Verzweiflung. Das Aufdecken, das bewusste Annehmen unserer stark aufgeladenen Emotionen durch gefühlte Wahrnehmung, das Nutzen als Rohmaterial für emotionales Wachstum, führt zu Bewusstsein im gegenwärtigen Augenblick und Präsenz. Wie die Notwendigkeit für Medikamente schwindet auch die Notwendigkeit, an endlosen Sitzungen der Selbsthilfegruppe teilzunehmen, in dem Maß, in dem die stark aufgeladenen Emotionen integriert werden, bis sie schließlich ganz verschwindet. Abhängigkeit ist keine lebenslängliche Strafe, sondern eine Erfahrung – und Erfahrungen ändern sich.

The Presence Process lädt uns ein, die Möglichkeit in Betracht zu ziehen, dass wir am Rand einer Weiterentwicklung des Gesundheitssystems stehen. Statt andere Personen aufzusuchen, um Einsichten in unser eigenes Befinden zu erhalten, statt auf eine Person zu blicken, die die Änderungen einleitet, die für die Integration erforderlich sind, sind wir eingeladen zu erwägen, dass all diese Fähigkeiten in jedem von uns schlummern.

Bis zu diesem Punkt war das Paradigma der Zwölf Schritte erforderlich, sonst gäbe es dieses Paradigma nicht. Es leistet vielen Betroffenen wertvolle Hilfe. Aber in der Präsenz und mit dem Bewusstsein im gegenwärtigen Augenblick ist die Hilfe noch grundlegender. Wenn wir auf der Erfahrungsebene eine Beziehung zur Präsenz aufbauen, haben wir eine solide Grundlage, die uns befähigt, wieder gesund zu werden. Wir sind eingeladen, die Möglichkeit eines »13. Schrittes« in Betracht zu ziehen: ein Schritt, den wir *nicht dadurch gehen, dass wir in der Welt agieren,* sondern dadurch, dass wir *zu uns selbst zurückkehren.*

Dies negiert in keiner Weise die Erfahrungen, die uns an diesen Punkt gebracht haben. Wir erkennen sie als einen notwendigen Bestandteil unserer Entwicklung an. Aber wie bei jeder Reise können wir unseren Fuß nur auf neuen Boden setzen, wenn wir ihn von dem Boden, auf dem er jetzt steht, abheben. Der neue Boden lädt uns ein, von der Genesung zum Aufdecken zu kommen, von der kleinlauten Akzeptanz unserer misslichen Lage zur Möglichkeit zu gelangen, die Ursache unserer Abhängigkeit oder unseres Leidens zu integrieren.

The Presence Process lädt außerdem die ein, die chronische, unheilbare und angeblich tödlich verlaufende Leiden haben, das derzeit gültige Glaubenssystem der Allopathie und der Psychiatrie zu hinterfragen. Die Vorstellung, dass wir an etwas Unheilbarem leiden, nur weil die Ärzte uns das so sagen, ist nichts weiter als ein Glaubenssystem. In der Sprache der Authentizität bedeutet das Wort »unheilbar« nichts weiter als: »Ich weiß nicht, was ich noch für dich tun kann.« Aber Ärzte verwenden dieses Wort in dem Sinn »Du wirst sterben, und es gibt nichts, das ich, du oder irgendjemand sonst dagegen tun kann«. Fordern Sie alle Glaubens- und Überzeugungssysteme heraus, denn sie kratzen nur an der Oberfläche des Lebens.

Die Allopathie ist großartig, wenn es darum geht, physisches, symptomatisches Trauma einzudämmen, zu kontrollieren und ruhigzustellen. Wenn wir zum Beispiel in einen Autounfall verwickelt und verletzt werden oder wenn die Symptome einer Krankheit oder Abhängigkeit so weit eskalieren, dass das Leben unerträglich wird, ist es notwendig, zu einem Facharzt zu gehen. Fachärzte wissen, wie sie Brüche eingipsen und Wunden vernähen müssen. Sie wissen, wie physische, mentale und emotionale Symptome ruhigzustellen und zu kontrollieren sind, um eine Situation zu stabilisieren.

Wenn wir jedoch beabsichtigen, die ursächlichen, stark aufgeladenen Emotionen zu integrieren, die uns unbewusst dazu bringen, Erfahrungen zu manifestieren, die uns physisch, mental und emotional schwächen, ist ein Facharzt nicht unbedingt die Person, zu der wir gehen. Denn aufgrund ihrer Ausbildung suchen Fachärzte für alle Arten von Krankheiten nach physischen Gründen. Ihre Stärke liegt in der Behandlung der Auswirkungen, nicht der Ursache. Ein großer Teil der konventionellen medizinischen Gemeinschaft erfasst nicht die Ursache von Abhängigkeit und Krankheit. Ihr Fokus liegt auf dem Versuch, Abhängigkeit und Krankheit durch medikamentöse Behandlung und Therapie einzudämmen.

The Presence Process beschreitet mit Überzeugung einen neuen Weg. Er zeigt allen Menschen, die bereit sind, in ihren emotionalen Abgrund zu blicken, dass wir durch ernsthafte Auseinandersetzung mit der emotionalen Integration die Ursache von Abhängigkeit und Leiden erkennen können. Anders als Drogen, Medikamente und unnötige Operationen, die der einfache Ansatz *sind*, ist dies weder ein einfacher noch ein schneller Weg. Die emotionale Integration ist für unsere emotional wenig entwickelte, mental verwirrte und auf der physischen Ebene abgelenkte Welt eine große Herausforderung. Trotz der großen Herausforderung ist dieser Weg aber der Abhängigkeit von Gruppensitzungen in Selbsthilfegruppen vorzuziehen. Dieser Weg ist auch besser als ein Leben mit den Beschwerden einer physischen Krankheit, deren eigentliche Schmerzen durch die Nebenwirkungen der Medikamente noch verschlimmert werden. The Presence Process versetzt uns in die Lage, diese Probleme hinter uns zu lassen.

Letztlich ist eine Abhängigkeit immer ein Leiden, eine Krankheit, und ein Leiden ist immer auch eine Abhängigkeit. Die Gesellschaft vertritt noch immer die These, dass Abhängigkeit durch Armut, Faulheit, mangelnde Bildung, Charakterschwäche und Drogendealer verursacht wird. Diese sogenannten »Ursachen« von Abhängigkeit sind Auswirkungen und können daher nicht die Ursachen sein. Die Ursache einer Abhängigkeit ist unsere nicht integrierte, emotionale Verfassung. Diese Erkenntnis ist befreiend.

Je nach Schweregrad unseres Zustands kann es erforderlich sein, den Prozess mehrmals zu durchlaufen, um die ursächlichen Emotionen in unserem emotionalen Körper zu integrieren. Manchmal dauert diese Integrationsarbeit sogar das ganze Leben. Sie sollten sich aber keine Gedanken darüber machen, wie lange dies dauern wird.

Wir haben nur zwei Möglichkeiten: Wir können die Reise nach innen antreten, dem Pfad des Bewusstseins folgen und dabei die Verantwortung für unsere Erfahrung übernehmen. Oder wir können die Reise nach außen entlang des Bewusstseinspfads antreten und ständig unwirksames Verhalten an den Tag legen, das einen Ausgleich für unseren emotionalen Zustand schaffen soll, und uns dabei auf andere verlassen und Suchtmittel missbrauchen.

Bei unserer ersten Reise durch The Presence Process lernen wir die Kunst, achtsam auf unsere stark aufgeladenen Emotionen zu reagieren. Wir werden zu unserer eigenen, unabhängigen Selbsthilfegruppe. Bei dieser ersten Reise beginnen wir auch mit der Integration des Gesamtzustands unserer stark aufgeladenen Emotionen. Deshalb wird empfohlen, dass Sie beim zweiten Mal Ihre Willensstärke und Ihren gesunden Menschenverstand einsetzen und damit beginnen, sich aus den Routinen und Ritualen Ihres Suchtverhaltens zurückzuziehen. Ziel ist es, allmählich, aber ganz bewusst, unsere falsche »Lösung« zur Seite zu legen.

Das Zurückfahren oder Einstellen unserer Selbstmedikation hat zur Folge, dass die stark aufgeladenen Emotionen, die damit in Zusammenhang stehen, automatisch in unser Bewusstsein treten. Dann lassen wir uns bewusst auf dieses gefühlte Dilemma ein, indem wir uns die Atemtechnik, die Werkzeuge der Wahrnehmung und die Einsichten zunutze machen, die in diesem Buch beschrieben werden. Während wir uns dieser emotionalen Signaturen bewusst werden, entwickeln wir die Fähigkeit, *bedingungslos mit diesen unbehaglichen, gefühlten Resonanzen zu sein.*

Wenn wir The Presence Process das zweite Mal durchlaufen, verfügen wir auch bereits über die Erfahrungen, die wir beim ersten Durchgang gewonnen haben. Es ist zu erwarten, dass wir auf dem Weg das eine oder andere Mal straucheln oder stürzen. Unsere Fähigkeit, bewusst und achtsam auf unsere Beschwerden, unser Unbehagen, zu reagieren, kann nicht sofort durch eine Entscheidung des Verstandes herbeigeführt werden, sondern sie wird allmählich durch konsequente Anwendung der Techniken entwickelt. Was zählt, ist nicht unser Straucheln oder Stürzen, was zählt, ist die Beständigkeit, mit der wir uns hochziehen und weitermachen. Wenn Sie den Prozess zum zweiten Mal durchlaufen haben, sollten Sie etwa drei Wochen lang eine Pause einlegen und dann erst mit dem Prozess fortfahren.

Bei jeder Durchführung dieses Prozesses wird es Ihnen gelingen, noch tiefer nach innen zu reisen. Beim ersten Mal wird häufig hauptsächlich die Erfahrung gesteigerten physischen Bewusstseins gemacht. Beim zweiten Mal besteht die Erfahrung meist aus größerer mentaler Klarheit. Beim dritten Mal verbessern wir die Fähigkeit zur emotionalen Integration.

Indem wir uns auf der Erfahrungsebene auf diese Reise einlassen, erkennen wir, dass die Ereignisse der Vergangenheit – jedes Detail dieser Ereignisse – uns gedient haben, uns in die Ganzheitlichkeit des Bewusstseins im gegenwärtigen Augenblick zu bringen. Wir erkennen, dass unsere Schuldgefühle, unser Schamgefühl, unser Bedauern für die Jahre der Selbstmedikation auf einer Fehleinschätzung beruhen. Suchtverhalten und schwere Leiden sind kein Spiegelbild dessen, *wer wir sind,* sondern sie sind einfach nur *Erfahrungen, die wir machen.* Wenn wir die Einsichten empfangen, die uns diese Erfahrungen bieten, erlangen wir auch die Fähigkeit, sie zu überwinden und auf unserem Weg weiterzugehen.

Je näher wir dem Bewusstsein im gegenwärtigen Augenblick kommen, umso stärker fühlen wir die Dankbarkeit für jeden Aspekt der Reise, insbesondere auch für die schwierigen Etappen. Unsere gesamte Vergangenheit entpuppt sich als stützende Trittsteine auf unserem Weg ins Bewusstsein im gegenwärtigen Augenblick.

Ergebnisse vs. Folgen

Häufig sagen wir nicht, was wir meinen. Oder wir meinen nicht, was wir sagen. Viele von uns meinen beispielsweise Geld, wenn sie von Reichtum sprechen. Wenn wir von Gesundheit sprechen, meinen wir das äußere Erscheinungsbild. Wenn wir von Freude sprechen, meinen wir Glück.

Es ist ein enormer Unterschied, ob wir Reichtum, Gesundheit und Freude oder Geld, ein gutes äußeres Erscheinungsbild und Glück erleben. Erstere transportieren ein einschließendes Erleben, während Letztere ein ausschließendes Erleben transportieren.

Reichtum ist, wenn wir dankbar sind für all die physischen, mentalen und emotionalen Erfahrungen, die zu uns und von uns weg fließen. Reichtum entsteht durch die Erkenntnis, dass *wir immer genau das erhalten, was wir für die Integration und Weiterentwicklung unserer Erfahrung brauchen.*

Gesundheit entsteht, wenn wir jeden Aspekt unserer physischen, mentalen und emotionalen Erfahrung annehmen, indem wir bewusst und achtsam auf die jeweilige Ursache reagieren. Gesundheit entsteht durch Verantwortung.

Freude ist der Zustand, der entsteht, wenn wir uns erlauben, *alles* zu erfahren, wie es ist, ohne zu urteilen. Freude entsteht, wenn wir *sind – ohne Bedingung.*

Im Gegensatz dazu steht Geld nur für einen winzigen Aspekt des gesamten Energieflusses. Wenn nur das äußere Erscheinungsbild zählt, ist es nur oberflächlich. Glück stellt den Anspruch, dass »dies oder jenes« geschieht – oder nicht geschieht.

The Presence Process befasst sich nicht damit, ob wir Geld anhäufen, unser Aussehen perfektionieren oder Glück erreichen. Er ist vielmehr ein Mittel, den Garten unserer Erfahrung zu bereiten, in dem wir dann die Früchte des *Bewusstseins im gegenwärtigen Augenblick* pflanzen, wachsen lassen und ernten: ein Bewusstsein dessen, was Reichtum, Gesundheit und Freude wirklich sind.

Weil wir immer Wünsche haben, bringen wir sehr wahrscheinlich spezifische und daher ausschließende Absichten mit auf diese Reise. Das ist ganz natürlich.

Bei diesem Prozess geht es jedoch nicht darum, unsere spezifischen Wünsche zu erfüllen, sondern darum, unser Bewusstsein zu öffnen, damit wir bewusst empfangen können, *was wir brauchen, um die emotionale Integration einzuleiten.* Es geht darum, auf der Erfahrungsebene die Erkenntnis zu gewinnen, dass alles *erforderlich ist, was immer uns auch geschehen mag.* Es geht darum, die Tatsache anzunehmen, dass *die Entwicklung unserer Erfahrung immer genau so richtig und stichhaltig ist, wie sie geschieht.*

Es mag nicht den Anschein haben, dass wir anstreben, was sich derzeit in unserer Erfahrung entwickelt, aber die Tatsache, dass es sich so entwickelt, zeigt, dass es tatsächlich so erforderlich ist. Im Kontext dieses Buches erkennen wir, dass etwas notwendig ist, daran, dass *es sich ereignet, egal was wir für unsere eigene Vorstellung halten.* Wenn wir das erkannt haben, können wir uns entscheiden, ob wir achtsam reagieren oder reaktiv agieren wollen.

Bei unserer Arbeit mit The Presence Process ist es ganz natürlich, dass wir »Ergebnisse« erwarten. Wir sind in einer Welt aufgewachsen, in der jeder Aspekt unserer Erfahrung unverhohlen als Mittel zu einem Zweck zur Schau gestellt wird und in der die Folgen nahezu all unserer Handlungen in irgendeiner Weise bewertet werden. Daher ist es unwahrscheinlich, dass wir bedingungsloses Verhalten kennen. Aus diesem Grund überwachen wir während des Prozesses natürlich unseren Fortschritt und messen unseren Erfolg, indem wir beobachten, ob sich unsere Wünsche unter unseren Gegebenheiten erfüllen, auch wenn wir gebeten werden, das nicht zu tun.

Wir sind aufgefordert, uns nicht mit *Ergebnissen* zu beschäftigen, weil wir anfangs einfach nicht wissen, wo wir hinblicken oder was wir betrachten sollen, um die wahren Folgen von The Presence Process zu erkennen. Wir untersuchen also unweigerlich die falschen Aspekte unserer Erfahrung auf Anzeichen des Fortschritts.

Für diesen Prozess gibt es keinen standardisierten Maßstab, an dem Erfolg gemessen werden könnte, außer der unerwarteten und scheinbar nicht beabsichtigten Veränderung unserer Erfahrung. Was wir benötigen, kommt fast immer unerwartet und unbeabsichtigt. Falsche Erwartungen im Hinblick auf die Befriedigung unserer Wünsche behindern unsere Anstrengungen und säen Zweifel.

Die Erwartung von Ergebnissen – und der Maßstab, nach dem wir unseren Erfolg bemessen – ist durch die Nörgeleien unserer nicht integrierten Emotionen motiviert. Unabhängig davon, wie anders wir uns selbst wahrnehmen als andere Menschen, solange wir an diesem nicht integrierten, emotionalen Unbehagen leiden, streben wir in Wirklichkeit alle das Gleiche an: Wir wollen das große, schwarze Loch in unserem Herzen zuschütten. Daher ist es ganz selbstverständlich, dass wir zunächst unseren Fortschritt daran messen, ob wir uns besser fühlen. Bedenken Sie aber, dass es bei dieser Herzensarbeit nicht darum geht, sich besser zu fühlen. Es geht darum, besser im Fühlen zu werden, wozu es erforderlich ist, Emotionen zu spüren, die wir seit langer Zeit verdrängt haben.

The Presence Process ist nicht dazu da, Wünsche zu erfüllen, die aus unseren nicht integrierten, stark aufgeladenen Emotionen heraus entstehen. Diese Wünsche können nie erfüllt werden. Es wird uns nie gelingen, nicht integrierte, stark aufgeladene Emotionen, die wir zu befrieden suchen, tatsächlich aufzulösen. Sie existieren, solange wir sie nähren.

Bei The Presence Process geht es nicht darum, unsere Wünsche zu befriedigen, indem wir unsere Wünsche nähren, sondern um die *Auflösung dieses scheinbar unersättlichen inneren Hungers durch die Integration der Ursache.*

Allerdings ist ein Bewusstsein, dass »etwas« infolge des Prozesses »vor sich geht«, unbedingt erforderlich. Wenn Sie die Hinweise befolgen, die Sie durch diese Reise führen sollen, empfangen Sie auf der Erfahrungsebene ständig die Bestätigung, dass in der Tat etwas geschieht.

Diese Bestätigung erfolgt, weil dieser Prozess an der Ursache ansetzt und sich damit auf unsere Erfahrung auswirkt. Allerdings wird die Reise anfangs nicht bewirken, dass Sie sich besser fühlen und die Dinge einfacher sind. Egal, für wie physisch vorbereitet wir uns halten, wie mental agil wir zu sein glauben und wie emotional reif und auf der Schwingungsebene bewusst wir zu sein scheinen, wenn das Bewusstsein unserer emotionalen Kausalität aufsteigt, *fühlen wir es.*

Dieses Gefühl ist genau das, wovor wir durch all unser Sucht-, Kontroll- und Ruhigstellungsverhalten davonlaufen. Selten ist es angenehm, dass wir uns dem stellen, vor dem wir die ganze Zeit davongelaufen sind. Wir mögen uns nicht wünschen, diese emotionalen Zustände zu fühlen, aber es ist erforderlich, dass wir es tun.

Seit wir unserer Kindheit entwachsen sind, haben wir unsere Leistungen daran gemessen, wie stark wir unsere emotional bedingten Sehnsüchte unterdrücken konnten. Wir meinen, dass wir nichts erreichen, wenn wir diesen ruhelosen inneren Hunger nicht unter Kontrolle bringen.

In der Vergangenheit haben wir vielleicht versucht, ihn zu stillen, indem wir unsere physischen Umstände durch Fasten oder sportliche Betätigung angepasst haben oder durch verschreibungspflichtige Medikamente oder Selbstmedikation als Suchtverhalten. Wir haben vielleicht versucht, unser Verlangen durch Essen, Sex, Arbeit oder karitative Betätigung zu stillen. Wir haben vielleicht versucht, unseren verwirrenden mentalen Zustand durch Techniken der Bewusstseinskontrolle, Hypnose oder positives Denken in den Griff zu bekommen. Wir haben vielleicht zahllose Selbsthilfebücher gelesen, haben an Gesundheitsretreats oder Workshops teilgenommen oder haben uns Stunden oder sogar Jahre der Gesprächstherapie oder einer anderen Form der Therapie unterzogen. Keines der »Ergebnisse«, das durch solche von außen funktionierende Ansätze herbeigeführt wird, ist jedoch je von Dauer. Ihre Auswirkungen auf unsere Erfahrung sind insoweit als Täuschung anzusehen, als sie den Anschein erwecken, dass sie uns helfen, indem sie vorübergehend unser Bewusstsein der Ursache zudecken. Wie beim Wassertreten ermüden sie uns, führen uns aber nicht ans Ziel. *Sie sind nicht in der Lage, dauerhafte Ergebnisse zu erzielen.*

Es mag uns durch gewissenhafte Bemühungen gelingen, längere Phasen der Besserung aufrechtzuerhalten. Wenn wir aber straucheln, erkennen wir die Instabilität dieses emotionalen Status quo. Ein Suchtkranker »auf dem Weg der Besserung« ist auch nach sechzig Jahren noch dem Risiko ausgesetzt, einen Rückfall zu erleiden. Der Grund hierfür ist, dass der Akt der Besserung ein Akt ist, der sich mit *dem unechten Frieden der stillen Verzweiflung* einlässt.

Besserung ist nicht *Aufdecken*, und ohne authentisches Aufdecken wird es keine Transformation der Ursache geben.

Bei der Besserung liegt die Aufmerksamkeit auf der Wirkung, beim Aufdecken geht es um die Ursache. Wir werden nicht auf die Ursache Einfluss nehmen, wenn wir an der Wirkung herummanipulieren. Der Preis des Strebens nach Besserung ist immer und unvermeidlich selbsttäuschende, stille Verzweiflung. The Presence Process versucht, in dem Wissen an der Ursache anzusetzen, dass *bei der Beeinflussung der Ursache die Wirkung automatisch eintritt und die Veränderung von Dauer ist.*

Darum befasst sich dieser Prozess nicht mit Ergebnissen, sondern mit *Folgen.*

Da Ergebnisse nie garantiert werden können, befassen sie sich mit dem *erhofften* Resultat, nicht mit einer Gewissheit. Ergebnisse werden bewertet und gehen daher mit der Suche nach Bestätigung und Anerkennung einher. Sie werden am vorübergehenden Stillen des inneren Hungers gemessen, nicht an einer Lösung.

Im Gegensatz dazu ist eine Folge eine *Wirkung* und daher unumgänglich. Folgen entfalten sich direkt durch das Ansetzen von The Presence Process an der Ursache. Tatsächlich ist alles an diesem Prozess kausal. The Presence Process lädt uns daher ein, unsere ergebnisorientierte Haltung gegen eine folgenorientierte Haltung einzutauschen.

Die Folgen unserer Beschäftigung mit dem emotionalen Körper und der Integration stark aufgeladener Emotionen durch die verbundene Atmung, das Einleiten mentaler Klarheit und das Erwecken der gefühlten Wahrnehmung entsprechen anfangs eher nicht unseren Erwartungen. Im Gegenteil, sie sind unerwartet! Die aktive Bewusstwerdung unserer stark aufgeladenen Emotionen ist keine Erfahrung, die wir normalerweise heraufbeschwören würden, weil es sich zunächst nicht gut anfühlt. Denn es wirkt sich auf sehr reale Weise auf unser Leben aus.

Der Hauptgrund, warum wir jetzt noch nicht die Schwingungsqualitäten *müheloser Freude, leichten Reichtums und der Gesundheit ohne Anstrengung* erfahren, sind *unsere nicht integrierten, stark aufgeladenen Emotionen.*

Stark aufgeladene Emotionen sind Blockaden des emotionalen Körpers, die Widerstand auslösen. Da wir keine Erfahrung mit der Integration dieser Blockaden und Widerstände haben, verstärken wir unseren

Widerstand, indem wir unser Bewusstsein dieser Vorgänge verdrängen. Widerstand türmt sich auf Widerstand und manifestiert sich als Hitze. Diese Hitze steigt im gefühlten Aspekt unserer Erfahrung als physisches, mentales und emotionales Unbehagen auf. Dieses Unbehagen versuchen wir dadurch zu kompensieren, dass wir »glücklich sind«, nach außen den Anschein vermitteln, dass »alles bestens« sei, und genügend Geld verdienen, dass »wir uns gut fühlen können«. – So gut wir das angesichts unserer schwierigen Lage eben können.

Solange stark aufgeladene Emotionen eine dominante Rolle bei unserer Fähigkeit zum Fühlen, Denken, Sprechen und Handeln spielen, erfahren wir das Leben als dauernde Plackerei, um den scheinbar unersättlichen Appetit unseres inneren Hungers zu stillen. Unter solchen Umständen bleiben authentische Freude, Reichtum und Gesundheit unerreicht.

Anders als die endlose Suche nach Glück, Geld und einem perfekten Aussehen sind authentische Freude, Reichtum und Gesundheit nicht Mittel zum Zweck. Sie werden nur erfahren, wenn wir unseren Frieden mit *diesem Augenblick* gemacht haben – wenn wir diesen Augenblick als stichhaltig wahrnehmen. Freude, Reichtum und Gesundheit sind automatische Nebenprodukte des Bewusstseins im gegenwärtigen Augenblick. Wie Präsenz sind auch sie bereits in uns vorhanden. Wenn wir uns dessen nicht bewusst sind, liegt das daran, dass unsere Aufmerksamkeit an einer anderen Stelle gebunden ist.

Ein möglicher Grund, warum wir uns auf eine Erfahrung wie The Presence Process einlassen, könnte sein, dass wir insgeheim auf eine magische, schnelle Lösung hoffen, die alles »in Ordnung bringt«, indem sie unsere aktuellen Schwierigkeiten beseitigt. Diese Erwartung haben wir, weil wir in einer Gesellschaft leben, die sofortige Belohnungen fordert. Außerdem leiden wir schon lange an dem emotionalen Unbehagen und leben auf einer bestimmten Ebene in stiller Verzweiflung.

Verzweiflung bringt Zielorientierung hervor.

Wie uns unsere Vergangenheit zeigt, gibt es keine schnelle und einfache Abkürzung aus unseren gegenwärtigen Umständen heraus, die authentische und damit dauerhafte Auswirkungen auf die Qualität unserer Erfahrung hätte. Es gibt viele Fluchtwege, aber über sie ist Frieden nicht zu erreichen. Es sind alles Sackgassen.

Das ist die schwierige Wahrheit über unseren nicht integrierten emotionalen Körper: Es gibt keinen Weg um ihn *herum*. Um den Ausweg zu finden, müssen wir *hindurch*, und der Weg hindurch führt uns nach *innen*.

Wenn wir verstehen, dass diese Suche authentisch ist, ersparen wir uns überflüssige Dramatik, falsche Erwartungen und das Aufgeben aufgrund unerwarteten physischen, mentalen und emotionalen Unbehagens.

Wenn wir erwachsen werden und zu »normalen« Mitgliedern unserer Gemeinschaften heranwachsen, wütet in uns ein Sturm. Denn was wir als Normalität hinnehmen, ist in Wirklichkeit ein Zustand stiller Verzweiflung, in dem wir als Folge des Leugnens unseres authentischen Wesens verharren. So sehr wir die Existenz dieses kontrollierten und ruhiggestellten inneren Sturms bestreiten möchten, so wenig können wir ihn verbergen. Es ist der Sturm der Dualität, der Krieg zwischen Authentizität und Mangel an Authentizität, der Unterschied zwischen Präsenz und Täuschung. Zwischen dem Erwachsenen und dem Kind in uns liegt eine riesige Schlucht der Angst, Wut und Trauer. Wenn wir uns unseren Planeten ansehen, nehmen wir die Ursachen des aufgeladenen Zustands überall wahr.

Wenn wir authentischen Frieden erreichen wollen, müssen wir uns bewusst in diesen Sturm begeben. Dazu brauchen wir einen inneren Impuls. Wir müssen uns nicht die Probleme der Welt vornehmen, weil der Hebel für unseren Einfluss auf die Ursache des ganzen Chaos, das wir wahrnehmen, *in uns liegt.*

The Presence Process lädt uns ein, bereitwillig in den inneren Sturm einzutauchen wie ein Bungee-Springer, der von der Brücke springt. Präsenz ist der Gurt, an dem unser Mut und unser Leichtsinn geführt werden. Er leitet uns in das Auge des inneren Orkans und ermöglicht die Integration. Wenn wir bewusst in diesen Sturm eintauchen, haben wir Möglichkeiten zum Wachstum, die wir nie für vorstellbar gehalten hatten. Der Wind bläst den Nebel des »Lebens in der Zeit« aus unserer Erfahrung, während die wolkenbruchartigen Niederschläge unsere Illusionen davonschwemmen.

Dieser innere emotionale Orkan ist kein Zufall, er ist sowohl Einladung als auch Abschreckung. Er fungiert als Einlass, an dem all die zurückbleiben, die noch nicht bereit sind, und überzeugt die, die noch Ruhe brauchen, im verschlafenen Traum der Zeit zu verweilen. Das bewusste Eintreten in unseren inneren emotionalen Orkan ist ein Initiationsritus – der richtige Schritt, um auf die Ursache einzuwirken und hierüber den Zugang zur Schwingungsebene zu finden.

The Presence Process ist nicht so sehr eine Reise im Äußeren, sondern in erster Linie eine innere Erkundungsreise. Möglicherweise verstehen wir noch nicht völlig, was das bedeutet. Aber durch Erfahrung wird uns klar, welche umfassenden Auswirkungen das nach sich zieht, was wir als »innere Reise« bezeichnen. Innere Reise bedeutet, dass es nichts da draußen in der Welt gibt, an dem wir herummachen können. Wir lassen die Welt in Ruhe. Wir putzen nicht den Spiegel, um die Makel auf dem Gesicht zu beseitigen, das im Spiegel zu sehen ist. Wir nutzen den Spiegel – unsere Erfahrungen in der Welt – als Werkzeug, um unsere Makel zu erkennen. Alle Änderungen erfolgen dann *innen*, durch *gefühlte Wahrnehmung*.

Indem wir absichtsvoll auf die Ursache der stark aufgeladenen Emotionen einwirken, manifestieren wir gleichzeitig physische, mentale und emotionale Erfahrungen, die uns spiegeln, worauf wir uns konzentrieren. Deshalb ist es hilfreich, wenn wir uns beim Durchlaufen dieses Prozesses immer wieder daran erinnern, dass unsere Erfahrung in der Welt eine *Wirkung ist* – sämtliche Erfahrungen. Wir müssen dies immer präsent haben, damit wir nicht durch die Dramatik des Spiegelputzens abgelenkt werden.

Für viele von uns wirkt sich die bewusste Beeinflussung der Ursache stark aufgeladener Emotionen so aus, dass wir anfangen, uns unbehaglich zu fühlen. Bei unserem ersten Eintauchen in die Reise des Prozesses können wir den Eindruck gewinnen, dass sich unsere Erfahrung insgesamt verschlechtert. Es mag der Anschein entstehen, dass unsere Wünsche nicht nur ignoriert, sondern auch übersteigert werden.

Nichts davon ist real, aber alles ist stichhaltig. Diese offensichtliche »Verschlechterung« geschieht nicht, aber sie ist erforderlich. Es ist eine Spiegelung nicht integrierter Kindheitserfahrungen, die nun auf die Projektionsfläche der Welt geworfen und durch unsere Erwachsenenaugen wahrgenommen wird. Die Projektion auf die Welt erfolgt, weil wir noch nicht die Fähigkeit besitzen, diese Dinge in uns wahrzunehmen.

Aufgrund unserer Abhängigkeit von dem Glauben, dass die Wirkung die Ursache sei (als ob die Welt der Grund sei, warum wir keinen inneren Frieden fühlen), neigen wir dazu, auf diese Veränderung unserer Umstände reaktiv zu agieren. Aus diesem Grund *müssen wir uns, immer wenn sich unsere Erfahrung zu verschlechtern scheint und immer unbehaglicher und seltsamer wird, daran erinnern, dass wir dies spüren, weil wir durch das Eintauchen in The Presence Process unsere Aufmerksamkeit absichtlich auf unsere emotionalen Blockaden lenken.* Wir müssen uns daran erinnern, dass die erlebten Turbulenzen segensreich sind!

Anders als das Erleben, dass wir uns gut fühlen und dass alles leichter wird, sind diese unerwarteten Veränderungen authentische Zeichen der ersten Fortschritte. Sie sind zwar nicht die Ergebnisse, die wir anstreben, aber sie sind die Folgen, die erforderlich sind. Wir müssen uns auch daran erinnern, dass es in uns einen nicht integrierten, kindlichen Aspekt gibt, der Glück haben will, ein gutes Bild abgeben möchte und viel Geld anstrebt, um Dinge kaufen zu können, damit wir uns besser fühlen können. Für diesen kindlichen Aspekt in uns fühlen sich plötzliche, unerwartete Veränderungen unserer äußeren Umstände bedrohlich an. Es fühlt sich an wie das »Ende der Welt«.

In gewisser Hinsicht ist es das auch: Es ist das Ende einer Welt der Täuschung. Die Täuschung löst sich auf, wenn die Präsenz wiedererweckt wird. Haben Sie also Geduld mit sich, während Sie diese Veränderungen durchlaufen, und seien Sie zu sich selbst mitfühlend. Das ist der Grund, warum wir aufgefordert werden, *dem Prozess zu vertrauen.* Das ist der Grund, warum uns gesagt wird: *»Wenn du den Ausweg suchst, musst du mittendurch.«* Das ist der Grund, warum uns ans Herz gelegt wird, den Prozess abzuschließen, *egal was passiert.* Es ist besser, diese Reise gar nicht erst anzutreten, als genau dann davonzulaufen, wenn sich unser Fokus unseren emotionalen Blockaden zuwendet. Wenn wir uns in der Woche fünf, sechs, sieben oder acht entscheiden, aus diesem Prozess auszusteigen, laufen wir vor dem Bewusstsein unserer nicht integrierten Emotionen davon.

Sie sollten wissen, dass diese plötzlichen, äußeren Veränderungen unserer physischen, mentalen und emotionalen Erfahrung *vorübergehen.* Bedenken Sie, dass wir mit der Integration der Ursache diese Veränderungen als segensreiche Verschiebung unserer Umstände wahrnehmen. Unser zunehmendes Unbehagen ist kein Anzeichen dafür, dass wir den Prozess nicht richtig machen. Das Gegenteil ist der Fall. *Wenn wir uns physisch, mental und emotional durch diesen Prozess kämpfen, liegt das daran, dass er eine vorteilhafte Wirkung auf uns hat.* Dies ist das Gegenteil dessen, was uns die Welt als Leistung oder Errungenschaft zu sehen gelehrt hat, das Gegenteil dessen, was die Welt uns als Maßstab des Erfolgs hinhält.

Nur wenn wir aus der eigenen Erfahrung heraus erleben, wie wir uns in diese unbehaglichen Erfahrungen hinein, durch sie hindurch und aus ihnen heraus bewegen, erlangen wir das *Wissen*, dass wir für die Qualität unserer Erfahrung selbst verantwortlich sind. Wenn wir das erreichen, erkennen wir, dass die Sorgfaltspflicht für unsere emotionale Entwicklung eine unserer grundlegenden Pflichten ist. Durch diese Reise verstehen wir, dass das Erleben von stark aufgeladenen Emotionen in der Welt eine Spiegelung unseres inneren Zustands ist. Indem wir diese Erfahrung durchmachen, werden wir zu direkten *Zeugen* der Fähigkeit der Präsenz, genau das zu manifestieren, was wir für die Integration brauchen. Auf diese Weise nutzt The Presence Process unsere persönliche Erfahrung zur Bestätigung. Unsere Erfahrung wird zu unserem Lehrer.

The Presence Process lädt uns ein, aus eigener Erfahrung zu lernen, das unvermeidliche Unbehagen, das aus der emotionalen Verarbeitung entsteht, weder zu fürchten noch ihm Widerstand zu leisten. Wir sind auch eingeladen zu lernen, nicht auf die emotionale Verarbeitung zu reagieren, indem wir uns benehmen, »als ob der Weltuntergang bevorsteht«. Wir werden stattdessen aufgefordert, das Unbehagen der emotionalen Verarbeitung als ein Zeichen anzunehmen, dass wir einen authentischen Einfluss auf die Ursache unseres Unbehagens ausüben. Es ist die Einladung, bereitwillig unseren inneren Drachen zu reiten und aus eigener, persönlicher Erfahrung heraus zu erkennen, dass er nur dann gezähmt werden kann.

Wenn jemand versucht, uns zu überzeugen, dass wir an der Qualität unserer Erfahrung authentische, nachhaltige Veränderungen vornehmen können, ohne etwas zu spüren, das der mentale Körper als Unbehagen wahrnimmt, sollte dies skeptisch hinterfragt werden. Unsere Bereitschaft, das uns eingeprägte Unbehagen bewusst anzunehmen, ist der Treibstoff, der die Transformation antreibt. Dies bedeutet aber nicht, dass wir unnötig leiden müssen. Es bedeutet, dass wir uns dem stellen müssen, was in uns ist, wenn wir authentische Bewegung in die Qualität unserer Erfahrung bringen wollen. Wenn wir in uns Unbehagen spüren, besteht die Authentizität darin, dass wir uns dem Unbehagen stellen.

The Presence Process ist das Schlachtfeld des emotionalen Kriegers. Er ist eine Gelegenheit, bereitwillig vorzutreten, das Schwert aus der Scheide zu ziehen und uns mit ihm von der emotional programmierten, zeitbasierten Mentalität zu trennen. Dabei wird die Spreu rasch vom Weizen unterschieden. Bei dieser Arbeit geht es nicht um »einfach« und »gut«. Es geht nicht um Glück, Aussehen oder Geld. Es geht darum, authentisch und emotional erwachsen zu werden und die Integrität zurückzuerlangen. Es geht darum, eng am Leben zu sein, es mit beiden Händen zu greifen und von den »emotional Toten« aufzuerstehen. Der mentale Körper findet tausend Ausreden, um den Prozess nicht vollenden zu müssen – insbesondere in der Woche fünf, sechs, sieben und acht.

Bedenken Sie auch, dass es einen Aspekt unserer Erfahrung gibt, der sich nicht ändern lassen möchte, das ist der mentale Körper, vor allem wenn er glaubt, dass er die Kontrolle hat. Der mentale Körper ist die Stimme, die flüstert, »wähle das Übel, das du bereits kennst«, und die uns von authentischer Veränderung fernhalten will. Anfangs, wenn wir ihn wegen der Veränderung fragen, ermutigt er uns, aber er blufft nur. Er gibt vor, auf unserer Seite zu stehen, damit wir ihn nicht durchschauen. Er gibt diese Bereitschaft nur vor, weil der mentale Körper das Vertraute nicht nur vorzieht, sondern sogar danach süchtig ist. Daher ist es so schwierig, Gewohnheiten zu verändern.

Der mentale Körper lehnt Veränderungen in jeglicher Form ab, auch wenn er sie zu begrüßen scheint. Er kommt uns scheinbar zu Hilfe, indem er Ansätze vorschlägt, wie wir die Qualität unserer gegenwärtigen Umstände verändern können. Aber in dem Augenblick, in dem wir versuchen, diese Vorschläge umzusetzen, wird er immer andere Saiten aufziehen. In dem Augenblick, in dem wir neue Erfahrungen machen, erzählt uns unser mentaler Körper Geschichten, in denen er Wörter wie »schlecht«, »falsch«, »gefährlich«, »schädlich«, »böse« und »unbehaglich« verwendet. Mit diesen Worten jagt er uns Angst ein, und die Angst veranlasst uns dann, die neue Richtung, in die wir gehen, anzuzweifeln und zu hinterfragen. Dann ermutigt uns der mentale Körper, zum Vertrauten zurückzukehren, und löst damit bei uns ein angenehmes Gefühl aus, auch wenn dies bedeutet, dass wir eine Gewohnheit erneut aufgreifen, die uns umbringt. Er redet uns ein: »Wähle das Übel, das du bereits kennst.« Wenn der mentale Körper unsere Erfahrung kontrolliert, hat er etwas Teuflisches.

Wenn wir den mentalen Körper als Maßstab nehmen, um die Folgen unserer Versuche zu messen, authentische Veränderungen an unserer Erfahrung vorzunehmen, geraten wir in ein weiteres Dilemma:

Wir streben nach Veränderung.
Wir erhalten die Gelegenheit zur Veränderung.
Wir nutzen die Gelegenheit.
Wir fühlen uns anders als vorher.
Der mentale Körper sagt uns, dass dieses merkwürdige Gefühl »falsch« ist.
Wir interpretieren in der Folge dieses merkwürdige Gefühl, das im Grunde genommen das Auftauchen unserer emotionalen Signatur ist, mental als »Bauchgefühl« oder als »Stoppzeichen«, das uns vermittelt, dass wir auf dem falschen Weg sind.
Wenn wir darauf hören, wenden wir uns gegen das, was unsere Erfahrung ändert, und kehren zu dem zurück, was vertraut und sicher ist.
Wir erreichen gar nichts.
Wir fühlen uns frustrierter und desillusionierter als zuvor.
Der mentale Körper wird gestärkt, während wir entmutigt sind.

Daher wird empfohlen, dass Sie The Presence Process abschließen, *egal was passiert.* Machen Sie erst dann eine Bestandsaufnahme, wenn Sie Ihre Reise durch den Prozess beendet haben, nicht unterwegs. Vollenden Sie diesen Prozess, egal welche Erfahrungen auftreten.

HINWEIS: Jede Erfahrung, die auftritt, während wir The Presence Process durchlaufen, ist stichhaltig, egal ob der mentale Körper sie versteht oder nicht. Wir beenden den Prozess, egal was der mentale Körper uns erzählt, weil wir verstehen, dass dieser Aspekt von uns der letzte Aspekt ist, der die Veränderungen annehmen wird. Wenn wir den Prozess nicht beenden, verleiht dies dem mentalen Körper zusätzliche Stärke und Dominanz. Er wird aus gutem Grund der »mentale« Körper genannt. Wenn wir diese Erfahrung machen, wollen wir auf unser Herz hören, nicht auf den denkenden Aspekt des Verstandes.

TEIL II

Vorbereitung auf die Reise

Es ist von Vorteil, sich vor dem Antritt einer Reise sorgfältig auf diese vorzubereiten. Die Vorbereitung wirkt sich auf die gesamte Qualität der Erfahrung aus und hilft sicherzustellen, dass das Erforderliche erfolgreich umgesetzt wird. Teil II setzt uns darüber in Kenntnis, was diese Reise mit sich bringt, indem die drei Säulen des Prozesses, also die Atemtechnik, die bewussten achtsamen Reaktionen und der Text mit den Werkzeugen der Wahrnehmung, näher betrachtet werden.

Die drei Säulen des Prozesses

I. Atemtechnik

Die bewusst verbundene Atmung ist das Herzstück von The Presence Process, weil sie unser primäres Werkzeug ist, mit dem wir auf der Erfahrungsebene das Bewusstsein der Präsenz und eine Steigerung des Bewusstseins im gegenwärtigen Augenblick erreichen.

Die Atemtechnik wird in der ersten Woche des Prozesses vermittelt. Wir praktizieren diese Technik zweimal am Tag jeweils mindestens 15 Minuten lang, denn die integrative Kraft der Technik wird durch Beständigkeit erreicht. Die Bedeutung der Beständigkeit kann gar nicht stark genug betont werden. Das unregelmäßige Praktizieren unserer Atemtechnik führt zu unnötigen Schwierigkeiten. Wenn wir uns der Beständigkeit hingeben, wird uns die unbestreitbare Gnade zuteil, dass wir das Gefühl bekommen, »getragen« zu werden. Wenn wir nicht beständig praktizieren, werden wir das Gefühl haben, dass wir eine zusätzliche Anstrengung aufwenden müssen, um uns selbst voranzutragen. Mangelnde Beständigkeit führt auch zu Dramatik und Aufregung, damit wir das Gefühl haben, dass »etwas geschieht«.

Wenn wir die bewusst verbundene Atmung anwenden, entfalten sich gleichzeitig zwei Schlüsselprozesse:

(1) Der erste Prozess ist die Ansammlung von Bewusstsein im gegenwärtigen Augenblick. Dies ist ein automatischer Nebeneffekt der Atmung ohne Pause, also ohne unnötige Lücken zwischen den Atemzügen. In jedem Augenblick, in dem wir sowohl unsere Aufmerksamkeit als auch unsere Absicht auf die Atmung ohne Pause richten, sammeln wir Bewusstsein im gegenwärtigen Augenblick. Während einer Atemsitzung ist unsere Absicht, während der ganzen Sitzung keine

Pause zwischen den Atemzügen zu machen und dadurch so viel Bewusstsein im gegenwärtigen Augenblick zu sammeln wie möglich.

Der mentale Körper gibt uns hunderterlei physische, mentale und emotionale Gründe, während der Atemsitzungen innezuhalten und eine Pause einzulegen. Unsere Aufgabe ist es, ohne Pause zu atmen, egal was passiert. Damit stärken wir wiederum unsere Willenskraft. Während dieses Prozesses ist nichts wichtiger, als jeden Tag zweimal die Atemtechnik zu praktizieren.

Es ist von Interesse anzumerken, dass wir Menschen die einzigen atmenden Wesen sind, die immer wieder und unbewusst in ihrem Atemzyklus Pausen machen – unnötige Lücken ohne Atmung. Beobachten Sie einen Hund oder eine Katze. Sie werden feststellen, dass sie fortlaufend ohne Pause atmen. Wenn sie beunruhigt oder verängstigt sind, wird ihre verbundene Atmung intensiver und schneller, um mehr Sauerstoff und Bewusstsein im gegenwärtigen Augenblick in den Körper zu befördern. Wir Menschen dagegen machen zwischen den Atemzügen immer wieder eine Pause. Wenn wir beunruhigt oder verängstigt sind, stellen wir die Atmung sogar ganz ein und atmen unregelmäßig, was zu Hyperventilation und Asthma führt.

Diese Pausen zwischen den Atemzügen stellen sich immer dann ein, wenn wir auf die mentale Ebene wechseln und uns in unseren Gedanken verlieren. Wenn uns die Umstände der Vergangenheit oder einer projizierten Zukunft beschäftigen oder wenn wir die Gegenwart verlassen, indem wir unsere Aufmerksamkeit jenseits der gegenwärtigen Umstände fokussieren, machen wir Pausen zwischen den Atemzügen. Wenn wir andere Menschen beobachten, die in Gedanken verloren oder abgelenkt sind, erkennen wir, wie auch sie immer wieder Pausen zwischen den Atemzügen machen.

Wenn wir also nicht im gegenwärtigen Augenblick präsent sind, ist unsere Atmung nicht bewusst verbunden, weil bewusst verbundene Atmung nur im gegenwärtigen Augenblick stattfindet. Atmende Wesen, die nicht »in der Zeit« leben, die nicht mit ihren Gedanken auf der mentalen Ebene treiben, machen keine unbewussten Pausen. Einer der Vorteile in The Presence Process liegt darin, dass er die Aufmerksamkeit auf die Unverbundenheit unserer Atmung lenkt. Wir stellen folglich die Harmonie unseres Atmungsmusters wieder her.

Die Art und Weise, wie wir atmen, insbesondere während unserer Atemübung, ist ein Spiegel der Art und Weise, wie wir unser Leben führen. Sind wir verbunden und präsent oder unverbunden und abwesend?

(2) Der zweite Prozess, der sich abspielt, während wir eine Sitzung der bewusst verbundenen Atmung abhalten, ist die Sauerstoffanreicherung. Während der Atemsitzung findet eine verstärkte Sauerstoffanreicherung statt, weil sich unser Atemmuster normalisiert. Anders als Wale, Delfine, Seehunde, Krokodile, Flusspferde und andere Tiere, die ihre Atmung absichtlich anhalten, wenn sie untertauchen, atmen andere atmende Wesen umfassend und ohne Pause, um das Bewusstsein im gegenwärtigen Augenblick und einen hohen Grad der Sauerstoffanreicherung zu halten. Wir Menschen machen nicht nur Pausen, wir nutzen normalerweise auch weniger als 20% unseres maximalen Atemvolumens. In der Folge leiden wir an Sauerstoffmangel. Auf einer primär physischen Ebene ist Sauerstoff Leben. Wenn wir das bedenken, erkennen wir, dass es in unserem eigenen Interesse ist, unseren physischen Körper effizient mit Sauerstoff zu versorgen.

HINWEIS: Wir werden ermuntert, während der ganzen Sitzung bei jedem Atemzug tief und mit vollem Atemvolumen zu atmen, es ist jedoch nicht entscheidend. Es ist deshalb nicht so entscheidend, weil es in The Presence Process um das Sammeln des Bewusstseins im gegenwärtigen Augenblick geht, nicht um gesteigerte Sauerstoffanreicherung. Wir sammeln Bewusstsein im gegenwärtigen Augenblick, wenn wir unsere Atmung bewusst verbinden. Eine gesteigerte Sauerstoffanreicherung ist ein weiteres Plus. Je mehr es uns gelingt, präsent zu sein, umso größer wird unser Durst nach Sauerstoff.

Bewusst verbundene Atmung darf aber nicht mit Hyperventilation verwechselt werden. Hyperventilation ist eine Folge des Ungleichgewichts zwischen Sauerstoff und Kohlendioxid. Sie tritt ein, wenn unsere Atmung gezwungen, unnatürlich, übertrieben und traumatisch ist. Da bewusst verbundene Atmung nicht unnatürlich ist, schafft sie Harmonie. Sie löst Traumata auf und schafft keine neuen.

Jedes Unbehagen, das Sie aufgrund der bewusst verbundenen Atmung spüren, ist die Folge von nicht integrierten Traumata aus der Vergangenheit, die zur Integration an die Oberfläche unseres Bewusstseins kommen. Jedes Unbehagen, das während einer Sitzung der bewusst verbundenen Atmung erfahren wird, ist zweckmäßig und stichhaltig. Wir begrüßen es als Zeichen der Wirkung von The Presence Process auf der inneren, ursächlichen Ebene.

Am Anfang jeder Sitzung der bewusst verbundenen Atmung spüren wir unter Umständen persönliche Widerstände auf verschiedenen Ebenen. Das ist normal. Entweder überwinden wir sie, oder sie überwältigen uns. Widerstände können auf den folgenden drei Ebenen auftreten:

(1) Die erste Ebene des Widerstands ist die *physische* Ebene. Sie wird deutlich, wenn wir zu uns sagen: »Ich fühle mich nicht danach, das zu tun. Es ist zu schwierig.«

(2) Die zweite Ebene des Widerstands ist die *mentale* Ebene. Sie wird deutlich, wenn wir zu uns sagen: »Ich fühle mich nicht danach, das zu tun, weil nichts passiert.«

(3) Die dritte Ebene des Widerstands ist die *emotionale* Ebene. Sie wird deutlich, wenn wir zu uns sagen: »Ich glaube, ich kann jetzt aufhören, weil ich mich ›gut‹, ›ok‹, ›in Ordnung‹ fühle« – oder ähnliche Worte der emotionalen Abgestumpftheit.

Wir wissen, dass wir unsere Widerstände überwunden haben, wenn wir in einer Atemsitzung zutiefst fühlen: »Das ist großartig. Ich könnte ewig so weiteratmen.«

Egal, welche Erfahrungen wir während unserer Atemübung machen, ist es hilfreich, daran zu denken, dass die möglichst gewissenhafte Durchführung der verbundenen Atmung allein ausreicht, die Ziele einer jeden Atemsitzung zu erreichen. Wenn Sie mit der Erwartung an diese Sitzungen herangehen, dass Sie eine tiefgründige Erfahrung machen werden, erfüllt das den Sinn und Zweck nicht. Es gibt keine vorgeschriebene Erfahrung, die wir machen »sollten«.

Die Atemsitzungen sollen nicht *die* Erfahrung sein – *unser Leben soll die Erfahrung sein.*

Unsere einzige Absicht ist es, bei unserer verbundenen Atmung zu bleiben. Wenn wir mit dieser Einstellung an die Atemsitzungen herangehen, werden wir feststellen, dass jede Atemsitzung einzigartig ist. Jede Sitzung wird sich als das manifestieren, »was erforderlich« ist. Dementsprechend ist jede Erfahrung, die wir machen, während wir die verbundene Atmung praktizieren, die richtige Erfahrung.

Es wird wahrscheinlich Zeiten geben, bei denen es uns nicht gelingt, während unserer Atemtechnik bewusst zu bleiben, und bei denen wir einschlafen. Warum ist das so?

Wenn wir unsere Atmung bewusst verbinden, verankern wir einen Aspekt unseres Bewusstseins in der Gegenwart und erlauben nicht, dass das gesamte Bewusstsein in die Vergangenheit oder Zukunft treibt. Somit verlässt nicht unsere gesamte Aufmerksamkeit die Gegenwart und reist an einige dieser »Orte in der Zeit«, sondern einige dieser »Orte in der Zeit« werden zu uns herangezogen. Sie werden in die Gegenwart gelockt. Solange wir noch nicht ein gewisses Maß an Bewusstsein im gegenwärtigen Augenblick angesammelt haben, verfügen einige dieser »Orte in der Zeit« noch immer über eine starke Wirkung auf unsere Aufmerksamkeit. Das führt dazu, dass sie sich über unsere Versuche, uns in der Gegenwart zu verankern, hinwegsetzen und stattdessen unser Bewusstsein in einen traumähnlichen Zustand befördern, der sich als Wellen der Unbewusstheit manifestiert. In der Gegenwart macht sich Unbewusstheit wie Schlaf bemerkbar. Wenn wir von diesen Wellen der Unbewusstheit überwältigt werden, stellen wir fest, dass wir scheinbar ohne Vorwarnung in einen schlafähnlichen Zustand gleiten. Dass dies geschehen ist, erkennen wir erst, wenn wir aufwachen und feststellen, dass wir geschlafen haben, statt unsere Atmung bewusst zu verbinden.

Es ist normal, in den Zustand der Unbewusstheit wegzudämmern, wenn wir versuchen, unser Bewusstsein aus der Zeit herauszubringen. Frustration darüber wäre reine Dramatik. Während der Reise durch diesen Prozess werden wir vielleicht sogar in Verhaltensschleifen des Schlafs verstrickt, sodass wir bei jeder Sitzung zur Atemtechnik einschlafen. Das ist kein Grund zur Sorge, sondern Grund zu besonderer Beharrlichkeit. Wir kommen nur aus unserer misslichen Lage heraus, indem wir mitten hindurchgehen. Wir bleiben beharrlich, bis wir durch die Unbewusstheit hindurchgebrochen sind.

Wenn wir unserer Atemtechnik jeden Tag konsequent Aufmerksamkeit schenken, sammeln wir genügend Bewusstsein im gegenwärtigen Augenblick, um unser Bewusstsein in der Gegenwart zu verankern, während wir atmen. Dann verfügen diese unbewussten »Orte in der Zeit« nicht mehr über die Möglichkeit, uns in die Unbewusstheit hineinzuziehen. Stattdessen bringen wir diese unbewussten Erfahrungen aus der Vergangenheit in die Gegenwart, damit sie integriert werden. Sie sind Traumzustände der Wahrnehmung, die dem Bewusstsein im gegenwärtigen Augenblick unterlegen sind.

II. Bewusste achtsame Reaktionen

Bewusste achtsame Reaktionen sind ein Werkzeug, das wir nutzen, um bewusst und achtsam auf jene Erfahrungen zu reagieren, die uns normalerweise ein reaktives Agieren entlocken würden. Dieses Werkzeug wird vom mentalen Körper eingesetzt, um die nicht integrierten emotionalen Signaturen, die unserer Verwirrung zugrunde liegen, in unser Bewusstsein zu bringen.

Für jede der zehn Wochen des Prozesses bekommen wir eine bestimmte, bewusste achtsame Reaktion sowie eine weitere für die Atemsitzung. Die bewussten achtsamen Reaktionen aktivieren das Bewusstsein für Aspekte unserer Erfahrung, bei denen wir Blockaden haben. Durch gefühlte Wahrnehmung werden wir uns dieser Blockaden bewusst. Indem wir uns ihrer bewusst werden, integrieren wir sie. Je mehr wir also dieses Werkzeug der Wahrnehmung auf unsere Erfahrung anwenden, umso effizienter erreichen wir die Integration.

Diese bewussten achtsamen Reaktionen sollen auch unsere unproduktiven Gedankenmuster durch mündige mentale Prozesse ersetzen. Es ist zu unserem Vorteil, wenn wir unsere bewusste achtsame Reaktion der Woche immer dann wiederholen, wenn wir mental nicht beschäftigt sind.

Unser mentaler Körper wird möglicherweise diesen bewussten achtsamen Reaktionen Widerstand entgegenbringen oder sie sogar ablehnen. Das ist normal. Manchmal ist es ein notwendiger Bestandteil dieses Prozesses, dass wir feststellen, einen ganzen Tag verbracht zu haben, ohne bewusst Zeit für diese mentalen Aussagen aufgebracht zu haben. Mit dieser Feststellung erinnern wir uns aber daran. Das Vergessen – und erneute Erinnern – ist von Vorteil. Es stärkt unsere mentale Muskulatur, mit der wir unsere Aufmerksamkeit in die Gegenwart ziehen und dort verankern.

Bewusste achtsame Reaktionen sind kein Wunschdenken und keine positiven Affirmationen. Sie setzen an der *Ursache* an. Sie befassen sich nicht mit den *Auswirkungen* emotionaler Blockaden, sondern mit unserer Fähigkeit, *ursächlich zu handeln.*

Wenn jemand durch sein Leben geht und mental ständig wiederholt, »Ich lebe im Überfluss. Ich lebe im Überfluss. Ich lebe im Überfluss«, weil er kein Geld hat, verwendet dieser Mensch die mentale Wiederholung als positives Denken, was nichts anderes ist als Wunschdenken. Er bezieht den Stoff seiner mentalen Affirmation aus einer physischen Manifestation seiner nicht integrierten, stark aufgeladenen Emotionen.

Er nutzt eine Auswirkung, um eine Auswirkung zu beeinflussen.

Wenn dieser Mensch ständig wiederholt, »Ich lebe im Überfluss. Ich lebe im Überfluss. Ich lebe im Überfluss«, dann berührt diese mentale Affirmation nicht die *Ursache* des finanziellen Mangels. Geldmangel ist der Punkt, auf den er seine Aufmerksamkeit richtet. Geldmangel ist *eine Auswirkung einer emotionalen Blockade, nicht die Ursache.* Die mentale Affirmation wird also unwirksam sein.

Diese bewussten achtsamen Reaktionen sind auch an einer weiteren Erkenntnis ausgerichtet: Wenn wir unser Bewusstsein in einem wahren Verständnis dessen verankern wollen, was Frieden ist, müssen wir uns bewusst werden, welches Chaos wir bisher hinausprojiziert haben und wie das Chaos die Erkenntnis verdeckt hat. Indem wir unser projiziertes Chaos lösen, stellen wir auf ganz natürliche Weise das Bewusstsein von Frieden wieder her.

Entsprechend bringen bewusste achtsame Reaktionen Bewusstsein in unbewusste Aspekte unserer Erfahrung, die sich negativ auf unser Leben auswirken. Das Chaos können wir nicht durch »Wünschen« oder »Wollen« beseitigen. Wir können es auch nicht ignorieren. Wir bringen es in unser Bewusstsein, damit wir es bewusst und verantwortungsvoll integrieren und die erforderlichen Einsichten und Weisheiten daraus gewinnen können.

Indem wir die Verantwortung für die Qualität unserer Erfahrung übernehmen, die uns nicht dient, befreien wir uns selbst davon, dass wir auf eine Veränderung der Welt warten, damit wir uns endlich amüsieren können!

III. Text der Woche und Werkzeuge der Wahrnehmung

In jeder Woche erhalten wir eine Leseaufgabe. Die Formulierung des Textes für die Leseaufgabe, aber auch alles, was Sie bisher in diesem Buch gelesen haben, ist *achtsam gewählt*. Beachten Sie, dass auch an dieser Stelle »Achtsamkeit« eine Rolle spielt.

Die Beschreibung dieses Prozesses ist nicht nur in Abschnitte, Seiten und Kapitel unterteilt, sondern auch in einzelne Sätze. Das Buch vermittelt Einsichten, die durch eiliges Querlesen nicht erfasst werden können. Es enthält die Erfahrung von Jahren, die sich in gefühlten Einsichten ausdrückt, um die Integration zu erleichtern.

Ich lege Ihnen ans Herz, die Leseaufgabe nicht bis zum letzten Augenblick der wöchentlichen Sitzungen aufzuschieben. Dieser Text, diese Leseaufgabe für die Woche, fördert das Bewusstsein im gegenwärtigen Augenblick. Jeder entsprechende Textabschnitt enthält Werkzeuge der Wahrnehmung, die in genau dieser Woche genutzt werden sollten. Dieser Text wurde mit der Absicht geschrieben, unserer emotionalen Verarbeitung Behutsamkeit zu verleihen, indem er unser Bewusstsein dafür weckt, welche Entwicklungen auf jeder Stufe unserer Reise stattfinden. Es ist von Vorteil, wenn Sie den Text regelmäßig durchsehen, weil die erlangten Einsichten umso tiefer werden, je höher unser persönliches Niveau des Bewusstseins im gegenwärtigen Augenblick ist.

Tatsächlich ist dieses Buch *eine einzige, lange, bewusste achtsame Reaktion*. Die in diesem Text vermittelten Werkzeuge der Wahrnehmung richten unser Verhalten neu aus – vom reaktiven Agieren hin zum achtsamen Reagieren – und ersetzen gleichzeitig unsere unproduktiven Überzeugungen durch nützliche Informationen. Wie bei jedem neuen Unterfangen muss man diese Werkzeuge wieder und wieder einsetzen, um eine gewisse Fertigkeit im Bewusstsein im gegenwärtigen Augenblick zu erlangen. Wenn wir die Folgen der wiederholten Anwendung erfahren, integrieren wir den Nutzen.

Die Anwendung dieser Werkzeuge ist nicht mit einem »Handeln« verbunden. Sie sind ein innerliches achtsames Reagieren, das uns zu verantwortungsvoller mentaler Verarbeitung befähigt.

Ein integrativer Ansatz

Auch wenn wir glauben, dass wir eine gute Kindheit hatten, bedeutet die Tatsache, dass wir in eine Welt voller Bedingungen hineingeboren wurden, dass wir unbehagliche physische, mentale und emotionale Erfahrungen gemacht haben. Wir sind im Grunde bedingungsfreie Wesen, was bedeutet, dass jede Erfahrung, die mit Bedingungen verbunden ist, in gewisser Weise traumatisch ist.

Wenn wir in unserer Entwicklung den Augenblick erreicht haben, in dem wir bereit sind, die volle Verantwortung für unsere Erfahrung zu übernehmen, reisen wir in den emotionalen Körper. Wenn wir dies verantwortungsbewusst machen wollen, sollten wir einen integrativen Ansatz wählen.

Im Rahmen von The Presence Process ziehen wir den Begriff »Integration« dem Begriff der »Heilung« vor. Denn hinter diesen beiden Begriffen steht eine unterschiedliche Absicht. *Heilung* geht von der Annahme aus, dass etwas nicht in Ordnung ist und repariert werden muss. Bei Heilung schwingt häufig mit, dass etwas *beseitigt* werden muss. Heilung ist daher meistens ein *reaktives Agieren* auf das, »was ist«.

Traditionell konzentriert sich die Heilung primär auf den symptomatischen Ausdruck des Unbehagens und geht davon aus, dass keine Fortschritte erzielt sind, bis der symptomatische Ausdruck verschwunden ist. Demnach sind Heiler Menschen, die in die Welt blicken, feststellen, dass die Welt kaputt ist und repariert werden muss, und glauben, dass sie irgendwie auserwählt wurden, um andere zu reparieren. Dabei sind häufig die Menschen, die einen Heilberuf ergreifen, auch die Menschen, die ihre ungelösten Probleme auf die Welt projizieren und dann versuchen, die Spiegelung zu reparieren, die sie sehen.

Integration geht von dem Standpunkt aus, dass alles, was geschieht, allein durch die Tatsache, dass es geschieht, stichhaltig und damit erforderlich ist. Nichts wird als »falsch« und »reparaturbedürftig« betrachtet. Wenn etwas aus dem Gleichgewicht geraten scheint, muss es angenommen und zurück ins Ganze gebracht werden. Wenn achtsam darauf reagiert wird, enthält es Einsichten für weiteres Wachstum. Integration ist also *ein achtsames Reagieren darauf, »was ist«*.

Integration ist nur an der Ursache, der Kausalität, interessiert. Wenn es einem Vertreter der Integration so vorkommt, als ob etwas in der Welt nicht stimmt, übernimmt er die Verantwortung für seine Wahrnehmung und reagiert achtsam, indem er seine eigene Wahrnehmung wiederherstellt, nicht die Welt.

Integration bietet uns keine beruflichen Chancen: Niemand bezahlt uns für unsere Integration, und niemand kann eine Integration für uns vornehmen. Dies ist einer der Gründe, warum es keine Moderatoren und Trainer für The Presence Process gibt. Integration ist die Kunst der Selbstmoderation.

Ein integrativer Ansatz für die Qualität unserer Erfahrung basiert auf der Erkenntnis, dass wir, *wenn wir auf die Ursache unserer Erfahrung einwirken, gleichzeitig den Zustand des Ganzen verändern.* Außerdem entwickeln sich die Auswirkungen, die das auf das Ganze hat, *natürlich*, in einer Art und Weise, die dem Wohl des Ganzen dient.

Im Rahmen von The Presence Process sind die einzelnen Bestandteile unserer Erfahrung, mit denen wir arbeiten, um Veränderungen in der Qualität unserer Erfahrung als Ganzes zu aktivieren, unser physischer Körper (körperliche Empfindungen), der mentale Körper (Gedanken) und der emotionale Körper (Gefühle). Dieser Prozess arbeitet zwar von der Anlage her mit allen drei Aspekten, aber trotzdem ist jede Einwirkung in dem Sinne als kausal zu sehen, als sie genau auf die nicht integrierten Emotionen im emotionalen Körper abzielt.

Wenn wir mit der Qualität unserer Erfahrung unzufrieden sind, versuchen wir, Veränderungen vorzunehmen, indem wir unsere physischen Umstände umgestalten. Der Grund hierfür ist, dass der physische Aspekt unserer Erfahrung konkret ist und wir unmittelbar darauf zugreifen können. Obwohl wir aber relativ rasch Veränderungen an unseren physischen Umständen vornehmen können, sind diese Änderungen nicht von Dauer, weil der physische Aspekt unserer Umstände eine Wirkung ist, nicht die Ursache.

Die Tatsache, dass sich die Dinge in unserer physischen Erfahrung ständig ändern, verkompliziert unsere Versuche, die Qualität unserer Erfahrung durch die Umgestaltung unserer physischen Umstände zu verändern. Das bedeutet, dass alles, was wir auf der physischen Ebene mit Nachdruck verändern, sich im Laufe der Zeit wieder ändern wird. Wenn wir etwas mit Nachdruck rasch verändern, bedeutet das auch, dass wir ständig große Mengen Energie investieren müssen, um diese veränderte Bedingung aufrechtzuerhalten, was ziemlich unmöglich ist. Aus diesem Grund setzen wir Kontrolle und die Strategie des Ruhigstellens ein, um über physische Veränderungen die Qualität unserer Erfahrung zu ändern und diese Änderungen beizubehalten.

Wir können auch versuchen, die Qualität unserer Erfahrung mental zu verändern, indem wir unser Denken über etwas verändern. Beispiele hierfür sind die Ansätze »Mind Power« und »positives Denken«. Verändertes Denken über etwas kann tatsächlich zu einer veränderten Art der

Erfahrung führen – solange wir unser Denken nicht erneut ändern. Anders ausgedrückt sind Ausmaß und Dauer der Veränderung aufgrund mentaler Veränderungen instabil, weil dieser Ansatz seine Errungenschaften ständig vor unseren unbewussten Denkprozessen schützen muss. Wir wissen, was unsere unbewussten Denkprozesse anrichten können, denn wir brauchen nur die Umstände zu beobachten, die wir entgegen der Absicht unseres positiven Denkens in unserer Erfahrung manifestieren!

Außerdem müssen wir noch lange nicht unsere *Gefühle* bezüglich etwas verändern, nur weil wir unser Denken darüber verändert haben. Daher wird keine noch so rigide Gedankenkontrolle eine authentische, gefühlte Transformation schaffen, bis wir anders *fühlen.* Solange unsere unbewussten emotionalen Zustände nicht berührt sind, werden die unbewussten Gedankenprozesse, die sich daraus ergeben, weiterhin unsere Absichten stören.

Eine transformierte Erfahrung ist nicht nur das Ergebnis von positivem Denken. Dazu muss eine grundlegende Veränderung des Fühlens kommen. Wenn wir eine Veränderung erreichen wollen, müssen unsere Gefühls- und Denkprozesse harmonisiert werden. Wie bei primär physischen Veränderungen gilt auch bei rein mentalen Veränderungen zur Anpassung der Qualität unserer Erfahrung, dass dies wieder nur an den Auswirkungen ansetzt, nicht an der Ursache.

Glücklicherweise haben wir die Möglichkeit, direkt an der Wurzel unseres Unbehagens anzusetzen und Anpassungen an der Ursache vorzunehmen. Das erreichen wir, indem wir Veränderungen am Zustand unseres emotionalen Körpers einleiten. Dies ist so anspruchsvoll wie effektiv und lohnend. Wenn die Veränderung einmal erreicht wurde, ist die Wirkung von Dauer.

Wenn wir Veränderungen in unserem emotionalen Körper aktivieren wollen, erfordert dies ein schonendes und kontinuierliches Vorgehen. Wir brauchen Hingabe und Durchhaltevermögen. Es ist wie das Fällen eines großen Baumes: Schlag für Schlag für Schlag für Schlag. Manchmal erscheint uns diese Aufgabe geradezu unendlich. Wir gewinnen den Eindruck, dass es nicht vorangeht. Dann hören wir – ohne Vorwarnung – plötzlich ein knackendes Geräusch, und innerhalb von Sekunden beginnt der Baum zu fallen. Wenn er erst einmal im Fallen ist, kann ihn nichts mehr aufhalten. Wenn er erst einmal am Boden liegt, kann er nicht mehr aufgestellt werden. Bei der Veränderung am Zustand unseres emotionalen Körpers verhält es sich ähnlich. Wir arbeiten kontinuierlich daran, und manchmal haben wir das Gefühl, dass es überhaupt nichts bringt. Dann gibt es eine Verschiebung, und wenn die Veränderung begonnen hat, ist sie nicht mehr aufzuhalten. Wenn diese Verschiebung im Inneren eintritt, kann der emotionale Körper nicht in den vorherigen Zustand zurückkehren.

Aufgrund der Neigung des emotionalen Körpers zu plötzlichen Veränderungen kann diese Erfahrung möglicherweise traumatisch sein. Die Abkürzung zu dauerhaften Veränderungen an der Qualität unserer Erfahrung ist, keine Zeit für physische oder mentale Prozesse aufzuwenden, sondern sich auf den emotionalen Körper zu konzentrieren. Es wird jedoch nicht empfohlen, direkt in den emotionalen Körper abzutauchen und Veränderungen zu aktivieren, nur weil wir erkannt haben, dass hier die Ursache liegt. Statt alles andere auszuschließen und direkt an den emotionalen Körper zu gehen, was traumatisch sein kann, sind bei uns die Schlüsselbegriffe »sanft«, »geduldig«, »kontinuierlich« und »verantwortungsbewusst«.

The Presence Process ist so konzipiert, dass wir physisch und mental vorbereitet werden, damit wir plötzliche Veränderungen integrieren können. Wenn mit solchen plötzlichen, emotionalen Veränderungen verantwortungsbewusst umgegangen wird, sind es tiefgreifende Erfahrungen. Sie führen zu sofortigen Veränderungen in der Wahrnehmung. Ab dem Augenblick der Veränderung nehmen wir die Welt anders wahr. Die Folgen einer solchen emotionalen Anpassung sickern dann entlang des Pfads des Bewusstseins in unsere mentale und physische Erfahrung und manifestieren sich in einer veränderten Qualität. Wenn das der Fall ist, ist es dauerhaft und muss nicht mit einem Kraftakt aufrechterhalten werden. Durch die Anpassung des Zustands unseres emotionalen Körpers können wir eine vollkommen neue Erfahrung der Welt machen, ohne einen anderen Planeten zu besuchen. Diese Art der Herangehensweise nennen wir »integrativen Ansatz«.

Für einen tieferen Einblick, wie Veränderungen an unserem physischen, mentalen und emotionalen Körper auf uns einwirken, wollen wir uns vorstellen, wir sind ein erwachsener Mensch, der sich mit deutlichem Übergewicht herumplagt. Da wir ein »normaler« Erwachsener sind, sind wir, wie die meisten Menschen, ohne es zu wissen mental und physisch wie erstarrt durch unsere Erfahrung in der Welt. Daher gehen wir das Abnehmen in erster Linie als physische Herausforderung an in der Annahme, dass wir ja nur überflüssige Pfunde loswerden müssen.

Im Rahmen unseres primär physischen Ansatzes veranlasst unser Unterfangen uns vermutlich, eine fettarme Diät zu beginnen und gleichzeitig ein Mittel einzunehmen, das den Abbau der Fette in unserem System fördert. Möglicherweise beginnen wir auch mit einem Trainingsprogramm (oder intensivieren unser übliches Trainingsprogramm), um zusätzliche Kalorien zu verbrennen. Unter Umständen ergreifen wir sogar radikale Maßnahmen wie eine operative Magenverkleinerung oder das Zusammennähen von Ober- und Unterkiefer. Da diese Maßnahmen auf der physischen Ebene auf die Wirkung abzielen und nicht auf die Ursache unseres Übergewichts, kosten sie uns viel Anstrengung. Manchmal kosten uns solche Maßnahmen Blut, Schweiß und Tränen, von den finanziellen Belastungen ganz zu schweigen.

Aber selbst wenn wir die überflüssigen Pfunde losgeworden sind, garantiert dies nicht die tatsächliche Wirkung, die wir angestrebt haben. Eine Zeit lang mögen wir uns in Bezug auf uns selbst besser fühlen, weil sich unser äußeres Erscheinungsbild verbessert hat, aber dieses Gefühl wird nachlassen, weil die Ursache des Übergewichts nicht auf der physischen Ebene liegt.

Alle Diäten versagen langfristig, weil sie die emotionale Ursache des Übergewichts nicht aufgreifen. Eine Magenverkleinerung wird die unbehaglichen emotionalen Turbulenzen nicht beseitigen, die wir nicht verdauen können. Wenn wir uns die Ober- und Unterkiefer zusammennähen lassen, so befähigt uns das nicht, uns authentisch auszudrücken und mit unseren verdrängten Emotionen zu arbeiten. Solche Maßnahmen mögen zwar, je nachdem, wie radikal sie sind, rasche Wirkungen zeigen, aber das erreichte Wohlgefühl ist nicht authentisch und daher nur vorübergehend. Wenn das innere Unbehagen schließlich wieder hochkommt, kann es verheerend sein, weil wir dann nicht mehr wissen, wohin wir uns noch wenden können.

Diese Maßnahmen auf der physischen Ebene integrieren nicht die unbewussten mentalen Aktivitäten, die mit dem Selbstbild im Zusammenhang stehen. Sie beschwichtigen auch nicht die inneren emotionalen Ausbrüche, die sich auf der physischen Ebene als exzessive Verhaltensweisen manifestieren. Selbst wenn uns ein Verfahren vom Essen abhält, wird die Abhängigkeit vom Essen auf andere Verhaltensweisen übertragen. Eine Zeit lang mag es gut aussehen, aber unsere Gedanken verfangen sich nach wie vor in der Negativität. Egal, wie viel Fett verschwindet, operativ oder auf andere Weise, *fühlen* wir uns unter der Oberfläche nicht gut. Die langfristigen Ergebnisse belegen dies.

Die Folge solcher drastischen Veränderungen auf der physischen Ebene ist, dass solche Veränderungen unseren mentalen und emotionalen Zustand überhöhen. Je mehr wir unser Leiden zudecken, indem wir uns primär physischen Verfahren zuwenden, umso weniger wirksam funktionieren wir auf der mentalen und emotionalen Ebene.

Die trügerische Blase eines operativ verschönerten Körpers platzt zwangsläufig und führt dann zu mentalem Chaos und emotionalen Katastrophen. Es mag eine Weile dauern, bis es soweit ist, aber es wird geschehen. In dem Augenblick, in dem der verschönerte Körper seinen äußeren Fanclub von Bewunderern vermisst, wird er durch das Rumpeln der inneren Verzweiflung gebeutelt. Wenn primär physische Anpassungen in dem Versuch vorgenommen werden, das Unbehagen in unserer Erfahrung zu beseitigen, setzen wir eine emotionale Zeitbombe in Gang. Eines Tages wird sie hochgehen.

Nach wiederholten Fehlschlägen mit primär physischen Ansätzen gelangen wir unter Umständen an einen Punkt, an dem wir einen mentalen Ansatz für unseren Zustand wählen. So verändern wir vielleicht unser Denken über das Essen, das wir zu uns nehmen, und über das Bild, das wir von uns selbst haben. Wenn wir genügend Einsichten gewinnen, um selbstzerstörerische Gedankenmuster zu erkennen, die uns nicht dienen, melden wir uns unter Umständen für ein Seminar »Mind Power« oder »Positives Denken« an. Solche Versuche, Gedanken zu verändern, haben eine Wirkung, auch wenn die Anpassungen, die wir damit an unserem körperlichen physischen Zustand bewirken können, langsamer geschehen als bei primär physischen Verfahren. Auf jeden Fall gelingt es uns, durch kontinuierliches Arbeiten am »Geist über den Körper«-Ansatz, Gewicht zu verlieren – bis zu einem gewissen Punkt.

Leider sind alle Veränderungen, die durch mentale Neukonditionierung erzielt werden, nicht nur begrenzt, sondern auch vorübergehend, weil wir immer noch an den *Auswirkungen* herumdoktern: an unseren Gedanken. Wir nehmen noch immer keine authentischen Anpassungen an der Ursache vor.

Wir mögen zwar Gewicht verlieren, aber wir erreichen vermutlich nicht das für unseren Körperbau optimale Gewicht – und selbst wenn wir das schaffen, ist es ein Kampf, dieses Gewicht zu halten. Denn obwohl wir unsere bewussten Gedanken angepasst haben, können wir die Qualität unserer Erfahrung nicht vor den Auswirkungen unserer unbewussten Gedanken schützen.

Die Integration unbewusster Gedankenmuster ist nur dann möglich, wenn wir auf den Zustand unseres emotionalen Körpers eingehen, in dem die Wurzeln unserer Gedanken zu finden sind. Je stärker unser unbewusster Aufruhr bestehen bleibt, umso fester hält unser Körper an seinem Übergewicht fest.

Die Folge ist, dass wir ständig Gefahr laufen, ab und zu »durchzudrehen«. Wenn es dann wieder soweit ist, essen wir erneut zu viel falsches Essen und hegen danach schlechte Gedanken über unser undiszipliniertes Verhalten. Diese Episoden passieren, obwohl wir den denkenden Aspekt unseres Verstandes überzeugt haben, dass solch ein Verhalten nicht zuträglich ist. Wir sind nicht in der Lage, unsere unbewussten Gedanken davon abzuhalten, sich als Selbstsabotage zu manifestieren. Wir mögen physisch zwar ein wenig leichter aussehen und mental ein wenig besser über uns denken. Aber darunter *fühlen* wir uns nicht besser.

Wenn wir uns nicht besser fühlen, laufen wir immer Gefahr, zum Trost zu viel zu essen und anderen Aktivitäten nachzugehen, die dazu führen, dass wir an Gewicht zulegen. Die Veränderungen, die wir an unseren bewussten, mentalen Prozessen vorgenommen haben, wirken sich auch auf unseren emotionalen Zustand aus, weil die Änderung der Art unserer bewussten Gedanken ohne Berücksichtigung der unbewussten Gedanken mentale Kontrolle ist. Früher oder später verlieren wir diese Kontrolle, wenn wir von den Wellen emotionaler Verwirrung überspült werden.

Wenn wir schließlich herausfinden, dass es uns nicht gelingt, durch physische und mentale Maßnahmen authentisch und nachhaltig auf unseren Zustand einzuwirken, entscheiden wir uns vielleicht endlich, unser Gewicht auf der emotionalen Ebene anzupacken. Für viele Menschen ist das eine große Herausforderung, weil es Authentizität erfordert. Deshalb ist dies meist auch der letzte Ansatz, den wir in Erwägung ziehen. Veränderungen am emotionalen Körper erfordern allmähliche und kontinuierliche »Prozessarbeit«, keine schnelle Lösung. So groß die Herausforderung ist, jede emotionale Arbeit hat zutiefst befriedigende Folgen, weil sie an der *Ursache* ansetzt.

Wenn wir übergewichtig sind und unsere emotionalen Lasten bereinigen, fühlen wir uns sofort besser, und dieses Gefühl setzt sich entlang des Pfads unseres Bewusstseins nicht nur ins Bewusstsein selbst fort, sondern auch in unsere physischen Umstände hinein. Unsere Essgewohnheiten und unser Ansatz für die physischen Interaktionen mit der Welt verändern sich. Unser Gewicht kehrt mühelos zu seinem natürlichen Gleichgewicht zurück. Wir halten nicht Diät, sondern essen gesund. Da wir das Essen nicht mehr benutzen, um nicht integrierte Emotionen zu verdrängen, essen wir weniger. Da wir nun unsere Welt genießen wollen, indem wir physisch daran teilnehmen, müssen wir keine extremen sportlichen Übungen machen. Da wir ursächliche Veränderungen an der Qualität unserer Erfahrung vornehmen, müssen wir nicht mehr befürchten, dass unser Übergewicht zurückkehrt.

Ein integrativer Ansatz zur Anpassung der Qualität unserer Erfahrung beruht auf der Erkenntnis, dass sich unsere physischen, mentalen und emotionalen Körper gegenseitig reflektieren und dass die Erfahrungen, die sie jeweils machen, zusammenhängen. Ein integrativer Ansatz ist auch auf dem Verständnis gegründet, dass wir keine Zeit und Energie verschwenden müssen, indem wir uns auf die Auswirkungen unserer nicht integrierten Kindheitserfahrungen konzentrieren, wenn wir Authentizität bei der Veränderung unserer Erfahrung zeigen.

Der behutsamste Ansatz ist ein integrierter, ein ganzheitlicher Ansatz. Dabei arbeiten wir gleichzeitig mit unserem physischen, unserem mentalen *und* unserem emotionalen Körper in der Absicht, uns allmählich auf die Umstände zuzubewegen, die im emotionalen Körper die Ursache sind, und diese dann zu integrieren.

Ein integrativer Ansatz berücksichtigt, dass ein unbehaglicher emotionaler Zyklus, der sich seit unserer Kindheit unbewusst in unserer Erfahrung wiederholt, nicht einfach über Nacht deaktiviert werden kann. The

Presence Process geht daher behutsam, methodisch, beständig und vorsätzlich entlang des Pfads des Bewusstseins vor und setzt physische, mentale und emotionale Verfahren mit der übergreifenden Absicht ein, den Zustand des emotionalen Körpers wieder in Harmonie zu versetzen. Die Kunst bei einem integrativen Ansatz ist, dass er sich sacht durch die Schichten der Auswirkungen bewegt, bis er an die Ursache herankommt und diese justieren kann.

Die Anwendung eines integrativen Ansatzes bei der Wiederherstellung von Harmonie in unserer Erfahrung ist gleichzeitig einfach und extrem komplex. Sie erfordert sowohl gesunden Menschenverstand als auch paradoxes Denken. Der integrative Ansatz erreicht seine Absicht »im Augenblick«, gewährt aber auch Zeit, damit die Folgen unsere Erfahrung durchdringen und sich manifestieren können. Er ist gleichzeitig an der Oberfläche der Dinge zu beobachten und unterhalb der Oberfläche aktiv.

Ein integrativer Ansatz ist »Prozessarbeit«, das bedeutet, dass er sich ganz natürlich entwickelt. Er nimmt das Durchhaltevermögen der Beharrlichkeit in Anspruch und stützt sich auf die *Beständigkeit*, sich als bewusster Strom durch alle Bestrebungen hindurchzuziehen. Ein integrativer Ansatz arbeitet mit allen Teilen des Ganzen, behält dabei aber immer die Ursache im Blick. Er vertraut fest darauf, dass eine Veränderung an der Ursache aller Dinge ihre Auswirkungen im Ganzen manifestieren wird.

Ein integrativer Ansatz weiß und vertraut darauf, dass sich die Wirkungen in einer Geschwindigkeit ausbreiten, die dem Wohlergehen des Ganzen am besten dient. Es macht daher keinen Sinn, sich anzutreiben, denn jede aktivierte Erfahrung muss umfassend verdaut werden, damit der positive Nutzen zum Tragen kommen kann. Hetzerei und Eile führen zu Verdauungsstörungen und Verstopfung. Hetzerei ist Dramatik.

Wenn wir »in der Zeit leben«, wollen wir die Vorzüge, Ergebnisse und Folgen *sofort* genießen, wenn wir etwas abgeschlossen haben. Wenn wir einen Auftrag für einen Auftraggeber beendet haben, erwarten wir, dass wir sofort bezahlt werden. Wenn wir etwas Bedeutendes erreicht haben, wollen wir gleich die Anerkennung dafür erhalten. Dies ist Ausdruck unserer hektischen »Fastfood«-Mentalität. Wir sparen nicht, um uns dann unser erstes Auto kaufen zu können, sondern wir gehen zur Bank und lassen die Bank unser Auto für uns kaufen. Teenager wollen über Nacht zu Erwachsenen werden, Erwachsene möchten einen vierjährigen Studiengang nebenberuflich in einem Jahr abschließen. Viele Mütter und Väter warten nicht mehr, bis ihre Kinder zum natürlichen Termin auf die Welt kommen. Und im Obst- und Gemüsebau kommen Methoden der Gentechnik zum Einsatz, damit die Früchte größer werden und schneller reifen. Wenn wir das, was wir wollen, nicht sofort haben können, sind wir verärgert und wenden uns an eine andere Quelle.

Wir sind zwar nach sofortiger Befriedigung und Belohnung süchtig, aber wir sind selten zufrieden, *weil wir selten in der Präsenz sind, um jetzt zu genießen*, auch wenn wir immer alles *jetzt* möglich machen müssen. In dem Augenblick, in dem wir das Gewünschte erreichen, springt unsere Aufmerksamkeit aus der Gegenwart heraus und bereits in die Planung des nächsten Ziels. Dadurch schaffen wir eine Welt, die sich gut in einem Leben mit Schulden, in geliehener Zeit und mit der Energie anderer eingerichtet hat. Unser Haus, unser Auto, unsere Kleider gehören uns nicht mehr – sie gehören der Bank. Wir haben uns selbst der Genugtuung der Dinge beraubt, die in ihrem eigenen Tempo die Vollendung erreichen. Es gibt keine »Übergangsriten« mehr, sondern nur noch die Überholspur. Kleine Kinder wollen Teenager sein, Teenager wollen Erwachsene sein, Erwachsene wollen das Werk eines ganzen Lebens erreicht haben, noch bevor sie ihren dreißigsten Geburtstag feiern. In jedem Augenblick laufen wir in dem Glauben vor uns selbst davon, dass es ein Ziel gibt, das uns endloses Glück, Anerkennung, Leichtigkeit und Luxus verschafft, wenn wir erst dort angekommen sind. Immer laufen wir vor etwas weg und auf etwas zu. – Und weil sich alle so verhalten, nehmen wir das als normal hin. In allem, was wir tun, überspringen wir mental den ewigen Augenblick der Präsenz und ignorieren den Fluss des Lebens.

The Presence Process, einschließlich der Folgen der Vollendung des Prozesses, funktioniert in einem anderen Tempo. Bei dieser Reise geht es nicht darum, etwas »so schnell wie möglich« fertigzustellen. Es geht um den *Prozess*, nicht um sofortige Belohnung. Die Folgen, die aktiviert werden, wenn wir diese Reise vollenden, werden möglich, weil es ein integrativer Ansatz ist, der sich allmählich entfaltet. Wenn Sie die Hinweise sorgfältig befolgen, einen Schritt nach dem anderen machen, kontinuierlich den Prozess fortführen und sich verpflichten, diese Aufgabe zu vollenden, egal was passiert, werden Sie einen Übergangsritus erleben, der Sie daran erinnert, was »Prozess« tatsächlich meint.

Die Erkenntnis, was »Prozess« bedeutet, ist nicht nur eine mentale Erkenntnis, sondern erfordert eine integrierte emotionale, mentale und physische Erfahrung. Die Erkenntnis, welchen Wert Prozessarbeit hat, ist in einer Welt der sofortigen Belohnung und Befriedigung selten geworden. Sie hat eine machtvolle Wirkung auf die Qualität unserer Erfahrung, weil das Leben in der Präsenz ein fortlaufender, natürlicher Prozess ist. Die Erkenntnis der Kraft, die in den Rhythmen der Prozessarbeit liegt, mag nicht unbedingt unsere Fähigkeit verbessern, unseren Lebensunterhalt zu verdienen, aber sie verbessert unsere Fähigkeit, uns dem Herzschlag des Lebens zu öffnen.

Eine Erfahrung, die aus dem Bewusstsein im gegenwärtigen Augenblick fließt, fließt in Zyklen und Gezeiten. Weil diese Erfahrung integriert und an der Ursache orientiert ist, ist sie gleichzeitig ständig in einem Zustand der Ruhe. Sie ruht gelassen und friedvoll in dem Wissen, dass die Wirkung nicht ausbleiben kann, wenn die Ursache getroffen ist. Es gibt keinen Grund zur Eile. Eine solche Reise übersteigt jeden mentalen Zielpunkt, auf den wir uns in unserem zeitbasierten Bewusstsein begrenzen.

Einstiegsebene

The Presence Process ist ein Prozess, der für alle passt, weil die Ursache aller unausgeglichenen physischen, mentalen und emotionalen Erfahrungen die gleiche ist: der nicht integrierte Zustand des emotionalen Körpers. Weil die Intensität in unseren emotionalen Körpern jedoch verschieden ist und wir diese Reise daher von unterschiedlichen Startpunkten aus antreten, hat der Prozess zwei Einstiegsebenen: die einführende und die erfahrungsbasierte Ebene. Unseren verschiedenen Erfahrungen wird der Prozess dadurch gerecht, dass die jeweilige Intensität variiert.

Die Wahl der Einstiegsebene treffen wir mit gesundem Menschenverstand und Einsicht. Wenn wir uns zu früh zu viel vornehmen, schaffen wir damit die Möglichkeit, dass wir unerwartete innere Widerstände erfahren, die sich als plötzliche Intensivierung von Verwirrung und Chaos bemerkbar machen. Überwältigende Widerstände können zur Folge haben, dass wir vor dieser Erfahrung weglaufen und die Reise nicht abschließen.

Sie sollten sich deshalb nicht in der falschen Vorstellung in diesen Prozess stürzen, dass alles in Ordnung sein wird, wenn Sie es nur »hinter sich bringen« und »so bald wie möglich durchziehen«. Bei The Presence Process geht es nicht nur um die nächsten Wochen unserer Erfahrung, sondern um *unsere gesamte restliche Erfahrung*. Es geht darum, dass wir herausfinden, wie wir jeden Augenblick verantwortungsvoll leben, solange uns noch Augenblicke gegeben sind, die wir erleben dürfen.

Einführender Ansatz

Der einführende Ansatz ist einfach. Lesen Sie diesen Text weiter, als ob Sie einen Roman lesen würden. Sie befassen sich nicht mit der Wiederholung der bewussten achtsamen Reaktionen, beginnen nicht mit der Atemtechnik und wenden auch nicht die jeweiligen Werkzeuge der Wahrnehmung an. Sie lesen einfach die Texte für die jeweilige Woche, als wären es Kapitel eines Buchs. Auf diese Weise durchlaufen wir den gesamten Prozess primär auf der mentalen Ebene und verzichten auf jegliche bewusste Teilnahme auf der Erfahrungsebene.

Dennoch erhalten wir wichtige Einsichten aus diesem Ansatz. Diese Texte enthalten sehr viele Einsichten. Wenn wir sie lesen und verstehen, verändert dies automatisch die Art und Weise, wie wir mit unseren Erfahrungen umgehen. Ein Geschenk sind Einblicke in die Struktur einer Beziehung mit der Präsenz und das daraus folgende Strahlen des Bewusstseins im gegenwärtigen Augenblick.

Wenn Sie diesen einführenden Ansatz abgeschlossen haben, können Sie zurück an den Anfang gehen und mit dem erfahrungsbasierten Ansatz beginnen. Die Tatsache, dass Sie das Material bereits gelesen haben, mindert die Erfahrung keineswegs. Im Gegenteil!

Erfahrungsbasierter Ansatz

Der erfahrungsbasierte Ansatz leitet uns bei der physischen, mentalen und emotionalen Arbeit mit dem Prozess an. Er umfasst eine schrittweise Einführung in die Atemtechnik, in die bewussten achtsamen Reaktionen und in die Werkzeuge der Wahrnehmung.

Wenn Sie maximalen Nutzen aus dieser Reise ziehen wollen, sollten Sie den erfahrungsbasierten Ansatz dreimal durchlaufen, unabhängig davon, wie Sie den aktuellen Zustand Ihres emotionalen Wohlbefindens einschätzen. Dies ist nur eine Empfehlung. Nachdem Sie einen Durchgang des erfahrungsbasierten Ansatzes abgeschlossen haben, sollten Sie mindestens drei Wochen Pause mit den Sitzungen machen, damit die physische, mentale und emotionale Integration vollzogen werden kann.

In der Pause nach dem Abschluss eines Durchgangs und vor dem Einstieg in einen neuen Zyklus ist es ganz wichtig, dass Sie weiterhin zweimal am Tag 15 Minuten lang die Atemtechnik praktizieren, obwohl wir sonst keine bewusste mentale Verarbeitung vornehmen. Die Gewohnheit der täglichen Atempraxis sollten Sie bis zu sechs Monate nach Abschluss von The Presence Process beibehalten.

Wenn wir den erfahrungsbasierten Ansatz das erste Mal abgeschlossen haben, eine Pause zur Integration gemacht haben und bereit sind, den Prozess erneut aufzugreifen, machen wir eine Entdeckung: Der Wiedereinstieg ist wie eine komplett neue Erfahrung. Aufgrund des bereits gesammelten Bewusstseins im gegenwärtigen Augenblick gehen wir von einer neuen Bewusstseinsebene aus in den Prozess – von einem veränderten Standpunkt. Daher nehmen wir die Texte und die bewussten achtsamen Reaktionen in einem anderen Bewusstsein auf. Manchmal mag es uns erscheinen, dass wir den Text zum ersten Mal lesen. Das ist normal. Jeder, der diesen Prozess mehrmals durchläuft, macht diese Erfahrung. Da der Prozess selbst neutral ist, kommt er uns immer an dem Punkt entgegen, an dem wir gerade stehen, und spiegelt uns dabei mit unserem Einlassen auf den Prozess die Anforderungen unserer aktuellen Situation.

Es kann Ihnen helfen, sich die Beschreibung von The Presence Process als Handbuch vorzustellen, das uns anleitet, wie wir mit unserer Erfahrung von Augenblick zu Augenblick bewusst und verantwortungsvoll umgehen. Der einführende Ansatz ist ein theoretischer Überblick der Aufgabe, die vor uns liegt. Der erfahrungsbasierte Ansatz ist der praktische Teil.

Sobald wir uns selbst im bewussten und verantwortungsvollen Umgang mit den physischen, mentalen und emotionalen Aspekten unserer

Erfahrung geschult haben, sind wir aufgefordert, die neu entdeckten Erkenntnisse in den Praxiseinsatz des Lebens zu tragen, um unsere Möglichkeiten zu erkennen. In jedem Aspekt des Lebens schaffen das Verständnis und die Perfektionierung der *Grundlagen* eine stabile Basis für hervorragende Leistungen. Dies gilt auch für The Presence Process. Deswegen sind wir aufgefordert, den erfahrungsbasierten Ansatz mehrmals zu durchlaufen.

Sie sollten sich nicht beeilen, »irgendwohin« zu kommen. In Eile zu sein, verfehlt Ziel und Zweck des Prozesses. Eile ist Dramatik. Denken Sie an den Weg, nicht an das Ziel. Die Prägungen, die uns ablenken und aus der Gegenwart locken, erscheinen wohl allgegenwärtig, aber wenn wir uns mehrfach behutsam durch den erfahrungsbasierten Ansatz bewegen, erheben wir uns allmählich über diese Prägungen und gewinnen großartige Einsichten. Eine dieser Einsichten ist die Erkenntnis, dass uns unsere persönlichen Prägungen vorsätzlich vorgesetzt werden. Indem wir sie bewusst auflösen, haben wir die Möglichkeit, die Werkzeuge und Fähigkeiten zu entdecken, die für eine bewusste, verantwortungsvolle Steuerung der Erfahrung, die wir »Leben« nennen, notwendig sind.

Wenn wir den erfahrungsbasierten Ansatz mehrmals vollständig durchlaufen, erlangen wir genügend Bewusstsein im gegenwärtigen Augenblick, sodass wir unsere Aufmerksamkeit von unseren persönlichen Prägungen abziehen und sie mit der Absicht auf die Welt richten können, uns nützlichen Aufgaben zuzuwenden. Wer sich entscheidet, unter denen wach zu wandern, die sich noch im unbewussten Traumzustand der Zeit befinden, hat die Verantwortung, sich zur Verfügung zu stellen und nützliche Aufgaben zu übernehmen.

Dies ist die Einladung: sich der Kunst zu widmen, das Leben bewusst zu leben.

Dies ist die Reise: aus der Zeit aufzuwachen und jetzt Präsenz zu leben, in dieser Welt.

Dies ist das Versprechen: sich zur Verfügung zu stellen und nützliche Aufgaben zu übernehmen.

Dies ist das Geschenk: erfahrungsbasiertes Bewusstsein der Präsenz durch Bewusstsein im gegenwärtigen Augenblick.

Navigationshilfe

Die Navigationshilfe unterstützt uns dabei, standhaft bei unserer Absicht zu bleiben. Sie enthält Einsichten zu Fragen, die als Folge unserer Beschäftigung mit The Presence Process auf der Erfahrungsebene auftauchen. Sie enthält auch Erläuterungen zu vielen der Erfahrungen, die uns dabei begegnen. Greifen Sie immer dann auf die Navigationshilfe zurück, wenn Sie sich unsicher sind oder verwirrt oder sich fragen: »Was geschieht mit mir?« oder »Soll das so geschehen?« ***Markieren Sie sich diese Seite mit einem Lesezeichen.***

1. Bevor Sie mit der ersten Woche beginnen, sollten Sie eine übergreifende Absicht für diese Reise formulieren. Am besten ist es, wenn Sie diese Absicht als einen einzigen, einfachen Satz aufschreiben können. Wenn Sie sich Ihrer Absicht nicht sicher sind, stellen Sie diese Frage, ohne sie zu beantworten. Dann bleiben Sie offen für Einsichten, die Sie unerwartet empfangen. Ihre Absicht wird sich erfüllen, weil The Presence Process eine absichtsgesteuerte Reise ist. Ihre Reise zur Umsetzung dieser Absicht wird vermutlich jedoch nicht so verlaufen, wie Sie es erwarten. Inneres Wachstum entsteht aus dem, *was wir nicht wissen*, und entfaltet sich auf eine Art und Weise, die selten vorhersehbar ist. Die Festlegung einer Absicht löst Bewegung aus, definiert aber nicht, wie diese Bewegung aussehen wird. Wir nehmen auch in Kauf, dass sich unsere ur-

sprüngliche Absicht für das Antreten dieser Reise ändern kann oder sogar entfällt, während sich der Prozess entwickelt. Das liegt daran, dass wir diesen Prozess in einem Zustand des Wollens antreten, getrieben von unserem Wunsch, unsere nicht integrierten, stark aufgeladenen Emotionen zu nähren. Mit zunehmendem Fortschritt löst sich dieses Wollen auf. Die Wünsche werden überflüssig. Wir können diesen Prozess ohne Bedingungen erfahren. Absicht löst Bewegung aus, aber sie bestimmt nicht, wie sich der Prozess entwickelt oder was die Folgen sind.

2. Während unserer gesamten Prozesserfahrung können Umstände auftreten, die dazu führen, dass wir einige unserer Atemsitzungen unvermeidlich verschieben oder entfallen lassen müssen. Wir werden das nicht dramatisieren. Erst im Rückblick werden wir verstehen, warum dies passiert. Wenn wir unsere Absicht formulieren und uns verpflichten, diese Erfahrung vollständig durchzuführen, nutzen wir jeden Augenblick so gut wie möglich, *während er geschieht*. Unsere Erfahrung dieses Prozesses ist stichhaltig, unsere Aufgabe ist, achtsam zu reagieren, statt reaktiv zu reagieren.

3. Der Prozess entwickelt sich zu unserem Vorteil. Es ist jedoch gut zu erkennen, dass unser Vorteil nicht unbedingt deckungsgleich mit dem ist, was wir uns vorstellen. Unter keinen Umständen sollten wir Druck machen, weil wir annehmen zu wissen, was passieren soll und wie es passieren soll. Wenn wir wirklich wüssten, was wir brauchen und wie wir es erreichen, hätten wir es bereits erreicht. Beim ersten Durchgang liegt es in unserer Verantwortung, den Hinweisen zu folgen, ohne die Verfahrensweisen zu ändern. Wenn im Text steht, »Führen Sie dies eine Woche lang aus«, dann führen Sie es eine Woche lang aus. Wir verlängern nicht um Tage oder Wochen, wenn wir den Eindruck haben, dass unserer persönlichen Vorstellung nicht entsprochen wird. Wenn Sie eine Atemsitzung oder sogar beide Atemsitzungen eines Tages nicht

ausführen können, verschieben Sie nicht den ganzen Prozess um einen Tag nach hinten. Denken Sie daran, dass es hier nicht um Perfektion geht, sondern um die Teilnahme. Wertungen sind Dramatik, also bewerten wir nicht, was wir erreicht haben.

4. Bei diesem Prozess brauchen Sie nichts zu »versuchen«. Neben den Hinweisen müssen Sie keine zusätzlichen Anstrengungen unternehmen. Es gibt niemanden »da draußen«, der unsere Leistung anerkennen soll, den wir beeindrucken wollen oder der unseren Fortschritt bewerten soll. Es gibt auch keine Richtwerte, anhand derer wir unseren Fortschritt messen könnten. Unsere Reise mit der Reise einer anderen Person vergleichen zu wollen, ist Dramatik. Unsere Erfahrung dieses Prozesses ist einmalig und einzigartig. Was immer geschieht, ist notwendig und stichhaltig. Wenn Sie den Hinweisen folgen, so gut Sie können, machen Sie mühelos die erforderlichen Erfahrungen, wann und wenn dies notwendig ist. Ihre Erfahrung ist auch dann stichhaltig, wenn Sie das nicht glauben.

5. Wir tragen bequeme, locker sitzende Kleidung, wenn wir unsere Atemübung praktizieren. Wenn möglich, üben wir diese Praxis jeden Tag am gleichen Ort aus und sorgen dafür, dass wir ungestört sind. Dieser Prozess ist innere Arbeit, die sich nicht für das »Vorzeigen« und »Herumerzählen« eignet. Wenn wir die Atemtechnik vor anderen Menschen ausüben, spielen wir uns auf. Solches Verhalten ist Dramatik und führt zu nichts. Wenn die Anwesenheit anderer Personen im Raum allerdings nicht zu vermeiden ist, ist sie eben nicht zu vermeiden.

6. Das Durchlaufen des Prozesses auf der Erfahrungsebene regt die Entgiftung des Körpers an. Deshalb sollten Sie jeden Tag mindestens 1,5 Liter gutes Wasser trinken. Allerdings empfiehlt es sich nicht, in der Stunde vor der Atempraxis allzu viel zu trinken.

7. Wenn es möglich ist, sollten Sie vor der Atempraxis keine Medikamente einnehmen, die Sie schläfrig oder benommen machen. Wir sind uns bewusst, dass sich während dieser Reise und durch die Einflüsse auf unsere Emotionen unsere physische, mentale und emotionale Erfahrung an den Prozess anpasst. *Wir reagieren auf diese Anpassungen nicht so, als ob etwas nicht in Ordnung sei.* Unser physischer Körper wird sich manchmal unbehaglich fühlen, unser Magen mag Giftstoffe aus unserem System befördern, und wir werden die Wehwehchen und Schmerzen früherer Verletzungen spüren, weil sie zur Integration nach oben kommen. Die Integration erfolgt aus dem »damit sein«, nicht aus dem »etwas dagegen tun«. Da die Integration unser gefühltes Bewusstsein für das auftauchende Unbehagen erfordert, nehmen wir möglichst keine Medikamente gegen minderschweres Unbehagen und Unwohlsein. Wir vermeiden auch die Dramatik, unnötig zum Arzt oder Therapeuten zu gehen. Wenn eine schlechte Verfassung allerdings fortbesteht und gelindert werden muss, damit wir unseren Prozess fortsetzen können, sollten Sie den entsprechenden Arzt oder Therapeuten aufsuchen.

8. Während der Dauer dieses Prozesses trinken wir keinen Alkohol. Im Rahmen dieser Arbeit stellt Alkohol, auch in kleinen Mengen, die Authentizität ruhig und überhöht die Dramatik. Dies wird uns klar, sobald wir Bewusstsein im gegenwärtigen Augenblick erlangen. Wenn Sie jedoch in diesen Prozess eintreten und davon auszugehen ist, dass bei Ihnen eine schwere Abhängigkeit von Alkohol vorliegt, sollten Sie sich an die Empfehlungen aus dem Abschnitt *Jenseits von Abhängigkeit und Leiden* halten.

9. Während des gesamten Prozesses rauchen wir kein Marihuana und nehmen keine bewusstseinsverändernden Drogen. Im Rahmen dieser Arbeit verhindern diese Substanzen, und hier besonders Marihuana,

den bewussten Zugang zum authentischen Zustand unseres emotionalen Körpers. Das Rauchen von Marihuana während des Prozesses ist damit kontraproduktiv. Damit wird die erfolgreiche Integration verdrängter Traumata unterbunden, die Ursache der Abhängigkeit wird verschleiert, und die Emotionen werden gedämpft. Es ist am wirkungsvollsten und verantwortungsbewusstesten, wenn wir unsere Atemtechnik durchführen, ohne in einem bewusstseinsveränderten Zustand zu sein. *Wenn wir die Authentizität wiedererwecken wollen, ist Nüchternheit eine Voraussetzung.*

10. Wir können nicht in diese Erfahrung eintauchen und in vollem Umfang davon profitieren, wenn wir den Prozess durchlaufen, um einer anderen Person damit einen Gefallen zu tun oder sie zu erfreuen. Das ist ein Punkt, der gar nicht deutlich genug angesprochen werden kann. Wenn wir uns diesem Prozess unterziehen, um jemand anderem zu gefallen oder jemanden zu manipulieren, wird diese Reise eine große Herausforderung sein. Ebenso können wir eine Abhängigkeit nicht integrieren, weil eine andere Person uns darum bittet. Wir können mit innerer Arbeit keinen Erfolg haben, wenn wir nur die Forderungen oder Wünsche einer anderen Person befriedigen wollen. Personen, die sich nicht in der Lage sehen, diese Reise zu vollenden, stellen häufig fest, dass sie bei dem Entschluss, die Reise anzutreten, ein anderes Ziel hatten, als wirklich eine Veränderung in der Qualität ihrer Erfahrung *für sich selbst* anzustreben.

11. Auch wenn wir einen Prozess wie diesen freiwillig antreten, bauen wir manchmal Widerstände gegen die auszuführenden Aufgaben auf, wie Kinder, die ihre Hausaufgaben nicht machen wollen. Dieser Prozess besteht aus »Aufgaben, die uns nach Hause« bringen. Jeder Aspekt und jedes Element dieses Prozesses ist ganz bewusst konzipiert worden und beruht auf jahrelanger persönlicher Erfahrung und der Erfahrung

mit anderen. Da Sie den Wert der strukturellen Integrität dieses Prozesses erst im Nachhinein überblicken, sollten Sie sich der Ausführung möglichst sorgfältig und vollständig widmen. Vermutlich werden Sie Augenblicke erleben, in denen Sie starke Widerstände gegen das entwickeln, was vor sich geht. Das ist eine vollkommen normale Reaktion auf eine Situation, in der zutiefst unbewusste Prägungen an die Oberfläche treten. Während der Atemsitzungen mag sich das als Wunsch manifestieren zu schlafen, statt die Atemtechnik zu üben. Der Widerstand kann uns auch veranlassen, die mentale Wiederholung unserer bewussten achtsamen Reaktionen zu vermeiden. Das ist der Zeitpunkt, an dem Sie ganz dahinterstehen und so präsent wie möglich sein müssen. Wir müssen mitten hindurch, um aus unserer misslichen Lage herauszukommen. Widerstände können sich auch zeigen, indem wir Atemsitzungen verschieben, als Wut und Verärgerung gegen den Prozess selbst sowie als emotionale Zustände der Depression und Hoffnungslosigkeit. Widerstände können sich sogar als Erkältung oder mit grippeähnlichen Symptomen manifestieren, oder sie können sich als verschiedene Krankheiten des Brustkorbs zeigen, die uns einen guten Vorwand bieten, unsere Atemsitzungen aufzugeben oder zu verschieben. Führen Sie Ihre täglichen Atemsitzungen durch, *besonders wenn Sie sich nicht danach fühlen.* Unser Weg führt uns hindurch.

12. Wenn die unbewussten und lange verdrängten Erinnerungen beginnen, wieder an die Oberfläche zu treten, fühlen wir unter Umständen Widerstände gegen jeden einzelnen Aspekt dieser Erfahrung. Wenn dies geschieht, erlauben wir uns nicht, beunruhigt zu sein. Wir haben viel Zeit darauf verwendet, diese nicht integrierten Zustände vor unserem Bewusstsein verborgen zu halten. Wenn wir diesen Prozess beginnen, sollen sie an die Oberfläche treten, weil wir nun in der Lage sind, sie bewusst zu integrieren. Wenn sie dann jedoch an die Oberfläche treten, wollen uns unsere programmierten Instinkte weismachen, dass

diese Geschehnisse falsch, unangenehm oder angsteinflößend sind und dass all dies bedeutet, dass wir die »Kontrolle« verloren haben. Dies ist die Stimme unseres mentalen Körpers. Selbstverständlich empfinden wir dann Widerstände gegen das, was diese veränderten Umstände auslöst. Also fühlen wir Widerstände gegen alles, das mit The Presence Process zu tun hat. Statt aber jetzt einen Rückzieher von unserem Vorhaben zu machen, begrüßen wir diese emotionalen Zustände des Widerstands als positives Zeichen, dass der Prozess wirkt. Mit Beharrlichkeit können wir die Widerstände durchbrechen und fühlen dann die Auflösung dieser Unbewusstheit. Der Weg führt uns hindurch.

13. Wie bei jedem Unterfangen bekommen wir auch hier umso mehr zurück, je mehr wir uns vorbehaltlos einbringen. Häufig tun wir nicht das, was wir tun sollten, auch wenn es in unserem eigenen Interesse liegt und wir das auch wissen, weil das, so glauben wir, die einzige Möglichkeit ist, die Kontrolle über das scheinbar endlose Chaos unserer derzeitigen Erfahrung zu behalten. Wenn wir in diesen Prozess eingetreten sind, werden wir nicht bewusst oder unbewusst Widerstände gegen die Hinweise aufbauen, um damit scheinbar die Kontrolle über die Ereignisse zu behalten. Diese Reise ist eine Chance zu erfahren, was Hingabe ist. In The Presence Process hat das Wort »Hingabe« nicht die Bedeutung von »aufgeben«. Es bedeutet, dass wir uns *dem Prozess hingeben* und daher eben *nicht aufgeben*, egal was geschieht. Die vollständige Durchführung des Prozesses ist damit ein Akt der Hingabe. Der mentale Körper wird vielleicht entscheiden, Änderungen an der Ausgestaltung des Prozesses vorzunehmen. So könnte er zum Beispiel die Formulierung einer bestimmten bewussten achtsamen Reaktion verändern oder bestimmte Aspekte des Textes nicht lesen wollen, weil er mit dem Inhalt nicht einverstanden ist. Der mentale Körper könnte entscheiden, dass wir bestimmte Werkzeuge der Wahrnehmung nicht

anzuwenden brauchen, weil »wir in der Vergangenheit bereits Prozesse wie diesen durchgeführt« haben. Wenn Sie das Bedürfnis verspüren, Aspekte dieses Prozesses zu verändern, sollten Sie zwei Umstände berücksichtigen. Der erste ist, dass nur ein mentaler Körper, der Kontrolle ausübt, versuchen wird, diesen Prozess zu verändern. Der zweite Umstand ist, dass der mentale Körper im Dunkeln lebt. Er mag zwar glauben und denken, dass er alles versteht, aber er »weiß« nichts. Wir mögen es zwar versuchen, aber wir können keine Kontrolle über die Folgen dieses Prozesses ausüben. Wir können unseren Eintritt in das Bewusstsein im gegenwärtigen Augenblick nicht kontrollieren. Wir können nur eine Basis bereiten, die es uns ermöglicht, mit Absicht in dieses Bewusstsein hinein zu erwachen. Da der mentale Körper eine zeitbasierte Identität hat, hat er seine Schwierigkeiten damit, präsent zu sein. Also sollten wir wachsam sein im Hinblick auf die Gründe des mentalen Körpers, der uns veranlassen möchte, mitten in unserer Entdeckung aus dem Prozess auszusteigen. Der Weg führt uns hindurch.

14. Verstehen werden wir es erst im Rückblick, aber trotzdem soll schon jetzt der Samen für diese Einsicht ausgebracht werden: *Von dem Augenblick an, in dem wir mit dem Lesen dieses Textes beginnen, ist alles, was in unserer Lebenserfahrung stattfindet, Teil der Reise von The Presence Process.* Alles! Die Präsenz unterstützt uns 24 Stunden am Tag und weit über die zehnte Woche dieses Prozesses hinaus. Der Mechanismus, wie und warum dies funktioniert, wird im Laufe des Prozesses erläutert. Während The Presence Process kommen unbewusste Erinnerungen an die Oberfläche, damit wir die Energie, die wir in sie investiert haben, bewusst integrieren können. Da unsere Fähigkeit, Erinnerungen zu verdrängen, eine hohe Form der Kunst ist, werden diese unbewussten Erinnerungen nicht als Bilder in unserem mentalen Körper auftauchen, sondern sie werden sich als äußere Umstände entwickeln, zum Beispiel in der Art und Weise, wie sich die Menschen um uns herum

verhalten. Wir werden uns mehr und mehr bewusst, dass uns das Verhalten der Menschen in unserem Umfeld und die Umstände, die wir erfahren, *absichtlich* an unsere nicht integrierte Vergangenheit erinnern. Wir lernen, wie wir diese gespiegelten Erinnerungen bewusst integrieren, damit ihre unbehaglichen Auswirkungen integriert werden.

15. Wir behalten im Hinterkopf, dass dies »ein Prozess« ist. Er beginnt, wenn wir uns dafür entscheiden, aber er erreicht keinen markanten Endpunkt, bis wir die gesamte Reise abgeschlossen haben. Selbst dann ist das nur der Beginn einer anhaltenden Entwicklung. Mitten im Prozess mögen wir das Gefühl haben, dass wir nicht vorankommen. Das liegt daran, dass wir *mitten im Prozess stecken*. Wenn wir den Prozess abschließen, erkennen wir, dass uns eine Tür gezeigt und erläutert wird, wie wir diese Tür öffnen können. Außerdem erkennen wir, dass der Rest unserer sich entwickelnden Erfahrung eine Chance ist, in das Bewusstsein im gegenwärtigen Augenblick einzutreten. The Presence Process ist also kein Ende von irgendetwas, sondern eine Fortsetzung von etwas, das bereits in Bewegung ist.

16. Es kann sein, dass sich die Menschen um Sie herum anders verhalten. Wenn dies geschieht, achten wir darauf, *weil sich etwas in uns verändert* und sich in unserer Wahrnehmung der anderen niederschlägt.

17. Unser Körper wird unter Umständen ohne erkennbaren Grund Wehwehchen und Schmerzen entwickeln, aber wir sollten uns keine Sorgen machen. Schmerz ist eine Möglichkeit, wie unser physisches Vehikel unser Bewusstsein in die Gegenwart bringt. Indem wir Zurückhaltung entwickeln, indem wir unsere Aufmerksamkeit auf das Unwohlsein richten, ohne Wertung, Besorgnis oder Klagen, erfahren wir gesteigertes Bewusstsein im gegenwärtigen Augenblick und Integration.

18. Symptome, die bereits Teil unserer Erfahrung sind, werden sich unter Umständen verstärken. Dies liegt daran, dass sich die Wahrnehmung unseres körperlichen *Zustands* verschärft, weil unsere Aufmerksamkeit mehr und mehr auf unseren physischen Körper gerichtet ist. Diese verschärfte Wahrnehmung kann sich anfangs als scheinbare Verschlechterung von Symptomen manifestieren. Tatsächlich ist das aber nicht der Fall. Im Gegenteil ist dies häufig der erste Schritt in Richtung Integration.

19. Unter Umständen werden sich alte Verletzungen wieder bemerkbar machen. Dies geschieht, weil wir nun bereit und in der Lage sind, ihnen unsere Beachtung bedingungslos durch unser Bewusstsein im gegenwärtigen Augenblick zu schenken und ihre Symptome nicht verdrängen, ruhigstellen und kontrollieren müssen.

20. In manchen Augenblicken oder sogar an ganzen Tagen werden wir uns vielleicht abgelenkt und verwirrt fühlen. Dies ist der Fall, weil wir ein neues Bewusstsein dafür entwickeln, wenn wir nicht in unserer Erfahrung präsent sind. Diese Phasen der Ablenkung und Verwirrtheit sind auch so schon Teil unserer Erfahrung, aber mit zunehmendem Bewusstsein im gegenwärtigen Augenblick nehmen wir sie stärker wahr. Unser vorbehaltloses, gefühltes Bewusstsein dieser Phasen erleichtert ihre Integration.

21. Wir entdecken vermutlich, dass wir uns nichts mehr aus Umständen machen, die wir früher unbedingt unter unserer Kontrolle haben wollten. Wenn das geschieht, nehmen wir es einfach an, denn dies ist eine günstige Entwicklung. Sie hat ihren Grund darin, dass viele unserer Prioritäten häufig zum Wohl anderer gesetzt werden, nicht zu unserem eigenen. Mit unserer zunehmenden Präsenz erkennen wir, dass wir alle selbst für die Qualität unserer eigenen Erfahrung verantwortlich sind

und dass wir also nicht für die Qualität der Erfahrung anderer verantwortlich sein können. Manchmal denken wir, dass wir es sind oder dass wir es zumindest sein sollten, aber das ist eine Illusion. Je präsenter wir werden, umso mehr löst sich diese Illusion auf. Wir hören auf, unsere Energie darauf zu verwenden, die Welt und ihre Bewohner kontrollieren zu wollen.

22. Wir melden uns in Situationen mit unserer Meinung zu Wort, in denen wir sonst geschwiegen hätten. Dies geschieht, wenn unsere Authentizität wiedererwacht, und es ist eine notwendige Entwicklung, auch wenn es sich zunächst komisch anfühlt. Durch diesen Prozess entdecken wir unsere Fähigkeit, »nein« zu sagen, wenn wir »nein« meinen, und »ja« zu sagen, wenn wir »ja« meinen. Anfangs mag dieser Gebrauch unserer Authentizität bei uns das Gefühl auslösen, dass wir etwas Falsches tun. Respektieren Sie sich selbst. »Nein« ist ein vollständiger Satz.

23. Ihre finanzielle Lage kann sich verändern. Es mag scheinen, dass sich Ihre Mittel verknappen. Das ist im Wesentlichen vorübergehender Natur. Geld ist ein Symbol für unseren persönlichen Energiefluss und somit für die Bewegung in unserer Erfahrung. Wenn wir vorsätzlich unsere stark aufgeladenen Emotionen anpacken, untersuchen wir innerlich Störungen unseres persönlichen Energieflusses. Diese innere Suche zeigt sich manchmal als Störung unserer finanziellen Mittel. Dies trifft insbesondere dann zu, wenn wir dem Geld anhaften und unseren Selbstwert an finanziellen Indikatoren messen. Wenn wir die entsprechenden Emotionen integriert haben, erkennen wir authentischen Reichtum.

24. Unsere Familienmitglieder, Partner und engen Freunde werden uns vielleicht davon abbringen wollen, an uns zu arbeiten, weil sie das für egozentrisch halten. Dies mag daran liegen, dass wir uns zum ersten

Mal in unserem Leben um uns selbst kümmern und nicht mehr nur ständig anderen »helfen«. Es mag andere stören, dass wir einen Teil unserer Aufmerksamkeit von ihnen abziehen. Das ist kein Grund zur Sorge: Sie werden es überleben. Einige von ihnen werden sich vielleicht sogar der Notwendigkeit öffnen, ihrem eigenen emotionalen Wachstum Aufmerksamkeit zu schenken.

25. Unter Umständen fühlen wir uns grundlos schläfrig und müde. Dies liegt daran, dass unsere Aufmerksamkeit auf unserem verdrängten Unbewussten liegt. Wenn unsere Aufmerksamkeit auf das Unbewusste gerichtet ist, äußert sich das häufig als Schläfrigkeit. Das ist gut so. Wenn Sie können, sollten Sie sich Ruhe gönnen. Wenn Ihnen das nicht möglich ist, halten Sie durch.

26. Gelegentlich können Schlafstörungen auftreten. Dies liegt an der zusätzlichen Energie, die wir aus dem gesteigerten Bewusstsein im gegenwärtigen Augenblick und der damit zusammenhängenden Verarbeitung ziehen. Wälzen Sie sich nicht die ganze Nacht im Bett herum. Es ist vorteilhafter, diese Zeit zu nutzen: Setzen Sie sich auf und verdauen Sie Ihre Wachheit, indem Sie in der Präsenz dieser Wachheit sind. Diese Augenblicke der Wachsamkeit spät in der Nacht oder früh am Morgen enthalten Geschenke der erhöhten Bewusstheit, Einsicht und Inspiration.

27. Es können lebhafte Träume auftreten, von denen einige beunruhigend sein können. Häufig sind sie aufschlussreich in Bezug auf unsere Verarbeitung. Die bewusstere Wahrnehmung unserer Träume ist darauf zurückzuführen, dass während unseres Schlafs emotionale Verarbeitung stattfindet. Keiner dieser Träume ist »wahr«, insbesondere wenn darin Menschen vorkommen, die wir kennen. Bei The Presence Process sind alle Träume metaphorisch zu verstehen. In diesen Träumen stehen

Männer, die älter sind als wir, für unsere Beziehung zu unserem Vater und dafür, was wir über innere Führung lernen müssen. Frauen, die älter sind als wir, stehen für unsere Beziehung zu unserer Mutter und dafür, was wir über unsere Fürsorge für uns selbst lernen müssen. Frauen, die so alt sind wie wir, stehen für unsere weibliche Seite sowie für unsere Beziehung zu unseren Emotionen und zum Integrationsprozess. Männer, die so alt sind wie wir, stehen für unsere männliche Seite sowie für unsere mentalen Aktivitäten und die Erfahrungen, die wir gerade machen. Personen, die jünger sind als wir, stehen für unsere männliche und weibliche Seite in diesem Alter. Wir nehmen die wahrgenommenen Bilder symbolisch auf. Sie sind Botschafter, die uns Einsichten bringen. Wenn wir sie interpretieren, fragen wir, was die Symbole für uns bedeuten. Die Sprache der Träume ist selten wörtlich zu verstehen, meist ist sie metaphorisch.

28. Wir können ohne Grund mürrisch und gereizt sein. Wahrscheinlich waren wir innerlich einen Großteil unseres Lebens mürrisch und gereizt. Nun lassen wir zu, dass diese verdrängten emotionalen Zustände an die Oberfläche treten. Wir dürfen uns mürrisch und gereizt fühlen, solange wir das nicht an anderen auslassen. The Presence Process vermittelt uns Werkzeuge der Wahrnehmung, die es uns ermöglichen, diese Emotionen zu integrieren, ohne sie nach außen zu tragen.

29. Wenn wir uns nicht danach fühlen, uns in die Gesellschaft unseres üblichen sozialen Umfelds zu begeben, respektieren wir dieses Gefühl, weil es eine Gelegenheit ist, zu entdecken, wie wir »ja« sagen, wenn wir »ja« meinen, und – häufig noch wichtiger – wie wir »nein« sagen, wenn wir »nein« meinen. Es ist eine Einladung zur Authentizität.

30. Es kann sein, dass Menschen aus unserer Vergangenheit und Familienmitglieder, von denen wir lange nichts gehört haben, Kontakt mit uns

aufnehmen. Dieser Prozess ist zwar eine Reise, die wir allein unternehmen, aber er wirkt sich auf die gesamte Familie und alle Menschen aus, mit denen wir energetisch verbunden sind. Unsere Beziehung zu allen Menschen basiert darauf, wie wir sie wahrnehmen. Wenn sich unsere Wahrnehmung ändert, ändert sich auch die Qualität unserer Beziehungen. Diese unerwarteten Kontaktaufnahmen sind positive Anzeichen dafür, dass wir etwas erreichen. Wenn wir den Zustand unserer stark aufgeladenen Emotionen beeinflussen, verändert sich unsere Welt. Häufig sind diese unerwarteten Kommunikationsversuche Einladungen des einheitlichen Feldes, etwas wiedergutzumachen, die Verantwortung für unsere Erfahrungen aus der Vergangenheit zu übernehmen und das tiefgreifende Potenzial der integrativen Arbeit zu erkennen.

31. Möglicherweise fühlen Sie sich melancholisch und vermissen Menschen aus der Vergangenheit. Das sind Erinnerungen, die sich melden, damit wir unsere Bindung daran integrieren können. Wenn die Erinnerungen auftauchen, gelangen die Bilder, die wir damit verknüpfen, in den Fokus des mentalen Körpers. Wir »vermissen« diese Menschen und Bilder nicht wirklich, sondern wir integrieren unsere Erinnerungen daran.

32. Eine Weile lang kann es für uns schwierig sein, bei unseren Eltern und engeren Familienangehörigen zu sein. *Dies hat nichts mit ihnen zu tun. Es wird vorübergehen.* Diese emotionalen Zustände treten auf, weil die Menschen, die uns am nächsten stehen, unsere klarsten Spiegel sind und die Prägungen widerspiegeln, die wir vor uns selbst verborgen halten wollen. The Presence Process zeigt uns, wie wir diese Spiegelungen in einer Art und Weise wahrnehmen können, sodass wir emotional daran wachsen können.

33. Ihre Kinder werden sich vielleicht anders verhalten. Eventuell werden sie sich genauso verhalten wie Sie, als Sie in ihrem Alter waren. Auch sie fungieren als Spiegel, sodass wir durch ihre Präsenz die Prägungen aus unserer nicht integrierten Kindheit wahrnehmen können, die wir verdrängt haben. Dies ist eine Einladung zu *beobachten, nicht, um reaktiv zu agieren.* Das Verhalten, das wir wahrnehmen, ist nicht authentisch, sondern es ist eine Spiegelung – eine Erinnerung. Wenn wir unsere Kindheitserinnerungen integrieren, befreien wir unsere Kinder davon, diese Last tragen zu müssen. Ihr Verhalten wird sich verändern. Wir können beobachten, wie unsere Kinder mit jeder Vollendung des Prozesses durch uns leichter, freudiger und authentischer werden.

34. Es kann sein, dass sich unsere Kinder krank fühlen, erkältet sind oder grippeähnliche Symptome zeigen. Erfahrungen aus unserer Vergangenheit, die wir nicht integrieren, werden über die Prägung energetisch von unseren Kindern aufgenommen. Schon zu dem Zeitpunkt, an dem wir uns auf diese Reise begeben, haben unsere Kinder nicht integrierte Prägungen in ihrem emotionalen Körper aufgenommen. Wenn wir also unseren emotionalen Körper integrieren, nehmen unsere Kinder gleichzeitig eine Veränderung in ihrem emotionalen Körper wahr. Dies kann sich durch körperliche Symptome ausdrücken, durch mentale Verwirrung oder emotionale Offenbarungen. Während wir den Prozess abschließen und eine emotionale Ausgeglichenheit auf einer neuen Ebene erreichen, erfahren auch sie Integration. Dies gilt nicht nur für unsere Kinder. Jeder in unserem energetischen Umfeld nimmt an der Verarbeitung teil, wenn wir diesen Prozess durchlaufen. Anders als wir machen sie diese Erfahrung jedoch unbewusst. Daher fühlen wir mit den Menschen, die uns nahestehen. Wir machen uns auch keine Gedanken, während sie ihre emotionale und somit mentale und physische Integration durchlaufen. Sie spiegeln uns. Wenn wir das Gefühl haben, wir müssten etwas für sie »tun«, sollten wir sicherstellen, dass

wir es für uns tun, was auch immer es sein mag. Auch hier setzen wir unseren gesunden Menschenverstand ein.

35. Aus unerfindlichen Gründen können wir uns weinerlich fühlen. Wenn dies der Fall ist, bemühen wir uns bewusst um einen ruhigen Augenblick ohne Störungen, in dem wir uns öffnen können, um mit diesem emotionalen Zustand zu sein. Dann können wir weinen, soviel wir weinen müssen. Wenn wir nur mit uns selbst sind und grundlos weinen können, entgiften wir unseren emotionalen Körper, wie es mit keiner anderen Aktivität möglich ist. Wir setzen das Weinen jedoch nicht als Werkzeug ein, um Aufmerksamkeit und Mitgefühl zu bekommen. Anders als viele Therapeuten behaupten, ist das Weinen in Einsamkeit während eines Prozesses der emotionalen Verarbeitung vorteilhafter als das Ausweinen an der Schulter eines anderen Menschen, weil es allein rein und authentisch ist. Es verkommt nicht zur oberflächlichen Dramatik und zum Werkzeug in der Hand des mentalen Körpers.

36. Alte Prägungen, von denen wir *dachten*, dass sie bereits aufgelöst seien, können wieder an die Oberfläche kommen. Das liegt daran, dass wir sie in der Vergangenheit nicht bedingungslos integriert haben, sondern sie mit Kontrolle und Ruhigstellen aus unserem Bewusstsein verbannt haben. Wir glaubten, das wäre »Heilung«. Mit dem Wiedererlangen des Bewusstseins im gegenwärtigen Augenblick treten diese alten Prägungen an die Oberfläche, um integriert zu werden. Damit erhalten wir die Möglichkeit, bedingungslos *mit* ihnen zu sein.

37. Unsere Essgewohnheiten werden sich vielleicht ändern. Wenn wir mehr Bewusstsein im gegenwärtigen Augenblick erlangen, werden wir uns unserer Empfindungen im physischen Körper mehr und mehr bewusst. Je präsenter wir sind, umso mehr nehmen wir wahr, wie sich die Nahrungsmittel auf unseren physischen Körper auswirken. Dadurch,

dass wir in das Bewusstsein im gegenwärtigen Augenblick eintreten, lösen wir häufig eine Veränderung unserer Essgewohnheiten aus und nehmen Abstand von »toten« und »schweren« Nahrungsmitteln, um uns mehr »lebendigen« und »leichten« Nahrungsmitteln zuzuwenden. Auch das Gegenteil kann eintreten: So kann zum Beispiel ein Vegetarier anfangen, Fleisch zu essen.

38. Unter Umständen fühlen wir ein Verlangen nach Lebensmitteln, die wir in der Vergangenheit gerne gegessen haben. Das liegt daran, dass wir Erinnerungen aus diesen Zeiträumen aktivieren. Meist ist dies nur vorübergehend. Wir können uns erlauben, das zu genießen.

39. Es kann Augenblicke geben, in denen wir uns überwältigt fühlen. Diese Augenblicke werden vorübergehen. Sie werden durch eine Ansammlung von Energie in unserem emotionalen Körper ausgelöst. Wir müssen nicht mehr auf uns nehmen, als wir schultern können, aber meist ist es auch nicht weniger. Der Schlüssel ist: Stärke, Geduld, Beständigkeit.

40. Möglicherweise erleben Sie Emotionen, die Sie weder beschreiben noch einordnen können. Dies passiert, wenn Erinnerungen an Erfahrungen an die Oberfläche treten, die Sie erlebten, als Sie der Sprache noch nicht mächtig waren. Solche Erinnerungen bewegen sich als emotionale Zustände und Empfindungen in unserem Bewusstseinsfeld, und wir haben keine Erklärung dafür und können sie auch nicht beschreiben. Wir erlauben uns, diese bedingungslos zu fühlen.

41. Es kann außerordentlich schwierig sein, unseren Mitmenschen zu erklären, was wir durchmachen. Wir werden ihnen nicht die Einzelheiten dieses Prozesses zu erläutern versuchen, sondern wir erzählen ihnen von diesem Buch und laden sie ein, sich selbst damit zu befassen. Da

The Presence Process eine sehr persönliche Reise ist, gibt es nicht immer greifbare Anhaltspunkte für unser Erleben, die wir anderen mitteilen könnten. Unsere Erfahrungen stehen im Kontext unseres gesamten Lebens, wodurch wir sie leichter verstehen. Wenn wir jedoch versuchen, isolierte Aspekte dieses Prozesses anderen zu vermitteln, werden sie sie nicht so leicht verstehen können, weil ihnen unser Kontext nicht vermittelbar ist. Bedenken Sie, wie viel Text Sie gelesen und verdaut haben, bevor Sie mit diesem Prozess angefangen haben. Die Reise vor dem eigentlichen Prozess, die in diesem Buch vermittelt wird, ist eine Einstimmung. Sie schafft einen multidimensionalen Pfad der Wahrnehmung, der es uns erleichtert, schwieriges Gelände zu durchqueren.

42. Auch wenn Sie sich entscheiden, diesen Prozess nicht zu wiederholen, ist es vorteilhaft, den gesamten Text irgendwann erneut zu lesen. Bei Ihrer Reise durch The Presence Process sammeln Sie mehr und mehr Bewusstsein im gegenwärtigen Augenblick. Sie lesen also dann den Text beim zweiten Mal auf einer anderen Bewusstseinsstufe. Sie erfahren unter veränderten Gesichtspunkten viele Einsichten, die Ihnen beim ersten Mal nicht zugänglich waren. Freuen Sie sich auch auf einige »Aha-Momente« sowie einiges Schmunzeln über das Ausmaß der eigenen Dramatik.

43. Durch das vollständige Durchlaufen dieses Prozesses werden wir in einer praktischen Kunstform geschult, die uns Einsichten, Erfahrungen, Werkzeuge der Wahrnehmung und physische Praxis vermittelt und uns so in die Lage versetzt, unsere stark aufgeladenen Emotionen zu verarbeiten und zu integrieren. Aufgrund dieser Kompetenz reduziert sich die Angst in Bezug auf unsere Erfahrung. Wenn wir dem Pfad verantwortungsbewusst folgen, den dieser Prozess initiiert, sammeln wir mehr und mehr Bewusstsein im gegenwärtigen Augenblick im Rahmen unserer aktuellen Erfahrung. Je mehr Bewusstsein im gegenwär-

tigen Augenblick uns zur Verfügung steht, umso bewusster werden wir.

44. Sie werden sich voraussichtlich nicht vollständig fühlen, bis Sie diesen Prozess abgeschlossen haben. Schließen Sie daher den Prozess ab, um sich vollständig zu fühlen.

45. *Vertrauen Sie dem Prozess.* Diese Worte können in Momenten des Zweifels und der Verwirrung als Rettungsanker dienen. Wir alle erfahren auf der Reise diese Momente des Zweifels und der Verwirrung, weil wir bestimmte Aspekte dieser Erfahrung nicht steuern, kontrollieren oder mit dem denkenden Aspekt des Verstandes erfassen können. Vertrauen Sie dem Prozess, wenn Sie auf der Reise sind, *egal was geschieht*.

46. Der Weg führt uns hindurch.

TEIL III

The Presence Process

Nun sind die mentalen Vorbereitungen für The Presence Process abgeschlossen. Mit Beginn dieser Reise machen wir uns zur Ermutigung folgende Punkte bewusst:

- Die einzige Zugangsvoraussetzung für The Presence Process ist unsere Bereitschaft, uns auf den Prozess einzulassen.
- Es gibt keinen bestimmten Weg, wie wir diese Erfahrung durchlaufen »sollen«. Befolgen Sie einfach bestmöglich die Hinweise.
- Es gibt keine »richtigen« oder »falschen« Erfahrungen. Es gibt nur Erfahrungen. Ihre Erfahrung ist stichhaltig, genau wie Sie sie erleben. Sie sind dann erfolgreich, wenn Sie die Hinweise befolgen und den Prozess abschließen. Der Abschluss allein ist ein Erfolg.

Einsicht und gefühlte Wahrnehmung

Mit Beginn dieses Prozesses werden wir ermutigt, unsere Absicht bewusst so auszurichten, dass wir für Präsenz empfänglich sind. Denn sie ist unser Moderator in diesem Prozess. Durch das Lesen des Textes wird das Bewusstsein der Präsenz allmählich aktiviert. Ob wir uns dessen bewusst sind oder nicht, wir sind bereits mit dem Kommunikationsmittel vertraut. Im Rahmen von The Presence Process nennen wir dieses Kommunikationsmittel »Einsicht« und »Erkenntnis«.

Durch das Lesen des Textes bis zu diesem Punkt wurde ein transformativer Rahmen der Wahrnehmung geschaffen. Dieser Rahmen schafft die Voraussetzung für ein tieferes Verständnis der bewussten achtsamen Reaktionen, des Lesestoffs für die Woche und der Werkzeuge der Wahrnehmung. Außerdem ermöglicht es uns dieser Rahmen, komplexe und heikle energetische Verfahren mit größerer Güte und Leichtigkeit durchzuführen.

Die Stimme der Präsenz kommuniziert vorrangig durch Einsichten und Erkenntnisse, die uns vermitteln, was wir wissen müssen, wenn wir es wissen müssen. Zunächst müssen wir jedoch unsere Fähigkeit zu dieser Einsicht bewusst entwickeln. Dies geschieht auf natürliche Weise durch unsere bewusste Integration der stark aufgeladenen Emotionen. Wenn wir unsere stark aufgeladenen Emotionen bedingungslos fühlen können, entwickeln wir ganz natürlich unsere gefühlte Wahrnehmung.

Diese Einsichten kommunizieren hauptsächlich über die gefühlte Wahrnehmung mit uns. Wir *fühlen,* dass etwas für uns wahr ist. Wenn wir diese Fähigkeit zum Fühlen entwickeln können, befähigt uns das, Einsichten zu erfassen, die direkt aus der Präsenz kommen, was uns wiederum hilft, die Notwendigkeit zu überwinden, uns auf den mentalen Körper und seine Abhängigkeit vom Verstehen zu verlassen.

Wir entwickeln die Fähigkeit, auf die Stimme der Präsenz zu hören, durch Versuch und Irrtum, indem wir gefühlte Einsichten einmal ignorieren und dann wieder befolgen und danach die Folgen beobachten. Wenn wir gegen unsere Einsichten handeln, straucheln wir. – Und wenn wir straucheln, erkennen wir, dass wir die Einsichten befolgen sollten. Wenn wir unsere Einsichten befolgen, machen wir Fortschritte, ob wir die Gründe verstehen oder nicht. Folglich nehmen wir allmählich die Einsichten an, die uns durch die Präsenz vermittelt werden, ohne uns argwöhnisch mit Beweggründen zu befassen. Nebenbei entdecken wir, wie wir unserer gefühlten Wahrnehmung bedingungslos vertrauen können. Durch eigene Erfahrung erkennen wir, dass der Präsenz immer an unserem Wohl gelegen ist. Wir können es *fühlen*.

Mentale Manipulation oder emotionale Beeinflussung sind nicht Sache der Präsenz. Das ist eine Möglichkeit, wie wir Einsichten erkennen können. Die Präsenz mischt sich nicht ein, bestraft uns nicht, wenn wir ihr keine Aufmerksamkeit schenken, und sie zieht sich nicht von uns zurück, wenn wir ihren Rat nicht annehmen. Präsenz bedient sich auch nicht der Dramatik. Der Ausdruck von Präsenz ist rein. Sie kommuniziert nur das, was erforderlich ist, wenn es erforderlich ist. Sie steht nicht im Wettstreit mit der Stimme des mentalen Körpers und übertönt sie nicht. Statt eines langwierigen Verstehens bietet sie sofortiges »Wissen« an.

Die Hinweise, die wir von der Präsenz erhalten, ergeben häufig zunächst keinen Sinn. Sie sind in sich abgeschlossenes »Wissen«. Präsenz spricht von jenseits unserer zeitbasierten Mentalität und weiß daher schon vorher, was geschehen wird. Aus diesem Grund stimmt die Kommunikation der Präsenz häufig anscheinend nicht mit dem überein, worin unsere bewusste Aufmerksamkeit in der Zeit verankert ist. Wir lernen also, unseren Einsichten zu vertrauen, insbesondere wenn es keine logische Begründung für das gibt, was uns gezeigt wird. Der Präsenz zuzuhören, ist der Schlüssel für die Tür zum Bewusstsein im gegenwärtigen Augenblick.

The Presence Process reißt vorsätzlich die energetischen Hürden nieder, die vom endlosen Geschnatter des mentalen Körpers errichtet wurden, damit wir mit unserem inneren Ohr wieder der Stimme der Präsenz lauschen können. Denn mit Einsicht können wir alles erreichen.

Jetzt fangen wir an …

Woche 1

Unsere bewusste achtsame Reaktion der nächsten sieben Tage lautet:

»Dieser Augenblick ist bedeutsam«

Aktivierung und Praxis

Aktivierung

Wir sind nun bereit, mit der ersten Woche zu beginnen und unsere Reise durch The Presence Process zu aktivieren. **Markieren Sie sich diese Seite mit einem Lesezeichen, damit Sie rasch darauf zurückgreifen können, wenn es zu Verwirrung darüber kommen sollte, wie Sie den Prozess jeden Tag bzw. jede Woche durchführen.**

Die Aktivierung des Prozesses ist einfach:

1. Sie prägen sich die bewusste achtsame Reaktion ein.

2. Sie blättern die Leseaufgabe für die Woche durch, damit Sie sehen, wie viel Lesestoff ansteht. Dann lesen Sie entweder den gesamten Text auf

einmal, oder Sie unterteilen ihn in sieben Teile, die Sie in den nächsten sieben Tagen lesen. In jedem Fall lesen Sie an jedem Tag etwas Text – oder lesen Teile des Textes noch einmal.

3. Sie praktizieren mindestens 15 Minuten lang die verbundene Atmung. Diese erste Atemsitzung dient als erfahrungsbasierter Augenblick der Prozessaktivierung.

Praxis

In den sieben Tagen bis zur Sitzung, in der Sie die neue Woche aktivieren, haben Sie folgende Aufgaben:

1. Praktizieren Sie die Atemtechnik zweimal am Tag 15 Minuten lang: möglichst bald nach dem Aufwachen und als eine der letzten Aktivitäten des Tages, soweit möglich. Für einige von uns mag es sich nicht eignen, die Atemtechnik als letzte Aktivität vor dem Zubettgehen durchzuführen, weil sie uns zu stark energetisiert oder weil wir zu diesem Zeitpunkt einfach zu müde sind. Dann führen Sie die Atemtechnik etwas früher am Abend oder am späten Nachmittag aus. Es ist jedoch für eine effiziente Integration erforderlich, diese Atemtechnik jeden Tag zweimal im Laufe des Tages auszuführen.

2. Wiederholen Sie die bewusste achtsame Reaktion der Woche, wann immer Sie mental nicht beschäftigt sind. Wenn Sie eine neue Woche aktiviert und die neue bewusste achtsame Reaktion für diese Woche erhalten haben, verwenden Sie die bewusste achtsame Reaktion aus der vorangegangenen Woche nicht mehr.

3. Lesen oder wiederholen Sie jeden Tag Teile des Textes für die jeweilige Woche. Außerdem wenden Sie die Werkzeuge der Wahrnehmung so an, wie es beschrieben ist.

Die Hinweise, die im Verlauf dieses Prozesses beschrieben sind, werden mit Bedacht zu Ihrer Unterstützung bereitgestellt. Wenn Sie diese Reise in der Annahme beginnen, dass Sie schon irgendwie Zeit finden werden, den Verpflichtungen dieses Prozesses nachzukommen, öffnen Sie der Selbstsabotage Tür und Tor. Deswegen sollten Sie sich verpflichten, die erhaltenen Hinweise zu befolgen und sich während des gesamten Prozesses daran zu halten, *egal was geschieht*. Das Potenzial von The Presence Process wird durch *Beständigkeit* erhöht. Mit Konstanz erreichen Sie mehr als mit sporadischen und drastischen Maßnahmen.

Zwangsläufig werden sich Umstände einstellen, die uns daran hindern, so sorgfältig vorzugehen, wie wir uns das wünschen würden. An diesem Punkt erkennen wir die praktische Bedeutung des Begriffs »Hingabe«. Wenn sich die Ereignisse um uns herum in einer Art und Weise entwickeln, die uns gegen unsere besten Absichten davon abhalten, unseren Verpflichtungen für die Woche nachzukommen, werden wir weder mit der Situation noch mit uns selbst kämpfen. Wir geben uns dem hin und machen weiter. Dabei sollten wir jedoch nicht »Hingabe« mit *Widerstand* und *Ausreden* verwechseln.

Es gibt eine goldene Regel, wie wir zwischen Hingabe und Widerstand unterscheiden können: Wenn wir uns erleichtert fühlen, dass wir davon abgehalten wurden, den Verpflichtungen des Prozesses nachzukommen, sind wir im Widerstand und haben unbewusst zu Umständen beigetragen, die unseren Fortschritt sabotieren. Wenn wir enttäuscht sind, weil wir den Verpflichtungen des Prozesses nicht nachkommen konnten, kann es sein, dass die Präsenz unsere Abläufe neu anordnet, weil dies in unserem Interesse ist. Im Rückblick werden wir sagen können, was es tatsächlich war.

Der mentale Körper gibt uns viele Gründe, warum wir den Verpflichtungen des Prozesses nicht nachkommen können, insbesondere wenn Unbehagen zur Integration an die Oberfläche tritt. Hier sind Selbstdisziplin und Willenskraft gefragt. Wenn Sie sich täglich neu verpflichten, diesen Prozess abzuschließen und den Anforderungen konstant nachzukommen, stärken Sie Ihre Willenskraft und verbessern Ihre Selbstdisziplin.

Wenn Sie unterwegs straucheln, sollten Sie sich nicht mental und emotional fertigmachen. Straucheln hat nichts mit Scheitern zu tun, wenn wir wieder aufstehen und weitermachen. Straucheln ist nur dann ein Scheitern, wenn wir zulassen, dass das Straucheln uns abbrechen lässt, bevor wir am Ziel sind.

Die bewusst verbundene Atmung

Wenn wir The Presence Process durchlaufen, setzen wir die Atemtechnik folgendermaßen ein:

1. Sie sitzen bequem, mit geradem Rücken und geschlossenen Augen. Sie können mit gekreuzten Beinen auf einem Kissen oder ganz normal auf einem Stuhl sitzen. *Sie sollten möglichst nicht in oder auf Ihrem Bett sitzen*, weil die Assoziation mit Schlaf zu stark ist. Es ist die Absicht, eine Haltung einzunehmen, die einerseits eine wache Aufmerksamkeit unterstützt und uns andererseits die Möglichkeit gibt, unseren Körper zu vergessen.

2. Achten Sie darauf, dass Ihnen angenehm warm ist.

3. Sie verbinden Ihre Atmung natürlich. Dabei atmen Sie ohne Pause ein und aus (keine langen Pausen ohne Atembewegung zwischen den Atemzügen). Sie atmen aufmerksam, wobei die Atmung laut genug ist, damit Sie sich selbst hören können. Sie atmen forsch ein und lassen das Ausatmen automatisch geschehen. Es ist hilfreich, wenn Sie die Bewegung des Wassers in einem Brunnen visualisieren: Es wird nur Energie gebraucht, um das Wasser nach oben zu bewegen, denn die Schwerkraft bringt das Wasser mühelos nach unten. Das Einatmen ist wie das Wasser, das nach oben bewegt wird. Das Ausatmen ist wie das Wasser, das mühelos zur Erde zurückkehrt. Obwohl Sie das Einatmen forsch unterstützen und das Ausatmen automatisch geschehen lassen, sorgen Sie dafür, dass Einatmen und Ausatmen von gleicher Dauer sind. Ihre Absicht ist es, so zu atmen, dass Einatmen und Ausatmen in einem fließenden Rhythmus erfolgen. (Auf der Webseite »The Presence Portal« finden Sie eine Hörprobe dieser Atemtechnik: www.thepresenceportal.com.)

4. Sie sollten möglichst durch die Nase atmen. Wenn Ihnen das nicht möglich ist, atmen Sie durch den Mund. Atmen Sie aber möglichst nicht durch Nase *und* Mund. Also atmen Sie nicht durch die Nase ein und durch den Mund wieder aus – oder umgekehrt. Wenn Sie durch Nase und Mund atmen, entsteht ein Ungleichgewicht zwischen dem Sauerstoff- und dem Kohlendioxidgehalt im Körper.

5. Wenn Sie The Presence Process durchlaufen, synchronisieren Sie Ihre Atmung mit der bewussten achtsamen Reaktion: ICH BIN JETZT VOLLKOMMEN HIER. Die Synchronisierung von Atmung und mentaler Aktivität geschieht folgendermaßen: »ICH« erfolgt mit dem Einatmen, »BIN« mit dem Ausatmen, »JETZT« mit dem Einatmen, »VOLL« mit dem Ausatmen, »KOMMEN« mit dem Einatmen und »HIER« mit dem Ausatmen. Bei jedem Zyklus des Ein- und Ausatmens benutzen Sie immer

wieder genau diese Worte. Diese bewusste achtsame Reaktion ist nur für die Atemtechnik gedacht.

6. Indem Sie Ihre Atmung verbinden, nähern Sie sich dem Bewusstsein im gegenwärtigen Augenblick, und damit ändert sich Ihre Auffassung der Zeit. Daher brauchen Sie vermutlich anfangs eine Uhr, um den Zeitrahmen einzuhalten.

7. Wenn Sie die Atemsitzung abgeschlossen haben, ziehen Sie Ihre Aufmerksamkeit von der Atmung ab und sitzen still. Seien Sie bedingungslos mit dem, was Sie erfahren, was immer das sein mag. Jede Art der Erfahrung ist gültig.

Mit zunehmendem Fortschritt haben Sie unter Umständen das Bedürfnis, die Atemsitzungen, die Sie zweimal am Tag abhalten, über die 15 Minuten hinaus zu verlängern. Diese Absicht ist zulässig. Es wird jedoch dringend empfohlen, die Atemtechnik nicht weniger als 15 Minuten pro Atemsitzung zu praktizieren. Der mentale Körper hat viele Ausreden, warum wir diesen kleinen Zeitaufwand für uns nicht betreiben können. Ignorieren Sie diese List.

Was immer während unserer Atemtechnik geschehen mag, physisch, mental und emotional, ist gültig. Egal wie die Qualität unserer Erfahrung ist, ob wir sie als angenehm oder als unangenehm empfinden, wir bleiben bei der verbundenen Atmung, wir bleiben entspannt und sitzen so ruhig wie möglich. Indem wir bei unserer verbundenen Atmung bleiben und so entspannt wie möglich sind, wird das Unbehagen, das während der Atemsitzungen aufsteigt, integriert. Nach den Atemsitzungen spüren wir möglicherweise ein Kribbeln in den Gliedmaßen. Das ist normal und positiv.

Jegliches Unbehagen, das wir während einer Sitzung der bewusst verbundenen Atmung spüren, ist ein Anzeichen, dass stark aufgeladene Emotionen an die Oberfläche treten, um integriert zu werden. Unbehagen während der Atemsitzungen ist *die Vergangenheit, die am Auftauchen ist.* Vertrauen Sie dem Prozess und führen die Sitzung normal zu Ende.

Die Atemtechnik, die wir in The Presence Process verwenden, ist einfach und angesichts dessen, was erreicht werden kann, behutsam. Sie ist aber auch sicher, wenn wir diesen einfachen Hinweisen Beachtung schenken. Wir lassen nicht zu, dass irgendwelches Unbehagen, das wir während dieser Sitzungen empfinden, uns in eingebildete Ängste hineintreibt. Stattdessen lassen wir das Unbehagen als Bestätigung dienen, dass wir mit dem, was wir tun, eine energetische Wirkung auf die Ursache unserer Erfahrungen ausüben.

Vertrauen Sie dem Prozess. Niemandem wird durch normale und natürliche Atmung Schaden zugefügt.

Manchmal kann es während der Atemsitzungen vorkommen, dass wir bewusstlos werden. Das äußert sich darin, dass wir ohne Vorwarnung während der Sitzung scheinbar einschlafen. Möglicherweise tritt auch ein Gefühl auf, als ob wir betäubt sind. Diese Erfahrung ist in Ordnung. Sie tritt ein, wenn zutiefst unbewusste Erinnerungen aktiviert werden und an die Oberfläche treten. Wenn Sie wiederholt Bewusstlosigkeit erleben, sodass Sie jedes Mal, wenn Sie sich zur Atemtechnik hinsetzen, scheinbar einschlafen, sollten Sie die Atemtechnik doppelt so schnell ausführen, bis Sie sich wieder präsent fühlen. Auch bei dieser doppelten Geschwindigkeit Ihres Atemmusters sorgen Sie dafür, dass das Einatmen und das Ausatmen ausgeglichen und im Gleichgewicht erfolgen.

Eine Verdoppelung des Atemmusters minimiert das Auftreten von Pausen. Der Punkt, an dem wir in den Schlaf gleiten, ist das Ende der Ausatmung. Wenn die Geschwindigkeit der Atmung verdoppelt wird, wird das Einschlafen sehr unwahrscheinlich. Wenn Sie sich dann wacher fühlen, kehren Sie zu Ihrer normalen Geschwindigkeit der Atmung zurück. Je präsenter wir werden, umso weniger wird uns das an die Oberfläche tretende Unbewusste überwältigen. Wenn das Gefühl der Unbewusstheit sehr stark ist, ist unsere einzige Möglichkeit, mittels der Atmung hindurchzugehen.

Die Atmung

Die Reise auf der Erfahrungsebene, die wir mit The Presence Process unternehmen, wird eingeleitet, wenn wir das erste Mal unsere Atmung bewusst verbinden.

Wie viele Menschen vor uns, die sich auf diese Reise begeben haben, werden wir vermutlich feststellen, dass es manchmal schwierig sein kann, konsequent zweimal am Tag für 15 Minuten die Atemtechnik zu praktizieren. Wir werden vielleicht merken, dass es Augenblicke gibt, in denen wir einen gewaltigen Widerstand dagegen verspüren. Beim ersten Mal, wenn wir zurückgezogen für 15 Minuten dasitzen und unsere Atemtechnik ausführen, können das die längsten 15 Minuten sein, die wir je erlebt haben. (Andererseits kann die Zeit aber auch wie im Flug vergehen.) Wenn wir verstehen, warum das so ist und dass es nicht ungewöhnlich ist, hilft uns das und kann uns sogar motivieren, mentale Hindernisse zu durchbrechen, die auftauchen können. Alle diese Widerstände sind mentale Hindernisse, die zugrundeliegende Prägungen von Emotionen widerspiegeln. Alles, was wir durch diese Reise anstreben, wartet auf der anderen Seite dieser Widerstände.

Es ist nicht deshalb anfangs eine Herausforderung für uns, sich zweimal am Tag für mindestens 15 Minuten hinzusetzen und die verbundene Atmung zu praktizieren, weil es so schwierig wäre. Wenn wir die Hinweise für die Atemtechnik befolgen, atmen wir lediglich auf natürliche Art und Weise. Wir atmen *normal.* Es ist keine übermäßige Anstrengung oder besondere Körperhaltung erforderlich. Wir sind nicht aufgefordert, etwas anderes zu »tun« als das, was bereits ganz natürlich in unserem Körper geschieht. Es beschreibt die Umstände in der Tat genauer, wenn wir sagen, dass wir eingeladen sind, »nicht zu tun«, die Erfahrung zu machen, »nicht zu handeln«. Die physische Anstrengung für die bewusst verbundene Atmung zweimal am Tag für 15 Minuten kann also nicht das Problem sein.

Ein Grund, warum es anfangs eine Herausforderung sein kann, diese Praxis konsequent auszuführen, kann darin liegen, dass wir bewusst oder unbewusst in The Presence Process eintauchen, weil uns jemand anderes gesagt hat, dass wir das tun »sollten«. Jemand mag der Meinung gewesen sein, er oder sie »hilft uns«, indem er oder sie uns in diesen Prozess einführt. Also haben wir damit angefangen, um dieser Person eine Freude zu bereiten.

Es können auch andere fehlgeleitete Gründe vorliegen. So mögen wir zum Beispiel der Meinung sein, dass wir aufgrund der Durchführung dieses Prozesses etwas von einer Person oder von der Welt bekommen. Wir mögen vielleicht glauben, dass unser Partner zurückkehren wird, wenn wir diesen Prozess abschließen, weil wir durch den Prozess unsere Probleme bearbeitet haben werden, die zur Trennung geführt hatten. Oder wir mögen glauben, dass wir nach Abschluss dieses Prozesses plötzlich unglaublich viel Geld verdienen und erfolgreich sein werden.

Diese Beispiele fehlgeleiteter Absichten beleuchten Situationen, in denen unser Einstieg in den Prozess durch reaktives Agieren, statt durch achtsames Reagieren, motiviert sein könnte. Wenn dies der Fall ist, werden wir zunächst unsere Schwierigkeiten mit der Atemtechnik haben, weil es schwierig ist, konsequent die Willenskraft aufzubringen, wenn wir dies für jemand anderen als uns selbst durchführen. Es ist unangenehm, Integrationsarbeit für jemand anderen durchzuführen, und es ist unmöglich, für jemand anderen zu atmen.

Unter Umständen werden Sie feststellen, dass Sie mit The Presence Process das erste Mal etwas authentisch für sich selbst machen. Dies ist ein Punkt, mit dem jeder Mensch, der diesen Prozess durchläuft, mehr oder weniger zu kämpfen hat. Wir alle haben Narben davongetragen, weil wir uns in Bezug auf unser Verhalten, unser äußeres Erscheinungsbild und unsere Erwartungen an das Leben von anderen beeinflussen ließen.

Als Kinder wurden wir durch die Anleitung, Ermunterung und das Beharren unserer Eltern und Freunde in die Welt der Ordnung, der Routine und des »angemessenen Verhaltens« eingeführt. Der Mangel an persönlicher Willenskraft – das ist die Fähigkeit, unsere Absicht aus *Einsicht* zu formen – ist die Folge unserer zunächst sehr engen Beziehung zu unserer Mutter. Wir essen, kleiden uns, baden und verhalten uns so, wie es von unserer Mutter bestimmt wird. Mit unserer weiteren Entwicklung drücken wir uns so aus, wie wir annehmen, dass es in den Augen unserer Mutter und unseres Vaters angemessen ist. Die Folge dieser anfänglichen Abhängigkeit ist, dass auf einer unbewussten Ebene unsere Gründe dafür, wie wir heute essen, uns kleiden, baden und uns verhalten, ihren Ursprung fast ausschließlich in der gespiegelten physischen Präsenz anderer Menschen haben und somit ein reaktives Agieren sind. Wir lehnen uns unbewusst an diese »anderen« als ständige Spiegelungen unserer Mutter und unseres Vaters an. Durch die physische Präsenz anderer Menschen versuchen wir nach wie vor, unsere Mutter und unseren Vater zu erfreuen und zu beschwichtigen und somit ihre Billigung und bedingungslose Akzeptanz zu gewinnen.

Im Lauf der Kindheit und Jugend und im Erwachsenenalter wird diese ursprüngliche Motivation, nach den Vorstellungen von Mama und Papa zu funktionieren, unweigerlich transformiert und übertragen. Solange wir jung sind, ist dieser Zwang, mit unseren Handlungen möglichst die Liebe und Zustimmung unserer Eltern zu erlangen, automatisch. In der Jugend wird dieses Verhalten in den Wunsch verwandelt, zu den gleichaltrigen Freunden »dazuzugehören«. Wenn wir das Erwachsenenalter erreichen, wird dieses Bedürfnis nach Bestätigung von außen als Wunsch getarnt, »verantwortungsbewusst« zu erscheinen und »voranzukommen«.

Nennen wir einen Großteil dieses Verhaltens beim Namen: Es ist der Wunsch, eine Reaktion hervorzurufen, eine Dramatik, um die Aufmerksamkeit und Zustimmung anderer Menschen zu bekommen. Bei einigen Menschen manifestiert sich dieser Wunsch als das genaue Gegenteil: nicht dazuzugehören und nicht voranzukommen. Auch diese Widerstände sind reaktives Agieren, ein Streben nach Aufmerksamkeit und Zustimmung, zurückzuführen auf unsere ersten Interaktionen mit unseren Eltern oder deren Stellvertretern.

Egal in welche Verkleidung wir unseren Wunsch nach Aufmerksamkeit und Zustimmung einpacken, egal wie wir ihn rechtfertigen: Wenn wir uns tief im Inneren selbst prüfen, erkennen wir den Mangel an Authentizität in diesem Verhalten. Die Tragik ist, dass wir unter Umständen ein ganzes Leben lang leben und nichts erreichen, das aus authentischen Beweggründen entstanden ist. Wir ignorieren die *Einsicht* (Innensicht) und bleiben von den äußeren Dingen geblendet.

Schon der Gedanke, unsere Zeit in Anliegen zu investieren, bei denen es um uns selbst geht, kann zu Emotionen wie Schuldgefühlen führen. Unter Umständen glauben wir, dass es egoistisch ist, wenn wir uns um uns selbst kümmern. Dies liegt daran, dass in der zeitbasierten Erfahrung der modernen Gesellschaft von uns erwartet wird, dass wir wie ein Uhrwerk funktionieren. In der Welt, wie sie derzeit ist, besteht die Erwartung, dass wir als abhängiges Teilstück des Gesamtwerks Gesellschaft leben. Verhalten, das sich scheinbar nicht in dieses Gesamtwerk einfügt, wenn wir also unsere eigene Individualität nähren, wird selten unterstützt. Der Wert dieses Verhaltens für das Ganze wird von den Menschen nicht erkannt, die sich bei ihrem eigenen Verhalten nach den Signalen anderer Menschen richten.

Für die Billigung und die Anerkennung anderer Menschen zu leben, ist so stark in unserer Lebenserfahrung verankert, dass es schwierig ist, die Konsequenzen unseres Mangels an authentischer Willenskraft zu begreifen. Uns wird nicht sehr oft bewusst, wie wenig Willenskraft wir haben. Wenn wir aus unserem gegenwärtigen Umfeld heraus und allein auf eine idyllische, einsame Insel versetzt würden, die alles bietet, was wir uns wünschen, außer anderen Menschen und unseren Haustieren, würden viele von uns Depressionen bekommen und untergehen.

Ein Hinweis auf einen Mangel an persönlich motivierter Willenskraft ist es, wenn wir »ja« sagen, während wir eigentlich »nein« meinen, und

»nein« sagen, während wir »ja« meinen. Dieser Mangel an emotionaler Willenskraft ist der Tatsache geschuldet, dass unser Verhalten von unserem reaktiven Agieren bestimmt ist. Wenn wir uns nur einmal selbst bei einem solchen Verhalten ertappen, verhalten wir uns sehr wahrscheinlich unbewusst in vielen anderen Bereichen unseres Lebens ebenso.

Wenn wir »ja« sagen, während wir eigentlich »nein« meinen, und »nein« sagen, während wir »ja« meinen, leben wir für die Anerkennung und die Billigung anderer Menschen. Wenn wir also nun unseren ersten Schritt einer Handlungsweise gehen, die uns selbst nährt, zum Beispiel zweimal täglich 15 Minuten lang unsere Atemtechnik zu praktizieren, können wir auf eine Wand des Widerstands treffen. Die Wand ist zwar unsichtbar, erscheint aber undurchdringbar. Aber sie ist es nicht.

Unser Widerstand gegen unsere tägliche Atempraxis steigt auch dann, wenn wir anderen Menschen von unserer Absicht erzählen, mit dieser Arbeit zu beginnen. Dieses Risiko gehen wir ein, wenn wir über Aktivitäten sprechen, die wir nur für uns selbst unternehmen. In den meisten Fällen sprechen wir nur darüber, um Unterstützung von außen zu bekommen: um die Bestätigung zu erhalten, dass unsere Bemühungen ehrenwert und angemessen sind.

Wenn wir mit The Presence Process beginnen, haben wir zunächst vielleicht die Tendenz, anderen Menschen davon zu erzählen. Dabei verbergen wir unseren Wunsch nach Absicherung hinter dem Vorwand einer zwanglosen Unterhaltung. Wenn wir uns so verhalten, entdecken wir unweigerlich, dass die Präsenz Sinn für Humor hat. Die Präsenz wird unserem instinktiven Wunsch nach Rückversicherung dadurch begegnen, dass sie uns mit Menschen sprechen lässt, die Anmerkungen der folgenden Art machen werden: »Du hast *atmen* geübt? Aber du weißt doch, wie man atmet, ha, ha, ha.« Andere mögliche Kommentare sind: »Ach, das habe ich schon versucht. Das bringt nichts.« »Ich kenne diese Technik. Sie funktioniert nicht.« »Warum willst du zurück in die Vergangenheit? Kümmere dich um die Zukunft.« »Ich würde auch gern solche

Sachen machen, aber zurzeit muss ich mich mit der *Realität* befassen.« Wenn keiner unserer Gesprächspartner den Wert unserer Absicht bestätigt und da wir uns nicht selbst auffangen können, fühlen wir noch mehr Widerstand gegen unsere tägliche Atempraxis.

Andererseits ist die Bestätigung durch andere Menschen, wie großartig und nobel das Projekt The Presence Process ist, anfangs eine Hilfe bei der Durchführung unserer täglichen Atemtechnik, weil wir dann davon erzählen können und ein Lob für unsere wackeren Bemühungen kassieren können. Dies hat allerdings keine Authentizität. So entwickeln wir auf diese Weise zum Beispiel keine Willenskraft.

Wenn wir einen substanziellen Nutzen aus diesem Prozess ziehen wollen, muss unsere Absicht aus einer inneren Quelle gespeist werden. Sehr wahrscheinlich machen wir alle irgendwann den Fehler, eine Bestätigung bei anderen zu suchen, indem wir erzählen, was wir tun. Dies ist Teil unseres gemeinsamen, tief eingeprägten, gewohnheitsmäßigen und reaktiven Verhaltens. Hoffentlich verschwenden Sie nicht zu viel Energie auf solch sinnloses Streben. Letztendlich ist unsere eigene Bestätigung alles, was wir brauchen, damit dieser Prozess eine authentische Wirkung zeigt.

Deshalb bemühen wir uns bewusst, diese Reise für uns selbst zu unternehmen. Alles, was wir innerlich erreichen, wird sich unweigerlich vorteilhaft auf die Welt auswirken, in der wir uns bewegen. Aber zunächst müssen *wir* die Früchte unserer Anstrengungen ernten, weil *wir nichts weitergeben können, das wir noch nicht in uns selbst tragen.*

Unsere erste Belohnung für uns selbst ist die Stärkung unserer persönlichen Willenskraft, der Wille, aus unserer Einsicht heraus zu handeln, egal was wir in der Welt wahrnehmen. Diese Fähigkeit ist eine der Früchte, die wir nach und nach genießen können, wenn wir konsequent zweimal am Tag mindestens 15 Minuten lang unsere Technik der verbundenen Atmung praktizieren. Wenn wir die Atmung für uns selbst ausführen, nicht für einen »anderen«, wird die persönliche Willenskraft mit jeder

Atemsitzung mehr und mehr gestärkt. *Beständigkeit bei jedem Unterfangen, trotz der Ablenkung durch die äußere Welt, ist das Rezept für die Stärkung der persönlichen Willenskraft.*

Es ist nicht nötig, dass andere Menschen verstehen, warum wir uns auf The Presence Process einlassen. Integrative Arbeit ergibt nur für Menschen Sinn, die bereit sind, authentische Bewegung in ihrer Erfahrung einzuleiten. Es gibt Zeiten, in denen selbst *wir* nicht ganz verstehen, warum wir uns der Atempraxis unterziehen – oder den anderen Elementen. Das ist normal. Das Paradoxe ist, dass der mentale Körper, obwohl er sich selbst als gottähnlich sieht, die Tatsache nicht verstehen kann, dass wir selbst für die Qualität unserer Erfahrung verantwortlich sind.

Der mentale Körper versteht nur das Konzept der Schuld. Wenn unsere Erfahrung nicht so verläuft, wie wir uns das ausgedacht und geplant hatten, dann geben wir jemandem oder etwas die Schuld dafür. Daher verschreiben wir uns diesem Prozess, ohne die Gründe verstehen zu müssen. Wir widmen uns jeden Tag unserer Atemtechnik, ganz gleich, was passiert. Unsere tägliche Atemtechnik ist das Samenkorn einer Pflanze, die die von uns angestrebten Früchte trägt: eine enge Beziehung zur Präsenz durch die wahrnehmungsbasierte Erfahrung des Bewusstseins im gegenwärtigen Augenblick.

Es ist hilfreich, die tägliche Atemtechnik zu einem besonderen Anlass für uns selbst zu machen, denn sie ist es ja auch. Es ist die Zeit für *uns selbst.* Wir können dies unterstützen, indem wir möglichst immer am gleichen Ort und zur gleichen Zeit dieser Praxis nachkommen. Der unruhige Geist wird durch das Vertraute gezähmt, konsequentes Praktizieren stärkt die Willenskraft.

Während der Dauer dieses Prozesses erleichtern wir uns die Erfahrung, wenn wir jeden Tag mit unserer Atemtechnik beginnen und abschließen. Wir bleiben konkret und sensibel und lassen die Atmung zum Morgen- und Abendlied unserer wachen Momente werden. Wenn es uns gelingt, unsere Beziehung zu der Atemsitzung auf diesen Status in unserer täglichen Routine zu erheben, legen wir die Grundlage für die Wiedergeburt unserer persönlichen Willenskraft. Diese persönliche Willenskraft stützt sich nicht auf jemanden oder etwas anderes, wenn sie authentisch ist. Sie entsteht aus uns selbst heraus und trägt die Fähigkeit der Transformation und Erhöhung unserer aktuellen Lebenserfahrung in sich – und so viel mehr.

Präsenz und der individuelle Ausdruck

Von Geburt an wird uns vermittelt, dass sich unsere Identität durch die Dinge definiert, die uns von anderen Menschen unterscheiden. Uns wird gesagt, dass diese Identität mit unserem Aussehen, unserem Verhalten und unseren Lebensumständen zu tun hat. Also identifizieren wir uns fälschlicherweise mit unserem Körper, unserem Verhalten und unseren Lebensumständen. Diese individuellen Ausdrucksweisen stellen zwar die vorübergehende Erfahrung dar, die wir derzeit machen, aber sie sagen uns nichts darüber, was wir *sind.*

Was sind wir also? Was an uns ist von Dauer und uns allen gemeinsam? Was ist der gesamten Menschheit zu eigen?

Die Natur der Erfahrung zeichnet sich dadurch aus, dass sie sich ständig in Form und Qualität verändert. Die Form einer Erfahrung wird bestimmt durch unsere vorherigen emotionalen Zustände, Gedanken, Worte und Handlungen, während die Qualität unserer Erfahrung von der Interpretation abhängt, die wir diesen Dingen verleihen. Unsere Erfahrung kommt und geht, verändert sich ständig, aber »wir« bleiben: Wir nehmen teil, beobachten, sind Zeuge. Vor zehn Jahren war unsere Erfahrung eine andere, aber der Teil von uns, der die Erfahrung damals gemacht hat, ist heute noch hier, in diesem Augenblick.

Die Erkenntnis, dass jede Erfahrung einem ständigen Wandel unterworfen ist, ist eine produktive Einsicht, weil sie deutlich macht, dass wir die Erfahrung, die wir machen, ändern können, wenn wir ihre Qualität nicht schätzen. Diese Erkenntnis berührt den Kern von The Presence Process. Bei diesem Abenteuer geht es nicht darum, zu ändern, was wir bereits sind, schon immer waren und immer sein werden. Es geht darum, eine Veränderung in *der Qualität unserer Erfahrung* zu bewirken.

The Presence Process geht davon aus, dass es unmöglich ist, das zu ändern, was wir sind, weil wir ewige, unveränderliche Präsenz sind. Wir sind eingeladen, unsere unsterbliche Qualität vorerst als ein Konzept hinzunehmen. Wenn Sie jedoch erst einmal entdeckt haben, wie Sie sich bewusst von der sich ständig verändernden Erfahrung lösen können, nehmen Sie auf der Erfahrungsebene wahr, dass wir, die wir uns ausdrücken und erfahren, unverändert bleiben, auch wenn sich unser individueller Ausdruck ständig verändert. Das, was unverändert bleibt, ist ewig.

Während dieses Prozesses sind wir eingeladen zu erkennen, was wir bereits sind, indem wir uns auf ein inniges Zusammentreffen mit unserer gemeinsamen Präsenz einlassen. Manche nennen die Präsenz den »Beobachter«. Der Grund ist, dass sie alles miterlebt und daher alles weiß, was während unseres gesamten Lebens geschehen ist. Indem wir in das Bewusstsein im gegenwärtigen Augenblick eintreten, entdecken wir auch, dass die Präsenz auch alles zu wissen scheint, was noch geschehen wird.

Wenn wir eine bewusste Beziehung zur Präsenz entwickeln, erkennen wir:

- **Präsenz kennt keine unterschiedlichen Schwierigkeitsgrade.** Dies bedeutet, dass die Präsenz in der Lage ist, uns genau die Umstände erfahren zu lassen, die wir brauchen, um in uns das Bewusstsein der verdrängten, stark aufgeladenen Emotionen auszulösen, die bewusst integriert werden müssen. Durch unser achtsames Reagieren auf das, was immer uns die Präsenz enthüllt, und durch unsere Integration sammeln wir Bewusstsein im gegenwärtigen Augenblick.

- **Präsenz kümmert sich um das, was für uns das Beste ist.** Da die Präsenz sich selbst kennt, kennt sie uns besser als wir uns gegenwärtig selbst kennen. Sie weiß genau, welche Erfahrung wir brauchen, um unser Bewusstsein im gegenwärtigen Augenblick wiederherzustellen. Indem wir uns dem hingeben, geben wir uns unserer Erfahrung hin, wie sie sich während dieses Prozesses entfaltet. Da die Präsenz unsere Erfahrung begleitet, ist sie nicht nur stichhaltig, sondern auch erforderlich.

- **Die Präsenz in jedem von uns ist die gleiche Präsenz, die in allen lebenden Wesen ist.** Da die Präsenz ein einheitliches Feld des Bewusstseins ist, das alles umfasst, teilen wir unsere authentische Identität mit allem Lebendigen. Präsenz ist unsere gemeinsame Verbindung mit allem Leben.

- **Die Präsenz in uns mischt sich nicht ein.** Die Präsenz nimmt sich bereitwillig der Aspekte unserer Erfahrung an, die wir ihr bewusst überlassen. Das Erlernen der Hingabe ist unsere ultimative Herausforderung und eine der wichtigsten Lektionen, die uns dieser Prozess bietet. Wenn wir die Präsenz bei einem bestimmten Aspekt unserer Erfahrung um Hilfe bitten und dann gleichzeitig versuchen, die Sache »selber in die Hand zu nehmen«, ist das kontraproduktiv.

Zunächst werden uns die oben genannten Erkenntnisse als mentale Konzepte dargeboten, die wir annehmen können oder nicht. Mit zunehmendem Bewusstsein im gegenwärtigen Augenblick, je präsenter wir also in unserer gegenwärtigen Erfahrung werden, werden uns jedoch die erforderlichen Möglichkeiten dargeboten, um diese Wahrheiten auf der Erfahrungsebene zu erkennen. Wenn sich uns dies erst einmal offenbart hat, bleiben uns diese Erkenntnisse erhalten. Wenn wir Bewusstsein im gegenwärtigen Augenblick gezielt angesammelt haben, geht es selten wieder verloren.

Indem wir durch die Atemtechnik, die bewussten achtsamen Reaktionen und die Werkzeuge der Wahrnehmung eine enge Beziehung zur Präsenz eingehen, erkennen wir allmählich, dass das, was wir seit der Kindheit für unsere persönliche Identität gehalten haben, nicht authentisch ist. Anders als unsere authentische Präsenz ist unsere Identität als Erwachsener größtenteils eine konstruierte Täuschung – reaktives Agieren auf unsere nicht integrierte Prägung.

The Presence Process ermöglicht uns wahrzunehmen, dass der Aspekt, der uns von anderen Menschen unterscheidet, nämlich unser wunderbar individueller Ausdruck der Schwingung, zu Begrenzung, Trennung und Absonderung führt, wenn wir ihn fälschlicherweise für unsere authentische Identität halten. Der Prozess unterstützt uns darin zu erkennen, dass wir uns von der Präsenz abgrenzen und trennen, wenn wir uns nur mit diesen äußeren, individuellen Ausdrucksmerkmalen, also unserem Aussehen, unserem Verhalten und unseren Lebensumständen, identifizieren. Denn Präsenz ist die unbegrenzte, gemeinsame, pulsierende Lebendigkeit, die in allem Leben fließt.

Wenn unsere Identität allein in unseren Ausdrucksmerkmalen verankert ist, beruht sie auf Interpretationen. Diese Interpretationen werden aus Umständen der Vergangenheit, Projektionen in die Zukunft und den Meinungen und Einstellungen anderer Menschen konstruiert.

Wir sind nicht unser Körper oder unser Verhalten, wir sind auch nicht die Umstände unserer gegenwärtigen Erfahrung. Unsere äußeren Ausdrucksmerkmale sind nur Teil einer vorübergehenden und sich ständig ändernden physischen, mentalen und emotionalen Reise. Diese sind zwar beeindruckend, aber sie vergehen und wir bleiben. Eine korrektere

Definition dessen, was wir sind, ist: *das, was wir mit allem Leben teilen.* Was ist denn das, was wir mit allem Leben teilen?

Die Erfahrung der Präsenz

Die einfache Atemtechnik aus The Presence Process ermöglicht das Bewusstsein der Präsenz auf der Erfahrungsebene durch die Aktivierung des Bewusstseins im gegenwärtigen Augenblick. Der mentale Körper ist allerdings immun gegen so eine Erfahrung, weil er keinen Nutzen darin sieht. Wenn wir zulassen, dass der mentale Körper seinen Willen durchsetzt, wird er uns ablenken und von Fortschritten abhalten. Wir schulen uns, die Possen unseres mentalen Körpers zu umgehen, wenn wir uns während unserer Praxis folgender Punkte bewusst sind:

1. **WIR ATMEN OHNE PAUSE, EGAL WAS GESCHIEHT.** Diesen Punkt kann man gar nicht stark genug betonen. *Unsere persönliche Erfahrung der Präsenz während einer Atemsitzung steigert sich, je nachdem, wie viel Zeit wir mit der verbundenen Atmung verbracht haben.* Daher bleiben wir auf jeden Fall während der gesamten Atempraxis bei der rhythmischen Atmung ohne Pause. Unsere Erfahrung von Präsenz baut sich exponentiell mit jedem Moment auf, in dem unsere Atmung verbunden bleibt. In dem Augenblick, in dem wir pausieren und die Verbindung der Atmung abreißt, schwindet unser Bewusstsein der Präsenz. Wenn dies eintritt, haben wir unter Umständen das Gefühl, dass wir das Bewusstsein im gegenwärtigen Augenblick verloren haben, das wir während unserer Atemsitzung angesammelt hatten. *Wir verlieren nicht die gesammelte Wirkung einer Atemsitzung, weil wir ausgedehnte Pausen machen.* Aber unser Bewusstsein des »Seins mit der

Präsenz« kann sich verringern. Deshalb ist es unsere Absicht, während der Atemsitzungen keine Pausen zu machen, egal was geschieht. Wenn wir auf die Toilette gehen oder uns eine Decke umlegen müssen, tun wir dies, ohne das Verbinden der Atmung zu unterbrechen. Wenn wir uns die Nase putzen, husten, gähnen oder einen Schluck Wasser trinken müssen, erledigen wir dies rasch und kehren dann zur Atmung zurück. Wenn verdrängte Emotionen an die Oberfläche treten und wir das Bedürfnis haben, zu weinen, gestehen wir uns diese Erfahrung zu. Aber sobald das Bedürfnis schwindet, kehren wir zur verbundenen Atmung zurück.

2. **WIR BLEIBEN WÄHREND DER GESAMTEN SITZUNG KÖRPERLICH SO RUHIG WIE MÖGLICH.** Bewusstsein der Präsenz wird nicht nur geschaffen, indem wir unsere Atmung bewusst verbinden, sondern auch durch die körperliche Ruhe während der Atemsitzung. Abgesehen von unserer Atmung sind alle physischen Dinge, die während unserer Sitzung auftreten, entweder eine Freisetzung stark aufgeladener Emotionen oder der Versuch des mentalen Körpers, uns von dieser Erfahrung abzulenken, bei der sich Präsenz zeigt. Aus diesem Grund ignorieren wir unser Verlangen, uns zu bewegen, und halten unsere Aufmerksamkeit auf unsere bewusste achtsame Reaktion (»Ich bin jetzt vollkommen hier«) und unsere Atmung gerichtet. Wir vermeiden das Jucken, Herumfummeln, Kratzen, Schaukeln, Bewegen des Körpers, Summen oder Sprechen, und wir vermeiden es, dem plötzlichen Drang nach Yoga-Übungen nachzugeben. All das ist Dramatik. Dramatik ist das unmittelbare Abrücken vom Bewusstsein im gegenwärtigen Augenblick. Im Rahmen unserer Reise durch The Presence Process schafft keine physische Aktivität außer dem natürlichen und ausgeglichenen Ein- und Ausatmen eine erfahrungsbasierte Begegnung mit der Präsenz. Andere physische Bewegungen, egal wie wichtig sie für den mentalen Körper sein mögen, sind Dramatik. Im Sinn des Ziels dieses Prozesses

sollten wir uns folgender Tatsache bewusst sein: Ruhe, Stille, bewusst verbundene Atmung und die Fokussierung des mentalen Körpers auf unsere bewusste achtsame Reaktion sind der schnellste Weg zum Bewusstsein im gegenwärtigen Augenblick. Alles andere sind Einmischungen.

Weiter, nach innen und nach oben

Die Erfahrung des Bewusstseins im gegenwärtigen Augenblick können wir nicht erzwingen, aber wir können die Voraussetzungen dafür schaffen. Eine Begegnung mit der Präsenz auf der Erfahrungsebene tritt dann in unser Bewusstsein, wenn wir es am wenigsten erwarten. Das zeigt den Nachteil von Erwartungen.

Jeder Augenblick eines jeden Tags in diesem Prozess zählt. Jeder bewusst verbundene Atemzug erleichtert diesen Prozess und verstärkt gleichzeitig seine Wirkung. Daher sind wir aufgefordert, jede Gelegenheit zur engen Verbindung mit der Präsenz durch die Anwendung dieses Prozesses für das Bewusstsein im gegenwärtigen Augenblick bestmöglich zu nutzen. Wenn uns diese Verbindung gelungen ist, können wir alles erreichen.

Indem wir uns in jeden Aspekt dieses Prozesses einbringen, verbessern wir die Qualität unserer gesamten Erfahrung. Im Kern stellt dieser Prozess die Gelegenheit dar, die emotionale Wiedergeburt in eine Erfahrung zu erleben, von der wir geahnt hatten, dass es sie gibt, die uns aber immer unerreichbar geblieben war. The Presence Process ist eine Chance, uns nach innen zu wenden und die Ereignisse in Gang zu setzen, die uns ein Wiedererlangen von Authentizität, Integrität und Innigkeit bei allen unseren Begegnungen ermöglichen. Das kann niemand sonst für uns erreichen. Niemand hat es je für uns erreicht, und niemand wird es je für uns erreichen. Wir allein sind verantwortlich für die Qualität unserer Erfahrung. Es sind unsere Spuren, die uns zur ursächlichen Beeinflussung der Qualität unserer Erfahrung führen.

Es ist von Vorteil, wenn wir jeden Morgen nach unserer Atemtechnik unsere Absicht daran ausrichten, während des Tages unser Bewusstsein im gegenwärtigen Augenblick zu wahren. Hierfür ist die folgende Technik hilfreich. Wann immer wir uns während des Tages unserer Atmung bewusst werden, lassen wir uns dadurch daran erinnern, unsere bewusste achtsame Antwort der Woche geistig zu wiederholen. Wenn wir daran denken, unsere bewusste achtsame Antwort der Woche geistig zu wiederholen, soll es uns eine Erinnerung sein, unsere Atmung einige Augenblicke lang bewusst zu verbinden.

Indem wir während des Tages physisch und mental so präsent wie möglich bleiben, steigt die Wahrscheinlichkeit, dass wir auf die Dinge, die wir gerade integrieren, achtsam reagieren, statt reaktiv zu agieren. Wir bringen auch mehr Bewusstsein im gegenwärtigen Augenblick in unsere täglichen Handlungen ein und inspirieren sie mit Präsenz.

Unabhängig davon, wie leidenschaftlich wir uns in diesen Prozess einbringen, werden wir trotzdem Augenblicke erleben, in denen wir abgelenkt und verwirrt erscheinen. Diese Ablenkung und Verwirrung sind ein Anzeichen, dass stark aufgeladene Emotionen an die Oberfläche treten. Sie treten an die Oberfläche, weil wir jetzt bereit sind, sie zu integrieren. Wir integrieren sie, indem wir »bei ihnen sind«, ohne zu versuchen, unsere Erfahrung in irgendeiner Weise zu manipulieren. Wir lassen zu, dass diese unbehaglichen Augenblicke als Bestätigung dienen, dass sich der Prozess so entfaltet, wie es erforderlich ist. Da The Presence Process durch Präsenz ermöglicht wird, wird uns immer nur so viel zugemutet, wie wir verkraften können. Wir merken aber auch, dass es nicht weniger ist.

Damit schließen wir die erste Woche ab.

Woche 2

Unsere bewusste achtsame Reaktion der nächsten sieben Tage lautet:

»Ich erkenne meine
Spiegelungen und Projektionen«

Erkennen der Boten

Wenn wir The Presence Process vollständig durchlaufen, ist eine der Veränderungen, die wir erleben, eine Entwicklung weg vom reaktiven Agieren hin zum achtsamen Reagieren. Allein diese Anpassung unserer Wahrnehmung der Welt und damit unserer Beziehung zur Welt wirkt sich positiv auf unsere gesamte Erfahrung aus. Wenn wir konsequent das achtsame Reagieren wählen und das reaktive Agieren ignorieren, hat das dauerhafte Folgen.

Wenn die Folgen unserer nicht integrierten, stark aufgeladenen Emotionen mit starker Zeitverzögerung eintreten, scheinen sie unabhängig von irgendwelchen Ursachen zu geschehen. Daher glauben wir, dass die Umstände, mit denen wir konfrontiert sind, *uns widerfahren*, und glauben nicht daran, dass sie *wegen* oder *durch* uns eintreten. Damit können wir uns eine Opfer- oder Siegermentalität bewahren.

Wenn wir uns als Opfer oder als Sieger verhalten, beklagen wir uns über unsere Erfahrungen mit anderen Menschen oder konkurrieren mit ihnen. Aufgrund des Zeitverzugs zwischen Ursache und Wirkung kommt uns nicht in den Sinn, dass *wir uns über uns selbst und die Folgen unserer eigenen Handlungen beschweren.* Wir erkennen auch nicht, dass wir in Form der Hindernisse, die wir uns selbst in den Weg legen, mit uns selbst ringen. Die Opfer- und Siegermentalität zu pflegen ist wie der Hund, der seinen eigenen Schwanz zu fangen versucht.

Reaktives Agieren beruht auf der Annahme, dass *uns* die Welt *widerfährt.* Also müssen wir uns entweder selbst verteidigen oder den Ereignissen unseren Willen aufdrücken. Diese Scharade erscheint angesichts der Umstände, die durch das »Leben in der Zeit« geschaffen werden, authentisch, eine Verfassung, in der unsere Aufmerksamkeit fast ausschließlich auf Spiegelungen der Vergangenheit und Projektionen für die Zukunft gerichtet ist. Die Kluft zwischen dem Reagieren, das aus den stark aufgeladenen Emotionen entsteht, und den physischen, mentalen und emotionalen Folgen dieses Verhaltens ist gerade groß genug, dass wir uns einreden können, dass wir nicht die Ursache unserer gegenwärtigen Umstände sind.

Während wir in der Zeit leben, können wir die energetische Verbindung zwischen Ursache und Wirkung nicht erkennen, denn die energetische Verbindung entfaltet sich in der Gegenwart. Wenn wir uns der Gegenwart nicht bewusst sind, wird sie zu einem blinden Fleck in unserer Wahrnehmung. Dieser blinde Fleck macht es uns unmöglich, die energetische Verbindung zwischen allem Leben wahrzunehmen. Wir können einfach nicht die Kontinuität in allem sehen.

Um in der Lage zu sein, die energetische Verbindung und die Kontinuität allen Lebens wahrzunehmen, ist ein erfahrungsbasiertes Bewusstsein der engen Beziehung zwischen Ursache und Wirkung vonnöten. Wenn wir diese Verbindung nicht erkennen können, erscheint uns unsere Erfahrung chaotisch, willkürlich und ohne Sinn.

Wenn wir in der Zeit leben, verbringen wir unsere Tage damit, *den Sinn des Lebens zu ergründen.* Wenn wir aber in der Präsenz sind, *genießen wir ein Leben, das reich mit Sinn erfüllt ist.*

Die Rahmenkonstruktion der Wahrnehmung, die wir »Zeit« nennen, ist eine Erfahrung, in der es scheinbar eine Verzögerung, eine Pause, einen leeren Raum zwischen einer Emotion, einem Gedanken, einem Wort oder einer Handlung und deren Folgen gibt. Durch diese offensichtliche Verzögerung erscheinen die beiden Ereignisse, eine Ursache und ihre Wirkung, ohne Verbindung zu sein. So echt uns diese Verzögerung erscheint, ist sie doch nur ein Trick der Wahrnehmung. Unser reaktives Agieren und seine Folgen sind energetisch verbunden und daher niemals voneinander getrennt.

Wenn wir zum Beispiel schlecht über eine andere Person denken, wird sich diese Person innerhalb weniger Tage uns gegenüber schlecht verhalten. Wenn wir in der Zeit leben, gehen wir automatisch davon aus, dass das schlechte Verhalten dieser Person uns gegenüber eine Bestätigung unserer Opfer- oder Siegermentalität ist. In Wirklichkeit ist es aber die Folge unseres eigenen schlechten Denkens über diese Person.

Was uns bei der Erkennung der energetischen Verbindung zwischen Ursache und Wirkung im Weg steht, ist die Tatsache, dass unsere Aufmerksamkeit physisch versteinert ist. Das bedeutet, dass wir uns in einer Art Trance befinden, an der äußeren Oberfläche der Dinge kleben bleiben, als ob sie aus Stein wären. Wenn wir in der Welt versteinert sind, ist alles für uns »oberflächlich«. Wir bleiben auch in der Geschichte verhaftet, die wir uns selbst darüber erzählen, was wir sehen.

Die Folge dieser physisch vorbelasteten Wahrnehmung ist, dass wir nicht mehr in die Dinge *hinein*sehen können und daher kein Bewusstsein des inneren Gehalts der Lebensformen haben. Wir können nicht erkennen, wie alle Dinge auf alle anderen Dinge einwirken. Denn der Kernpunkt und die Ursache der authentischen Interaktionen zwischen allen Lebensformen liegen im Inneren. Wenn wir starr auf das Physische blicken, fungiert die feste Oberfläche dessen, auf das wir uns konzentrieren, als eine Sperre, eine äußere Hülle der Trennung. Die Geschichte, die wir uns mental darüber erzählen, was wir sehen, klingt für uns plausibel, weil wir nicht erkennen können, was auf der inneren, ursächlichen Ebene wirklich geschieht.

Wenn wir unsere Fähigkeit, die Verbindung zwischen allen Lebensformen wahrzunehmen, neu erwecken wollen, müssen wir lernen, das Leben als »Energie in Bewegung« wahrzunehmen. Diese Anpassung der Wahrnehmung leiten wir ein, indem wir uns bewusst darin schulen, unseren Fokus auf den emotionalen Inhalt unserer eigenen Erfahrung zu richten. Zuerst müssen wir uns *unserer eigenen* Energie in Bewegung bewusst sein, dann wird sich dieses Bewusstsein in der Welt um uns herum spiegeln.

Die Folge dieser allmählichen Verlagerung des Bewusstseins ist, dass die Distanz zwischen unseren Emotionen, Gedanken, Worten und Handlungen und deren physischen, mentalen und emotionalen Folgen zu schrumpfen scheint. Es mag sich anfühlen, als ob die Zeit schneller verrinnt.

In Wirklichkeit werden wir uns der emotionalen Strömung hinter unserer Erfahrung bewusst, des energetischen Fadens, der die Ursachen und Wirkungen unserer Erfahrung verbindet. Dieser energetische Faden ist immer da. Unsere Fähigkeit, ihn wahrzunehmen, ist die Wiedergeburt des Bewusstseins im gegenwärtigen Augenblick. Wir können das jedoch nicht mit unseren physischen Augen oder mit unserem mentalen Verständnis erfahren, denn es lässt sich nur erkennen, wenn wir die Augen des Herzens entwickeln, die mit gefühlter Wahrnehmung »sehen« können.

Wenn wir in das Bewusstsein im gegenwärtigen Augenblick eintreten, wird deutlich, dass die Qualität unserer Erfahrung eine Wirkung ist, wenn wir in der Zeit leben. Je mehr wir für das Bewusstsein im gegenwärtigen Augenblick erwachen, umso deutlicher wird, dass die Qualität unserer jetzigen Erfahrung eine Auswirkung der nicht integrierten, stark aufgeladenen Emotionen aus unserer Kindheit ist. Wir erkennen, dass die nicht integrierten Emotionen der Kindheit die Ursache sind, die wir normalerweise nicht sehen können und die für die physischen und mentalen Umstände verantwortlich ist, die die Qualität unserer Erfahrung als erwachsener Mensch bestimmen.

Neben dem blinden Fleck in unserer Wahrnehmung, der durch unseren Mangel an Bewusstsein im gegenwärtigen Augenblick ausgelöst wird, gibt es noch zwei Gründe, warum diese Ursachen, die emotional stark aufgeladenen Erfahrungen aus der Kindheit, unserer physischen und emotionalen Wahrnehmung des normalen Alltags nicht zugänglich sind:

1. Die meisten dieser Erfahrungen haben sich unserem emotionalen Körper eingeprägt, noch bevor unser Bewusstsein in die mentale Ebene vorgedrungen ist. Sie liegen uns daher nicht als Gedanken, Worte und Konzepte vor, sondern als gefühlte Wahrnehmungen.

2. Die zentralen emotionalen Erfahrungen der Vergangenheit, die sich auf unsere gegenwärtige Erfahrung auswirken, sind von Natur aus unangenehm. Wir haben automatisch den Impuls, sie aus unserem Bewusstsein hinauszudrängen, damit wir »mit unserem Leben weitermachen können«. Dies wird »Verdrängung« genannt. Wir erreichen es durch Ruhigstellen und Kontrolle. Es gelingt uns, das vor uns selbst zu verbergen, was wir nicht bewältigen können.

Indem wir The Presence Process auf der Erfahrungsebene erleben, haben wir die Absicht, dass diese verdrängten, stark aufgeladenen Emotionen aus der Kindheit an die Oberfläche und in unser Bewusstsein treten. Ein gutes Bild für diesen Prozess ist ein durchsichtiges Glas, in dem sich Öl und Wasser befinden. Das Wasser steht für die Dinge, die wir in unserem authentischen Wesen bereits sind, das Öl steht für die Summe der unbehaglichen physischen, mentalen und emotionalen Erfahrungen. Wenn wir reaktiv agierend in einer Opfer- oder Siegermentalität leben, ist das so, als ob wir das Glas ständig schütteln, um unsere Umstände zu verändern. Alles, was wir dadurch erreichen, ist, dass sich das Öl mit dem Wasser vermischt, sodass beide nicht zu trennen sind. Wir erzielen mit unserem endlosen »Handeln« und »Denken« nur eine trübe Mischung. Reaktives Agieren ist wie das Schütteln des Glases. Achtsames Reagieren ist, wenn wir das Glas zur Ruhe kommen lassen.

Bei The Presence Process geht es um das »Nicht-Handeln«. Dieser Prozess lehrt uns, das Glas mit unseren gegenwärtigen Erfahrungen abzusetzen und »sein« zu lassen. Damit kann das Öl ganz natürlich und mühelos an die Oberfläche steigen und sich vom Wasser trennen. Dieses aufsteigende Öl verkörpert unsere unbewussten Erinnerungen aus der Kindheit, die unser Bewusstsein als unbehagliche, stark aufgeladene Emotionen trüben.

The Presence Process führt uns nicht nur in das »Nicht-Handeln«, sondern zeigt uns auch, wie wir das Öl unserer stark aufgeladenen Emotionen behutsam von der Oberfläche unserer Erfahrung abschöpfen können. Wenn wir uns damit beschäftigen, nimmt die Menge des Öls im Glas ab. Gleichzeitig gewinnt das Wasser, das für das Bewusstsein unserer authentischen Natur steht, seine Klarheit zurück. Indem wir uns durch The Presence Process hindurchbewegen, wird uns bewusst, was wir bereits wirklich sind, und lassen uns nicht endlos von den Erfahrungen ablenken, die wir unbewusst als Reaktion auf unser inneres Unbehagen erschaffen.

Glücklicherweise müssen wir nicht alle Erfahrungen aus unserer Kindheit, die für die Prägung unseres emotionalen Körpers mit diesen unbehaglichen Emotionen verantwortlich waren, neu erfahren oder wiedererleben. Sie mental und im Detail erneut durchzugehen, hat keinen Wert. Viele dieser Erfahrungen treten einfach als gefühlte Empfindungen wieder in unser Bewusstsein ein und fließen dann heraus. Meist können wir sie nicht mit irgendetwas verknüpfen, woran wir uns erinnern, und auch nicht verstehen.

Wir werden uns der Details der verdrängten Erinnerungen nur dann mental bewusst, wenn wir daraus Weisheiten gewinnen sollen, wenn diese Weisheit aus der Erinnerung der Details dieser vergangenen Erfahrungen unsere gegenwärtige emotionale Entwicklung unterstützt.

Wenn diese verdrängten Emotionen *eintreten,* was tatsächlich alles ist, was passiert, wenn wir sie erneut erfahren, nehmen wir sie unter Umständen zunächst als Erfahrungen wahr, die wir das erste Mal durchleben. Mit zunehmendem Bewusstsein im gegenwärtigen Augenblick erkennen wir, dass dieses gefühlte Unbehagen alte emotionale Zustände sind, die wir unbewusst festgehalten haben, während wir uns gleichzeitig vor ihnen versteckt haben! Wir erfahren, wie wir unsere Aufmerksamkeit und Absicht einsetzen können, um deren Integration zu erleichtern.

Diese Emotionen bedingungslos zu fühlen, leitet ihre Integration ein.

Da diese verdrängten Erinnerungen und ihre emotionalen Signaturen so tief in unser Unterbewusstes eingegraben sind, dass sie sich uns, wenn überhaupt, häufig nur als namenlose, gefühlte Empfindungen darstellen, ist es uns weder möglich noch erforderlich, sie als Bilder des mentalen Körpers zu erinnern, wie wir das mit der Erinnerung an ein kürzlich geschehenes Ereignis tun. Dies ist also nicht die Art und Weise, wie sie in unserem Bewusstsein an die Oberfläche treten. Wenn wir beabsichtigen, dass sie in unserer Erfahrung auftauchen, damit wir sie bewusst integrieren können, tun sie dies als *Spiegelungen* und *Projektionen.*

Eine *Spiegelung* ist das Auftreten einer Erfahrung, die uns an etwas erinnert, während eine *Projektion* das Verhalten ist, das wir an den Tag legen, wenn wir reaktiv auf eine solche Erinnerung agieren.

Wenn uns beispielsweise jemand an unseren Vater oder unsere Mutter erinnert, ist dies eine Spiegelung. Wenn wir uns in Gegenwart dieser Person dann wie in der Gegenwart unseres Vaters oder unserer Mutter verhalten, ist dies eine Projektion. Die Spiegelung tritt zuerst ein, gefolgt von der Projektion.

Meistens geschieht dieser Prozess der Spiegelung und Projektion unbewusst. Im Rahmen von The Presence Process nennen wir dies »getriggert werden«, »gereizt werden«, »sich aufregen«, »der Hut geht einem hoch« usw. Wir sehen die Geister aus unserer Vergangenheit (eine Spiegelung) und jagen sie dann (eine Projektion).

Bevor wir Bewusstsein im gegenwärtigen Augenblick ansammeln, erscheinen uns diese Spiegelungen und Projektionen, als seien es Ereignisse, die *uns widerfahren*, unabhängig von unserem Verhalten. Sie treten in der Gestalt scheinbar willkürlicher und chaotischer, äußerer Umstände auf. Sie erscheinen uns auch als grundloses Verhalten der Menschen um uns herum, das wir als emotional aufwühlend empfinden.

Je mehr Bewusstsein im gegenwärtigen Augenblick wir jedoch ansammeln, desto eher können wir erkennen, dass wir absichtlich »gereizt« werden, wenn wir in einer Weise getriggert werden, die uns emotionales Unbehagen verursacht.

Solche »*Aufreger*« entsprechen dem Plan.

Wann immer wir uns aufregen, sind das die Geister der Vergangenheit, die uns besuchen kommen und uns Gelegenheit geben, sie endgültig zu vertreiben, damit sie uns weder in der Gegenwart noch in der Zukunft weiter verfolgen.

Zwei Einsichten helfen uns, die Spiegelungen der auftauchenden, unbewussten Erinnerungen in der Welt um uns herum zu erkennen:

Wann immer etwas geschieht, das uns emotional aufwühlt, ob es uns nun als Ereignis oder als das Verhalten einer anderen Person widerfährt, erfahren wir eine Spiegelung unserer Vergangenheit.

Wann immer wir reaktiv auf eine solche Erfahrung agieren, sei es physisch, mental oder emotional, ist dies eine Projektion als Folge dieser Spiegelung.

Bedauerlicherweise gibt es keine Ausnahme für diese Regel. *Emotionaler Aufreger = Erinnerung.*

Wenn wir uns wegen einer Sache emotional aufregen, erinnern wir uns an etwas, das bis zu diesem Augenblick unbewusst vor uns verborgen war. Wir hängen energetisch an diesem Ereignis, das uns triggert, und agieren daher reaktiv darauf, weil es nicht integrierte, emotionale Umstände aus unserer Vergangenheit spiegelt. Wir werden davon verfolgt und agieren reaktiv durch Projektion auf das Ereignis: durch unser Verhalten als Opfer oder Sieger.

Wir haben gesehen, dass einer der Gründe, warum wir gegebenenfalls nicht in der Lage sind, eine uns triggernde Situation als eine auftauchende emotionale Erinnerung aus der Vergangenheit zu erkennen, der ist, dass wir in der »Zeit« die Tendenz haben, unsere Aufmerksamkeit auf das Physische der Situation zu richten. Unsere Aufmerksamkeit ist durch das physische Ereignis, die Umstände oder das Verhalten der Person gebunden, die bzw. das uns aufregt, und kann daher nicht erkennen, dass unser emotionales, reaktives Agieren eine *Folge* ist.

Dies ist entscheidend: Bei der auftauchenden Erinnerung geht es nicht um etwas Physisches, das wir sehen, oder etwas, das wir mental verstehen, sondern um etwas Emotionales, mit dem wir uns rein durch die gefühlte Wahrnehmung verbinden.

Die Erinnerung ist ein *energetisches Echo, das wir über das Gefühl wahrnehmen.*

Durch The Presence Process lernen wir, uns nicht auf das physische Ereignis, das Verhalten der Person oder die Geschichte, die wir uns selbst über diese Dinge erzählen, zu konzentrieren. Stattdessen schulen wir uns darin, die *gefühlte Resonanz* zu erfahren, die während dieser Situation entsteht, *weil darin die emotionale Signatur der Erinnerung steckt.*

Unsere frühesten Erinnerungen stehen uns nur als emotionale Signaturen zur Verfügung. Wenn es uns gelingen soll, sie zu erkennen und bewusst zu integrieren, müssen wir uns der gefühlten Wahrnehmung bewusst werden. Gefühlte Wahrnehmung befähigt uns, über die derzeitige physische Situation und deren mentale Geschichten hinauszuwachsen und uns stattdessen der emotionalen Strömungen bewusst zu werden, die unter der Oberfläche der Ereignisse fließen.

Die physische Welt verändert sich ständig. Da sich die physischen Umstände unserer Erfahrung immerzu ändern, haben wir den Eindruck, dass es ganz neue Ereignisse sind. Wenn wir uns also auf die Oberfläche von Ereignissen konzentrieren, werden wir sehr wahrscheinlich annehmen, dass die Ereignisse jedes Moments neu sind.

Doch allein die Tatsache, dass wir von bestimmten Umständen getriggert werden und von anderen nicht – und dass wir dann emotional reaktiv auf diese bestimmten Umstände agieren –, ist Beweis genug, dass die Ereignisse des Augenblicks, durch den wir uns aufregen, nichts Neues sind. Wir werden emotional unangenehm berührt, *weil uns das Geschehen an etwas Unangenehmes aus der Vergangenheit erinnert, das noch nicht integriert wurde.* Wir werden emotional getriggert, weil es eine Spiegelung ist, gewöhnlich eine Spiegelung einer Sache, an die wir uns nicht gerne erinnern möchten. Daher rührt unsere Verärgerung.

In The Presence Process nennen wir ein Ereignis, das uns aufregt oder triggert, den »Boten«. Während dieser erfahrungsbasierten Reise richtet es die Präsenz so ein, dass sie uns absichtlich »Boten« (Spiegelungen unserer Vergangenheit) schickt, die uns bei der Erinnerung an nicht integrierte Erlebnisse aus der Kindheit unterstützen, die wir schon vor langer Zeit aus unserem Bewusstsein verdrängt und verbannt haben.

Warum richtet die Präsenz das so ein? Weil der Einsatz von Spiegelungen (Boten) die einzige Möglichkeit ist, wie wir unsere tief verdrängte Vergangenheit auf eine Art und Weise »sehen« können, die uns befähigt, sie zu integrieren. Das wird so eingerichtet, denn wenn diese verdrängten Erinnerungen nicht an die Oberfläche kommen, damit wir sie bewusst integrieren können, werden sie sich weiterhin auf unsere gegenwärtigen Umstände auswirken. Diese Erfahrungen, mit denen wir konfrontiert werden, sind fast immer unangenehm. Aber sie treten in unser Leben, um uns zu befreien, nicht, um uns zu demütigen.

Wir begegnen diesen »Aufregern« bewusster, wenn wir diese Reise nicht mit der Absicht antreten, dass die Reise einfach ist oder sie uns gut fühlen lässt. Solche Absichten veranlassen uns, den Erfahrungen auszuweichen, die unsere emotionale Entwicklung voranbringen sollen. Diese Erfahrungen und unser bewusstes Fühlen dieser Erfahrungen entwickeln unsere Fähigkeit zur gefühlten Wahrnehmung. The Presence Process fordert uns daher auf, unsere Energie nicht darauf zu verwenden, »uns besser zu fühlen«, sondern darauf, »besser im Fühlen zu werden«.

Wie ist es der Präsenz möglich, uns »Boten« zu senden und damit Möglichkeiten zu schaffen, wie wir uns unserer verdrängten Vergangenheit bewusst werden können, damit wir die Chance bekommen, sie zu integrieren?

Das ist ganz einfach. In der ersten Woche dieses Prozesses wurden wir in die Merkmale der Präsenz eingeführt. Eines dieser Merkmale ist, dass die Präsenz, die wir authentisch sind, immer und eng mit der Präsenz verbunden ist, die in allen Formen des Lebens zu finden ist. Durch dieses Merkmal der Allgegenwart kann die Präsenz Menschen und Umstände in unserer Erfahrung aktivieren, sodass sie Verhalten und Situationen an den Tag legen, die uns an Interaktionen und Vorfälle erinnern, die wir längst verdrängt haben. Dadurch kann uns die Präsenz triggern, wann immer, wo immer, wie immer und mit wem auch immer sie es für sinnvoll hält. Jeder Vorfall, der uns aufregt, tritt nur ein, weil er notwendig ist, um unsere emotionale Entwicklung zu erleichtern.

Die unbewusste Aktivierung von Erinnerungen durch Boten ist ein wesentlicher Bestandteil in The Presence Process. Damit können wir Dinge erreichen, die uns durch konventionelle physische und verbale Therapieverfahren unmöglich sind. Wenn wir an den Punkt kommen, an dem wir diese erfahrungsbasierte Reise abgeschlossen haben, haben wir genug Erfahrung mit solchen Situationen gesammelt, dass wir keine

Zweifel mehr hegen, dass dieses »Triggern« absichtlich geschieht. Am Ende der zehn Wochen haben wir genügend eigene Erfahrung gesammelt und wissen, dass wir bei jedem emotionalen »Aufreger« absichtlich herausgefordert werden, um uns unserer stark aufgeladenen Emotionen bewusst zu werden.

Dies zu wissen, macht es nicht einfacher, die »Aufreger« zu erfahren. Leider steht uns der humorvolle Aspekt dieser »Aufreger« normalerweise erst im Rückblick zur Verfügung.

Wenn wir uns aufregen, ist es authentisch, diese Aufregung zu fühlen. Dieses *Gefühl* ist erforderlich, damit wir unsere Fähigkeit zur gefühlten Wahrnehmung entwickeln können. Unser Bewusstsein des absichtsvollen Einsatzes der Boten befähigt uns allerdings, immer öfter das achtsame Reagieren zu wählen und nicht mehr reaktiv zu agieren.

Die Erkenntnis, dass die Präsenz durch alles und jeden handelt, um emotionales Bewusstsein zu ermöglichen, mag uns etwas erschrecken, weil damit klar wird, dass diese beeindruckende Allgegenwart in jedem einzelnen Augenblick sehr genau ein Auge auf uns persönlich hat. Wir finden diese Erkenntnis jedoch dann tröstlich, wenn uns deutlich wird, dass wir niemals allein, verloren oder ohne Unterstützung sind – oder gewesen sind.

Wenn wir uns der Präsenz nicht bewusst sind, ist das ein Symptom, dass wir schlafen und uns im Traum der »Zeit« bewegen. Solange wir mental durch die verhexten Korridore der Zeit irren, betäuben wir unser Bewusstsein für diese direkte Erfahrung der Präsenz.

Die Umstände unseres Lebens sind wie ein Schauspiel, das für uns aufgeführt wird. Dieses Schauspiel ist eine Spiegelung dessen in der äußeren Welt, was wir in uns verdrängt haben. Da wir nur begrenzte Fähigkeit zur *Ein*sicht haben, erleben wir die Dinge im *Außen*.

Auf unserem Weg haben wir auch die Gelegenheit zu erkennen, dass die Spiegelungen, die unsere Projektionen und unser reaktives Agieren auslösen, persönlich verdrängte Erinnerungen sind, die *nur für uns* von Bedeutung sind.

Wir erkennen dies, wenn wir an den »Boten« herantreten (an eine Person, die von der Präsenz aktiviert wurde, um bei uns emotionale »Aufreger« auszulösen) und ihn fragen, warum er sich uns gegenüber so verhält. Sehr wahrscheinlich wird er uns verwirrt anblicken oder für verrückt halten. Und er wird uns etwa so antworten: »Ich weiß gar nicht, was du meinst. Ich lege es überhaupt nicht darauf an, bei dir solche Gefühle auszulösen.« Denn diese ganze Sache und ihre Auswirkungen sind so eingerichtet, dass es unbewusst für die Person geschieht, an der sich unsere nicht integrierten Erinnerungen spiegeln. Diese Person wird ohne ihr Wissen von der Präsenz aktiviert.

Die Hauptakteure in diesem Drama ständiger »Aufreger« sind unsere Familie, unsere engen Freunde und unsere Kollegen am Arbeitsplatz. Darüber hinaus kann jede Person und jede Sache der Welt von der Präsenz eingesetzt werden, um unsere Aufmerksamkeit auf einen nicht integrierten, emotionalen Zustand zu lenken.

Eine weitere wichtige Erkenntnis bei diesen Erfahrungen ist, dass *die Spiegelungen nicht echt sind.*

Allerdings müssen wir uns unbedingt der Tatsache bewusst sein, dass *unsere Projektionen reelle Auswirkungen und damit Folgen haben.*

Denn obwohl die Erinnerung, die wir durch die gefühlte Wahrnehmung erfahren, ein Schatten ist, der von der Vergangenheit auf die Gegenwart geworfen wird, wird dieser Schatten substanzielle Auswirkungen auf die Gegenwart haben, wenn wir emotional, mental oder physisch darauf reaktiv agieren.

Aus diesem Grund handeln Sie weise, wenn Sie sich während des weiteren Verlaufs dieser Reise durch The Presence Process zurücklehnen und Ihre Erfahrungen beobachten, als ob Sie im Theater sitzen und eine Vorstellung ansehen würden. Wenn wir eine Vorstellung ansehen, springen wir nicht aus unserem Sitz auf und legen uns mit den Schauspielern an, weil sie Dinge sagen und Verhaltensweisen zeigen, die uns aufregen. Wir bleiben sitzen, weil wir das Geschehen als Vorstellung hinnehmen und weil wir akzeptieren, dass die Schauspieler uns nur deshalb emotional triggern, weil sie etwas darstellen, das uns am Herzen liegt.

Genau so sollen wir das Auftauchen unbewusster emotionaler Erinnerungen während des Presence Process und darüber hinaus erleben. In der Tat geschieht das immer so, von The Presence Process ganz abgesehen. Wir können dies nur nicht wahrnehmen, solange wir im Traumzustand der Zeit gefangen sind. Wenn wir in der Lage sind, eine auftauchende Erinnerung durch gefühlte Wahrnehmung zu erkennen, so ist das ein Anzeichen zunehmenden Bewusstseins im gegenwärtigen Augenblick.

Wenn wir erst erfasst haben, wie diese »Aufreger« funktionieren, können wir darüber lachen, wie gut und wie oft wir getriggert werden. Auf einer bestimmten Ebene ist unsere gesamte Lebenserfahrung eine solche Vorstellung. Wenn wir gelernt haben, darüber zu lachen, wie gut und wie oft wir getriggert werden und wie wir unbewusst auf diese Erfahrungen reaktiv agieren, können wir ohne Ende lachen.

Wenn wir auf die Menschen und Umstände reaktiv agieren, die uns emotional triggern, bestrafen wir den Boten, den uns die Präsenz geschickt hat. In den Schritten der Wahrnehmung bringen wir uns bei, nicht mehr reaktiv zu agieren, sondern achtsam zu reagieren. Der wichtigste Unterschied zwischen reaktivem Agieren und dem achtsamen Reagieren ist:

Reaktives Agieren ist unbewusstes Verhalten, bei dem sich unsere Energie in dem Versuch nach außen an die Welt richtet, uns selbst zu verteidigen oder andere anzugreifen. Reaktives Agieren ist Dramatik, die wir veranstalten, um die Ursache unserer Erfahrung, unseres »Aufregers«, ruhigzustellen und zu kontrollieren. Thema bei allem reaktiven Agieren ist Schuld und Rache. Wenn wir reaktiv agieren, »tun wir etwas gegen das, was uns unserer Wahrnehmung nach widerfährt«.

Achtsames Reagieren ist eine bewusste Wahl, diese auftauchende Energie mit der Absicht zurückzuhalten und konstruktiv zu verinnerlichen, sie für die Integration des Unbewussten zu nutzen. Das Thema achtsamen Reagierens ist Verantwortung. Wir reagieren achtsam, indem wir »den emotionalen Zustand, der sich in uns entfaltet, bedingungslos fühlen, ohne Projektionen auf andere zu werfen«.

Ab diesem Punkt werden sich bestimmte Umstände in unserer täglichen Erfahrung entfalten, die unsere Aufmerksamkeit magnetisch anziehen. Dies sind die Umstände, auf die wir achten, damit wir sie integrieren können. Diese magnetische Anziehungskraft auf unsere Aufmerksamkeit tritt ein, weil diese bestimmten Situationen eine energetische Verbindung mit unserer verdrängten Vergangenheit haben.

Diese Situationen unterscheiden sich von allen anderen Umständen in unserer Erfahrung dadurch, dass wir emotional reaktiv darauf agieren.

Wir werden weiterhin unbewusst und reaktiv auf diese »Aufreger« hin agieren, bis wir Bewusstsein im gegenwärtigen Augenblick erlangt haben und uns bewusst und verantwortungsvoll verhalten. Darum müssen wir im Bewusstsein behalten, wie verdrängte Erinnerungen an die Oberfläche treten: nicht als Geschichten und Bilder in unserem mentalen Körper, sondern als sich entwickelnde Umstände und Verhaltensweisen von Menschen, die uns aufregen.

Unsere Aufgabe in dieser Woche ist es, die Boten in unserer Erfahrung zu identifizieren, die unsere nicht integrierten Erinnerungen spiegeln. Weiterhin erkennen wir in dieser Woche unsere Projektionen und unser reaktiv agierendes Verhalten, wenn sie getriggert werden. Wir müssen dieses Triggern fühlen, ohne zu versuchen, unsere Gefühle zu manipulieren, um uns besser zu fühlen.

Indem wir uns dieser Aufgabe widmen, erwecken wir in uns die Qualität des »Sehens«, der gefühlten Wahrnehmung, die es uns ermöglicht, das Fließen der Energien unterhalb der Oberfläche unserer physischen

Umstände wahrzunehmen. Diese Fähigkeit ist von zentraler Bedeutung, weil sie uns ermöglicht, die *tatsächlichen Ereignisse* von den *widergespiegelten Erinnerungen* zu unterscheiden. Dies ermöglicht es uns auch zu erkennen, was reaktives Agieren und was achtsames Reagieren ist.

Indem wir diese Aufgabe auf uns nehmen, bereiten wir uns darauf vor, die Geister der Vergangenheit auszutreiben. Wenn wir die Boten erkennen können und zwischen dem achtsamen Reagieren und dem reaktiven Agieren unterscheiden können, werden wir Geisterjäger. Als Geisterjäger lenken wir unser Bewusstsein gezielt aus Erfahrungen heraus, die vom Traumzustand der Zeit in reaktivem Agieren konstruiert wurden.

Damit schließen wir die zweite Woche ab.

Woche 3

Unsere bewusste achtsame Reaktion der nächsten sieben Tage lautet:

»Ich entscheide mich,
achtsam zu reagieren«

Empfangen von Einsichten

The Presence Process lädt uns ein, nicht reaktiv auf unsere Erfahrungen zu agieren, sondern sie zu beobachten, als ob wir ein Schauspiel betrachten würden. Das ist nicht so leicht wie es klingt, weil wir süchtig danach sind, reaktiv zu agieren, solange wir »in der Zeit leben«.

Das reaktive Agieren erscheint als normales Verhalten, weil die Bevölkerung des Planeten derzeit in einem Zustand des ständigen reaktiven Agierens lebt. Aus diesem Grund mag es sich anfangs als unnormal anfühlen, nicht reaktiv zu agieren.

In der zweiten Woche dieses Prozesses waren wir eingeladen, die Spiegelung unserer unbewussten Erinnerungen in der Welt anzuerkennen, indem wir unsere Erfahrung mit der Absicht beobachteten, die »Boten« zu erkennen, die uns die Präsenz schickt. Diese Boten sind leicht zu erkennen, weil sie sich als Ereignisse oder Verhaltensweisen von Personen manifestieren, die uns triggern oder aufregen. Wir waren aufgefordert, uns alle Mühe zu geben, nicht den »Boten zu bestrafen«. Also »entlassen wir den Boten« und erkennen im gleichen Atemzug an, dass der Wert eines solchen »Aufregers« in der *Botschaft* liegt, nicht im Überbringer der Botschaft.

Wir machen den Postboten nicht für die Rechnungen verantwortlich, die er uns bringt, ebenso wenig, wie wir den Spiegel für das verantwortlich machen, was er uns zurückwirft. Es ist gleichermaßen sinnlos, reaktiv auf die Spiegelungen unserer nicht integrierten, stark aufgeladenen Emotionen zu agieren. Reaktives Agieren auf Spiegelungen nicht integrierter, stark aufgeladener Emotionen durch Verhalten, als ob etwas real sei, ist eine Fehlfunktion der Wahrnehmung. Unter psychologischen Gesichtspunkten ist es Irrsinn.

Andererseits gibt es durchaus Situationen, in denen wir handeln müssen und in denen ein einfaches Entlassen des Boten nicht angemessen ist. Aber wir müssen unbedingt unseren gesunden Menschenverstand hinzuziehen, bevor wir zur Tat schreiten. Und wir müssen sicherstellen, dass wir nicht nur handeln, um uns besser zu fühlen. Sie erinnern sich: Bei dieser Arbeit geht es nicht darum, sich besser zu fühlen, sondern darum, besser im Fühlen zu werden.

Wenn wir unserer Absicht treu bleiben, achtsam auf unsere Erfahrungen zu reagieren, indem wir unsere bedingungslose Aufmerksamkeit auf den gefühlten Aspekt unserer Erlebnisse gerichtet halten, wird jede Handlung, die sich daraus ergibt, sehr wahrscheinlich ein achtsames Reagieren sein und kein reaktives Agieren. Es ist der Charakter dieser Arbeit, dass wir manchmal aufgerufen sind, »unsere Wahrheit auszusprechen« oder verbal »unsere Grenzlinie zu ziehen«. Manchmal sind wir aufgerufen, dies zu tun, damit wir wissen, dass wir es können und dass die Welt nicht zusammenbricht, wenn wir es tun. Es gibt keine Regeln, wann ein solches Verhalten angemessen ist und wann nicht.

Wenn wir zu unserer Erfahrung stehen, indem wir den gefühlten Aspekt jeder Begegnung respektieren, werden die Folgen jeder unserer Handlungen wahrscheinlich für alle Beteiligten nutzbringend sein. Schlussfolgerung: Wir nutzen unseren gesunden Menschenverstand, vertrauen auf unser inneres Wissen und stellen sicher, dass wir uns so verhalten, dass wir keinen Menschen absichtlich verletzen oder schädigen. Nur uns ist bekannt, was unsere authentische Absicht ist, wenn wir uns auf andere in der Welt einlassen.

In dieser dritten Woche gehen wir in dem Prozess noch einen Schritt weiter. Wenn wir den Boten entlassen haben, ist es nun entscheidend, die beabsichtigte Botschaft anzunehmen – die *Einsicht.*

Dies ist eventuell zunächst eine Herausforderung, weil wir bisher wahrscheinlich daran gewöhnt waren, immer reaktiv zu agieren, wenn wir emotional getriggert wurden. Da wir nun aber zweimal am Tag unsere Atmung bewusst verbinden und dadurch ständig Bewusstsein im gegenwärtigen Augenblick sammeln, nimmt unser Bewusstsein immer mehr zu. Das Bewusstsein im gegenwärtigen Augenblick ermöglicht es uns zu erkennen, dass alles in unserer Erfahrung, was uns emotional aufregt, ein Werkzeug der Präsenz ist, um uns unsere unbewussten, stark aufgeladenen Emotionen zu spiegeln.

Die Präsenz erreicht dies, indem sie unsere Erfahrung der Welt in einen Spiegeleffekt verwandelt, in dem sich unsere physisch manifestierten Schatten der zutiefst verdrängten, stark aufgeladenen Emotionen zeigen – dem Anschein nach außerhalb von uns. Das erfolgreiche Empfangen der Botschaft setzt voraus:

1. Wir müssen unsere Aufmerksamkeit vom Boten (von dem physischen Ereignis oder dem Verhalten der Person, das uns triggert) abziehen.

2. Wir müssen von der Geschichte zurücktreten, die uns in reaktives Agieren drängt. (Wir müssen uns also von dem mentalen Ereignis lösen.)

3. Wir müssen unsere Aufmerksamkeit darauf richten, wie wir uns als Folge des uns aufregenden Ereignisses fühlen (emotionales Ereignis).

Wir erreichen dies, indem wir uns jedes Mal, wenn wir emotional getriggert werden, folgende Frage stellen:

»Welche Wirkung hat das auslösende Ereignis auf der Ebene der gefühlten Wahrnehmung auf mich?«

Die Antwort auf diese Frage ist nicht eine *mentale Beschreibung* unseres wahrgenommenen emotionalen Zustands, sondern unsere *gefühlte Erfahrung durch gefühlte Wahrnehmung.* – Es geht also um einen emotionalen Zustand, den wir *fühlen.*

In anderen Worten ist die Antwort weder verbal noch mental, sondern eine Erfahrung der direkt gefühlten Wahrnehmung. Direkt gefühlte Wahrnehmung führt unsere Aufmerksamkeit nach innen auf die Ursache, während eine verbale Beschreibung unserer Erfahrung die Aufmerksamkeit nach außen, auf die Wirkung, richtet. Wenn wir diese Anwendung gefühlter Wahrnehmung erfassen, verstehen wir, wo und warum traditionelle, verbale Therapien bei der effizienten Einwirkung auf die Ursache versagen.

Wenn ein Therapeut seinen Klienten fragt: »Wie fühlen Sie sich damit?«, stellt der Therapeut die richtige Frage. Aber ab diesem Punkt machen viele Therapeuten den Fehler, die Aufmerksamkeit des Klienten von der Ursache weg und nach außen auf die mentale Ebene zu führen, indem sie sie ermutigen, die Frage verbal zu beantworten. – Sie fordern sie auf, den wahrgenommenen emotionalen Zustand als »Verstehen« zu beschreiben.

Die richtige Antwort auf die Frage des Therapeuten ist *eine Erfahrung der direkten, nicht in Worte gefassten, gefühlten Wahrnehmung.* Der Klient *fühlt die Antwort,* ohne sie als mentales Konzept nach außen zu projizieren – ohne die Erfahrung der direkt gefühlten Wahrnehmung in eine Geschichte zu verwandeln.

Indem der Therapeut darauf besteht, dass der Klient sein achtsames Reagieren auf diese Frage in Worte fasst, verhindert er, dass der Klient auf seine ursächliche Erinnerung zugreift, deren Prägung vor der Entwicklung der mentalen Fähigkeiten erfolgt ist. Dieser mental gesteuerte Pfad der Betrachtung ist wertvoll, wenn der Prozess des mentalen Verständnisses als heilend betrachtet wird. Ein mentales Verständnis wird nur als heilend gepriesen, wenn der mentale Körper als ursächlich wahrgenommen wird, also als gottähnlich. Dieser fehlgeleitete Ansatz ist die Folge des Bewusstseins »Ich denke, also bin ich«.

Um auf die Botschaft zugreifen zu können, die der Bote überbringt, fragt uns The Presence Process:

»Welche Wirkung hat das auslösende Ereignis auf der Ebene der gefühlten Wahrnehmung auf mich?«

Wir wissen, dass wir die Botschaft erhalten haben, *wenn wir etwas fühlen.* In der Regel ist es etwas, das wir als unbehaglich wahrnehmen. Wir mögen in der Lage sein, den energetischen Zustand, den wir fühlen, als erkennbaren emotionalen Zustand in Worte zu fassen, aber es ist nicht erforderlich. Das Fühlen des energetischen Zustands an sich ist die Antwort.

Durch unsere Fähigkeit zum Fühlen blicken wir nach innen, auf die Ursache, was Einsicht aktiviert. Unser Körper bestätigt den Erhalt der Botschaft durch *Resonanz* – durch die Kommunikation dieser Botschaft als spürbare physische Empfindung an uns. Die Manifestation dieser Resonanz kann ein Kribbeln in den Händen, eine Anspannung im Solarplexus, eine Beschleunigung des Herzschlags, ein Erröten im Gesicht oder irgendein anderes körperliches Signal sein. Sobald wir auf diese gefühlte Resonanzen im Körper (oder um den Körper herum) zugreifen, haben wir die Botschaft erhalten.

Wenn wir die Botschaft erhalten haben, sind wir bereit für den nächsten Schritt, den Zugriff auf weitere Einsichten. Wir sind bereit, durch die gefühlte Wahrnehmung zu erkennen, dass diese besondere emotionale Reaktion, die durch den Boten ausgelöst – getriggert – wurde, nicht neu ist, sondern eine stark aufgeladene Emotion, die wiederholt auftritt. Um diese Einsicht zu erlangen, fragen wir uns:

»Wann habe ich genau die gleiche gefühlte Resonanz zuletzt erlebt?«

Wenn wir diese Frage stellen, ist es unsere Absicht, eine Erfahrung aus der Vergangenheit zutage zu fördern, bei der wir so getriggert wurden, dass wir genau das gleiche emotionale Unbehagen gefühlt haben wie in der gegenwärtigen Situation. Wenn wir nicht sofort eine gefühlte Erinnerung spüren, bleiben wir offen und lassen zu, dass uns die Präsenz die Antwort zum gegebenen Zeitpunkt präsentiert.

Ohne uns mental an den physischen Details des vorausgegangenen Triggerereignisses festzuhalten und ohne mit uns selbst ein mentales Gespräch darüber zu führen, erkennen wir das Auftreten der identischen emotionalen Signatur an (die gleiche, unbehagliche, gefühlte Resonanz) und setzen unsere Erkundung der Vergangenheit mit unserer gefühlten Wahrnehmung fort. Das erreichen wir, indem wir fragen:

»Wann habe ich genau diese unbehagliche, gefühlte Resonanz vor diesem gegenwärtigen Ereignis schon einmal erlebt?«

Indem wir diese Frage immer wieder erneut stellen, wenn wir ein vorausgegangenes Triggerereignis aufgedeckt haben, legen wir allmählich ein wiederkehrendes, gefühltes Muster frei, das bis in unsere Kindheit zurückführt.

Wenn es sich sehr schwierig anfühlt, diesen emotionalen Pfad aufzuspüren, liegt das häufig daran, dass unser mentaler Körper zu sehr auf den physischen Aspekt dieser Spur konzentriert ist. Die physischen Umstände der Vergangenheit, unter denen genau diese emotionalen Reaktionen wiederholt aufgetreten sind, müssen sich überhaupt nicht ähneln. Daher stellen wir sicher, dass es während dieser Befragung unsere Absicht ist, unsere Aufmerksamkeit speziell auf die Erinnerung *ähnlicher emotionaler Reaktionen* zu richten, und nicht auf die Untersuchung der Vergangenheit auf das Auftreten *ähnlicher Boten.*

Eine nützliche Einsicht bei der Suche nach bestimmten, sich wiederholenden emotionalen Signaturen ist die Erkenntnis, dass sich zentrale, stark aufgeladene Emotionen etwa alle sieben Jahre wiederholen. Wenn wir Schwierigkeiten haben, den Pfad der emotionalen Reaktionen zurückzuverfolgen, kann es hilfreich sein, ab dem jüngsten Auftreten etwa sieben Jahre zurückzudenken und sich zu fragen, wie sich die Emotionen in dieser Zeit bemerkbar gemacht haben. Wenn wir diese Technik anwenden, können wir zu einem Punkt zurückkehren, der nahe an oder mitten in der Erfahrung aus der Kindheit liegt.

Es ist normal, wenn wir uns etwas bemühen müssen, um auf das erste, ursächliche Ereignis zuzugreifen, weil es sehr wahrscheinlich eingetreten ist, bevor wir die mentale Fähigkeit entwickelt hatten, mit der wir ein Konzept der Erfahrung hätten bilden können. Das zentrale Ereignis kann bei unserer Geburt oder im ersten oder zweiten Jahr unseres Lebens geschehen sein, zu einer Zeit also, in der unsere Interaktionen mit der Welt vorrangig über gefühlte Wahrnehmung vonstatten gingen. Damit ist das Ereignis als gefühlte Resonanz ohne zugehöriges mentales Konzept verzeichnet.

Bis zu einem gewissen Grad lebt jeder in fortgesetztem reaktivem Agieren. Solange wir »in der Zeit leben«, finden die Ereignisse dieser Welt als unbewusste Dramatik statt, wobei unsere Vergangenheit und die Projektion unserer Zukunft das Drehbuch für unsere laufende Erfahrung schreiben. The Presence Process ist eine Chance, aus diesem festgelegten Drama aufzuwachen.

Der erste Schritt zum Erwachen ist zu lernen, einen Hinweis für unser Verhalten daraus zu ziehen, was sich *jetzt* entfaltet, nicht reaktiv daraus, was in der Vergangenheit geschehen ist oder was wir glauben, dass in der Zukunft geschehen könnte.

In der Lage zu sein, die Resonanz der Gegenwart von den Geistern der Vergangenheit und den Phantomen der Zukunft zu unterscheiden, erfordert die Fähigkeit, Spiegelungen und Projektionen von authentischen Begebenheiten zu differenzieren. Darum schulen wir uns jetzt selbst darin, uns von der Auseinandersetzung mit den »Boten« zu distanzieren, und lenken unsere Konzentration stattdessen auf die »Botschaften«, die sie bringen.

Indem wir uns innerlich die drei Fragen unten stellen, wenn wir emotional getriggert sind, und nicht unsere Aufmerksamkeit nach außen projizieren, gewinnen wir tiefgründige Einsichten in die Quelle unseres sich wiederholenden, emotionalen Verhaltens.

1. »Welche Wirkung hat das auslösende Ereignis auf der Ebene der gefühlten Wahrnehmung auf mich?« Wir beantworten diese Frage, indem wir das aufsteigende Unbehagen durch gefühlte Wahrnehmung annehmen.

2. »Wann habe ich genau diese unbehagliche, gefühlte Resonanz vor diesem gegenwärtigen Ereignis schon einmal erlebt?«

3. »Wann habe ich genau diese unbehagliche, gefühlte Resonanz vor diesem vergangenen Ereignis schon einmal erlebt?« Wir stellen uns diese Frage immer wieder, bis wir uns nach unseren besten Möglichkeiten der Ursache nähern.

In The Presence Process wird der Zugriff auf die Informationen des Boten durch die obigen Fragen »verstehen« genannt. Wir können dies auch so sehen, dass wir uns dem Empfangen der Einsichten öffnen. Indem wir uns entscheiden, unsere Aufmerksamkeit von dem physischen Ereignis abzuziehen, das uns aufregt und das die Spiegelung unserer stark aufgeladenen Emotionen in Form des Boten ist, und sie stattdessen auf die gefühlte Resonanz der emotionalen Reaktion richten, die wir erfahren, verstehen wir und machen dabei einen Sprung in unserer Wahrnehmung weg von einer Opfer- oder Siegermentalität.

Unsere Entscheidung, achtsam zu reagieren statt reaktiv zu agieren, neutralisiert mit der Zeit unseren unbewussten, automatischen Impuls, reaktiv agieren zu wollen. Außerdem werden die Ereignisse, von denen wir anfangs dachten, dass sie willkürlich und chaotisch auftreten, zu Juwelen der Einsicht in unsere Verhaltensmuster. Diese Einsichten sind der Rohstoff unserer emotionalen Entwicklung.

Indem wir diese Technik mit den Fragen anwenden, wird uns mehr und mehr bewusst, dass das physische, mentale und emotionale Unbehagen in unserer derzeitigen Erfahrung überhaupt nicht willkürlich ist. Indem wir »verstehen«, können wir die Einsicht empfangen, dass alles, was uns emotional aufrührt und unangenehm berührt, Teil eines wiederkehrenden Musters ist, das in der Vergangenheit verankert ist und unbewusst durch die nicht integrierten, stark aufgeladenen Emotionen aus unserer Kindheit endlos fortgesetzt wird.

Bis wir dies durch bewusstes Praktizieren der gefühlten Resonanz auf der Erfahrungsebene selbst wahrnehmen, sind wir nicht in der Lage, die Integration dieser sich wiederholenden Muster einzuleiten. Wenn wir sie durch gefühlte Wahrnehmung auf der Erfahrungsebene spüren, ändert das alles, weil es das Unbewusste und daher Unsichtbare in das Feld bewusster Sichtbarkeit befördert.

Wahrscheinlich werden wir eine gewisse Zeit lang trotzdem weiter impulsiv diese erlernte Dramatik ausagieren, aber dies wird nicht mehr vollkommen unbewusst geschehen können. Bereits *während wir reaktiv agieren,* oder kurz danach, werden wir erkennen, dass wir reaktiv agieren.

Schließlich werden wir einen nahenden Boten schon aus der Entfernung erkennen können und werden uns dann ertappen, noch *bevor* wir reaktiv agieren.

Wenn wir die Botschaft »verstehen« und diese Einsichten gewinnen, verändert das alles, weil wir so erkennen, dass die emotionalen Reaktionen, die wir aufgrund des Triggers fühlen, nichts mit unserer Erfahrung als erwachsener Mensch zu tun haben. Sie sind die Folge der nicht integrierten Emotionen, die wir seit Jahren unterdrücken.

Sie sind Auswirkungen unserer Kindheit, die unbewusst in unsere Erfahrung als Erwachsene übergreifen.

Diese emotionalen Trigger treten nun gezielt als äußere Umstände, zum Beispiel als das Verhalten anderer Menschen, an die Oberfläche und in unser Bewusstsein, damit wir Gelegenheit haben, sie wahrzunehmen, anzuerkennen und zu integrieren. Bis wir sie durch bedingungslose, gefühlte Wahrnehmung bewusst integriert haben, treten sie unablässig wieder und wieder in der einen oder anderen Form in unserer Erfahrung als Erwachsene auf, häufig in einer Art und Weise, die scheinbar unsere besten Absichten sabotiert.

The Presence Process lädt uns zur emotionalen Reifung ein, was bedeutet, dass wir uns entscheiden, achtsam zu reagieren, statt reaktiv zu agieren. Wir entscheiden uns, tief durchzuatmen und dann die Situation, die uns triggert, taktvoll hinter uns zu lassen. Indem wir das tun, vermeiden wir, weiter Öl in das Feuer zu gießen.

Wenn wir durch unsere Umstände mental so beschäftigt sind, dass es uns nicht möglich ist, uns der emotionalen Verarbeitung zuzuwenden, verschieben wir die Angelegenheit. Wir nehmen uns einen ruhigen Zeitpunkt später am gleichen Tag, zu dem wir uns zurückziehen und die entscheidenden Fragen in unserem Inneren stellen. Wenn diese Gelegenheit gekommen ist, erinnern wir uns an den »Aufreger« und mit der gefühlten Wahrnehmung an die emotionale Reaktion, die dadurch ausgelöst wurde.

Bedenken Sie, dass *das Stellen der Fragen* das Entscheidende ist. Mentale Informationen über die Triggerereignisse der Vergangenheit im Zusammenhang mit dem gegenwärtigen »Aufreger« sind zweitrangig. Die Antworten, die wir mit diesen Fragen erhalten wollen, sind die erfahrungsbasierten, gefühlten Resonanzen, die inhaltlich unserem gegenwärtigen »Aufreger« entsprechen. Wenn sie nicht sofort zu fassen sind, führt uns ein Nachdenken darüber nur von der Ursache weg.

Es gibt absolut nichts, worüber wir nachdenken oder das wir analysieren müssten. Deswegen vermeiden wir jedes mentale Unterfangen dieser Art. Die Antworten kommen als gefühlte Resonanz, und sie werden zum günstigsten Zeitpunkt kommen, genau im Plan.

Obwohl es scheint, dass das Stellen dieser Fragen unsere Aufmerksamkeit auf die Vergangenheit lenkt, geschieht etwas anderes. Unsere Vergangenheit ist nicht etwas, das »hinter uns« liegt und zu dem wir »zurückkehren« können. Vergangenheit ist Vergangenheit. Aber diese nicht integrierten, stark aufgeladenen Emotionen bestehen als energetische Bedingungen fort, die unserem emotionalen Körper *ein*geprägt sind. Daher gehen wir nicht »zurück«, sondern »nach innen«. Alle Antworten liegen *jetzt* in uns. Vertrauen Sie darauf, dass sie zum richtigen Zeitpunkt an die Oberfläche treten.

Damit schließen wir die dritte Woche ab.

Woche 4

Unsere bewusste achtsame Reaktion der nächsten sieben Tage lautet:

»Ich fühle bedingungslos«

Bedingungsloses Fühlen schafft Integration

Es ist die Folge des »Lebens in der Zeit«, dass wir Schmerz und Unbehagen empfinden. Wenn wir in The Presence Process von »Schmerz und Unbehagen« sprechen, schließt das alle Arten von Unbehagen ein, physisches, mentales und emotionales.

Schmerz und Unbehagen sind Begriffe, mit denen wir einen energetischen Zustand in unserem emotionalen Körper beschreiben. Dieser energetische Zustand enthält nicht integrierte, stark aufgeladene Emotionen, die wir physisch und emotional als unbehaglich empfinden. Mental nehmen wir sie als »falsch«, unangenehm, unergiebig, gegen uns gerichtet, abträglich und unnatürlich wahr.

Aufgrund unserer konditionierten mentalen und physischen Wahrnehmung beruht unsere automatische Reaktion darauf gewöhnlich auf Angst und ist mit Widerstand verbunden. Ab dem Augenblick, in dem wir auf diese Welt kommen, wird uns vorgelebt, Schmerz und Unbehagen zu fürchten und diesen Zuständen Widerstand entgegenzubringen, indem wir sie kontrollieren, sie ruhigstellen, uns ablenken, sie betäuben und mit Medikamenten unterdrücken. Uns wird suggeriert, dass Schmerz und Unbehagen unsere Feinde sind und dass wir sie, wenn sie auftreten, um jeden Preis besiegen und ihnen entkommen müssen. Folglich nehmen wir an, dass Schmerz und Unbehagen Anzeichen dafür sind, dass *etwas nicht in Ordnung ist.*

Im Gegensatz dazu werden wir in The Presence Process eingeladen, achtsam auf unsere Erfahrungen von Schmerz und Unbehagen zu reagieren, indem wir ihnen zuhören und nicht davonlaufen oder angreifen. Wir werden aufgefordert, die Möglichkeit in Betracht zu ziehen, dass die Erfahrung von Schmerz und Unbehagen einen Zweck hat – dass dies *vorsätzlich* geschieht.

Wenn also Schmerz und Unbehagen auftreten, geschieht dies, weil sie erforderlich sind. Sie sind stichhaltig, weil sie Formen der Kommunikation sind, die eine notwendige und wertvolle Funktion haben.

Diese Einsicht fordert uns auf, unsere Wahrnehmung von Schmerz und Unbehagen zu ändern. Wir erwägen nun die Möglichkeit, dass Schmerz und Unbehagen unsere Freunde sind, nicht unsere Feinde. Dass sie bei uns sind, um uns zu helfen und nicht zu schaden. Sie unterstützen uns, indem sie unsere Aufmerksamkeit auf einen bestimmten Aspekt unserer physischen, mentalen und emotionalen Erfahrung lenken. Warum ist dies erforderlich?

Bedenken Sie, wie wir impulsiv auf Schmerz und Unbehagen reagieren: Wir laufen in die entgegengesetzte Richtung, indem wir unsere Aufmerksamkeit von dem Bereich abziehen, in dem wir diesen Schmerz oder dieses Unbehagen fühlen. Wir geben uns alle Mühe, unser Bewusstsein dieser Erfahrung mit Tabletten, Alkohol und verschiedenen medizinischen Verfahren auszulöschen.

Mit unserem reaktiven Agieren integrieren wir Schmerz und Unbehagen nicht, sondern unterdrücken sie nur, schieben sie eine Weile zur Seite. Zwangsläufig tauchen Schmerz und Unbehagen zu einem späteren Zeitpunkt oder in anderer Form wieder auf, denn sie versuchen weiterhin, unsere Aufmerksamkeit zu erregen.

Ziehen Sie einmal diese Möglichkeit in Betracht: *Einer der unangenehmsten Aspekte unseres Schmerzes und Unbehagens könnte unser Widerstand dagegen sein.*

In The Presence Process treten unsere verdrängten Erinnerungen an die Oberfläche, damit wir sie mit Hilfe unserer gefühlten Wahrnehmung integrieren. Diese Erinnerungen treten oft als physische Schmerzen und physisches Unbehagen an die Oberfläche. Dies ist die Methode unseres Körpers, unsere wenig fokussierte Aufmerksamkeit nach innen zu lenken, sodass wir uns um unsere missliche Lage kümmern können.

Unser reaktiver und programmierter Impuls besteht darin, entweder wegzulaufen oder jemanden zu finden, der sich um uns kümmert. Von der Aufmerksamkeit anderer abhängig zu sein, während uns im Inneren die gesamte Kraft des einheitlichen Feldes zur Verfügung steht, ist unsinnig. Daher sind wir nun eingeladen, diese Tendenz, zu anderen zu laufen, vollständig zu transformieren und uns stattdessen zu entscheiden, die physischen, mentalen und emotionalen Empfindungen bedingungslos zu *fühlen,* denen wir lange aus dem Weg gegangen sind.

Unabhängig davon, wie qualifiziert und erfahren ein anderer Mensch sein mag, kann er doch unser Unbehagen nicht für uns fühlen. Er kann unter Umständen auf der physischen Ebene Maßnahmen ergreifen oder sogar mentale Prozesse für uns durchlaufen, aber kein Mensch kann für uns *fühlen.*

Stellen Sie sich vor, Sie hätten eine Freundin, die Ihnen mitteilt, dass sie für drei Wochen abwesend sein wird, und Sie fragt, ob Sie in dieser Zeit ihr Haus hüten würden. Sie sagen zu und ziehen in das Haus ein. Während die Freundin nicht da ist, übernehmen Sie die physischen Tätigkeiten in ihrem Haus: die Haustiere füttern und den Garten pflegen. Sie kümmern sich sogar um ihre mentalen Aktivitäten: das Weitergeben von Informationen an Leute, die während ihrer Abwesenheit zu Besuch kommen wollen. Aber es wäre lächerlich, wenn diese Freundin Sie bei ihrer Abreise bitten würde: »Kannst du bitte für mich fühlen, während ich nicht da bin?«

Wir sind eingeladen, in Betracht zu ziehen, dass unser eingeschränkter Erfolg bei der Integration von Schmerz und Unbehagen in der Vergangenheit damit zu tun hat, dass es *nicht möglich ist, dass unsere Erfahrungen durch die Aufmerksamkeit einer anderen Person für uns integriert werden.* Da es *unsere* Erfahrung ist, die mit Unbehagen behaftet ist, müssen *wir unsere* Aufmerksamkeit einsetzen, um die Integration zu erzielen.

Alle, die ihre Reise durch die menschliche Erfahrung gemeistert haben, berichten, dass in jedem von uns eine direkte Verbindung zum kreativen Prinzip, das wir als unsere gemeinsame Quelle betrachten, vorhanden ist. Wenn wir in der Lage sind, dies auf einer bestimmten Ebene zu akzeptieren, wenn auch zunächst nur als ein Konzept, öffnen wir uns für die Möglichkeit, dass *unsere* direkte Verbindung zur vertrauten Präsenz und die unbegrenzten integrativen Möglichkeiten dieses gemeinsamen, kreativen Prinzips in *unserer eigenen, bewusst genutzten Aufmerksamkeit* verborgen liegt.

Die Möglichkeiten, die in dieser Erkenntnis liegen, sind jedoch nur mentale Übungen, solange sie nicht auf der Erfahrungsebene erforscht werden. Diese Erkundung geschieht dadurch, dass wir beschließen, unsere Erfahrungen von Schmerz und Unbehagen zu integrieren, indem wir ihnen unsere bewusste Aufmerksamkeit schenken. Unsere Erfahrung im gegenwärtigen Augenblick wird also zum Versuchslabor für unsere Forschungen.

In The Presence Process nutzen wir gezielt die 15 Minuten unserer Atemübung als Werkzeug, um unsere Aufmerksamkeit zurück in unseren Körper zu bringen und sie dort im *Dies-Hier-Jetzt* zu verankern. Eine der Folgen dieser Übungspraxis ist, dass wir uns des Schmerzes und des Unbehagens bewusst werden, die schon seit unserer Kindheit bei uns sind, die wir jedoch erfolgreich aus unserem Bewusstsein verdrängt haben.

Das Beispiel mit der Freundin, für die wir drei Wochen lang das Haus hüten, zeigt uns, wie verdrängte Schmerzen und verdrängtes Unbehagen in unsere Aufmerksamkeit gelangen können, wenn wir unser Bewusstsein im gegenwärtigen Augenblick steigern. Stellen Sie sich vor, Sie sind daran gewöhnt, diese Freundin einmal in der Woche auf einen Kaffee zu besuchen. Dabei verbringen Sie immer etwa eine Stunde in diesem Haus. Da Sie diese Gewohnheit des wöchentlichen Besuchs schon seit Jahren pflegen, nehmen Sie an, dass Sie das Haus gut kennen. Aber nachdem Sie einen ganzen Tag in diesem Haus verbracht haben, geschieht etwas Unerwartetes: Sie bemerken Dinge, die Ihnen noch nie zuvor aufgefallen sind. Das mag ein kleiner Riss in der Decke sein oder ein Bild im Flur, das in all den Jahren noch nicht in Ihre Aufmerksamkeit vorgedrungen ist. Mit jedem Tag bemerken Sie mehr Details, die in den vielen Besuchen davor Ihrer Aufmerksamkeit irgendwie entgangen waren.

Ähnliches geschieht, wenn wir uns entscheiden, die bewusst verbundene Atmung zu praktizieren. Statt mental in das Wahrnehmungsparadigma, das wir »Zeit« nennen, hinein- und wieder herauszuflitzen, verankern wir nun unser Bewusstsein willentlich in unserem Körper. Infolgedessen geraten physische, mentale und emotionale Erfahrungen in unser Aufmerksamkeitsfeld, die uns neu erscheinen mögen. In der Tat gibt es sie schon den größten Teil unseres Lebens, wir waren uns ihrer jedoch nicht bewusst, weil wir physisch nicht lange genug präsent waren, um sie wahrzunehmen.

Wenn wir nun vor diesen Erfahrungen weglaufen, untergraben wir die Absicht, uns ihrer bewusst zu werden. Dies ist eine Situation, in der wir nichts gewinnen können, wenn wir uns nicht dem Schmerz stellen. Wir erkunden die Erfahrung bereitwillig, indem wir uns entscheiden, sie zu fühlen. Damit lassen wir alles vernebelnde Verhalten sein, das uns ermöglichen würde, weiter so zu tun, als sei alles »in Ordnung« und »okay«, als gehe es uns »gut«. Wenn wir uns tapfer dem stellen, was als notwendiger Bestandteil unserer Integrationsreise an die Oberfläche tritt, überwinden wir unseren reaktiven Reflex, vor dem Unbehagen wegzulaufen. Wir blicken mit bedingungsloser, gefühlter Wahrnehmung so tief wie möglich hinein. Indem wir diese Erfahrung annehmen und bereitwillig ihren Kern suchen, öffnen wir uns für *Ein*sicht.

Die Integration von Schmerz und Unbehagen ist ein einfacher Vorgang. Wir entscheiden uns, *bedingungslos* mit unserem Schmerz und Unbehagen zu »sein«, was bedeutet, dass wir keine anderen Pläne haben, als *damit zu sein.* Wir versuchen nicht, das Unbehagen in irgendeiner Weise zu beheben, zu verändern, zu verstehen, zu visualisieren, zu transformieren, zu heilen oder zu manipulieren. Wir beobachten es so tiefgreifend wir können mit unserer gefühlten Wahrnehmung und erlauben den stark aufgeladenen Emotionen, *je nach Erfordernis* achtsam zu agieren, was bedeutet, dass alles, was als Folge unseres *Damit-Seins* geschieht, bedingungslos richtig und wertvoll ist.

Dieser Ansatz transformiert allmählich unsere Beziehung zu Schmerz und Unbehagen. Wir behandeln diese nicht wie einen angreifenden Feind, sondern gehen auf sie zu wie eine Mutter, die ihr verstörtes Kind sanft mit ihrer vorbehaltslosen Präsenz tröstet. Damit setzen wir in uns energetisch integrative Fähigkeiten frei und fahren nicht die Rüstung und die Waffen des Krieges auf.

Krieg, der in uns tobt, kann keinen inneren Frieden hervorbringen. Die integrativen Fähigkeiten, die unserer bedingungslosen Aufmerksamkeit innewohnen, können dies jedoch sehr wohl. Diese integrativen Fähigkeiten schlummern in jedem Menschen, sie sind unser Geburtsrecht. Wir kommen mit der gefühlten Wahrnehmung auf die Welt, die erforderlich ist, um das Unbehagen in unseren Erfahrungen zu integrieren. Wir müssen diese Fähigkeiten nur noch entwickeln, und das tun wir, indem wir sie nutzen.

So wie niemand für uns fühlen kann, so kann auch niemand die Integration für uns vornehmen. Wenn jemand anderes eine solche Tat für uns vollbringt, nennen wir das »Zauber«. Zauber ist eine Illusion im mentalen Körper der Person, die daran glaubt, und eine Täuschung durch eine Person, die behauptet, einen solchen Zauber ausüben zu können.

Auch wenn diese »magischen« Illusionen zunächst zu funktionieren scheinen, versagen sie unvermeidlich im Lauf der Zeit. Die Zeit zeigt, dass sie keine authentische Wirkung auf die Ursache haben. Eine authentische und dauerhafte Wirkung auf die Ursache kann nur erreicht werden, wenn wir uns selbst bewusst auf unsere bedingungslose, gefühlte Wahrnehmung eines Aspekts unserer Erfahrung konzentrieren, der der Integration bedarf.

Wir fühlen, um zu integrieren.

Wenn wir eine Erfahrung integrieren, müssen wir genau abschätzen, wie stark diese Erfahrung aus der Harmonie geraten ist. Eine solche Einschätzung wird erst möglich, wenn die fragliche Erfahrung bewusst gefühlt wird. Das Fühlen ist der Maßstab. Geräte, Werkzeuge und auch qualifizierte Therapeuten und Ärzte können nicht für uns fühlen und also nichts für uns erledigen. Fühlen und Integrieren sind die beiden Hälften, aus denen das Verfahren zur Lösung nicht integrierter, stark aufgeladener Emotionen besteht. Wir können erst die Harmonie in unserer Erfahrung wiederherstellen, wenn wir diese Einsicht annehmen und danach handeln.

Wenn wir unsere Fähigkeit zur Integration von Schmerz und Unbehagen nutzbar machen wollen, erfordert dies eine bestimmte Voraussetzung: Fühlen ohne Bedingung. Wir können bedingungsloses Fühlen überall anwenden, wo wir sind. Wenn wir bedingungslose Aufmerksamkeit auf unseren Schmerz und unser Unbehagen richten, merken wir, wie sich unsere Empfindungen verändern. Wir beobachten diese Veränderungen ohne Urteil. Wir erwarten nicht, dass diese Veränderungen günstig sind oder sogar unser Unbehagen beenden. Wir sind *für jedes Ergebnis offen,* aber wir richten unsere *Absicht* nicht auf ein vorgefasstes Ergebnis. Wir nehmen jede Veränderung als erforderlich und daher stichhaltig an.

Manchmal wird sich unser Zustand scheinbar verstärken, wenn wir unsere bedingungslose Aufmerksamkeit auf unseren Schmerz und unser Unbehagen richten. *Die Verstärkung bedeutet nicht, dass sich der Zustand verschlimmert. Sie bedeutet, dass wir uns des Zustands bewusster werden.* Manchmal verändert der Zustand sein Erscheinungsbild. Manchmal scheint sich der Zustand an eine andere Stelle im Körper zu verlagern. Manchmal klingt er ab und verschwindet. Jedes Ergebnis ist stichhaltig und damit erforderlich.

Wenn wir uns in irgendeiner Weise festlegen, welches Ergebnis wir uns wünschen, binden und beschränken wir energetisch die Bewegung der zugrunde liegenden Ursache, was wiederum zu einem stärkeren Unbehagen beiträgt.

Wenn wir unsere Aufmerksamkeit und Absicht bewusst in der richtigen Art und Weise einsetzen, erlauben wir den Empfindungen des Schmerzes und des Unbehagens, den notwendigen Gang zu gehen. Jeder andere Ansatz wäre eine Rückkehr zu den feindseligen Verhaltensweisen des Ruhigstellens und Kontrollierens. Zur Erinnerung: Die Präsenz kennt keine unterschiedlichen Schwierigkeitsgrade, weiß also genau, was erforderlich ist, um die Integration zu bewerkstelligen. Lassen Sie also die Präsenz das Ergebnis bestimmen, nehmen Sie alle Ergebnisse an und nehmen sie als von der Präsenz absichtsvoll verabreicht wahr.

Wir haben diesen Schmerz und dieses Unbehagen die meiste Zeit unseres Lebens ignoriert und verdrängt. Wir haben sie als Feinde behandelt und nicht als die wohlmeinenden Boten, die sie sind. Wir brauchen für unseren neuen, bewussten Ansatz also nun Geduld. Ein Kind, das über Jahre von seinen Eltern ignoriert wurde, wird sich ihnen nicht sogleich öffnen, nur weil sie plötzlich freudig ihre Arme ausbreiten. Das Kind zögert erst und wartet auf Beständigkeit. Genauso sollten wir uns nicht beeilen und keine unmittelbaren Folgen erwarten.

Bei einem integrativen Ansatz geht es nicht um eine »schnelle Lösung«. Erforderlich ist eine allmähliche Transformation der Wahrnehmung weg von einer lebenslangen Feindseligkeit und hin zu dem, was wir als Schmerz und Unbehagen wahrnehmen. Wenn wir uns in dieser Weise um uns selbst kümmern, leiten wir integrative Folgen in die Wege.

•

Damit schließen wir die vierte Woche ab.

Woche 5

Unsere bewusste achtsame Reaktion der nächsten sieben Tage lautet:

»Ich bin unschuldig«

Integration unserer Kindheit

In uns schlummern die drei Elemente Vater (Führung), Mutter (Pflege) und Kind (Unschuld, Freude und Kreativität). Wenn wir unsere Absicht darauf ausrichten, die Beziehung zu dem Kind in uns wiederherzustellen, indem wir unsere stark aufgeladenen Emotionen integrieren, dann aktivieren wir diese drei Elemente. Dies gibt uns außerdem die Gelegenheit, uns selbst aktiv die Art bedingungsloser Aufmerksamkeit zu schenken, die wir als Kinder gebraucht hätten, aber nicht bekommen haben.

Die Absicht, wieder eine bedingungslos aufmerksame Beziehung zu dem Kind in uns herzustellen, weckt die emotionalen Fähigkeiten, die wir brauchen, um für uns selbst die Elternrolle zu übernehmen. Wenn wir uns mit dem Kind in uns verbinden, betreten wir den Pfad, um uns selbst zu nähren und uns selbst innere Führung zukommen zu lassen. – Dies ist ein Pfad, der sich durch Mitgefühl gegen uns selbst auszeichnet. Auf diesem Pfad können wir die nicht integrierten Prägungen überwinden, die wir unbewusst noch immer mit unseren Eltern gemeinsam haben. Jede Anstrengung, die wir unternehmen, um wieder eine bedingungslos aufmerksame Beziehung zu dem Kind in uns herzustellen, wird mit gesteigerter Präsenz und Bewusstsein im gegenwärtigen Augenblick belohnt.

Das Kind in uns kommt unschuldig und gleichzeitig hilflos auf die Welt. Aufgrund seiner Hilflosigkeit bietet es seinen Eltern vertrauensvoll Gehorsam an. In der Folge erhält das verletzliche Kind Prägungen durch Erfahrungen, die nicht unbedingt liebevoll sind – nicht, weil die Eltern die Liebe absichtlich vorenthalten, sondern weil *Eltern einem Kind nur die Art bedingungsloser Aufmerksamkeit bieten können, die sie selbst in ihrer Kindheit erfahren haben.*

Wenn das Kind zum Erwachsenen heranwächst, wird es täglich mit Manifestationen der unbehaglichen, energetischen Prägung konfrontiert, die es im Austausch mit seinen Eltern empfangen hat. Als Erwachsener identifiziert sich das Kind so stark mit den äußeren physischen, mentalen und emotionalen Manifestationen dieser unbehaglichen Erfahrungen, dass es glaubt, »Ich *bin* furchtsam, wütend und traurig«, statt sich zu sagen: »Dies ist eine Manifestation der Angst, Wut und Trauer, die ich durch Prägung empfangen habe. *Das bin nicht ich.*«

Unsere Identifikation mit der *Manifestation* der unangenehmen Prägung lässt uns vergessen, dass wir in einem Zustand der Unschuld in dieses Leben getreten sind. Indem wir uns mit unserer Erfahrung identifizieren (mit unserem Zustand der Prägung, statt mit der Präsenz, die wir authentisch sind), geht uns das Bewusstsein unserer Unschuld verloren.

Indem wir uns mit unseren äußeren Projektionen identifizieren (mit der Manifestation in unserer gegenwärtigen Erfahrung als Erwachsene mit der Prägung, die wir in der Kindheit empfangen haben), gründen wir fälschlicherweise unsere Identität darauf, was wir als »unsere Fehler« wahrnehmen. Indem wir uns an diesen sich im Außen manifestierenden »Fehlern« ausrichten, verlieren wir unser Bewusstsein und die Fähigkeit für innere Sensibilität – unsere Fähigkeit für das *Innere* oder die Unschuld. Wir sind nicht die Fehler, die sich durch unsere Erfahrung manifestieren. Wir wurden unschuldig geboren, weil die Präsenz, die unser Inneres ist, unschuldig ist.

Als Erwachsene versuchen viele von uns, die von uns wahrgenommene Fehlerhaftigkeit zu überwinden, indem wir *anderen behilflich sind.* Wenn es allerdings darum geht, *uns selbst etwas Gutes zu tun,* sind wir ratlos. Vielleicht haben wir sogar Schuldgefühle, wenn wir versuchen, etwas Authentisches und Liebevolles für uns selbst zu tun. Wegen der von uns wahrgenommenen Fehlerhaftigkeit haben wir den Eindruck, dass *wir* unsere eigene bedingungslose Aufmerksamkeit nicht verdienen. Wir mögen sogar bereit sein, unser eigenes Wohl zu opfern, um anderen zu helfen. Wir erkennen noch nicht, dass es unser unbewusstes Gefühl der Fehlerhaftigkeit ist und unsere Hilflosigkeit, etwas dagegen zu unternehmen, das uns dazu treibt, uns selbst im Namen der Fürsorge für andere Menschen aufzuopfern.

Die Unterstützung für andere auf Kosten unseres eigenen Wohlbefindens wird durch die Betrachtung des Mühsals in der Welt um uns herum angeheizt. Wenn wir uns so verhalten, erreichen wir durch die Hilfe für andere vielleicht, dass wir uns einen Augenblick lang besser fühlen, aber letztlich schwächen wir damit die, denen wir vorgeben zu helfen, indem wir sie abhängig machen. Diese Abhängigkeit stärkt ihre eigene Überzeugung, dass sie nicht in der Lage sind, sich um ihre nicht integrierten Emotionen und die Manifestationen der scheinbaren »Fehlerhaftigkeit« zu kümmern, die aus diesen nicht integrierten Emotionen entspringen.

Wenn wir anderen helfen, damit wir uns besser fühlen, hilft dies keinem, weil wir nicht geben können, was wir nicht haben. Wenn wir das trotzdem vorgeben, wird sich im Lauf der Zeit herausstellen, dass diese Handlungen keine Substanz haben.

Nur wenn wir erkennen, wie wir uns mit unserer eigenen, bedingungslosen Aufmerksamkeit selbst nähren können, entwickeln wir die

Fähigkeit, uns authentisch und bedingungslos um andere Menschen zu kümmern. Der erste Schritt in diesem Lernprozess ist zu erkennen, welcher Aspekt unseres Wesens sich fehlerhaft oder schuldig fühlt und unsere bedingungslose Aufmerksamkeit braucht.

Als Erwachsene erfahren wir verschiedene Zustände des physischen, mentalen und emotionalen Unbehagens. Normalerweise tun wir alles in unserer Macht stehende, um sie zu betäuben oder uns davon abzulenken. Oder wir holen uns die Aufmerksamkeit bei anderen Menschen. Wenn wir in einem zeitbasierten Paradigma leben, können wir nicht wahrnehmen, dass *nichts von diesem gegenwärtigen physischen, mentalen und emotionalen Unbehagen aus dem entsteht, das gerade jetzt geschieht, auch wenn es sich natürlich in dem widerspiegelt, was jetzt gerade geschieht.*

Während der vierten Woche werden wir ermutigt, unser Unbehagen bedingungslos zu fühlen. Durch diesen Ansatz fordern wir die Erkenntnis heraus, dass alles Unbehagen eine emotionale Signatur hat. Die emotionale Signatur ist die gefühlte Resonanz, die unser Unbehagen begleitet. Sie ist erkennbar als ein emotionaler Zustand. Diese emotionale Signatur ist eine der vielen Emotionen, die aus Angst, Wut und Trauer entstehen.

Der Zugriff auf unsere emotionale Signatur ist einfach. Wenn wir beispielsweise hartnäckige Rückenschmerzen haben, fragen wir uns:

»Welche Gefühle lösen diese Rückenschmerzen in mir aus?«

Unsere Antwort wird wohl in etwa sein, dass die Rückenschmerzen uns ärgern, uns auf die Nerven gehen, uns frustrieren usw. Was auch immer das Wort ist, das als Antwort auf diese Frage auftaucht, gibt uns den Hinweis auf einen emotionalen Zustand, der entweder aus Angst, Wut oder Trauer oder aus einer Kombination davon entsteht. Wenn wir zu dieser Beschreibung des emotionalen Zustands kommen, der durch unser Unbehagen ausgelöst wird, haben wir Zugriff auf eine mentale Beschreibung unserer emotionalen Signatur.

Für den direkten Zugriff auf eine emotionale Signatur ist gefühlte Wahrnehmung erforderlich. *Die emotionale Signatur ist also nicht etwas, über das wir nachdenken oder das wir mental beschreiben, sondern die direkt gefühlte Beschaffenheit des emotionalen Zustands, den wir erleben, wenn wir mit unserem Unbehagen konfrontiert sind.* In The Presence Process nennen wir diese emotionale Signatur »stark aufgeladene Emotionen«.

Mit unserem Fortschreiten durch The Presence Process wird mehr und mehr offensichtlich, dass es die stark aufgeladenen Emotionen hinter unserem Unbehagen sind, die unseren Zwang befeuern, vor der Gegenwart wegzulaufen und uns in ablenkende mentale und physische Aktivitäten zu flüchten. Wenn wir auf eine stark aufgeladene Emotion reaktiv agieren, statt achtsam darauf zu reagieren, verlassen wir die Präsenz und begeben uns in einen Zustand der Täuschung. Wir treten aus der Authentizität und begeben uns in die Welt der Dramatik. Jede Dramatik des Menschen ist eine nach außen projizierte Manifestation unseres individuellen und kollektiven reaktiven Agierens in Bezug auf unsere nicht integrierten, stark aufgeladenen Emotionen.

Jetzt wissen wir auch bereits, wo diese stark aufgeladenen Emotionen verankert sind. In der dritten Woche wurde uns gezeigt, wie wir sie zu ihren Ursprüngen auf der Erfahrungsebene zurückverfolgen. Noch einmal zusammengefasst: Wenn wir auf unser Leben zurückblicken und unsere Vergangenheit als eine Serie wieder auftretender, emotionaler Signaturen wahrnehmen, statt einer Reihe an physischen Umständen, können wir einen Pfad an ähnlichen emotionalen Signaturen erkennen, der bis in unsere Kindheit zurückreicht. Dieser Pfad zeigt uns, dass das – physische, mentale oder emotionale – Unbehagen, das wir heute fühlen, nichts mit unserer gegenwärtigen Erfahrung als Erwachsene zu tun hat, sondern nur eine *Widerspiegelung* ist. Eine der größten Einsichten, die wir an diesem Punkt erlangen können, ist, dass nicht unsere Erfahrung als Erwachsener der Integration bedarf, sondern die nicht integrierten Aspekte unserer Kindheit.

Ab dem Zeitpunkt, an dem wir unserer Kindheit den Rücken kehren, um in der Welt der Erwachsenen akzeptiert zu werden, setzt das Kind in uns physische, mentale und emotionale Zustände des Unbehagens in dem Versuch ein, wieder unsere Aufmerksamkeit zu bekommen. Diesen Versuch unternimmt es, damit wir uns dem nicht integrierten, emotionalen Dilemma zuwenden können, in dem es sich nach wie vor befindet. Solange wir uns nicht bewusst mit dieser nicht integrierten Erfahrung der Kindheit auseinandersetzen, werden sich die Folgen weiterhin in unserer Erfahrung als Erwachsene manifestieren.

Solange wir also »in der Zeit leben«, ist unsere Erfahrung als Erwachsener ein Echo unserer Kindheit – eine scheinbar chaotische und zusammenhangslose Erfahrung, die durch etwas verbunden ist, das uns als willkürlich auftretendes, physisches, mentales und emotionales Unbehagen erscheint.

An dieser Stelle in The Presence Process ist es entscheidend, dass wir die Manifestation des Unbehagens in unserer Erfahrung als Erwachsene als eine Auswirkung begreifen, nicht als die Ursache von irgendetwas. Dies ist deshalb so entscheidend, weil es zwecklos ist, an etwas herumzudoktern, das eine Auswirkung ist. Wir können nur dann authentische Veränderungen einleiten, wenn wir auf die Ursache einwirken. Der Wert des Unbehagens in unserer Erfahrung als Erwachsene liegt darin, dass wir es als Fingerzeig auf die Ursache in der Kindheit nutzen können. Bis diese geklärt ist, bleiben unsere Versuche der Integration unwirksam.

Das Streben nach Glück (wie auch der Versuch, unsere äußeren Umstände zu kontrollieren und ruhigzustellen, damit wir uns mit uns wohlfühlen) ist nicht mehr als ein Verhalten, das von einem Herumpfuschen an einer Auswirkung herrührt, in dem Versuch, die Ursache zu korrigieren. Da das unmöglich ist, führt uns solches Verhalten immer weiter von der Freude weg, die im Kind in uns bereits vorhanden ist. Das Kind in uns ist unser Zufluchtsort für Unschuld, Freude und Kreativität. Wenn wir seinen nicht integrierten Zustand ignorieren, schmälern wir unsere

Fähigkeit zu Unschuld, Freude und Kreativität und investieren stattdessen unsere Energie in den Versuch, »glücklich zu sein«, indem wir »etwas aus uns machen«.

Dies ist eine weitere wichtige Einsicht: Wir können nicht wirklich Frieden finden, wenn wir nicht durch Zeit und Raum zurückgreifen, um die hilflosen Aspekte des Kindes in uns zu retten und sie in Resonanz mit der Gegenwart zu bringen, wo wir ihnen die bedingungslose Aufmerksamkeit zukommen lassen, die sie brauchen.

Die Absicht zurückzugreifen, um die hilflosen Aspekte des Kindes in uns zu retten, mag als eine Art Zeitreise verstanden werden. Diese Art Zeitreise ist jedoch keine Science-Fiction. Sie findet nicht »da draußen« statt, und es ist nicht das Ziel, weit entfernte Orte zu besuchen. Sie findet *in uns* statt. Das »Seelenziel« ist die energetische Rückverbindung mit einem Aspekt unseres Wesens, von dem wir derzeit getrennt und entfremdet sind.

Anders formuliert: Dies ist ein Insiderjob, mit dem unsere bisher nicht integrierte Vergangenheit bewusst in unsere Gegenwart integriert wird. Mit dieser Absicht rufen wir unbewusstes Verhalten auf den Plan, das *jetzt* durch nicht integrierte Erfahrungen aus der Vergangenheit an die Oberfläche gebracht wird, damit wir uns bedingungslos darum kümmern können. Wenn diese innere Arbeit konsequent ausgeführt wird, befreit sie das Kind in uns von seinen nicht integrierten Traumata.

Wenn wir »die nicht integrierten Aspekte des Kindes in uns retten«, hat das zur Folge, dass der gegenwärtige Erwachsene in uns von den stark aufgeladenen Emotionen befreit wird, die sich als physisches, mentales und emotionales Unbehagen manifestieren. *Die Identität der nicht integrierten Aspekte des Kindes in uns und die Summe unserer nicht integrierten, stark aufgeladenen Emotionen sind gleich.*

Emotional ist unsere nicht integrierte Kindheit bestimmend. *Wir* sind erst dann selbst federführend verantwortlich für die Art unserer Erfahrung, wenn wir diese stark aufgeladenen Emotionen integriert haben. Als

Erwachsene werden wir entweder von diesen stark aufgeladenen Emotionen getrieben, oder wir übernehmen selbst die Verantwortung.

Von diesen Emotionen getrieben zu sein, bedeutet, dass unsere Erfahrung als Erwachsener von den nicht integrierten Aspekten des Kindes in uns bestimmt wird. Unter diesem Gesichtspunkt müssen wir nicht das ganze Kind in uns »retten«, sondern nur die Teile, die derzeit nicht integriert sind.

Wie ein unschuldiges Kind nimmt auch das Kind in uns alles, was es erlebt, als wahr, real und möglich an. Es kann nicht zwischen dem, was es durch unsere Erwachsenenaugen im Fernsehen sieht, und dem, was es durch uns im Alltag erlebt, unterscheiden. Es kann auch nicht zwischen dem, was wir in unserer Vorstellungskraft visualisieren, und dem, was es täglich durch uns im Erwachsenenleben erlebt, unterscheiden. Es ist also leichtgläubig und verletzlich.

Das Kind in uns nimmt alles wahr, was wir denken und sagen. Es beobachtet auch alles, was wir tun, zum Beispiel, wie wir uns anderen gegenüber verhalten, und lernt an unserem Vorbild. Wenn wir »nein« sagen, wo wir eigentlich »ja« meinen, oder wenn wir »ja« sagen, wenn wir »nein« meinen, wird es misstrauisch gegen unsere Fähigkeit, für seine Bedürfnisse zu sorgen. Weil es ein Kind ist, sieht es den gegenwärtigen Erwachsenen in uns nicht als Teil von sich selbst. Das Kind nimmt den erwachsenen Aspekt als eine Elternfigur wahr, die getrennt von ihm ist.

Wenn wir uns dem Kind in uns nähern wollen, müssen wir uns aus diesem Grund als unfehlbar erweisen. Deshalb kümmern wir uns *bedingungslos* und *konsequent* darum. Wenn wir uns nur unter bestimmten Bedingungen und nur unzuverlässig darum kümmern, verstärken wir die derzeitigen, nicht integrierten Zustände der Angst, Wut und Trauer.

Wenn wir bisher nicht bewusst mit dem Kind in uns kommuniziert haben, lässt sich unsere derzeitige Beziehung zu diesem Kind mit der von Eltern vergleichen, die ihr Kind jahrelang vernachlässigt haben. Etwa im Alter von sieben Jahren wird unsere Erfahrung gezielt in eine neue Richtung gelenkt, damit wir auf die Welt der Erwachsenen vorbereitet werden. Dazu brauchen wir die Bereitschaft, uns von unserer Kindheit abzuwenden. Im Lauf der Jahre blicken wir seltener zurück, um den Zustand des Kindes zu betrachten, das wir einst waren. Wir bedecken diesen Aspekt unserer Erfahrung mit einer Schicht der Vergesslichkeit und geben offen zu, dass wir wenig Erinnerungen an unsere Kindheit haben. Daher sind wir uns des Kindes in uns wahrscheinlich auch nicht mehr bewusst, obwohl es ständig alles beobachtet. Wir fühlen anscheinend die nicht integrierten Aspekte des kindlichen Zustands nicht mehr, obwohl unser Unbehagen als Erwachsener ein Spiegel dieser nicht integrierten, emotionalen Lasten ist. Wir haben so sehr den Kontakt dazu verloren, wie stark uns das Kind in der Gegenwart beeinflusst, dass wir unter Umständen fragen: »Warum sollte ich zurückblicken und mich der Vergangenheit stellen? Warum lassen wir die Vergangenheit nicht ruhen und kümmern uns um die Zukunft?«

Leider besteht unsere Zwickmühle darin, dass uns das Unbehagen aus unserer nicht integrierten Kindheit als emotionale Spur folgt, die sich negativ auf unsere Erfahrung als Erwachsene auswirkt, indem sie sich regelmäßig und pünktlich wie eine Uhr als ständige Muster des Unbehagens manifestiert.

Außerdem ist diese Uhr nicht neutral wie die Uhr, die wir am Handgelenk tragen. Das Ticken dieser Uhr aus der Kindheit und die Auswirkungen auf unsere gegenwärtige Erfahrung können als »emotionale Zeit« bezeichnet werden. Das Tragen einer Uhr und deren Nutzung als Instrument für den gegenwärtigen Augenblick sind vollkommen unterschiedliche Erfahrungen. Das Zweite sind bewusste Vorgänge. Wir können uns entscheiden, die Uhr abzulegen und uns ihres Einflusses zu entziehen, aber die Trümmer der »emotionalen Zeit« werden uns ständig aus der Gegenwart entführen, bis wir sie bewusst integriert haben.

Es mag uns jahrelang erfolgreich gelingen, die Auswirkungen der Trümmer aus der nicht integrierten Kindheit, die sich in unserer Erfahrung als Erwachsene bemerkbar machen, ruhigzustellen und zu kontrollieren, aber früher oder später bäumen sich diese energetischen Lasten auf, und wir finden uns inmitten einer Krise wieder.

Zum Glück ist es nicht erforderlich, eine Krise zu manifestieren, damit wir uns um unsere Trümmer aus der nicht integrierten Kindheit kümmern. – Trotzdem ist eine Krise manchmal genau das, was erforderlich ist, damit der nicht integrierte Aspekt des Kindes in uns unsere Aufmerksamkeit bekommt. In dem Augenblick, in dem wir uns nach innen wenden und uns um das Kind in uns kümmern, setzt der Prozess der Integration unseres physischen, mentalen und emotionalen Unbehagens ein.

Wenn das Kind in uns Frieden findet, finden auch wir Frieden. So einfach und kraftvoll ist das. Wenn wir jetzt keinen Frieden empfinden, liegt das daran, dass ein Aspekt des Kindes in uns noch nicht integriert ist. Das Einzige, was wir tun können, und das einzige achtsame Antworten, das wir zeigen können, ist das konsequente und bedingungslose Fühlen der Resonanz dieses nicht integrierten Aspekts unserer Erfahrung.

Integration des Kindes in uns

Während unserer Reise durch The Presence Process gab es bereits zahlreiche Augenblicke, in denen wir uns alles andere als in der Gegenwart gefühlt haben, und es wird noch viele weitere geben.

In diesen Augenblicken der Ablenkung fühlen wir uns vielleicht gereizt, verärgert, besorgt und verwirrt, mit anderen Worten, wir fühlen uns voller Angst, Wut und Trauer. Dies sind Momente, in denen wir aufgerufen sind, uns um die nicht integrierten Aspekte des Kindes in uns zu kümmern.

Wenn wir einen solchen unbehaglichen Augenblick erleben, bemühen wir uns, den Erwachsenen in uns daran zu erinnern, dass das von uns gefühlte Unbehagen nichts damit zu tun hat, was *jetzt* geschieht, auch wenn es sich natürlich in der gefühlten Resonanz des Augenblicks widerspiegelt. Dieses Unbehagen ist *ein Hilferuf eines nicht integrierten Aspektes des Kindes in uns, der noch immer mit Erfahrungen ringt, die er nicht verdauen kann.*

Wie reagieren wir auf diesen Hilferuf? Die Antwort ist einfach. Es bedarf der bedingungslosen, ständig eingesetzten, gefühlten Wahrnehmung. Wir richten unsere Fähigkeit des Fühlens auf die gefühlte Resonanz unseres unbehaglichen, emotionalen Zustands und »sind« damit, ohne Bedingungen zu stellen.

Symptome des Unbehagens sind Echos. Ein Symptom ist ein Stück der nicht integrierten Vergangenheit, das sich als Unbehagen manifestiert.

Je nachdem, wo unser Bewusstsein verankert ist, können sich Symptome auf drei verschiedenen Ebenen bemerkbar machen: auf der physischen Ebene, der mentalen Ebene und der emotionalen Ebene – oder in einer Kombination dieser Ebenen. Wie wir bereits erkannt haben, sind die physischen und mentalen Aspekte unseres Unbehagens eine Auswirkung, eine Folge einer bestimmten Ursache, der ursprünglichen, nicht integrierten Erfahrung. Die tatsächliche Resonanz dieser bestimmten Ursache ist rein energetisch und in unserem Energiekörper enthalten, also unserem emotionalen Körper. (Sie erinnern sich: Emotion entspricht »Energy in motion«, also »Energie in Bewegung«.) Entweder ist unser emotionaler Körper friedvoll, weil sich die Energie harmonisch und frei bewegen kann, oder wir stellen fest, dass sich unser emotionaler Körper in einem unbehaglichen Zustand befindet, weil es da eine stark aufgeladene Emotion gibt, die auftaucht, weil sich die Energie nicht frei bewegen kann.

Wenn wir auf die ursächlichen Punkte treffen, deren Energie sich nicht frei bewegen kann (was wir konzeptionell emotionale Zustände wie

Angst, Wut und Trauer nennen können), ist unsere Absicht, durch gefühlte Wahrnehmung »mit ihnen zu sein«, etwa so, als ob wir das Kind und seine nicht integrierten Aspekte in die Arme nehmen und bedingungslos lieben und trösten.

Es kann vorteilhaft sein, eine solche Szene tatsächlich zu visualisieren. Wenn wir zum Beispiel einen emotionalen Zustand wie Wut erleben, kann es uns helfen, die Augen zu schließen und sich unser Selbst als Kind von sieben Jahren oder jünger vorzustellen, das da jetzt vor uns steht und sich so fühlt, wie wir uns gerade fühlen. Dann stellen wir uns vor, wir heben das Kind auf und begleiten es, während es den Prozess der Wut durchläuft. Wir versuchen nicht, die Erfahrung des Kindes in irgendeiner Art und Weise zu verändern, weil diese Erfahrung wertvoll und erforderlich ist. Wir sind nur einfach *bedingungslos* bei ihm. Durch diese Visualisierung, wie wir uns um das Kind in uns kümmern, aktivieren wir die Qualitäten unserer inneren Eltern. Immer wenn wir uns auf diese Weise um das Kind in uns kümmern, steigt eine tröstliche Resonanz der Beständigkeit in uns auf.

Dieser Ansatz der Visualisierung eignet sich nicht für jeden und ist auch nicht notwendig, aber einige Menschen könnten ihn hilfreich finden. Für viele von uns ist es ausreichend, die gefühlte Wahrnehmung auf die gefühlte Resonanz einer auftauchenden Emotion – auf die emotionale Signatur – zu richten und als nicht visualisierte, nicht konzeptionierte, gefühlte Erfahrung bei ihr zu sein. Die integrative Fähigkeit der Präsenz, die keine unterschiedlichen Schwierigkeitsgrade kennt, liegt nicht in unserer Vorstellungskraft, sondern in unserer bedingungslosen und konsequenten Absicht in Kombination mit der ausgeübten gefühlten Wahrnehmung.

Eine der Möglichkeiten, wie wir wissen, dass unsere Absicht zur Integration dieses Aspektes des Kindes in uns funktioniert, ist ein emotionales, achtsames Reagieren wie das Weinen. Das Weinen muss nicht in dem Augenblick eintreten, in dem wir uns um unser Unbehagen kümmern.

Es kann zu einem willkürlichen Zeitpunkt geschehen, wenn wir es am wenigsten erwarten. Wenn wir aus keinem offensichtlichen Grund einfach für uns weinen, markiert dies den Beginn der Integration dieser stark aufgeladenen Emotionen. So vergossene Tränen sind nicht die Tränen des Erwachsenen, sondern die Tränen, die das Kind nicht vergießen konnte. Diese Tränen verkörpern blockierte und feststeckende Energie, die unserem Leben unbewusst Unbehagen beschert hat. Wenn wir diesen Tränen freien Lauf lassen, treten wir mehr und mehr in den Fluss der Gegenwart ein. Ein solches emotionales, achtsames Reagieren bedeutet, dass ein energetischer Pfad zwischen uns als Erwachsenem und dem Kind in uns wiederhergestellt wird.

Es gibt keinen Grund zur Sorge, wenn wir anfangs kein solches emotionales, achtsames Reagieren erleben. Häufig sind die nicht integrierten Aspekte des Kindes aufgrund der Vernachlässigung wie betäubt und energetisch abgestumpft. Wir haben die Aufgabe, durchzuhalten. Unsere Absicht zur Integration dieses Aspekts unserer Erfahrung ist nicht an Bedingungen gebunden. Tränen der Lösung und der Befreiung fließen dann, wenn wir es am wenigsten erwarten.

Wenn die Integration dieses Aspektes unserer Erfahrung beginnt, ernten wir die Früchte: zunehmendes Bewusstsein von Frieden, Freude und Kreativität. Aspekte unserer täglichen Erfahrung, die uns früher gestört und verärgert haben, spielen scheinbar keine Rolle mehr. Wir genießen spontan die Verspieltheit mit anderen und schätzen, dass physisches, mentales und emotionales Unbehagen immer weniger auftritt. Wir tauschen ein Leben, in dem wir eine emotionale Last mit uns herumschleppen, gegen ein Leben, in dem wir uns zuversichtlich und verantwortlich fühlen. Dramatik und Täuschungen werden allmählich ersetzt durch ein zunehmendes Strahlen der Präsenz und durch Bewusstsein im gegenwärtigen Augenblick.

Wenn wir die Belohnung für die Rettung der nicht integrierten Aspekte des Kindes in uns erlangen wollen, müssen wir die bedingungslose, gefühlte Wahrnehmung konsequent anwenden. Wir müssen ein Bewusstsein dafür haben, dass die emotionalen Signaturen, die dem gegenwärtigen Unbehagen zugrunde liegen, wertvoll sind. Niemand hört mit dem Autofahren auf, nur weil er in der ersten Fahrstunde die Höchstgeschwindigkeit noch nicht erreicht. Wir werden ermutigt, die nicht integrierten Aspekte des Kindes in uns und unsere Fähigkeit zur Integration nicht deshalb aufzugeben, weil wir die Folgen unserer Versuche nicht sofort erfahren.

Wenn wir die nicht integrierten Aspekte des Kindes in uns angehen, die unsere nicht integrierten, stark aufgeladenen Emotionen sind, hilft es, wenn wir uns erinnern, wie lange wir die Rufe unseres Kindes nach Hilfe ignoriert haben und seine Versuche, unsere Aufmerksamkeit auf sich zu ziehen, ruhiggestellt und kontrolliert haben.

Wenn wir in unserem Bewusstsein als Erwachsene die Kenntnis hochhalten, dass jede unbehagliche Erfahrung, die wir nun manifestieren, der Ruf unserer nicht integrierten Vergangenheit nach Unterstützung ist, und wenn wir uns verpflichten, wann immer möglich auf diese Rufe achtsam mit konsequenter, bedingungsloser, gefühlter Wahrnehmung zu reagieren, setzen wir einen energetischen Prozess in Gang, der die Harmonie in unserer Erfahrung wiederherstellt und einen wertvollen Aspekt unseres Ausdrucks als Mensch aus dem konzeptionellen Gefängnis der Vergangenheit befreit.

Damit schließen wir die fünfte Woche ab.

Woche 6

Unsere bewusste achtsame Reaktion der nächsten sieben Tage lautet:

»Ich integriere stark aufgeladene Emotionen«

Integration stark aufgeladener Emotionen

Wir sind nun an einem Punkt in The Presence Process angelangt, an dem uns die verschiedenen Aspekte eines Wahrnehmungswerkzeugs bekannt sind, das dazu dient, stark aufgeladene Emotionen zu integrieren. Dieses Werkzeug wird das »emotionale Integrationsverfahren« genannt. Das Wunderbare an diesem Wahrnehmungswerkzeug liegt darin, dass wir es einfach dadurch anwenden, dass wir mit seiner Funktionsweise vertraut sind. Die Anwendung besteht nicht im »Handeln«, sondern in einem Zustand des Seins.

Untersuchen wir die Natur des emotionalen Körpers im Rahmen der Zeit und außerhalb der Zeit sowie den Ursprung dessen, was wir »stark aufgeladene Emotionen« nennen, genauer, bevor wir uns das emotionale Integrationsverfahren ansehen.

Im gegenwärtigen Augenblick ist die höchste Anwendungsmöglichkeit unseres physischen Körpers seine Wahrnehmung als Kristallisationspunkt für die bewusste Verankerung der umfassenden Möglichkeiten der Präsenz in der Welt. Das Leben in unserem Körper ist eine Chance für uns, Bewusstsein im gegenwärtigen Augenblick zu erreichen – in dieser Erfahrung »präsent« zu sein. Wenn wir das erreichen wollen, müssen auch der mentale Körper und der emotionale Körper mit ihren höchsten Anwendungsmöglichkeiten in Übereinstimmung gebracht werden.

Die höchste Anwendungsmöglichkeit des mentalen Körpers ist, wenn er uns dient, den Fokus unserer *Aufmerksamkeit* zu lenken. Die höchste Anwendungsmöglichkeit des emotionalen Körpers ist es, wenn er die Dynamik unserer *Absicht* unterstützt.

Der mentale Körper ist das Navigationssystem unserer Fähigkeit des *Seins*, der emotionale Körper ist das Treibstofflager, das die verschiedenen Emotionen enthält, vergleichbar mit verschiedenen Arten Kraftstoff, die jeweils die verschiedenen Intensitäten der Bewegung befeuern.

Das bedeutet, dass unsere stark aufgeladenen Emotionen nicht der *Heilung* bedürfen, als ob etwas kaputtgegangen sei. Wenn wir uns die Prägungen unserer stark aufgeladenen Emotionen als etwas vorstellen würden, das der Heilung oder Reparatur bedarf und nicht der Integration, wäre das so, als ob sich eine Dose einen Dosenöffner als etwas vorstellen würde, das der Heilung bedarf. Der Dosenöffner muss einfach nur benutzt werden, wie auch unsere nicht integrierte »Energie in Bewegung« einfach nur genutzt werden muss. In unseren stark aufgeladenen Emotionen schlummert das Potenzial, uns für nicht erkannte Möglichkeiten zu »öffnen«.

Stark aufgeladene Emotionen sind wie ungenutzte Brennstoffzellen, die durch den Prozess der Integration authentische Bewegung ermöglichen. Diese Bewegung manifestiert sich als unumkehrbare Veränderungen der Wahrnehmung.

Wenn wir dies wirklich begreifen, *erkennen wir, dass unsere Prägung aus der Kindheit ein Mittel ist, unseren Körper mit Treibstoff zu versorgen.*

Wenn wir »in der Zeit leben«, kommt es nicht oft vor, dass wir das strukturelle Potenzial unseres Körpers verwirklichen, die Kraft seines Navigationssystems umsetzen oder die Treibstoffkapazität wirklich nutzen. Stattdessen betrachten wir den Körper entweder als leeren Platz oder als Boxenstopp zwischen mentalen Ausflügen in die nicht existente Vergangenheit oder Zukunft. Wir sehen den Körper als Ort, an dem wir pausieren, wenn wir gerade keine Pläne machen.

Wir benutzen außerdem sowohl unseren physischen als auch unseren mentalen Körper, um uns abzulenken, indem wir »eine Menge zu tun haben«. Wir vertiefen uns in endlose physische Handlungen und gedankliche Aktivitäten, die selten das Ziel unserer Seele unterstützen. Daher verwenden wir einen großen Teil unseres Lebens darauf, Besitztümer anzuhäufen, die wir nicht mit uns auf die Reise jenseits der Grenzen unserer gegenwärtigen Situation nehmen können.

Wenn wir den mentalen Körper als Werkzeug für das Denken, Analysieren, Verstehen und Kontrollieren unserer Erfahrung nutzen und den emotionalen Körper als Mittel für das Ruhigstellen, die Projektion und alle Arten von Dramatik, haben wir oft den Eindruck, dass wir nicht vorankommen. In der Tat ist das meist auch der Fall!

The Presence Process setzt an diesem Problem an. Dieser Prozess startet den Motor, hilft uns beim Rangieren aus der Garage und macht uns startklar für die Straße des Lebens. Dies erreicht The Presence Process folgendermaßen:

1. Er unterrichtet uns im Gebrauch unserer Atmung, damit wir bewusst in unseren Körper zurückkehren.

2. Er versorgt uns mit bewussten achtsamen Reaktionen und Lesestoff, die die laufende mentale Navigation aktivieren und unterstützen.

3. Er unterstützt uns dabei, unseren schlummernden Kraftstoffvorrat bewusst anzuzapfen, indem er uns das Verfahren für die Integration stark aufgeladener Emotionen zeigt: das Fühlen ohne Bedingungen.

Wenn wir in der Zeit leben und immer noch versuchen, dass »es uns gut geht« oder dass es zumindest »einfach« ist, sind wir zwischen den Gegensätzen hin- und hergerissen. Wir versuchen, dass es uns gut geht, weil es uns schlecht geht, wir versuchen, die Dinge für uns einfach zu machen, weil sich die Erfahrung schwierig anfühlt.

Das Problem liegt darin, dass wir, solange wir einer Erfahrung hinterherlaufen, um einer anderen Erfahrung zu entkommen, an den Wänden eines selbst erschaffenen Gefängnisses der Wahrnehmung abprallen. In diesem Aufruhr lösen wir wahrscheinlich erhebliche äußere Aktivitäten aus und machen die Erfahrung verschiedener physischer, mentaler und emotionaler Situationen, aber was wir so überhaupt nicht erreichen, ist authentische Bewegung.

Darum beurteilen wir unseren Fortschritt bei The Presence Process nicht danach, wie gut wir uns fühlen oder wie einfach es ist. Bei der Förderung von emotionalem Wachstum – authentischer Bewegung – sind »gut« und »einfach« keine Maßstäbe. Sie sind normalerweise Anzeichen für Meidungsverhalten, Widerstand und Verweigerung.

Wenn wir authentische Bewegung aktivieren wollen, brauchen wir einen integrativen Ansatz. – Wir brauchen einen Ansatz, der unsere Wahrnehmung derart erhöht, dass es nicht mehr erforderlich ist, unsere emotionalen Erfahrungen als gut oder schlecht zu bezeichnen.

Im Bewusstsein im gegenwärtigen Augenblick gibt es keine guten oder schlechten Emotionen. Hier gibt es nur Emotion als »Energy in motion«, nämlich »Energie in Bewegung«, oder eben nicht in Bewegung. Im Bewusstsein im gegenwärtigen Augenblick werden alle emotionalen Zustände als verschiedene Kraftstoffarten für verschiedene Intensitäten der Bewegung betrachtet. Um Vollgas geben zu können und im Rahmen unserer Erfahrung als Mensch möglichst weit zu kommen, nutzen wir die gesamte Bandbreite an Kraftstoffen, die uns zur Verfügung stehen. Wir müssen also alle unsere Emotionen einbinden und dürfen nicht einige davon ausschließen.

So verwechseln wir, während wir »in der Zeit leben«, beispielsweise Freude mit der äußeren, wechselhaften Erfahrung der »Suche nach dem Glück«. Aber die Erfahrung authentischer Freude ist mehr, als sich gut zu fühlen. Es geht darum, *alles zu fühlen*, wir müssen also alle Emotionen einbeziehen. Die gute Nachricht ist, dass wir alle unsere Emotionen integrieren können, sodass wir nicht mehr unbewusst auf einige Erfahrungen zutreiben und andere Erfahrungen vermeiden.

Seit dem Einstieg in The Presence Process haben wir uns in der bewussten Integration unserer stark aufgeladenen Emotionen geübt, indem wir das Verfahren zur emotionalen Integration angewendet haben. Wir sind bereits mit den Bestandteilen dieses Werkzeugs vertraut, weil wir in den vergangenen vier Wochen mit jeder einzelnen der drei Komponenten gearbeitet haben. Das Verfahren hat das Ziel, uns physisch, mental und emotional von reaktivem Agieren weg und hin zur Verantwortung zu lenken.

Indem wir das emotionale Integrationsverfahren wann immer und wo immer möglich anwenden, entfernen wir uns allmählich von dem Versuch, uns »gut zu fühlen«, und nähern uns einer Position, in der wir offen dafür sind, alles zu fühlen. Die gewissenhafte Anwendung dieses Werkzeugs führt zu einer Transformation jeder schwierigen Erfahrung – jeder erschütternden Emotion – in eine Gelegenheit zur emotionalen Integration. Statt ein Katalysator für Hitze zu sein, wird Reibung zu einer Chance auf Bewegung. Wenn Sie das emotionale Integrationsverfahren beherrschen, werden Sie keine Ängstlichkeit mehr kennen, weil wir an den Folgen lernen, dass jede Situation im Leben, die wir als unangenehm empfinden, bewusst integriert werden kann.

Bisher haben wir in The Presence Process drei Verfahren der Wahrnehmung erkundet:

1. Wir haben gelernt, wie wir das Auftauchen nicht integrierter Erinnerungen als Spiegelungen in der Welt wahrnehmen. Wir nennen dies *Erkennen des Boten.*

2. Wir haben gelernt, wie wir auf Einsichten aus dem gefühlten Inhalt dieser an die Oberfläche tretenden Erinnerungen zugreifen können. Wir nennen dies *Empfangen von Einsichten.*

3. Wir haben gelernt, wie wir die Schmerzen und das Unbehagen in diesen auftauchenden Erinnerungen bedingungslos fühlen. Wir haben dies als *bedingungsloses Fühlen* bezeichnet.

Das emotionale Integrationsverfahren verbindet diese drei Schritte zu einem integrierten Werkzeug der Wahrnehmung. Wenn dieses Werkzeug konsequent genutzt wird, zeigt es einen neuen Weg für unser Bewusstsein, der uns von reaktiv agierenden Menschen zu achtsam reagierenden Menschen macht.

Mit jeder Anwendung dieses Werkzeugs integrieren wir stark aufgeladene Emotionen, die unserem emotionalen Körper in der Kindheit aufgeprägt wurden. Mit der Integration der Hitze (des Unbehagens in unserem emotionalen Körper) werden jene mental verfestigten Überzeugungssysteme demontiert, die sich aus unseren stark aufgeladenen Emotionen speisen. Damit verringert sich unser Bedürfnis, Aufmerksamkeit auf uns zu ziehen und die Dramatik, die wir manifestieren. Auch die Ursache für das Verhalten einer Selbstmedikation wird entwurzelt. In der Folge findet eine Transformation in der Qualität unserer Erfahrung statt.

Durch konsequente Anwendung des emotionalen Integrationsverfahrens erreichen wir authentische Bewegung. Dies bestätigt, dass die Qualität unserer Erfahrung durch die Qualität unseres emotionalen Zustands bestimmt wird. In dem Augenblick, in dem wir unseren emotionalen Zustand integrieren, erlangen wir unsere Freiheit wieder, weil wir dann durch direkte Erfahrung *wissen,* dass wir für die Qualität unserer Erfahrung verantwortlich sind.

Die konsequente Anwendung des emotionalen Integrationsverfahrens setzt voraus, dass wir bereit sind, Verantwortung zu übernehmen. Wir sind bereits dafür geschult. Was wir jetzt nur noch brauchen, ist Initiative, konsequentes Handeln und Beharrlichkeit.

Obwohl es so einfach ist, ist das Erlernen der effizienten Nutzung dieses Werkzeugs so, als ob wir das Laufen wiederlernen. Wir lernen das Gehen nicht in einem einzigen Schritt. Wir müssen lernen, aufzustehen und auf unseren eigenen emotionalen Füßen zu stehen, möglicherweise zum ersten Mal in unserem Leben.

Der Mechanismus des reaktiven Agierens

Bevor wir den Mechanismus des emotionalen Integrationsverfahrens vorstellen, ist es sinnvoll, dass wir uns mit dem Mechanismus des reaktiven Agierens beschäftigen.

Stark aufgeladene Emotionen, die zur Integration an die Oberfläche kommen, lassen sich als Umstände und Verhaltensweisen erkennen, die uns aus der Fassung bringen. Wenn wir uns darüber aufregen, folgt unser Verhalten einem vorhersagbaren Verlauf und führt zu physischen, mentalen und emotionalen Zuständen, die wir als reaktives Agieren oder Dramatik bezeichnen.

Während unserer Kindheit erlernen wir diese Ansätze des reaktiven Agierens, indem wir die Interaktionen unserer Eltern mit uns, mit anderen Menschen und mit ihren Hindernissen und Problemen beobachten. Der Mechanismus des reaktiven Agierens wird also im Prägungsprozess an uns weitergegeben. Wenn wir nicht an irgendeinem Punkt bewusst entscheiden, dass wir uns von solchem reaktiven Agieren lösen und es durch achtsames Reagieren ersetzen, geben wir diese Verhaltensweisen automatisch an unsere Kinder weiter.

Der Unterschied zwischen reaktivem Agieren und achtsamem Reagieren liegt darin, dass das reaktive Agieren Öl ins Feuer gießt. Das achtsame Reagieren hingegen gießt Wasser ins Feuer. Es geht wieder um »Hitze«. Wie verhalten wir uns also, wenn wir in unbewusstes, reaktives Agieren verwickelt sind?

Wenn etwas nicht so verläuft, wie wir uns das vorstellen, und es daher anscheinend gegen unsere Sicht der Dinge verstößt, regen wir uns auf. Dann haben wir reaktiv agiert. Reaktives Agieren ist jegliches physische, mentale oder emotionale Verhalten, bei dem wir uns aufregen und für das wir die Ursache – und damit die Verantwortung – in Faktoren suchen, die nicht bei uns liegen.

Reaktives Agieren zieht entweder direkt oder indirekt die Frage der Schuldzuweisung heran. Letztlich sind die Konsequenzen von Schuldzuweisung Schuldgefühle, Reue und Schamgefühl, ob wir es zugeben oder nicht. Wir haben alle die Erfahrung gemacht, dass wir uns aufregen, die Schuldfrage aufwerfen und uns dann, wenn wir wieder Herr unserer Sinne werden, unseres Verhaltens schämen. Reaktives Agieren ist verschwendete Energie, und dies lässt sich vermeiden.

Die drei Stufen des Mechanismus des reaktiven Agierens sind: sich aufregen, die Schuld zuweisen und Schuldgefühle, Reue oder Schamgefühl. Wir wollen uns diese Aspekte genauer ansehen:

1. Zunächst sehen wir uns das Verhalten an, das wir »sich aufregen« nennen. The Presence Process lädt uns zu einer Verschiebung unserer Wahrnehmung ein: dass wir uns nämlich gar nicht so sehr »aufregen«, sondern »in die Falle tappen«.

   Wenn wir diese uns »aufregende« Erfahrung an dem Maßstab der gefühlten Wahrnehmung messen, ist offensichtlich, dass die stark aufgeladenen Emotionen, die diesem speziellen »Aufreger« zugrunde liegen, nicht das erste Mal in unserem Leben auftreten. Dass dies eine Wiederholung einer Erfahrung ist, wird bereits im Wortstamm der Bezeichnung »reaktives« Agieren deutlich. Reaktiv ist rein visuell eine Wiederholung einer bestimmten Aktivität. Es ist ein *re*-aktives Agieren: »re« in der Bedeutung von »wieder«. An der Struktur des Wortes erkennen wir, dass das Ereignis, das uns in die Falle tappen lässt, nicht dazu führt, dass wir ein neues Verhaltensmuster an den Tag legen. Es wird ein gewohnheitsmäßiges und vorhersagbares Verhaltensmuster abgerufen, das in ähnlichen Situationen wieder und wieder an die Oberfläche tritt.

Die erste Stufe des Mechanismus des reaktiven Agierens ist also, dass wir uns aufregen. Das Aufregen umfasst das Ausleben einer kalkulierten, gewohnheitsmäßigen und daher vorhersagbaren physischen, mentalen und emotionalen Dramatik – unser *Agieren*. Die stark aufgeladenen Emotionen, die die Ursache dieser speziellen, sich wiederholenden Dramatik sind, wurden während unserer Kindheit dem emotionalen Körper als Prägung mitgegeben.

2. Die zweite Stufe des Mechanismus des reaktiven Agierens ist, dass wir jedes Mal, wenn wir in diese Falle laufen, auf eine bestimmte Art der Dramatik zurückgreifen, die im Kern die gleiche Absicht verfolgt: Schuldzuweisung. Die Dramatik ist eine wiederholt ausgeführte Handlung, die die Verantwortung für das Geschehen etwas oder jemand anderem gibt als uns selbst.

   Schuldzuweisungen gehören zu jenen besonderen Verhaltensweisen, bei denen die Dramatik nicht nur eingesetzt wird, um Aufmerksamkeit, insbesondere Mitgefühl, zu erlangen, sondern auch, um die Aufmerksamkeit von uns weg und auf etwas oder jemand anderen zu lenken. Wir greifen solange auf Schuldzuweisungen zurück, solange wir nicht bereit sind, die Verantwortung für die Qualität unserer Erfahrung selbst zu übernehmen. Eine Schuldzuweisung ist so, als ob wir dem Spiegel die Schuld für den Inhalt des Spiegelbilds geben.

Schuldzuweisungen haben jedoch Folgen. Wenn wir die Schuld anderen zuweisen, schwächen wir uns selbst, denn damit erklären wir, dass wir uns selbst als Opfer wahrnehmen und damit als machtlose Beute anderer.

3. Mit dieser Schwächung kommen wir zur dritten Stufe des reaktiven Agierens, zu den Schuldgefühlen, zur Reue und zum Schamgefühl. Auf der bewussten Ebene fühlen wir uns wahrscheinlich wegen unseres reaktiven Agierens, das wir während des Aufregens an den Tag legen, schuldig, reuevoll und beschämt. Aber dies ist nicht alles. Auf der unbewussten Ebene fühlen wir uns auch deshalb Schuldgefühle, Reue und Schamgefühl, weil wir uns durch die Schuldzuweisung an andere selbst verraten. Wir verraten und schwächen uns selbst, indem wir implizit erklären, dass wir durch Umstände jenseits unserer Kontrolle unterjocht sind.

   Indem wir der Schuldzuweisung Gefolgschaft leisten, negieren wir die Existenz und die Folgen von Ursache und Wirkung. Wenn wir dies tun, entkräften wir das, was uns alle gleich und frei macht.

Reaktives Agieren ist auf keiner der Ebenen von Vorteil für uns. Zum Glück lässt es sich leicht verlernen, indem wir unser Verhalten neu ausrichten. Deshalb wenden wir das emotionale Integrationsverfahren an, wann immer wir emotional »getriggert« werden.

Das emotionale Integrationsverfahren

SCHRITT EINS: DEN BOTEN ENTLASSEN. Wenn wir uns emotional aufregen, erkennen wir als ersten Schritt an, dass die Person oder das Ereignis, die bzw. das diese Reaktion bei uns auslöst, nichts mit dem eigentlichen Geschehen zu tun hat. Es handelt sich nur um den »Boten«. Der Bote spiegelt uns eine Erinnerung, die derzeit aus unserer nicht integrierten Vergangenheit an die Oberfläche tritt.

Den »Boten zu bestrafen« ergibt keinen Sinn, weil der Präsenz ein unbegrenzter Vorrat an solchen Boten zur Verfügung steht! Der erste Schritt bei dem emotionalen Integrationsverfahren ist deshalb, den *Boten zu entlassen.* Innerlich können wir den Boten für ihre Dienste danken, und dann lassen wir sie ziehen. Statt reaktiv auf sie zu agieren und unserem Ärger Luft zu machen, könnten wir sagen: »Ich brauche jetzt etwas Zeit für mich.« Anfangs brauchen wir Mut für diesen Schritt, taktvoll unserem Drang, reaktiv zu agieren, nicht nachzugeben, weil wir damit unserer lebenslangen Gewohnheit, reflexartig in Dramatik zu verfallen, den Boden entziehen.

SCHRITT ZWEI: DIE BOTSCHAFT (EINSICHT) EMPFANGEN. Der zweite Schritt besteht darin, die *Botschaft zu empfangen.* Dazu richten wir unsere Aufmerksamkeit nach innen und treten der zugrunde liegenden, energetischen Resonanz der emotionalen Reaktion aufgrund des »Aufregers« mit der gefühlten Wahrnehmung entgegen.

Wir wissen, dass wir damit Erfolg haben, wenn unser Körper Resonanz zeigt. Wenn wir uns dem gefühlten Aspekt unseres »Aufregers« stellen, kann unser Gesicht erröten, unsere Hände können kribbeln, oder wir können ein eigenartiges Gefühl in der Magengegend verspüren. Was immer wir infolge unserer Absicht fühlen, ist stichhaltig und richtig.

SCHRITT DREI: BEDINGUNGSLOSES FÜHLEN. Statt unser Unbehagen nach außen zu tragen, indem wir uns in Schuldzuweisungen ergehen, nehmen wir nun die unbehagliche Resonanz aufgrund der uns aufregenden Erfahrung bewusst auf und verarbeiten sie. Wir fühlen sie so, wie sie ist, ohne feste Vorstellungen, ohne daran zu manipulieren und ohne den Versuch, zu reparieren, zu heilen oder zu verstehen.

Durch diesen Schritt geben wir die Projektion auf und erreichen Integration. Wir erreichen dies durch bedingungslose Zurückhaltung. Zurückhaltung sollte nicht mit Unterdrückung oder Verdrängung verwechselt werden. Verdrängen bedeutet, »so zu tun, als ob es nicht geschehen sei«, oder alles Erforderliche zu tun, um die Erfahrung aus dem Bewusstsein zu löschen. Zurückhaltung meint die Feststellung, dass »dies *tatsächlich* geschieht« und dass das, was zunächst als Ereignisse »da draußen« wahrgenommen wird, seine Ursache in unserem Energiefeld hat.

Zurückhaltung ist eine Art des achtsamen Reagierens, durch die wir umfassende Verantwortung für die Qualität unserer Erfahrung übernehmen. Sie ist eine aktive Vergegenwärtigung, dass das emotional ausgelöste Unbehagen, das wir als Erwachsene fühlen, ein Hilferuf des Kindes in uns ist.

Zurückhaltung ist unsere Art und Weise, auf diesen Hilferuf zu reagieren. Es ist unser achtsames Reagieren auf das Kind in uns – ein achtsames Reagieren, bei dem wir durch unsere bedingungslose, gefühlte Wahrnehmung erklären: »Ich weiß, dass du leidest. Ich weiß, dass du Angst, Wut und Trauer fühlst. Ich erkenne das jetzt an. Ich schenke dir meine bedingungslose Aufmerksamkeit, indem ich dieses Unbehagen bewusst fühle und konsequent so achtsam reagiere, solange es notwendig ist, bis das Bewusstsein von Frieden wiederhergestellt ist.« Durch das Fühlen ohne Bedingungen am ursächlichen Punkt unseres Unbehagens leiten wir die Integration in die Wege. Integration ist die bewusste Verarbeitung der nicht integrierten Aspekte unserer Kindheit.

Wir können die drei Schritte dieser Technik anwenden, um Uneinigkeiten, physische Beschwerden und jede Art von Konflikt zu integrieren, die auftreten und uns emotionales Unbehagen verursachen.

Jedes Mal, wenn wir diese Technik anwenden, nähern wir uns auf der Erfahrungsebene der Erkenntnis, dass wir die Qualität jeder unbehaglichen Erfahrung, die wir als »da draußen« wahrnehmen, transformieren können, indem wir bewusst in uns gehen und durch bedingungslose, gefühlte Wahrnehmung interne Anpassungen vornehmen.

Mit der konsequenten Anwendung dieser Technik wird bestätigt, dass die Qualität aller Erfahrungen, die wir in der Welt machen, eine Widerspiegelung unseres gegenwärtigen emotionalen Zustands ist. Dies beweist auf der Erfahrungsebene, dass die Umsetzung von Frieden nichts mit »den anderen« zu tun hat. Ein unausgeglichener Erwachsener ist ein vernachlässigtes Kind. Bedingungsloses Fühlen integriert unser Unbehagen.

Damit schließen wir die sechste Woche ab.

Ins Wasser

Bitte lesen Sie diesen Text, bevor Sie mit Woche 7 beginnen.

Wir aktivieren die siebte, achte und neunte Woche, indem wir 15 Minuten lang in einer Badewanne in angenehm warmem (aber nicht zu heißem) Wasser baden. Wenn keine Badewanne zur Verfügung steht, können wir auch 15 Minuten lang in einer Dusche unter angenehm warmem Wasser stehen.

Während wir im Wasser sind, konzentrieren wir uns nicht auf das bewusste Verbinden unserer Atmung. Stattdessen richten wir unsere Aufmerksamkeit auf die gefühlten Aspekte aller Erfahrungen, die als Folge unseres Aufenthalts in dem warmen Wasser in unserem Bewusstsein aufsteigen.

Wenn wir aus dem Wasser steigen, trocknen wir uns ab und praktizieren dann unsere normale, 15-minütige Atemtechnik. Diese Wassersitzung ist nur für die erste Atemsitzung jeder dieser drei Wochen erforderlich, sie kann aber nach Wunsch in diesen Wochen auch öfter wiederholt werden.

Als Folge unseres warmen Bades vor der Atemsitzung entdecken wir unter Umständen, dass während unserer Atemtechnik tiefere physische, mentale und emotionale Erfahrungen aktiviert werden. Egal, was das für Erfahrungen sind, und auch wenn nichts zu passieren scheint, ist diese Erfahrung richtig und stichhaltig.

Wenn wir eine Erfahrung als unangenehm wahrnehmen, bleiben wir bei der verbundenen Atmung, bleiben entspannt und konzentrieren unsere Aufmerksamkeit bedingungslos auf den gefühlten Aspekt der Erfahrung. Wir verwerfen alle auftauchenden Geschichten darüber, »was das Unbehagen bedeutet oder worum es dabei geht«. Alle mentalen Geschichten sind ohne Bedeutung. Nur unsere bedingungslose, gefühlte Wahrnehmung, die auf alles wahrgenommene Unbehagen gerichtet wird, hat integrative Kraft.

Anhand der folgenden Hinweise stellen Sie sicher, dass die Wassersitzungen wirksam sind:

1. Während der 24 Stunden vor einer Wassersitzung und danach trinken wir reichlich reines Wasser.

2. Wir stellen sicher, dass das Badewasser angenehm warm ist. Ideal für diesen Prozess ist, wenn das Wasser Körpertemperatur hat.

3. Wir lehnen uns im Wasser zurück, sodass unser gesamter Rumpf unter Wasser ist. Der Kopf, ganz besonders das Gesicht, befindet sich über Wasser. Es ist von Vorteil, wenn der Herzbereich (der Brustkorb) möglichst lange während der Sitzung von Wasser bedeckt ist, es ist allerdings nicht unbedingt erforderlich. Selbstverständlich gilt dies nicht, wenn wir unter einer Dusche stehen. Aber wir könnten uns auf den Boden der Dusche setzen und zulassen, dass das Wasser über unseren Herzbereich fließt.

4. Wenn die Wassersitzung aus irgendeinem Grund schwierig wird, entspannen wir uns und denken daran, dass alles, was wir erfahren, stichhaltig ist. Jedes Unbehagen ist ein Zeichen stark aufgeladener Emotionen, die an die Oberfläche treten. Wir fühlen das Unbehagen, während die stark aufgeladenen Emotionen durch unser Bewusstseinsfeld hindurch und aus dem Bewusstseinsfeld hinausströmen. Wir müssen hindurch, um herauszukommen.

5. Es wird empfohlen, dass sich die unter uns, die bereits ein hohes Alter oder eine angeschlagene Gesundheit haben, zur Sicherheit von jemandem während der Wassersitzungen begleiten lassen. Wenn es *irgendwelche Zweifel* über Ihre Sicherheit bei diesen Wassersitzungen gibt, fragen Sie bitte vorher Ihren Arzt.

6. Wenn der gefühlte Aspekt einer Erfahrung eintritt, wenn die 15 Minuten vorbei sind, können wir entweder noch etwas länger in der Badewanne verweilen oder uns beim Verlassen der Badewanne unserer Gefühle vollkommen bewusst bleiben, uns abtrocknen und dann unsere normale, 15-minütige Atemtechnik aufgreifen. Denken Sie daran, dass das Unbehagen manchmal nicht vollkommen während einer Wasser- oder Atemsitzung integriert wird. Dies liegt daran, dass die umfassende Integration manchmal das Zusammentreffen mit der Welt erfordert. Wichtig ist, dass wir nicht versuchen, den Abschluss einer Erfahrung zu erzwingen. Wenn wir länger im Wasser geblieben sind, dann aber das Gefühl haben, dass wir zu lange geblieben sind, steigen wir aus dem Wasser, trocknen uns ab und führen die Atemtechnik durch. Wir vertrauen auf unseren gesunden Menschenverstand.

Woche 7

Unsere bewusste achtsame Reaktion der nächsten sieben Tage lautet:

»Ich fühle mich jetzt sicher«

Annehmen der physischen Präsenz

Das Annehmen der physischen Präsenz ist der erste Schritt, um eine dauerhafte Veränderung weg vom reaktiven Agieren und hin zum achtsamen Reagieren zu erreichen.

Wenn wir nicht physisch präsent sind, können wir keine verantwortungsvollen Entscheidungen treffen. Achtsames Reagieren setzt an der Ursache an und führt deshalb zur Integration des Unbehagens, das von Emotionen ausgelöst wird, die an die Oberfläche treten und stark aufgeladen sind.

Wenn wir nicht in unserem Körper präsent sind, treiben wir auf der mentalen Ebene. Das bedeutet, dass unser Bewusstsein an irgendeinem konzeptionellen Ort schwebt, den wir Vergangenheit bzw. Zukunft nennen. Wir treffen dann unsere Entscheidungen auf der Basis dessen, was wir an diesen illusionären, mentalen Orten wahrnehmen. Das kann uns nicht zum Vorteil gereichen.

Unser reaktives Agieren auf die ständigen Manifestationen nicht integrierter Angst, Wut und Trauer ist selbstzerstörerisch. Das liegt daran, dass wir uns in Auswirkungen verstricken und uns nicht um die Ursachen kümmern. Genau deshalb wird so viel Wert auf die Durchführung der täglichen Atemtechnik gelegt. Bewusst verbundene Atmung ist ein »Schnellverfahren«, um unser Bewusstsein von der mentalen Beschäftigung mit dem »Leben in der Zeit« abzuziehen und um physische Präsenz anzureichern und zu erhalten.

Während unserer Kindheit haben wir die Gewohnheit angenommen, unseren physischen Körper mental zu verlassen und das vollkommene Bewusstsein unserer gegenwärtigen Umgebung hinter uns zu lassen, um in eine illusionäre, mentale Erfahrung einzutreten, die wir »Zeit« nennen. Wir haben das aus Angst vor dem getan, was damals im gegenwärtigen Augenblick geschehen ist. Es ist so einfach: Wir haben unser Bewusstsein der Präsenz aus Angst verloren. Angst führt dazu, dass wir den Körper verlassen. Aus Angst tauschen wir Präsenz gegen den mentalen Panzer der Täuschung ein.

Wir alle hatten Erfahrungen der Angst. Da wir sie nicht integrieren konnten, haben wir die mentale Flucht in die illusionären Sphären der Zeit angetreten. In dieser mental konstruierten Traumwelt geben wir vor, dass »jetzt alles in Ordnung ist oder irgendwann in Ordnung sein wird«. Es gibt Argumente, die dafür sprechen, denn für viele von uns war diese mentale Flucht die Rettung. Aufgrund der Einsichten, die wir durch The Presence Process gewinnen, ist ein solches reaktives Agieren jedoch nicht mehr hilfreich und auch nicht mehr erforderlich.

In den vergangenen sechs Wochen haben wir tiefere Einsichten in die Ursache unseres physischen, mentalen und emotionalen Unbehagens gewonnen. Wir haben außerdem Verfahren der Wahrnehmung kennengelernt, die uns darin unterstützen, eine Grundlage für unsere Rückkehr zum Bewusstsein im gegenwärtigen Augenblick zu schaffen. Durch die konsequente Anwendung des emotionalen Integrationsverfahrens sind wir bereits dabei, unseren Ansatz vom reaktiven Agieren zum achtsamen Reagieren zu verändern.

Es ist nun nicht mehr so schwierig, die Möglichkeit anzuerkennen, dass die schwierigen, angstvollen Erfahrungen, die uns aus der Vergangenheit überschattet haben, lauter getarnte Gelegenheiten zu Wachstum und Gewinn sind. Es sind emotionale Brennstoffzellen, die wir anzapfen können. Solange wir noch immer in unserer Wahrnehmung durch die Auswirkungen dieser ursächlichen Erfahrungen gebunden sind, können wir dies wohl nicht wahrnehmen, aber mit unserem Eintreten in das Bewusstsein im gegenwärtigen Augenblick steht uns diese Möglichkeit zur Verfügung.

Indem wir stark aufgeladene Emotionen auf der Erfahrungsebene integrieren und erkennen, welche Geschenke uns diese Integration bereitet, können wir all die Schlaglöcher auf der Straße des Lebens als Gelegenheiten für Wachstum wahrnehmen. Um diese Erkenntnis zu erlangen, müssen *wir es erfahren*, was etwas ganz anderes ist, als es zu wünschen, zu hoffen oder zu glauben.

Diese Offenbarung steht jedem offen, der das emotionale Integrationsverfahren konsequent anwendet. Mit jeder stark aufgeladenen Emotion, die wir integrieren, erhalten wir Zugriff auf eine emotionale Brennstoffzelle, deren Energieladung unserer Erfahrung authentische Bewegung verleiht. Wenn wir dies einmal erkannt haben, verfolgt uns unsere Vergangenheit nicht mehr als etwas, vor dem wir uns fürchten oder über das wir uns ärgern müssten, sondern wir erkennen sie als eine Gelegenheit für unsere persönliche Entwicklung.

An einem gewissen Punkt wird es schwer, nicht zu akzeptieren, dass die gesamte Lebenserfahrung eine brillant fabrizierte Konstruktion ist. Wenn wir das erst einmal erkannt haben, ist das Einzige, das zwischen unserer Angst aus der Vergangenheit und der Verwirklichung des Bewusstseins im gegenwärtigen Augenblick steht, unser Bindung an die Geschichten, warum die Dinge geschehen und was diese Ereignisse bedeuten. Wenn wir uns aus dem Irrgarten der mentalen Ebene befreien wollen, müssen wir diese Geschichten hinter uns lassen und stattdessen unsere Aufmerksamkeit darauf richten, die zugrunde liegenden, stark aufgeladenen Emotionen bedingungslos zu fühlen. Solange wir an unseren Geschichten hängen, geben wir der Vergangenheit den Vorrang vor diesem Augenblick.

Mit zunehmender Kompetenz im achtsamen Reagieren auf die stark aufgeladenen Emotionen, die an die Oberfläche treten, kommt allmählich ein Gefühl der Sicherheit in unsere gesamte Erfahrung als Mensch. Indem wir also die Verantwortung für die Qualität unserer Erfahrungen übernehmen, beginnt sich das Kind in uns wieder sicher zu fühlen. Wir haben die Sicherheit, von dieser illusionären mentalen Erfahrung abzurücken, die wir das »Leben in der Zeit« nennen, und kehren wieder in unseren Körper zurück, der unsere authentische Heimat ist. Indem wir die Absicht hegen, bewusst in unseren Körper zurückzukehren, entscheiden wir uns gleichzeitig dafür, in jedem Aspekt unserer Erfahrung physisch präsent zu werden. Dabei entdecken wir, dass ein Kind, das sich sicher fühlt, ein Kind voller spontaner Freude und Kreativität ist.

Unsere wiedererlangte physische Präsenz ist ein Geschenk, weil sie uns die Kraft gibt, unsere Absicht neu auszurichten. Damit können wir uns bewusst in die Richtung von Erfahrungen bewegen, die uns dienen. Dies ist der Augenblick in The Presence Process, in dem wir die Verantwortung für unsere Erfahrung übernehmen.

Uns stehen zwei Werkzeuge zur Verfügung, um in alle unsere Erfahrungen hinein, durch sie hindurch und wieder aus ihnen heraus zu navigieren: *Aufmerksamkeit und Absicht.* Aufmerksamkeit ist das Werkzeug des mentalen Körpers und bezieht sich auf das »Was« unseres Fokus. Absicht ist das Werkzeug des emotionalen Körpers und bezieht sich auf das »Warum« unseres Fokus. Die Qualität unserer Erfahrung in jedem Augenblick wird dadurch bestimmt, wie bewusst wir Aufmerksamkeit und Absicht einsetzen. Es ist so einfach. Wir müssen allerdings physisch präsent sein, um diese beiden Werkzeuge der Wahrnehmung bewusst einsetzen zu können.

In jedem Augenblick unserer Erfahrung nutzen wir sowohl Aufmerksamkeit als auch Absicht, ob wir es nun wahrnehmen oder nicht. Meistens nutzen wir sie unbewusst, angetrieben von unseren nicht integrierten, stark aufgeladenen Emotionen. Da wir auf der mentalen Ebene herumtreiben, erkennen wir nicht, dass unsere Lebenserfahrung ein Vehikel ist, das von dem ständigen Auftauchen nicht integrierten Unbehagens angetrieben wird.

Angesichts unseres physisch und mental versteinerten Zustands neigen wir dazu, uns als *unter Zwang* wahrzunehmen, als durch scheinbar unerwartete und unangenehme Ereignisse gegen unseren Willen angetrieben. Dann erzählen wir uns Geschichten über diese Ereignisse. Auf der Grundlage unserer Geschichten ergreifen wir in reaktivem Agieren Gegenmaßnahmen. Aber wir entdecken nun, dass diese unerwarteten und unangenehmen Ereignisse alles Boten sind – äußere Spiegelungen unserer an die Oberfläche tretenden, nicht integrierten, stark aufgeladenen Emotionen.

Als sich unsere mentalen Fähigkeiten zu entwickeln begannen, haben wir bereits damit angefangen, uns diese Geschichten zu erzählen. Diese Geschichten sind die Eckpfeiler unseres derzeitigen Spektrums an Kernüberzeugungen. Da viele der aufgeladenen Emotionen, die hinter diesen Überzeugungen stecken, bereits unserem Energiesystem aufgeprägt wurden, bevor wir mentale und damit konzeptionelle Fähigkeiten hatten, haben diese Geschichten keinen Wert. Es sind alles Auswirkungen, was bedeutet, dass unsere Überzeugungen einen illusionären mentalen Korridor bilden, den wir fälschlicherweise in dem verzweifelten Versuch entlanggehen, dem offensichtlichen Chaos und der Unberechenbarkeit unserer Umstände einen Sinn zu verleihen. Wenn wir unsere Aufmerksamkeit und Absicht nach diesen Vorgaben lenken, ist das unsinnig. Auf der psychologischen Ebene ist es Wahnsinn. Wir bezeichnen dies angemessen als »verrückt«.

Da unsere Geschichten darin verwurzelt sind, was wir glauben, dass in der Vergangenheit geschehen ist und was das unserer Meinung nach für die Zukunft bedeutet, haben wir bis vor kurzem die Qualität unserer menschlichen Erfahrung auf der Grundlage ängstlicher Mutmaßungen gestaltet. Eigentlich ist es genauer, wenn wir feststellen, dass wir zugelassen haben, dass die nicht integrierten Aspekte des Kindes in uns auf der Grundlage der unentwickelten Interpretation der Welt bestimmt haben, was für uns das Beste ist!

Da diese Geschichten für die Interpretation unserer gegenwärtigen menschlichen Erfahrung keinen Wert haben (und ganz bestimmt nicht für die Integration von Nutzen sind), wäre es selbstzerstörerisch, wenn wir weiterhin zulassen würden, dass diese unbewussten Kernüberzeugungen die Parameter sind, nach denen wir die Qualität unserer gegenwärtigen Erfahrung bestimmen. Also werden wir jetzt zum bewusst agierenden Steuermann unserer Lebenserfahrung.

Der erste Schritt in diese neue Richtung ist: *Geben Sie die Geschichten auf.*

Auch wenn wir glauben, dass unsere Geschichten so stichhaltig sind, dass sie auch vor Gericht standhalten würden, sind es dennoch mentale Interpretationen stark aufgeladener Emotionen und ihrer Schwierigkeiten. Das Festhalten an einer Geschichte ist das Festhalten an der Vergangenheit. Keine Geschichte kann uns von der Vergangenheit freimachen.

Nur das *bedingungslose Fühlen, was ist,* gibt uns die Kraft, zu einem Bewusstsein der Präsenz und zum Strahlen des Bewusstseins im gegenwärtigen Augenblick zurückzukehren, das wir aussenden, wann immer wir uns mit diesem authentischen Ausdruck unseres Seins identifizieren.

Fühlen unseres Weges

Wenn wir mit The Presence Process beginnen, gehen wir absichtlich einen Weg, auf dem ein Bewusstsein unseres authentischen inneren Zustands wiedererweckt wird. Dazu nutzen wir verschiedene Werkzeuge. Die Atempraxis unterstützt uns darin, unsere physische Präsenz wieder zu aktivieren, während die bewussten achtsamen Reaktionen, der Text und die Werkzeuge der Wahrnehmung die mentale Klarheit erneut aktivieren.

In den nächsten drei Wochen aktivieren wir bewusst das *emotionale Körperbewusstsein*, indem wir zusätzlich die Technik nutzen, den Körper in warmem Wasser zu baden. Entsprechend treten wir nun bewusst den emotionalen Teil der Reise an. Für viele von uns ist der Eintritt in den und das Durchschreiten des emotionalen Bereichs eine Herausforderung, weil uns das *Denken* hier nicht weiterbringt. Wir müssen unseren Weg *fühlen*. Während dieser Phase des Prozesses ist es hilfreich, wenn wir uns daran erinnern, dass wir die Gründe nicht kennen müssen, um zu akzeptieren, dass das, was wir fühlen und was die Präsenz uns kommuniziert, stichhaltig und richtig ist.

Hier ist bedingungsloses Fühlen (im Gegensatz zum Denken, Verstehen und Analysieren des gefühlten Inhalts) gefragt, um eine erfahrungsbasierte Beziehung mit der Präsenz einzugehen.

Wenn wir eine authentische Beziehung zur Präsenz aktivieren wollen, müssen wir aufhören, allem einen Sinn geben zu wollen. Der Versuch, allem einen Sinn zu geben, fixiert uns auf der mentalen Ebene. Wenn wir auf der mentalen Ebene fixiert sind, haben wir Mühe, eine Erfahrung als stichhaltig und richtig zu akzeptieren, wenn wir sie nicht »verstanden« haben. Damit sind wir im Nachteil, weil die Präsenz »weiß«, und nicht »versteht«. Die Präsenz denkt nicht, grübelt nicht und sinniert auch nicht. Wenn wir beispielsweise die Wassersitzungen erleben, müssen wir nicht verstehen, was geschieht, damit die Erfahrung richtig und stichhaltig ist.

Eine Erfahrung, die wir machen, ist deshalb richtig und stichhaltig, weil wir diese Erfahrung machen – weil wir so fühlen –, nicht aufgrund unserer Gedanken darüber. Unsere Geschichten und deren scheinbare Verständniskomponenten haben für die Stichhaltigkeit unserer Erfahrung keine Bedeutung.

Wir beabsichtigen nun die Wiederherstellung unseres emotionalen Körperbewusstseins. Emotionales Körperbewusstsein ist *unsere Fähigkeit, uns durch direkt gefühlte Wahrnehmung des authentischen Zustands unseres emotionalen Körpers vollkommen bewusst zu sein.*

Das emotionale Körperbewusstsein ermöglicht es uns, alle emotionalen Zustände als »Energie in Bewegung« wahrzunehmen. Es ermöglicht es uns, unseren emotionalen Körper einzubinden, ohne die gefühlten Erfahrungen übersetzen zu müssen, die aus unserem Inneren in die Geschichten einfließen, damit wir »verstehen« können, was geschieht.

In unserer mentalen Gewohnheit, die gefühlten Erfahrungen mit Energie-in-Bewegung immer in Geschichten umzuwandeln, liegt die Gefahr, dass wir vermutlich danach handeln werden, wenn wir diese Geschichten glauben. Solches Handeln ist reaktives Agieren und bringt uns einen Schritt vor und zwei Schritte zurück. Das ist Energieverschwendung. Wir können keine authentische Bewegung erreichen, wenn wir unsere Energie vergeuden.

Wenn es uns erst einmal gelingt zu fühlen, ohne Geschichten darüber zu erzählen, was wir fühlen, warum wir es fühlen und was für eine Bedeutung dies für unsere menschliche Erfahrung hat, beschleunigt sich unsere Fähigkeit zur Integration stark aufgeladener Emotionen. Diese Beschleunigung spiegelt sich gleichermaßen in der Transformation der Qualität unserer Erfahrung wie in der Entwicklung der Anpassung unserer Wahrnehmungsfähigkeit.

Die Entwicklung der Fähigkeit des Fühlens, ohne Geschichten darüber zu erzählen, befähigt uns gleichzeitig dazu, das Schwingungsbewusstsein bewusst zu erreichen und zu halten. Verstehen schenkt uns kein Schwingungsbewusstsein, weil *Schwingungsbewusstsein nicht verstanden,* sondern nur direkt erfahren werden kann.

Es ist zu erwarten, dass wir während dieses nächsten Schritts auf unserer Reise in das Bewusstsein im gegenwärtigen Augenblick weiterhin *versuchen werden, über das Denken Zugang zu dem zu erreichen,* was geschieht. Es ist ganz natürlich, dass wir »versuchen, zu verstehen«. Allerdings wird uns unser gewohnheitsmäßiger Impuls des mentalen Verstehens und Kategorisierens der Ereignisse einige Verwirrung stiften.

In der siebten, achten, neunten und zehnten Woche wird es hilfreich sein, das folgende »Wissen« in unserem Bewusstsein hochzuhalten: *Jetzt, da wir tiefer in das Bewusstsein des authentischen Zustands unseres emotionalen Körpers eindringen, ist es von Vorteil, wenn wir mentale Verwirrung erfahren.* Dies ist ein Zeichen des Fortschritts und ein Hinweis dafür, dass der mentale Körper nicht mehr weiterkommt. Der mentale Körper hat seine Grenzen erreicht!

Verwirrung dient uns. Sie verhindert, dass wir den Weg in den emotionalen Bereich bahnen. Indem wir uns erlauben, eine Erfahrung nicht verstehen zu müssen, um sie als stichhaltig anzuerkennen, sorgen wir für ein behutsameres und weniger frustrierendes Vorankommen durch diesen Teil der Reise.

Wenn wir uns mit der inneren, mentalen Verwirrung arrangieren und sie als vorübergehend notwendig – und als Zeichen des Fortschritts – akzeptieren, vermeiden wir, dass wir uns in unnötiger Dramatik ergehen. Es ist nichts verkehrt daran, wenn wir uns verwirrt fühlen. Wir können uns verwirrt fühlen, ohne diese Erfahrungen mit Bedingungen zu belegen.

Wenn wir nun die siebte Woche mit unserer ersten Wassersitzung einleiten, sind wir aufgerufen, unseren Weg bis hin zur zehnten Woche zu fühlen. Durch das Fühlen unseres Wegs durch den emotionalen Bereich führen wir dem emotionalen Körper zusätzliches Bewusstsein und zusätzliche Fertigkeit zu. Wir erwecken ihn neu und nehmen ihn besser wahr. Dieses zusätzliche Bewusstsein führt dazu, dass das reaktive Agieren auf stark aufgeladene Emotionen abnimmt, weil die Präsenz in jeder Situation wirkt.

Indem wir in das warme Wasser eintauchen, konfrontieren wir absichtlich die Hitze, die sich in unserem Widerstand gegen das Fühlen der stark aufgeladenen Emotionen manifestiert, mit der Wärme des Wassers, auch wenn dies zunächst sehr subtil geschieht. Das eine ist authentisch (das Wasser), das andere eine Täuschung (unser emotionaler Widerstand). Diese beiden Zustände der Hitze vermischen sich, und wenn keiner von beiden weicht, fühlen wir mehr und mehr *Unwohlsein* und Platzangst. Die Geschichte, die wir uns erzählen, lautet etwa so: »Etwas Schreckliches wird passieren.« Was wir fühlen, sind unsere stark aufgeladenen Emotionen, die an die Oberfläche treten, um durch unsere bedingungslose Aufmerksamkeit integriert zu werden.

Wenn wir aus dem Wasser steigen und mit unserer Atemsitzung beginnen, bleibt dieser erhitzte Austausch knapp unter der Oberfläche unseres Bewusstseins. Indem wir bei dem gefühlten Aspekt dieser Erfahrung präsent bleiben, bringen wir Präsenz ein und leiten damit die Integration ein.

Diese integrative Erfahrung manifestiert sich physisch durch Empfindungen im Körper, mental durch Gedankenprozesse und emotional durch den Ausdruck von Angst, Wut und Trauer. Indem wir das, was immer auftauchen mag, bedingungslos fühlen, wird diese starke Emotion allmählich in unserem emotionalen Körper abgebaut. Wir fühlen dies unter Umständen als Hitzewallung mit Schwitzen in unserem Körper, gefolgt von einer plötzlichen Entladung, die von einem Gefühl der Kühle begleitet wird. In diesem Augenblick der Abkühlung fällt ein Aspekt unserer äußeren Dramatik ab, gleichzeitig wird Täuschung durch gesteigerte Präsenz ersetzt.

Dieser integrative Prozess setzt auch durch unsere tägliche Atempraxis ein, während der wir aufsteigende Hitzewellen spüren können, die dann wieder abklingen und die uns anschließend ein wenig kälter fühlen lassen. Dies ist das Aufsteigen und das Loslassen der stark aufgeladenen Emotionen. Dieser Hitzeaustausch findet auch statt, wenn wir uns einfach erlauben, bedingungslos zu fühlen, »was ist«, insbesondere wenn wir zutiefst unbehagliche emotionale Zustände spüren und nicht reaktiv agieren.

Eine Warmwassersitzung ist wie eine Gelegenheit, einen Teil der Lasten des emotionalen »Gepäcks« aus der Vergangenheit den Abfluss hinunterzuspülen. Wir wissen, wann wir einen Teil der stark aufgeladenen Emotionen bewusst losgelassen haben, weil wir uns dann fühlen, als ob wir mehr Raum zum Atmen hätten. Wir stehen aufrechter, können tiefer atmen und betrachten den Horizont unserer Erfahrung, so wie sie hier und jetzt ist. Unsere Wahrnehmung passt sich dem an, und wir sehen unser Leben, wie es wirklich ist – und nicht im Zerrglas einer nicht integrierten Vergangenheit und einer projizierten Zukunft.

Mit jeder weiteren Wasser- und Atemsitzung werden die stark aufgeladenen Emotionen weiter integriert. Die Befreiung von der Vergangenheit manifestiert sich weiterhin in vielerlei Hinsicht.

Nach dem Loslassen stark aufgeladener Emotionen spüren wir beispielsweise ein Gefühl der Leere. Dies ist ganz natürlich. Etwas aus der Vergangenheit, das wir unbewusst und fälschlicherweise für einen Teil von uns gehalten hatten, wurde nun integriert, und somit nehmen wir es nicht mehr als etwas Getrenntes wahr, das »in Ordnung gebracht« werden muss. Häufig folgt auf das Loslassen stark aufgeladener Emotionen das Gefühl, dass unsere Körpertemperatur niedriger ist als sonst. Dies liegt daran, dass wir etwas losgelassen haben, dem wir Widerstand geleistet hatten, was zu Reibung führte, und deshalb ist nun unsere Körpertemperatur geringer. Unser Körper passt sich schnell an und findet ein neues Gleichgewicht.

Wenn wir die Reise in den nächsten drei Wochen fortsetzen, müssen wir Folgendes im Bewusstsein behalten: Mit jeder Wasser- und Atemsitzung nimmt unser emotionales Körperbewusstsein zu. Wenn wir unseren Körper 15 Minuten lang im warmen Wasser baden und anschließend sofort unsere Atemtechnik ausführen, aktivieren wir verstärktes Bewusstsein im gegenwärtigen Augenblick. Das bedeutet, dass der Abstand zwischen unseren Emotionen, Gedanken, Worten, Handlungen und deren Folgen scheinbar kleiner wird. Denn nun nehmen wir die Verbindung zwischen der Ursache und ihrer Wirkung wahr. Diese verbesserte Wahrnehmung verschafft uns den Eindruck, dass die Zeit schneller verläuft. Und wir nehmen das nicht als Bedrohung, sondern freudvoll wahr.

Von diesem Punkt an bis zum Beginn der zehnten Woche können wir unseren Körper so oft wir wollen im warmen Wasser baden und dann sofort danach die Atemtechnik ausführen. Je öfter wir den Körper mit der Absicht im warmen Wasser baden, das emotionale Körperbewusstsein zu aktivieren, umso effizienter treten unsere stark aufgeladenen Emotionen zur Integration an die Oberfläche. Wir sollten jedoch nichts erzwingen.

HINWEIS: Für die Zwecke im Rahmen von The Presence Process baden wir unseren Körper 15 Minuten lang im warmen Wasser, steigen aus der Wanne, trocknen uns ab und widmen uns dann sofort und ohne Verzögerung unserer Atemsitzung von 15 Minuten Dauer. Wenn wir in der Folge während der Atemsitzungen die Erfahrung emotionalen, mentalen oder physischen Unbehagens machen, setzen wir die verbundene Atmung fort und bleiben bedingungslos bei den gefühlten Aspekten der Erfahrung. Wenn Sie sich an diese einfachen Hinweise halten, wird der Prozess behutsam verlaufen.

Wir sind nun auf dem besten Wege, wieder einen offenen Kanal zur Präsenz herzustellen. Das ist keine gewöhnliche Leistung. Der Pfad des Bewusstseins, den wir beim Eintritt in diese Welt durchlaufen haben, von der Schwingungsebene (Mutterleib), über die emotionale Ebene (Kindheit) und die mentale Ebene (Jugend) bis hin zur physischen Ebene (Erwachsener), hat es uns ermöglicht, hier anzukommen und unser Bewusstsein in einem Körper zu verankern. Dies ist jedoch nur der Anfang der Reise.

The Presence Process aktiviert automatisch die Fortsetzung dieser Reise, die von der physischen Präsenz (Atmung) zur mentalen Klarheit (bewusste achtsame Reaktionen, Text und Werkzeuge der Wahrnehmung) und bis zum emotionalen Körperbewusstsein (Wassersitzungen) führt. Diese Fortschritte der Wahrnehmung stellen eine bewusste Rückkehr entlang des Pfads des Bewusstseins dar und erlauben uns, die gefühlte Wahrnehmung zu entwickeln, die wir für den bewussten Wiedereintritt in das Schwingungsbewusstsein benötigen, während wir uns immer noch auf der physischen Ebene aufhalten.

Dieses »Schließen des Kreises« im Rahmen der Reise unseres Bewusstseins leitet Ganzheitlichkeit ein und stellt so unser »im Heil Sein« wieder her. Unter diesem Blickwinkel ermöglicht uns The Presence Process die bewusste Verankerung unseres Bewusstseins in der physischen Welt und die gleichzeitige Zurückverfolgung unserer Schritte und Wiederherstellung einer bewussten Verbindung zur Präsenz, die der Schwingungszustand des Seins ist, aus dem wir kommen.

Wenn wir dies erreichen, stellen wir eine offene Verbindung her, die es uns ermöglicht, in dieser Welt der Bedingungen zu sein und gleichzeitig bewusst verbunden mit der bedingungslosen Quelle, die jeden Aspekt dieser Erfahrung erschafft.

Die Möglichkeiten, die sich daraus ergeben, sind noch unerforscht. Es sind die neuen, unerschlossenen Grenzen der menschlichen Entwicklung. Wir kommen in einen Zustand des Seins, in dem wir »in der Welt, jedoch nicht von dieser Welt sind«. Wir sind dann in einer Position, in der wir diese Welt durch unsere gemeinsame Präsenz tief berühren, aber auch davon unberührt sind. Opfer und Sieger werden zu Vehikeln, die mit Navigationssystem und Treibstoff ausgestattet sind und von der Präsenz gelenkt werden.

Sind wir bereit, diese Fahrt anzutreten?

Damit schließen wir die siebte Woche ab.

Woche 8

(Aktivieren Sie die Woche mit der zweiten Wassersitzung.)

Unsere bewusste achtsame Reaktion der nächsten sieben Tage lautet:

»Ich vergebe mir selbst«

Frieden ist eine Schwingung, die wir fühlen

Eines der größten Missverständnisse ist, dass wir Frieden »machen« müssen, wenn wir Frieden wollen. Wir sagen ja auch: »Lasst uns Frieden schließen.« Dabei gehen wir davon aus, dass Frieden nicht existiert, wenn wir ihn nicht »herstellen«.

Dieses Missverständnis entsteht, weil wir mental und physisch feststecken. Es beruht auf der Überzeugung, dass wir den physischen und den mentalen Aspekt unserer Erfahrung umgestalten müssen, um die Qualität der Erfahrung zu beeinflussen.

Um zu erkennen, dass dies eine falsche Vorstellung ist, müssen wir nur unser Verhalten beobachten, wenn wir behaupten, Frieden anzustreben. Aufgrund unserer falschen Vorstellung über die Natur des Friedens wählen wir eine von zwei Vorgehensweisen: Entweder versuchen wir, *physi-*

sche Veränderungen vorzunehmen, oder wir versuchen es mit *mentalen* Veränderungen. Die Beobachtung der Führungspersönlichkeiten in der Welt und in unseren Gemeinschaften zeigt diese beiden unwirksamen Ansätze (denn sie setzen an den Auswirkungen an, nicht an der Ursache).

Unsere Führungspersönlichkeiten verlangen, dass Menschen umgesiedelt werden und Grenzen neu gezogen werden müssen und das Verhalten der Bevölkerung kontrolliert werden muss, wenn wir Frieden schaffen wollen. Dies entsteht aus der Überzeugung, dass Frieden durch eine Veränderung der physischen Umstände »gemacht« wird. So erreichen wir keinen Frieden. Jeder Anschein von Frieden aufgrund der Veränderung physischer Umstände ist immer nur von kurzer Dauer, weil er aus Kontrolle und Ruhigstellen entsteht. Frieden mag sich zwar physisch ausdrücken, wird aber nicht durch physische Umstände bestimmt.

Unsere Führungspersönlichkeiten bestehen auch auf Ansätzen wie »Friedensgesprächen«, in denen Regierungen und Friedensorganisationen Verträge vorlegen, Kompromisse schließen und nach langen Diskussionen und Debatten verkünden, dass Frieden geschlossen wurde. Dieser Ansatz entsteht aus der irrigen Annahme, dass Frieden etwas Mentales sei. Auch so wurde noch nie authentischer Frieden geschlossen. Jeder Anschein von Frieden aufgrund von mentalen Diskussionen und Debatten, die zu Vereinbarungen zwischen den Gegnern führen, ist immer nur von kurzer Dauer, weil auch er aus Kontrolle und Ruhigstellen entsteht. Frieden ist weder ein physischer Umstand noch eine mentale Vereinbarung.

Frieden ist eine Schwingung, die durch gefühlte Wahrnehmung erkannt wird. Wir »machen« keinen Frieden, und wir »erdenken« auch keinen Frieden. Wir *fühlen* Frieden. Frieden *ist.* Er muss nicht hergestellt werden. Frieden ist überall, ob wir uns dessen bewusst sind oder nicht. Der gesamte Planet ist mit Frieden übersät.

Es ist sogar ganz leicht, dies auf der Erfahrungsebene zu erkennen. Wenn wir uns in eine Umgebung begeben, die vom Krieg – von irgendeiner Erfahrung von Konflikt – erschüttert ist, und alle Menschen aus dieser Umgebung entfernen, wird der Widerhall von Frieden sofort offensichtlich. In allem Chaos und Konflikt ist Frieden. Kein Handeln oder Denken ändert etwas an dieser Tatsache.

In jedem Augenblick unserer individuellen Erfahrung sind wir in die Schwingungsresonanz von Frieden getaucht. Aufgrund unserer Prägung mit stark aufgeladenen Emotionen, aufgrund der damit verbundenen Gefühle von Angst, Wut und Trauer sowie aufgrund der mentalen Geschichten dieser emotionalen Zustände und der daraus folgenden physischen Handlungen sind wir uns jedoch des Friedens nicht bewusst, der uns bereits gegeben ist.

Wir müssen keinen Frieden »machen«, wir müssen den Frieden einfach nur erkennen, ihn mit den Augen des Herzens wahrnehmen.

Wenn wir nicht in der Lage sind, uns friedvoll zu fühlen, liegt das daran, dass unsere gegenwärtige Erfahrung von Frieden durch physisches, mentales und emotionales reaktives Agieren auf unser Unbehagen vernebelt wird. Indem wir unsere derzeitigen Zustände des uns eingeprägten, gefühlten Unbehagens ruhigstellen und kontrollieren, setzen wir gleichzeitig die Wahrnehmungsmechanismen für das Erkennen von Frieden außer Betrieb: unsere Fähigkeit des Fühlens. Der Weg zum Erkennen des Friedens ist also eng verknüpft mit der Absicht, unsere stark aufgeladenen Emotionen zu integrieren.

Wir haben alle selbst die Verantwortung für unsere Fähigkeit zu Friedlichkeit, wir sind alle persönlich verantwortlich dafür, ob wir Frieden erfahren. Keine andere Person kann für uns fühlen, daher ist auch keine andere Person in der Lage, uns die Erfahrung zu gewähren, die wir Frieden nennen. Wir können genau jetzt Frieden erfahren, wenn wir uns entscheiden, uns friedvoll zu fühlen.

Wenn wir die Schwingungsresonanz, die wir Frieden nennen, wahrhaft fühlen, strahlen wir diese Resonanz automatisch mental und physisch aus. Frieden beginnt also in uns, mit jedem Einzelnen von uns.

Wenn wir Frieden für alle erreichen wollen, muss als Voraussetzung dafür jeder Einzelne von uns Frieden schaffen. Daher sagen wir auch: »Friede sei mit dir.«

Frieden durch Vergebung

Wir sind wütend, weil wir als Kinder nur unter bestimmten Bedingungen geliebt wurden – und nicht bedingungslos. Dies ist kein Vorwurf, sondern einfach das Dilemma aufgrund unserer Geburt in einer Welt, deren Bedingungen sich ständig ändern.

Seit unserer Kindheit haben wir große Mengen Energie für den Versuch aufgebracht, den Bedingungen zu entsprechen, damit wir bedingungslose Liebe erfahren können. Dies manifestiert sich als endlose physische, mentale und emotionale »Handlungen« (Dramatik), um Aufmerksamkeit und Anerkennung zu bekommen.

Wir können andere nicht durch unsere Dramatik dazu bringen, bedingungslose Liebe in unsere Richtung zu lenken. Aufmerksamkeit, die wir durch Dramatik bekommen, ist *von Natur aus mit Bedingungen verbunden.*

Wir scheitern mit jedem Versuch, die angestrebte, bedingungslose Aufmerksamkeit zu bekommen, weil bedingungslose Liebe nicht wie Geld ist. Bedingungslose Liebe kann man nicht *verdienen.* Liebe kann man nicht mit Leistung und Verdiensten erreichen. Wir können uns für Liebe nicht »qualifizieren«. Liebe ist einfach. Liebe ist unser Geburtsrecht. Liebe ist, was wir *bereits sind.*

Das Vorbild für Liebe, das uns unsere Eltern während unserer Kindheit durch die Interaktion mit uns, miteinander und mit anderen Menschen vorleben, wird zu unserer primären Definition für Liebe. Dies ist die automatische Folge der emotionalen Prägung. Aus diesem Grund stellen wir, wenn wir als Erwachsene eine Erfahrung der Liebe für uns manifestieren wollen, unbewusst ein physisches, mentales und emotionales Szenario her, das die emotionale Resonanz schafft, die wir aus unserem Austausch mit unseren Eltern in unserer Kindheit kennen. Diese Resonanz muss keinesfalls angenehm oder in irgendeiner Weise erfreulich sein, sondern nur ähnlich zu damals und daher vertraut.

Wenn wir beispielsweise als Kind missbraucht wurden, wenn wir Liebe brauchten, wurde die gefühlte Resonanz des Missbrauchs zu einem Teil der Kindheitsdefinition für Liebe. In der Folge manifestieren wir eine Erfahrung, die zu einem gewissen Maß die gefühlte Resonanz des Missbrauchs enthält, wenn wir als Erwachsene das Bedürfnis nach Liebe verspüren. Dies geschieht unbewusst, automatisch. Warum? Weil es die einzige uns bekannte Möglichkeit ist, wie wir das bekommen können, wovon wir aufgrund unserer Prägung annehmen, dass es Liebe ist. Aufgrund der Bedingungen verletzt uns die Liebe, die wir dann erhalten.

Auf der bewussten Ebene fragen wir uns dann vielleicht: »Warum passiert mir das immer wieder?« Der Grund für unsere Manifestation der immer wieder gleichen, schmerzhaften Erfahrungen ist, dass wir es nicht besser wissen. Das ist das Dilemma, das die emotionale Prägung ewig weiterführt. Das ist die offene Wunde im kollektiven Herzen der Menschheit. Deshalb nehmen viele von uns an, dass Liebe weh tut. Aber Schmerz ist eine Bedingung, während Liebe ein Zustand ist.

In The Presence Process lernen wir nach und nach, wie wir über die Grenzen unserer prägungsgetriebenen Interpretationen hinausblicken können. Wir lernen, emotional erwachsen zu werden. Als Folge dieser emotionalen Entwicklung beginnen wir, die Bedingungen, die wir aus unserer Kindheitserfahrung mitgenommen haben, aufzuheben. Mit der Aufhebung dieser Bedingungen gewinnen wir eine andere Wahrnehmung unserer Erfahrung. Diese neue Wahrnehmung wird nicht durch unsere nicht integrierten, stark aufgeladenen Emotionen getrieben. Wir erhalten den Zugang zu dieser Wahrnehmung durch das Bewusstsein im gegenwärtigen Augenblick.

Die Bestätigung, dass wir zum Bewusstsein im gegenwärtigen Augenblick erwachen, kommt mit den Einsichten, die wir über die Lage unseres gemeinsamen Menschseins empfangen. Eine dieser Einsichten ist die Erkenntnis, dass *ausnahmslos jeder Mensch, dem wir begegnen, unabhängig von seinem Verhalten nach der Erfahrung der bedingungslosen Liebe strebt.* Selbst wenn die Menschen voller Hass sind, sehen wir dies als fehlgeleiteten Hilfeschrei nach Liebe.

Bis wir zum Bewusstsein im gegenwärtigen Augenblick erwachen, ist uns nicht klar, dass unser Verhalten selten die angestrebte, bedingungslose Liebe reflektiert. Wir können nicht erkennen, wie unser Verhalten darauf abzielt, Liebe von anderen zu »bekommen«, und wie wir Bedingungen mit der angestrebten bedingungslosen Liebe verknüpfen. Uns ist also nicht bewusst, wie stark unser Verhalten im Widerspruch zu der Erfahrung steht, die wir suchen.

Mit zunehmendem Bewusstsein erkennen wir, dass jeder versucht, etwas von uns zu »bekommen«. Das Gefühl, dass die Welt ständig versucht, etwas von uns zu bekommen, ist die automatische Spiegelung *unseres eigenen Versuchs des »Bekommens«*. Wir haben uns dieses Verhalten in der Kindheit angeeignet, indem wir das Verhalten unserer Eltern in Bezug auf ihre eigene emotionale Lage nachgeahmt haben. Unsere Eltern haben ihre Eltern nachgeahmt usw. Aber bedingungslose Liebe kann nie durch das »Bekommen« erfahren werden, sondern nur durch das »Geben und Empfangen«.

Wenn wir genügend Bewusstsein im gegenwärtigen Augenblick erlangt haben, um wahrnehmen zu können, dass wir unbewusst Erfahrungen der bedingten Liebe manifestieren, die auf unseren Prägungen beruhen, akzeptieren wir die Tragikkomödie unserer Lage. Wir lachen darüber, wie blind wir dem Beispiel unserer Eltern gefolgt sind. Wie hätte sich unsere Lage bei diesen Voraussetzungen auch anders entwickeln können?

Wir können sagen, dass *wir unsere Eltern sind, bis wir die Prägung der energetischen Bedingungen integriert haben, die wir durch unsere Kindheitserfahrungen mit ihnen empfangen haben.* Wir sind Blinde unter Blinden.

Wenn wir diesen Zyklus erkennen, gibt uns das die Kraft, uns selbst für unser fehlgeleitetes Verhalten in der Vergangenheit zu vergeben. Wir suchen an den falschen Orten und auf die falsche Art nach Liebe. Diese Einsicht ermöglicht uns die Erkenntnis, warum wir solch schlechte Erfahrungen manifestieren.

Wir machen uns auf die Reise zur Authentizität, indem wir zugeben, dass wir nicht wissen, was bedingungslose Liebe ist. Keine Ahnung zu haben, was bedingungslose Liebe ist, hat nichts mit unserer Intelligenz zu tun. In einer Welt, in der sich die Bedingungen ständig ändern, ist die Erfahrung bedingungsloser Liebe ein sehr seltener Edelstein. Das Erwachen zur bedingungslosen Liebe ist wie das Finden frischer Atemluft in den Tiefen des Ozeans.

Und hier liegt der Schlüssel zum Erwachen zur bedingungslosen Liebe in dieser Welt: Wenn wir beabsichtigen, in den Tiefen des Ozeans frische Atemluft aufzunehmen, sollten wir *selbst dafür sorgen*, dass dort welche vorhanden ist.

Wenn wir allmählich unsere Lage verstehen, können wir über uns selbst lachen wegen der Dramatik, die wir manifestieren. Lachen ist die Medizin, die wir brauchen. Wenn wir über unsere Dramatik lachen können, ist es ein Zeichen, dass unsere Vergebung für uns selbst authentisch ist.

Wenn wir dies für uns selbst akzeptieren, können wir es für alle anderen auch akzeptieren. Egal wie das Verhalten einer Person wirkt, sie sucht nach der Erfahrung bedingungsloser Liebe auf der Grundlage der gefühlten Resonanz der stark aufgeladenen Emotionen, deren Prägung sie als Kind erhalten hat, als sie nach bedingungsloser Liebe gestrebt hat. Egal wie wir ihr Verhalten wahrnehmen, welches Erscheinungsbild sie vermitteln oder welche Lebensumstände sie manifestieren, *wir alle tun unser Bestes angesichts der Prägung unseres emotionalen Körpers.*

Selbst wenn wir dies auf der geistigen Ebene verstehen, kann es schwierig sein, anderen Menschen die Verletzungen zu vergeben, die sie uns aufgrund ihrer Prägung zugefügt haben. Anfangs mögen wir in der Lage sein, diese scheinbar tragische und fehlgeleitete Situation zu akzeptieren, soweit es uns angeht. Wir mögen akzeptieren können, dass wir andere und uns selbst verletzen, weil wir nicht wissen, was bedingungslose Liebe ist. Trotzdem sind wir vielleicht nicht bereit, zu akzeptieren, dass dies auch die Misere der anderen ist, besonders bei unseren Eltern oder Personen, die uns immer noch Verletzungen zufügen. Warum?

Weil es einen Aspekt unserer Erfahrung gibt, der nach wie vor von Wut verschleiert und fragmentiert wird. Es gibt einen Aspekt unserer Erfahrung, der Schuldzuweisungen braucht und glaubt, das Recht dazu zu haben. Es gibt einen Aspekt unserer Erfahrung, der auf Rache sinnt, weil wir nicht empfangen haben, was wir glauben, verdient zu haben.

Der Teil von uns, dem es schwerfällt zu akzeptieren, wie andere uns verletzt haben, ist der bedürftige und vernachlässigte Aspekt des Kindes in uns: die stark aufgeladenen Emotionen, die darauf zurückgehen, dass wir als Kind nur unter bestimmten Bedingungen geliebt wurden.

Wir merken, dass wir uns auf diesen bedürftigen und vernachlässigten Aspekt des Kindes in uns zurückziehen, wenn wir uns sagen hören: »Sie sind meine Eltern. Sie hätten es besser wissen müssen.« Oder: »Sie haben mich auf diese Welt gebracht, und damit lag es in ihrer Verantwortung, mir Sicherheit zu geben.« Das ist Dramatik. Dies ist die Stimme eines Kindes, das die Komplexität der menschlichen Lage, in der wir uns alle befinden, noch nicht versteht.

Wenn wir die Wut, das Bedürfnis nach Schuldzuweisungen und unseren hinterlistigen Wunsch nach Rache integrieren wollen, müssen wir uns einem der größten Hindernisse stellen, das auf dem Weg der emotionalen Entwicklung liegt: der *Arroganz. Arroganz hindert uns daran, die Notlage in der Erfahrung anderer Menschen zu erkennen.*

Wenn wir erst den Mechanismus und die Folgen der emotionalen Prägung auf der Erfahrungsebene verstanden haben, hält uns nur noch die Arroganz davon ab, sowohl uns selbst als auch anderen Menschen vergeben zu können.

Die Folge der Arroganz ist, dass wir zwar akzeptieren können, dass wir es selbst nicht besser gewusst haben, aber immer noch wütend darüber sind, wie sich andere Menschen verhalten. Wenn wir uns nicht entscheiden, diese Wut zu integrieren, wird sie uns davon abhalten, zu akzeptieren, dass andere Menschen, vor allem unsere Eltern, unter den Umständen, die sie durch ihre eigenen Eltern mit auf den Weg bekommen haben, ihr Bestes gegeben haben.

Bei der Neutralisierung der Arroganz und der daraus resultierenden Wut hilft uns die folgende, einfache Einsicht: *Jedes Verhalten, das wir in unseren Interaktionen mit anderen Menschen beobachten und das kein Akt der bedingungslosen Liebe ist, ist ein unbewusster Hilferuf nach bedingungsloser Liebe.*

Oberflächlich betrachtet mag das nicht offensichtlich sein, weil wir Erwachsene Meister darin sind, unseren inneren Zustand zu verbergen. Als Erwachsene können wir hervorragend vorgeben, dass »alles in Ordnung« sei. Wir wissen, wie wir vorgeben, eine Sache zu beabsichtigen, während wir in Wirklichkeit eine ganz andere Sache vorhaben.

In der Welt der Erwachsenen ist alles »in Ordnung«, »wunderbar« und »gar nicht schlecht«. Die emotionale Bedingung, die unter der Oberfläche der Erwachsenenwelt verborgen liegt, ist jedoch, dass die nicht friedlichen Menschen, die wir treffen, in sich Kinder tragen, die ängstlich, zornig und untröstlich sind, weil sie keine bedingungslose Liebe empfangen haben.

Diese Einsicht ist der Schlüssel zur Befreiung unserer Wahrnehmung. Diese Einsicht ist der Weg, wie wir unseren eigenen Seelenfrieden wiederherstellen können. Diese Einsicht ist die Grundlage aller authentischen Vergebung.

Wenn wir eine unfreundliche Annahme über das Verhalten eines anderen Menschen treffen, missinterpretieren wir einen Hilfeschrei nach Liebe. Wenn wir dies erkennen, entbindet es uns nicht von der Notwendigkeit, urteilsfähig zu bleiben, aber es entbindet uns davon, zu beurteilen.

Beurteilung ist die Folge eines Verhaltens, bei dem wir uns die Welt ansehen und unsere nicht integrierte Vergangenheit sowie die ängstlich projizierte Zukunft darin sehen, aber statt das zu erkennen, anderen die Schuld dafür geben, was wir wahrnehmen.

Wenn wir uns dem Bewusstsein im gegenwärtigen Augenblick nähern, nehmen wir wahr, dass die Welt, die wir sehen, uns mit den einzigen ihr zur Verfügung stehenden Mitteln um bedingungslose Liebe bittet. So wie wir. Die Welt spiegelt unsere Misere.

Auch unsere Eltern waren einmal Kinder. Wenn wir unsere Eltern durch die Augen des Bewusstseins im gegenwärtigen Augenblick betrachten, sehen wir Kinder, die, wie wir, voller Angst in diese Welt der Bedingungen gestoßen wurden. Auch diese Kinder wollen, wie der schmerzende Aspekt des Kindes in uns, bedingungslos geliebt werden.

Sind unsere Eltern dafür verantwortlich, dass sie energetisch Verhalten kopiert haben, das auf die Prägung aus ihrer Kindheit zurückgeht? Wollen wir an unserer Wut festhalten, oder ist es besser, uns mitfühlend dafür zu entscheiden, den Fehler in unserer Wahrnehmung zu erkennen? Andere zu beurteilen, ist ein Mangel an Klarheit und ein Virus, der unsere Wahrnehmung infiziert.

Beurteilung auf jeder Ebene ist Arroganz.

Beurteilung zeigt auch unsere Doppelmoral. Einerseits erhebt sie uns selbst, damit wir überlegen erscheinen, andererseits besteht sie darauf, dass sich jeder genau so verhält wie wir, und rügt jeden, der das nicht tut.

Die schädlichste Folge solcher Beurteilungen ist jedoch, dass wir uns und andere nach der Erfahrung einordnen, die wir machen, und nicht nach der gemeinsamen Präsenz, die wir authentisch sind. Das Entscheidende ist, dass wir durch Beurteilung anderen die Schuld für ein Dilemma geben, in dem wir alle stecken.

Beginnen wir daher damit, dieses Wahrnehmungschaos zu entwirren, indem wir *unseren Eltern vergeben und sie mit der bedingungslosen Liebe segnen, die wir gerne als Kinder von ihnen erfahren hätten.*

Durch diesen einen Akt der Liebe leiten wir die Integration eines tragischen Kreislaufs ein, der in zahllosen Generationen vor uns verheerenden Schaden angerichtet hat. Indem wir uns auf diese Art und Weise befreien, schaffen wir die Möglichkeit, dass in der Erfahrung derer, die lange Zeit nach uns kommen, Frieden umgesetzt wird.

Unsere Reise in die Arme der bedingungslosen Liebe beginnt mit dem Akt, *uns selbst das zu geben, was wir von anderen erhalten wollen.* Praktisch bedeutet dies, zu *fühlen, was wir in jedem Moment erfahren, ohne Bedingungen mit der Erfahrung zu verknüpfen.*

Wenn wir uns selbst gegenüber bedingungslose Liebe praktizieren, erkennen wir, dass der ständige, gefühlte Aspekt unserer menschlichen Erfahrung nicht nur stichhaltig, sondern auch notwendig, und daher entsprechend zu fühlen ist. Egal, welche Gefühle von unserem emotionalen Körper ausgehen, wir geben ihnen bedingungslose Aufmerksamkeit durch unsere gefühlte Wahrnehmung. Egal, was geschieht, wir geben uns selbst bedingungslose Aufmerksamkeit.

Bedingungslose Liebe ist da, *um sie zu geben.* Bedingungslose Liebe bedeutet *vergeben.* Wir vergeben uns selbst durch bedingungslose Liebe.

Das Kind in uns hat kein Vorbild der bedingungslosen Liebe, bis wir damit anfangen, unsere gefühlte Wahrnehmung bedingungslos auf die unbehaglichen Resonanzen zu richten, die von unserem emotionalen Körper ausgehen. *Wir müssen* durch die Art und Weise, wie wir mit ihm kommunizieren, *das Vorbild sein.* Indem wir ihm ein solches Beispiel geben, zeigen wir ihm aktiv und auf der energetischen Ebene, was bedingungslose Liebe ist. Durch diesen Ansatz entwickeln wir gleichzeitig die Fähigkeit, in dieser Weise mit anderen umzugehen.

Bis wir mit unserem Vorbild den nicht integrierten Aspekten des Kindes in uns zeigen, was bedingungslose Liebe ist, *werden wir weiterhin Verhalten an den Tag legen, das energetisch auf der Annahme basiert, dass wir hinaus in die Welt gehen und uns darum bemühen müssen, Liebe zu »bekommen«.*

Wenn wir unserem eigenen Unbehagen nicht durch unser vorbehaltloses Verhalten ein Vorbild der bedingungslosen Liebe in unserer Erfahrung geben, wird uns das rachsüchtige Handeln des fehlgeleiteten Kindes in uns weiter frustrieren. Es frustriert uns, weil es immer unsere Absicht sabotiert, wenn wir versuchen, bedingungslose Liebe zu erfahren. Es erreicht dies, indem es eine Situation manifestiert, die die gefühlte Resonanz der emotionalen Prägung auslöst.

Es gibt keinen Grund, keine Ausrede, keine Rechtfertigung, uns selbst anders zu behandeln als mit bedingungsloser Liebe. Das wäre arrogant. Wir verdienen es, bedingungslose Liebe zu geben und zu empfangen. Es liegt in unserer Verantwortung zu entdecken, was bedingungslose Liebe ist, indem wir sie uns selbst gegenüber üben, denn nur so können wir die Fähigkeit erlangen, diese Resonanz in unsere Erfahrung der Welt einzubringen.

Bedingungslos zu lieben, ist der größte Dienst, den wir der Menschheit erweisen können. Indem wir uns selbst bedingungslos lieben, sorgen wir für frische Atemluft in den Tiefen des Ozeans.

Unsere Entdeckungsreise zur Natur dieses großen Geheimnisses, das wir Liebe nennen, beginnt damit, dass wir uns bedingungslos gegenüber uns selbst verhalten, indem wir fühlen, was wir authentisch fühlen, ohne die Erfahrung in irgendeiner Art und Weise zu beurteilen, ohne zu versuchen, sie zu reparieren, zu ändern, zu verstehen, zu heilen oder zu transformieren. Die Bereitschaft, unser eigenes Unbehagen zu integrieren, es als stichhaltige Erfahrung und als notwendig wahrzunehmen und uns ihm gegenüber entsprechend zu verhalten, ist die Quelle für die Erfahrung von Vergebung und die Umsetzung von Frieden.

Indem wir uns selbst wirklich für das Verhalten vergeben, das aus unserer Prägung entspringt, vergeben wir automatisch der Welt. Jenseits der Erfahrung von Vergebung liegt unsere Rückkehr in das Bewusstsein, was Frieden wirklich ist.

Die Verwirklichung von Frieden durch Vergebung liegt in *unseren* Händen. Dies hat nichts mit den »anderen« zu tun.

Beten um Vergebung

An diesem Punkt unserer Reise durch The Presence Process ist es gut, wenn wir uns ehrlich fragen: »Wie behandeln wir in der Welt die, die uns auf die einzige ihnen bekannte Art und Weise um bedingungslose Liebe bitten?«

Wir wollen uns daran erinnern, dass sie das einzige Mittel nutzen, das sie kennen: den Versuch, die Resonanz wiederherzustellen, die von den stark aufgeladenen Emotionen abgegeben wird, die ihnen als Kinder eingeprägt wurden, als sie bei ihren Eltern um bedingungslose Liebe nachgesucht haben.

Führt uns unsere Arroganz dazu anzunehmen, dass sie sich anders verhalten sollten, dass sie es besser wissen sollten, obwohl wir die Auswirkung der emotionalen Prägung auf das menschliche Verhalten kennen? Haben *wir* es besser gemacht?

Dies bedeutet nicht, dass wir anderen Menschen erlauben müssen, uns auf der Nase herumzutanzen, nur weil ihr destruktives Verhalten eine Folge ihrer Prägung ist. Vergeben bedeutet nicht, dass wir zu allen Menschen nett sein müssen. Es ist einfach ein Ansatz in der Wahrnehmung, bei dem wir andere nicht nach ihrem Verhalten, also nach ihrer Prägung, beurteilen.

Unser Urteilsvermögen gebietet uns, »nein« zu denen zu sagen, die uns aufgrund ihrer Prägung verletzen. Unser Urteilsvermögen gebietet uns, einen Strich zu ziehen und uns klar verständlich zu machen, wenn andere unsere Entscheidungen nicht respektieren. Wenn wir anderen wegen ihrer destruktiven Impulse »nein« sagen, müssen wir sie deshalb nicht verurteilen. Wir sorgen für uns selbst, ohne ihr Verhalten mit ihrer Identität zu verwechseln.

Ein »Nein« als reaktives Agieren *weist den anderen zurück.* Ein »Nein« als achtsames Reagieren ist ein *Schritt zu uns selbst.*

Es ist hilfreich, wenn wir uns die in unser Bewusstsein rufen, denen wir glauben, nicht verzeihen zu können, sodass wir die gefühlte Resonanz spüren können, die auftaucht, wenn wir sie uns vorstellen und uns erlauben, diese gefühlte Resonanz ohne Bedingungen zu fühlen.

Diese Menschen sind der Fokus der Rache des nicht integrierten Kindes in uns. Sie sind die Opfer unserer Arroganz. Diese Menschen sind auch die Personen, die uns beim Finden unseres Seelenfriedens unterstützen. Solange wir die emotionale Signatur nicht integrieren, die auftaucht, wenn wir sie uns ins Bewusstsein bringen, bleiben wir die Gefangenen unseres nicht integrierten, emotionalen Unbehagens und der daraus folgenden, mentalen Verwirrung sowie des physischen, reaktiven Agierens.

Unsere ständige Wut ihnen gegenüber *ist* unser Mangel an Klarheit. Er ist die Ursache für unseren Mangel an Bewusstsein für den Frieden, den wir bereits haben. Wenn wir uns nicht erlauben, diese unbehaglichen Resonanzen zu integrieren, bleibt ein Aspekt unserer gefühlten Wahrnehmung ruhiggestellt und kontrolliert – und steht uns damit nicht zur Verfügung, um den Frieden zu fühlen, in dem wir bereits sind.

Ohne authentische Vergebung gibt es kein Bewusstsein von Frieden. Und es gibt keine authentische Vergebung, bis wir die Resonanz integriert haben, die in uns aufsteigt, wenn wir unsere Aufmerksamkeit auf jene richten, die uns noch immer wütend machen.

Das Werkzeug für die Neutralisierung von Arroganz und das Wiedererlangen unseres Bewusstseins von Frieden ist das Gebet. Arrogante Menschen werden nicht beten, um Hilfe zu bekommen. Beten wir also, dass wir die Stärke, das Mitgefühl und die emotionale Reife haben werden, unsere Lage wahrhaft erkennen zu können. Beten wir, dass wir die Fähigkeit haben, uns selbst zu vergeben, damit auch uns für die Verletzungen vergeben wird, die wir anderen zugefügt haben, damit auch wir die Fähigkeit haben, anderen authentisch zu vergeben. Beten wir, dass wir das Gegenteil von Arroganz erfahren, die Demut.

Nur durch das Gebet erkennen wir, dass die Menschen in unserer Erfahrung, die wir verurteilen und bestrafen, indem wir ihnen unsere Vergebung versagen, in Wirklichkeit unsere Retter sind.

Vergebung kann nicht erzwungen werden. Sie ist auch nicht mechanisch zu erreichen, weil sie »richtig« ist. Deshalb sinken wir demütig auf unsere Knie und bitten unseren Gott, unsere Quelle, unseren Ursprung – oder was immer wir darunter verstehen –, uns zu helfen.

Es ist nicht von Bedeutung, welchen Glauben wir haben: Gebet ist Gebet. Indem wir in dieser demütigen Art und Weise um Hilfe bitten, reißen wir die Festung der Arroganz nieder und neutralisieren das Gift der Wut. Demut löscht Arroganz aus. Nur die Arroganz hält uns davon ab, zu beten und um Vergebung zu bitten.

Damit schließen wir die achte Woche ab.

Woche 9

Unsere bewusste achtsame Reaktion der nächsten sieben Tage lautet:

»Ich liebe mich bedingungslos selbst«

Integration unserer unbewussten Definition von Liebe

Wir sind nun bereit für ursächliche Veränderungen an unserer unbewussten Definition von Liebe. Diese unbewusste Definition von Liebe ist der Grund für all die unerfreulichen Umstände, die wir manifestieren, wenn wir uns »nach Liebe sehnen«, was wir fast immer in unserem Leben tun, wenn wir wach sind.

Unsere unbewusste Definition von Liebe manifestiert sich als Umstände, die es uns unmöglich machen, bedingungslose Liebe zu erfahren. Diese unbewusste Definition von Liebe ist der Grund für unsere physische, mentale und emotionale Dramatik und der Ausgangspunkt für alle Erfahrungen des Mangels.

Wir alle haben ein primäres dramatisches Thema, das sich seit unserer Kindheit wiederholt. Dies ist unsere Tragödie, unsere Wunde, unsere Achillesferse. Obwohl sich dieses Thema als eine Reihe von emotionalen

Zuständen manifestiert, obwohl es auch als mentale Geschichte erzählt werden kann und obwohl es an den unbehaglichen physischen Umständen erkennbar ist, ist es weder emotional noch mental und auch nicht physisch. Im Kern ist es eine *Resonanz*, eine energetische Prägung, die wir in der Kindheit erhalten haben. – Es ist Energie, die in einem Muster des anhaltenden Widerstands gefangen ist.

Solange wir »in der Zeit leben«, spüren wir den Zwang, diese Tragödie auszuleben. Aber solange wir noch nicht ausreichend Bewusstsein im gegenwärtigen Augenblick gesammelt haben, bleibt uns verborgen, dass wir es tun. – Jeder andere, der genügend Zeit mit uns verbringt, nimmt es allerdings durchaus wahr. (Wir sind immer die Letzten, die es erkennen!)

Es ist schwierig zu erkennen, was unsere unbewusste Definition von Liebe ist, weil sie uns von Anfang an begleitet. Sie ist durch die Beziehung zu unseren Eltern, durch die Beobachtung ihrer Beziehung zueinander und durch die Beobachtung, wie sie sich den Lebensumständen gegenüber verhalten, energetisch in unseren emotionalen Körper eingeprägt.

Diese Beobachtung beginnt als eine energetische, gefühlte Wahrnehmung, wird dann begrifflich und schließlich detailliert. Dann identifizieren wir uns so stark mit dieser unbehaglichen Resonanz, dass wir sie nicht mehr als getrennt von uns wahrnehmen können. Solange wir uns irrtümlicherweise mit unserer Erfahrung identifizieren statt mit der Präsenz, die wir sind, glauben wir, dass wir das sind.

Unsere *unbewusste* Definition von Liebe ist nicht das Gleiche wie unsere Definition von Liebe, die wir als *Erwachsener* haben. Unsere Definition von Liebe, die wir als Erwachsener haben, formt sich, während wir die Jahre als Jugendliche durchleben. Diese Definition besagt, dass Liebe Wein und Rosen, Heirat, Kinder zusammen großziehen und »glücklich und zufrieden bis an das Ende zusammenleben« bedeutet. Diese weltliche Definition von Liebe ist mit Bedingungen verknüpft. Im Gegensatz dazu ist unsere unbewusste Definition von Liebe die dysfunktionale Definition von Liebe, die das Kind in uns aufgenommen hat – und schonungslos unserem Erwachsenenleben aufdrückt, scheinbar gegen unsere besten Absichten. Unsere Definition von Liebe, die wir als Erwachsene haben, haben wir mental übernommen, sie ist eine »Geschichte«, aber diese Kindheitsdefinition von Liebe ist emotional eingeprägt und besteht im Kern aus einer gefühlten, energetischen Erfahrung.

Das Kind, das nur unter bestimmten Bedingungen geliebt wird, kümmert sich nicht darum, was die Welt unter Liebe versteht. Es fühlt die Liebe als Verletzung, und dann wird trotz des Weins und der Rosen, trotz einer wunderbaren Hochzeit und trotz des Lebens, das wir gemeinsam mit unseren Kindern aufzubauen versuchen, all das nur zu weiteren Verletzungen führen, bis wir die unbewusste Definition von Liebe integriert haben.

Obwohl unsere unbewusste Definition von Liebe in jeden Aspekt unseres Lebens als Erwachsene einsickert, zeigt sie sich am deutlichsten in unseren intimen Beziehungen. Dies liegt daran, dass unser Wunsch nach bedingungsloser Liebe und unser Wunsch nach Intimität so eng miteinander verknüpft sind. Daher sind unsere fehlgeschlagenen intimen Beziehungen der Bereich, in dem wir unsere unbewusste Definition von Liebe am effektivsten erforschen können. Wir nutzen die Folgen unserer Versuche mit intimen Beziehungen, um zu erkennen, wie unsere unbewusste Definition von Liebe aussieht.

Wenn unsere primären intimen Beziehungen, also die Beziehungen zu unseren Eltern, dysfunktional sind, spiegelt und wiederholt sich diese Störung in all unseren intimen Beziehungen mit unseren Liebespartnern.

Wenn wir »in der Zeit« leben, erfüllt kein Liebespartner das, was wir nach unserer »Definition von Liebe« suchen, die wir als Erwachsene haben. *Der Grund ist, dass sie nicht in unsere Erfahrung treten, um uns die gewünschte bedingungslose Liebe zu geben, sondern um uns zu zeigen, warum wir nicht in der Lage sind, eine Erfahrung der bedingungslosen Liebe für uns selbst zu manifestieren.*

Anders formuliert bedeutet dies: Wenn wir »in der Zeit leben«, steht uns ein Liebespartner zur Seite, um uns zu zeigen, was Liebe *nicht* ist. Nur wenn wir aus dem Bewusstsein im gegenwärtigen Augenblick heraus leben, spiegelt uns ein Liebespartner die Möglichkeiten der Liebe.

Unsere unbewusste Definition von Liebe ist für jeden von uns anders, aber die Mechanismen der Manifestation sind identisch. *Unsere unbewusste Definition von Liebe ist die Resonanz der emotionalen Signatur, die wir als Kinder immer dann erfahren haben, wenn wir uns nach Liebe sehnten.* Daher stellen wir unbewusst die Resonanz dieser emotionalen Signatur immer dann wieder her, wenn wir bedingungslos geliebt werden wollen und wenn wir versuchen, einer anderen Person bedingungslose Liebe zu geben.

Bis wir genügend Bewusstsein im gegenwärtigen Augenblick erreicht haben, um dies in unserer eigenen Lebenserfahrung zu erkennen, nehmen wir es meist nur in der Erfahrung mit anderen Menschen wahr. Wenn wir also in einer Liebesbeziehung stehen, scheint es uns, als ob »die andere Person uns immer wieder jene wenig liebevolle Sache antut«. Durch den Spiegeleffekt des Boten zeigt sich unsere unbewusste Definition von Liebe in den Bedingungen, die die andere Person für uns schafft, um Liebe zu erfahren.

Unsere intimen Beziehungen beginnen normalerweise nach dem Muster, das von unserer Definition von Liebe festgelegt wird, die wir als Erwachsene haben: Wein und Rosen, unsere Sonnenseite, das Versprechen, glücklich bis ans Ende unserer Tage zusammenzuleben. Im Gegensatz dazu wird unsere unbewusste Definition von Liebe in den *Folgen* unserer Versuche deutlich, Liebe zu erfahren. Diese Definition zeigt sich also nicht in der Art und Weise, wie unsere intimen Beziehungen *beginnen,* sondern wie sie *enden.* Wenn unsere intimen Beziehungen zufällig nicht enden, zeigt sich diese unbewusste Definition von Liebe in der Art und Weise, wie diese Beziehungen sich verschlechtern. Natürlich nehmen wir diese Folgen als durch die andere Person verschuldet wahr.

Wir können nun sehen, wie der Spiegeleffekt funktioniert. Die Person, die »uns das Herz bricht«, ist *der Bote.* Wie wir emotional auf diese Erfahrung reaktiv agieren, zeigt uns *die Botschaft.* Jetzt verfügen wir über die Werkzeuge für die Integration der stark aufgeladenen Emotionen, die durch diese Botschaft offengelegt werden.

An diesem Punkt im Prozess sind wir bereit, einen weiteren Schritt in Richtung einer direkteren Integration unserer unbewussten Definition von Liebe zu machen. Für ein Kind gibt es keinen schwerwiegenderen Grund zur Trauer, als sich für die Erfahrung bedingungsloser Liebe zu öffnen und stattdessen Verletzung, Zurückweisung und sogar Demütigung zu erfahren. Die Resonanz, die wir »Trauer« nennen, wird noch verstärkt, wenn das Kind erwachsen wird und sich diese unangenehme Erfahrung immer wieder abspielt. Wie integrieren wir diesen unbewussten, schmerzvollen Zyklus und all seine physischen, mentalen und emotionalen Folgen? Wir erreichen es, indem wir die richtigen Fragen stellen und dann zulassen, dass die Antworten an der Ursache dieser fortgesetzten Dramatik ansetzen, was natürlich durch die bedingungslose, gefühlte Wahrnehmung erfolgt.

Diese Erkenntnis lässt sich ganz einfach umsetzen. Wir fragen uns, was wir fühlen, wenn unsere intimen Beziehungen enden oder sich verschlechtern. Wir fragen uns: »Was *fühle ich* danach?«

Wenn wir diese Frage stellen, müssen wir unsere Aufmerksamkeit von den physischen Umständen abziehen, die mit dem Ende oder der Verschlechterung unserer intimen Beziehungen zu tun haben. Wir ziehen unsere Aufmerksamkeit vom Verhalten unserer Partner und von unserem eigenen Verhalten ab. Wir versuchen, nur *die Folgen zu fühlen.*

Bis zum Beginn von The Presence Process haben wir unsere Aufmerksamkeit wahrscheinlich auf die physischen Umstände der Beziehung konzentriert, wenn wir uns dem Unbehagen aufgrund der fehlgeschlagenen intimen Beziehung gestellt haben. Deshalb hatten die verschiedenen Beziehungen unserer Vergangenheit auch scheinbar unterschiedliche Ergebnisse. Sie unterscheiden sich nur in den physischen Umständen und in den Geschichten, die wir darüber erzählen. Jetzt aber richten wir unsere Aufmerksamkeit darauf, *was wir gefühlt haben,* nachdem die jeweilige Beziehung ihr Ende fand. Wo ist dieses Gefühl *jetzt* in unserem Körper?

Wenn wir uns direkt, durch die gefühlte Wahrnehmung, auf die stark aufgeladenen Emotionen einlassen, die mit den fehlgeschlagenen Versuchen unserer intimen Beziehungen zu tun haben, stehen wir unmittelbar vor unserer unbewussten Definition von Liebe. Wir integrieren sie mit dem gleichen Verfahren, das wir für die Integration aller stark aufgeladenen Emotionen verwenden: bedingungsloses Fühlen. Wenn wir bedingungslos fühlen, wirken wir direkt auf die Ursache ein. Die Folgen sind damit vorgezeichnet.

Es ist nicht von Bedeutung für uns, wie lange die Integration der Emotionen dauert und wie unsere Erfahrung infolge der Integration aussehen wird. Es dauert so lange, wie es dauert. Das bedingungslose Fühlen soll auch nicht »die Erfahrung« oder »eine Erfahrung« sein, sondern ein Werkzeug, das wir einsetzen. Das bedingungslose Fühlen der stark aufgeladenen Emotionen hat Folgen. Es führt dazu, dass alle möglichen Erfahrungen in unser tägliches Leben treten und uns verschiedene notwendige Einsichten enthüllen. Es bringt uns das Notwendige, um diese Prägung zu integrieren.

Wir können erkennen, dass wir mit der Integration unserer unbewussten Definition von Liebe begonnen haben, *wenn wir nicht mehr nach Personen suchen, damit wir uns geliebt fühlen können.* Das Verhalten des »Suchens nach Liebe« tritt nur auf, wenn wir durch eine unbewusste Definition von Liebe getrieben sind. Wenn diese Integration vollzogen ist, können wir zulassen, dass die Liebe zu uns kommt, *so wie es erforderlich ist.*

Die Liebe, die wir uns selbst bedingungslos geben, ist genug. Wenn jemand in unser Leben tritt, mit dem wir teilen können, was wir zu geben haben, ist das himmlisch. *Bei der Liebe geht es dann nur darum, bedingungslos zu geben. – Und im bedingungslosen Geben liegt das Empfangen.*

Manipulation

Ein Junge wird geboren. Und sofort wird ihm die Brustwarze seiner Mutter ins Gesicht geschoben. Er nuckelt daran und erhält über diese Erfahrung sämtliche Nahrung. Dann wird ihm die Brustwarze nach einer relativ kurzen Zeit weggenommen und auf immer vor ihm verborgen.

Armer kleiner Kerl! Ohne dass es ihm bewusst ist, verbringt er den Rest seines Lebens damit zu versuchen, die Brustwarze zu sehen und wieder daran zu nuckeln. Jede Frau, die er trifft, wird zur potenziellen Kandidatin für diese sehnlichst erwünschte Wiedervereinigung. Aufgrund dieses Dilemmas ist er ständig hungrig und ruhelos.

Eines Tages trifft er eine weise Frau, die zu ihm sagt: »Ich bin nicht deine Mutter. Keine Frau ist das. Lass meine Brüste in Ruhe. Die Quelle ist deine einzige Mutter. Geh und suche die Brustwarze der Quelle und komm erst zurück, wenn du weißt, was ich bin. Erst dann werde ich wieder nackt in deinen Armen liegen.«

Das bringt seine Welt ins Schwanken. Bis zu diesem Augenblick hatte er sein Leben in der Annahme gelebt, dass er wüsste, was Liebe sei, und warum er die Dinge tut, die er in der Welt tut. Die Offenbarung schockiert ihn: *Manipulation!*

Mit dieser Offenbarung kann er klar erkennen, dass er nichts als ein unersättlicher Sauger und Trottel ist, solange er die Frauen so behandelt – solange er alle und alles so behandelt.

Wir können nicht zwischen einem Bedürfnis, einem Bedarf und einem Erfordernis unterscheiden, bis wir unsere unbewusste Definition von Liebe integriert haben. Ohne es zu erkennen, manipulieren wir daher bewusst und unbewusst jede Erfahrung in dem Versuch, die Resonanz der stark aufgeladenen Emotionen neu zu erschaffen, die wir fälschlicherweise mit unserer Definition von bedingungsloser Liebe verknüpfen.

Die Sichtweise in The Presence Process ist:

Ein Bedürfnis ist etwas, das absolut notwendig ist, um weiter Erfahrungen als Mensch machen zu können – wie Nahrung, Wasser, Sauerstoff usw.

Ein Bedarf ist etwas, das wir anstreben, damit wir uns angesichts der unbehaglichen Bedingungen unserer Prägung besser fühlen. Die Absicht des Bedarfs ist, das Bewusstsein des Unbehagens aus unseren stark aufgeladenen Emotionen zu verringern, indem wir es ruhigstellen oder kontrollieren. Da der Ursprung dieses Verhaltens im Unbehagen liegt, ist das Ergebnis unweigerlich ebenfalls Unbehagen.

Ein Erfordernis ist daran erkennbar, dass es das ist, »was geschieht«. Erfordernisse sind vorgegeben, ob wir es wollen oder nicht. Sie sind all die Aspekte der Erfahrung, die von der Präsenz ins Spiel gebracht werden und die persönliche Weiterentwicklung ermöglichen sollen. Ein Erfordernis ist selten eine Erfahrung, die wir anstreben, aber wenn wir achtsam darauf reagieren, folgt daraus persönliches Wachstum.

Wenn wir durch unsere unbewusste Definition von Liebe angetrieben sind, sind wir nur an unserem Bedarf interessiert. Aus diesem Grund manipulieren wir alles, um das zu bekommen, von dem wir annehmen, es sei unser Bedarf. Aber egal wie viele der Objekte unseres Bedarfs wir erwerben, es werden nie genug sein. Da unsere unbewusste Definition von Liebe von Natur aus *mit Bedingungen verknüpft* ist, kann sie die bedingungslose Erfahrung, die wir anstreben, nie herbeiführen. Und daher enthält sie uns auf immer das Gefühl vor, »dass wir genügen«. Nur die Resonanz der »Bedingungslosigkeit« kann die Erfahrung des »Genügens« auslösen.

Solange wir unsere Erfahrung manipulieren, ist es schwierig für uns, in gereifter Weise achtsam auf unsere Bedürfnisse zu reagieren, und es ist nahezu unmöglich, dankbar unsere Erfordernisse zu empfangen. Die Erfordernisse scheinen ständig dem im Wege zu stehen, was wir für unseren Bedarf halten!

Durch die Integration unserer unbewussten Definition von Liebe lernen wir, zwischen unseren Bedürfnissen, unserem Bedarf und unseren Erfordernissen zu unterscheiden – und darauf entsprechend achtsam zu reagieren. Nur wenn wir unsere »Bedürfnisse« als die primäre Nahrung für unseren Körper und unsere »Erfordernisse« als die primäre Nahrung für unsere Seelenentwicklung erkennen können, können wir damit aufhören, unsere Erfahrung zu manipulieren.

Erst dann erkennen wir die Manipulation als *Versuch, das, was bereits geschieht, in etwas anderes zu verwandeln.* Die Absicht, »bedingungslos mit dem zu sein, *was ist*«, integriert manipulatives Verhalten, indem sie die Prägung der stark aufgeladenen Emotionen aufdeckt, die das Verhalten antreibt.

Geben ohne Bedingungen ist Empfangen

Die Folge der Prägung aus unserer Kindheit ist, dass unser Verhalten dadurch bestimmt wird, dass wir, um etwas zu empfangen, es scheinbar von jemand anderem nehmen müssen. Ohne dies zu hinterfragen, übernehmen wir die Regel: »Bekommen, indem wir nehmen, ist Empfangen.«

Wenn wir dieses Verhalten jedoch von einer einheitlichen Perspektive aus betrachten, ist es sinnlos. Eine einheitliche Perspektive erhalten wir, wenn wir uns selbst als *eine einzelne Zelle im Körper von allem, was ist,* vorstellen können. Diese einfache Visualisierung hilft uns zu verstehen, wie wir gleichzeitig Individuen und voneinander abhängig sind. Wenn wir unser Leben als einen Teil des einheitlichen Feldes der gemeinsamen Präsenz betrachten, dann bedeutet es, wenn eine Zelle etwas von einer anderen Zelle nimmt, um etwas zu bekommen, das sie braucht, dass jemand in der Gesamtheit der Erfahrung dabei verliert. Dies löst Unbehagen im Körper als Ganzes aus.

Wenn wir versuchen, etwas von dieser Welt zu bekommen, indem wir es von jemand anderem nehmen, verursachen wir die Spiegelung von Mangel in unserer Erfahrung der Welt. Wie ist es möglich, Harmonie herzustellen, wenn wir bekommen, indem wir nehmen? Die Haltung des Bekommens durch das Nehmen *manifestiert nur Mangel.*

Wenn wir damit beginnen wollen, die Tatsache zu integrieren, dass das Bekommen durch Nehmen Mangel manifestiert, müssen wir uns vor einen Spiegel stellen und so tun, als ob wir unserem Spiegelbild etwas wegnehmen. Beachten Sie, dass das Spiegelbild gleichzeitig »nimmt, um von *uns* zu bekommen«, während wir das Verhalten des »Bekommens durch Nehmen« ausleben.

Wir können diese Übung zwar visualisieren, ohne einen Spiegel zu benutzen, aber es ist notwendig, uns dies selbst tatsächlich vor einem Spiegel zu demonstrieren, damit das Kind in uns das Dilemma verstehen kann. Es dauert nur einen kurzen Augenblick – und dieser Augenblick kann, wenn dieser Umstand integriert wird, die Qualität unserer gesamten Lebenserfahrung verändern.

Bitte stellen Sie sich vor einen Spiegel, machen Sie diese Übung und beobachten Sie, was geschieht. Stellen Sie sich vor den Spiegel und verhalten Sie sich so, als ob Sie versuchen, etwas von dem Spiegelbild zu bekommen, indem Sie dem Spiegelbild etwas wegnehmen. Sie werden klar erkennen, dass »Bekommen durch Nehmen« die Ursache unserer Erfahrung von Mangel ist.

Wenn wir in irgendeinem Aspekt unserer Erfahrung Mangel wahrnehmen, liegt das daran, dass wir irgendwo oder irgendwie versuchen, das Gewünschte zu bekommen, indem wir von anderen nehmen, was immer wir als bei uns fehlend wahrnehmen.

Hier ist eine wichtige Erkenntnis, die Sie verarbeiten sollten: Unser Bedarf, der durch unsere nicht integrierten, stark aufgeladenen Emotionen getrieben ist, macht uns glauben, dass wir nach etwas Materiellem und Greifbarem streben müssen, um uns zufrieden zu fühlen: Geld, ein Auto, ein neues Haus, eine neue Position am Arbeitsplatz. Aber das stimmt nicht. Es ist niemals wirklich die »Sache«, hinter der wir her sind, sondern *die Resonanz, die damit verknüpft ist, die Sache zu haben.*

Deshalb fragen wir uns: »Welche Resonanz ist mit der Sache verknüpft, die ich haben will?« Dann geben wir uns diese Resonanz, indem wir sie *jetzt* fühlen, statt hinter der Sache herzujagen. Wir fühlen diese Resonanz ohne Bedingungen.

Diese Übung führen wir durch, wann immer wir erkennen, dass wir wieder in die Erfahrung von Bedarf hineingleiten. Wenn wir lernen, wie wir uns selbst die Resonanzen zuführen, die wir durch unseren endlosen Bedarf anstreben, wird sich unsere Haltung des »Bekommens durch Nehmen« allmählich abschwächen.

Statt zu versuchen, das in unserer Erfahrung »Fehlende« von anderen zu nehmen, wird sich unser Gefühl von Mangel stark verringern, wenn wir es uns zunächst bedingungslos selbst geben, indem wir die zugehörige Resonanz fühlen. Mangel ist eine Resonanz, die daraus entsteht, dass wir nicht in der Lage sind, uns emotional selbst zu nähren. Die Resonanz manifestiert sich dann als mentale Geschichten und physische Umstände.

Wenn wir beispielsweise den Bedarf fühlen, eine bestimmte Position an unserem Arbeitsplatz einnehmen zu wollen, die bereits von einer anderen Person besetzt ist, könnte die Resonanz, die wir durch die Übernahme dieser Position zu bekommen glauben, das Gefühl von Erfolg sein. Unsere Aufgabe besteht dann darin, uns selbst die Resonanz zuzuführen, die wir mit Erfolg verknüpfen, indem wir sie *im gegenwärtigen Augenblick* fühlen.

Um dies zu erreichen, fragen wir uns: »Wie fühlt es sich an, erfolgreich zu sein?« Wir lassen zu, dass die Resonanz, die wir mit Erfolg verknüpfen, spontan in uns aufsteigt, ohne Bedingungen damit zu verbinden. Da das Fühlen dieser Resonanz ohne Bedingungen an der Ursache ansetzt, hat es Folgen für unsere weitere Lebenserfahrung. Diese Folgen bringen uns die Erfahrung, die wir für authentischen Erfolg brauchen. Diese Erfahrung unterscheidet sich erheblich von dem Versuch, erfolgreich zu sein, indem wir anderen Menschen den Erfolg rauben.

Wenn wir erst einmal in der Lage sind, uns selbst die Resonanz zuzuführen, die wir mit Erfolg verbinden, können wir uns mit anderen Menschen in einer Art und Weise austauschen, die sie befähigt, sich erfolgreich zu fühlen, ohne Bedingungen mit unserer Absicht zu verknüpfen.

Dann entfaltet sich die Magie erst wirklich!

Wenn wir anderen Menschen diese Resonanz zuführen und sie als erfolgreich behandeln, ohne ihnen Bedingungen aufzuerlegen, erwacht in uns eine weitere, kraftvolle Erkenntnis: die Erkenntnis, dass *Geben ohne Bedingungen bedeutet, zu empfangen.*

Wenn wir den Spiegel noch einmal benutzen, können wir sehen, wie es funktioniert. Stellen Sie sich noch einmal vor den Spiegel und überreichen Sie Ihrem Spiegelbild etwas. Beachten Sie dabei, wie Ihr Spiegelbild Ihnen die gleiche Sache darbietet. Dies zeigt, dass Geben bedeutet, zu empfangen. Aber eine zentrale Erkenntnis dabei ist, dass der Schlüssel für diese Beziehung des Gebens und Empfangens im einheitlichen Feld in einem einzigen Wort liegt: *bedingungslos.*

»Geben ist Empfangen« ist die energetische Frequenz, an der das einheitliche Feld, das wir Universum nennen, ausgerichtet ist. Aber: *Das Geben findet nicht notwendigerweise an der gleichen Stelle statt wie das Empfangen.* Da wir innerhalb eines einheitlichen Feldes agieren, kann das, was wir aufgrund unseres bedingungslosen Gebens empfangen, von *irgendwoher* zu uns kommen.

Wenn wir glauben, dass das Empfangen an genau der gleichen Stelle geschehen muss wie das Geben, ist die Manipulation immer an unserem Geben beteiligt. Diese Manipulation verwandelt das Geben in Nehmen und Empfangen in Bekommen.

Der Schlüssel zu unbegrenztem Reichtum liegt darin zu lernen, wie wir uns selbst bedingungslos die Resonanz dessen geben können, was wir anstreben, und dann die Fähigkeit zu entwickeln, diese gefühlte Resonanz bedingungslos an andere Menschen weiterzugeben.

Grenzenloser Reichtum ist *das Empfangen dessen, was für uns erforderlich ist, genau in dem Moment, in dem es erforderlich ist,* und nicht, dass wir einen Bedarf decken, wann immer wir Bedarf haben. Er hat nichts mit dem Befriedigen unseres Bedarfs und seiner Bedingungen zu tun. Unser Bedarf ist immer mit Bedingungen verknüpft. Aus diesem Grund muss die Resonanz der stark aufgeladenen Emotionen, die unseren Bedarf antreibt, integriert werden, bevor wir grenzenlosen Reichtum erfahren können. Bedarf – und das Verhalten des »Bekommens durch Nehmen«, das dadurch hervorgerufen wird – führt zu Mangel, nicht zu Reichtum.

Unsere Befreiung von Mangel und der Eintritt in den grenzenlosen Reichtum beginnt, wenn wir uns selbst bedingungslos das geben, was wir bisher bei anderen gesucht haben: *bedingungslose Aufmerksamkeit.*

Liebe ist alles. Das ist der Grund, warum die Integration unserer unbewussten Definition von Liebe der Schlüssel zur Entfesselung unseres Bewusstseins und der Erfahrung von wirklich grenzenlosem Reichtum ist.

Unsere Erfahrung ist erforderlich, genau so, wie sie sich entfaltet – egal wie uns das erscheinen mag. Wenn es geschieht, dann weil es erforderlich ist. Unsere Aufgabe ist es, achtsam auf die sich entfaltenden Ereignisse so zu reagieren, als ob dies stichhaltig ist – und nicht reaktiv darauf zu agieren. Durch bedingungsloses achtsames Reagieren integrieren wir. Durch reaktives Agieren mit Bedingungen zerfallen wir.

Bedingungslos und achtsam auf unsere sich entfaltende Erfahrung zu reagieren, ist einfach. Wir lassen uns mit unserer gefühlten Wahrnehmung auf die Geschehnisse in unserem Leben ein. Wir fühlen die Resonanz der Dinge, die uns passieren, von dem Standpunkt aus, dass dies erforderlich und damit stichhaltig und richtig ist. Wir fühlen es, *ohne Bedingungen damit zu verknüpfen.*

Wir fühlen es nicht, um es zu heilen, zu verstehen, zu reparieren oder zu transformieren. Wir fühlen es bedingungslos, *weil es geschieht.* Unser Fühlen ist nicht mit irgendwelchen Erwartungen verbunden.

Anfangs mag uns das schwerfallen. Dies ist nur deshalb so, weil wir süchtig danach sind, reaktiv auf unsere Erfahrung zu agieren, indem wir sie automatisch manipulieren und zu dem machen, was wir glauben, von dieser Erfahrung zu wollen – was wir erwarten, dass diese Erfahrung für uns ist. In dem Augenblick, in dem wir mit dieser Manipulation aufhören – in dem Augenblick, in dem wir uns erlauben, die Ereignisse als »erforderlich« zu empfangen, indem wir sie ohne Bedingungen fühlen –, haben wir die Integration unserer unbewussten Definition von Liebe eingeleitet. Dies bedeutet in der Praxis, »uns selbst bedingungslos zu lieben«.

Uns selbst bedingungslos auf der kausalen Ebene zu lieben, bedeutet, den gefühlten Aspekt unserer Erfahrung in jedem Augenblick bereitwillig anzunehmen und zu erkennen, dass dies stichhaltig und erforderlich ist, ohne darüber zu urteilen, was durch uns und für uns geschieht. Nur wenn wir auf diese Weise mit dem gefühlten Aspekt unserer Erfahrung sein können, können wir dies auf ebensolche Weise mit anderen und den Erfahrungen tun, die sie durchmachen müssen.

Es gibt nichts, was wir von dieser Welt »bekommen« müssten. Wir kamen mit nichts in diese Welt, wir verlassen diese Welt mit nichts. Dies ist ein Hinweis darauf, dass *Bekommen durch Nehmen* keines der Ziele ist, für die wir hier sind.

Auch Liebe ist in dieser Welt nicht zu »bekommen«. Die Welt ist so neutral wie ein Spiegel. Wir sehen darin, was wir davorstellen. Wenn wir versuchen, von dieser Welt Liebe zu bekommen, indem wir sie uns nehmen, lenken wir unsere Erfahrung immer tiefer in den Mangel hinein.

Wenn wir integrieren, gibt es in dieser Welt nichts zu bekommen. Es ist vielmehr so, *dass wir hierhergekommen sind, um bedingungslose Liebe in unsere Erfahrung der Welt zu bringen.* Indem wir dies tun, überqueren wir eine Brücke zu einer Erfahrung, bei der wir ständig alles empfangen, wofür wir ein Bedürfnis und Erfordernis haben.

Das Lernen, wie wir uns selbst geben, was wir bisher fälschlicherweise von anderen erhalten wollten, ist *die Botschaft,* die unsere Eltern, Familienmitglieder und andere Menschen, die Intimität oder Innigkeit in unsere Erfahrung bringen, uns zu übermitteln versuchen. Es war niemals ihre Aufgabe, und es wird niemals ihre Aufgabe sein, bedingungslose Liebe in *unsere* Erfahrung zu bringen. Es ist einzig ihre Aufgabe, uns die Bedingungen zu spiegeln, mit denen wir unsere Liebe für sie belegen. Die energetischen Bedingungen, die unserem emotionalen Körper in der Kindheit eingeprägt wurden, sind die Bedingungen, die wir uns zur Aufgabe gemacht haben, in diesem Leben zu überwinden, weil sie genau das sind, was uns davon abhält, bedingungslose Liebe zu erfahren.

In dem Augenblick, in dem wir Schritte unternehmen, um die unbehagliche Resonanz zu integrieren, die unsere unbewusste Definition von Liebe antreibt, beginnen wir, unsere Eltern, unsere Familie und geliebte Menschen aus der Vergangenheit in einem neuen Licht zu sehen. Der Schleier, den unsere stark aufgeladenen Emotionen auf sie werfen, hebt sich, und wir können sie »in dem Licht« wahrnehmen, das sie authentisch zeigt: Sie sind die, die uns intensiv genug geliebt haben, um die schmerzhafte Aufgabe zu übernehmen, uns unsere nicht integrierten, stark aufgeladenen Emotionen zu spiegeln, damit wir Gelegenheit haben, sie wahrzunehmen, sie bedingungslos zu *fühlen* und sie zu integrieren.

Wir sind es, die diese stark aufgeladenen Emotionen so stark kontrollieren und ruhigstellen, dass wir sie nur dann wahrnehmen können, wenn wir sie als äußere Dramatik ausleben. In dem Augenblick, in dem wir das achtsame Reagieren einleiten, das erforderlich ist, um diese stark aufgeladenen Emotionen zu integrieren, ist dieses tragische Schauspiel, das sich die ganze »Zeit« vor uns abgespielt hat, nicht mehr notwendig.

Wir sind die, die nicht sehen können. Die Schauspieler (die Boten) haben nur unser Bestes im Sinn, ob es ihnen bewusst ist oder nicht. Denn unter der oberflächlichen Erscheinung ihrer Rolle ist die bedingungslos liebende Energie unserer gemeinsamen Präsenz am Werk, die alles in ihrer Macht Stehende tut, uns so behutsam wie möglich zu wecken, ohne unsere innewohnende Verantwortung zu rauben. Die Präsenz weiß, dass Freiheit ohne Verantwortung gar keine Freiheit ist. Denn wenn wir nicht in jedem Augenblick bewusst und achtsam reagieren können, wie können wir dann überhaupt frei sein?

Beim freien Willen geht es nicht darum, genau das zu tun und zu bekommen, was wir wollen. Es geht vielmehr um die Fähigkeit, bewusst und achtsam auf das zu reagieren, was erforderlich ist. Durch die Erkenntnis, dass wir uns selbst bedingungslos die Resonanz dessen geben müssen, was wir bisher bei anderen gesucht hatten, empfangen wir alles, wofür wir ein Bedürfnis und Erfordernis haben.

Wenn wir kämpfen, um unsere Prägungen loszuwerden, erscheinen uns die Engel, die zu unserer Befreiung kommen, als Dämonen. Aber in dem Augenblick, in dem wir bewusst und achtsam reagieren und somit in das Bewusstsein im gegenwärtigen Augenblick eintreten, verwandeln sich diese Dämonen wieder in die Engel, die sie sind. Sie sind unsere Brüder und Schwestern, die mit uns zusammenarbeiten, um eine bewusste Harmonie des Ganzen herzustellen. Diese bewusste Harmonie entsteht aus dem achtsamen Reagieren im Bewusstsein. In dem Augenblick, in dem wir dieses Bewusstsein auf der Erfahrungsebene empfangen, beginnt die Integration unserer Angst, Wut und Trauer.

Einer der Gründe, warum uns dieses Leben geschenkt wurde, ist, damit wir entdecken können, was es bedeutet, bedingungslos zu lieben. Wenn wir uns auf den gefühlten Aspekt unserer Erfahrung als Mensch einlassen, ohne Bedingungen zu stellen, praktizieren wir uns selbst gegenüber bedingungslose Liebe. Wenn wir dies in uns erreichen, entwickeln wir die Fähigkeit, uns jedem anderen Menschen gegenüber ebenso zu verhalten.

Damit schließen wir die neunte Woche ab.

Woche 10

Unsere bewusste achtsame Reaktion der nächsten sieben Tage lautet:

»Ich weiß zu würdigen, was ich bin«

Bewusstes Eintreten in das einheitliche Feld

Das Gesetz von Ursache und Wirkung führt dazu, dass »wir finden, was wir suchen«, und dass »uns gegeben wird, um was wir bitten«. Die automatische und unabwendbare Folge ist, dass wir immer genau das sehen, wonach wir suchen. Die Erfahrungen, die wir in jedem Augenblick machen, sind genau das, worum wir gebeten haben.

Das bedeutet, dass unser Leben und die Art, wie wir es erfahren, die ständige Antwort auf die Fragen ist, die wir die ganze Zeit stellen, eine permanente Enthüllung dessen, was wir suchen. Uns ist das nicht besonders offensichtlich, weil der größte Teil des Suchens und des Fragens unbewusst vonstattengeht, angetrieben durch die stark aufgeladenen Emotionen, die sich in der Kindheit als Prägung in unserem Energiefeld festgesetzt haben.

Wenn wir die Fähigkeit hätten, nach innen zu blicken und die Summe der Emotionen unserer derzeitigen Prägung zu fühlen, und wenn wir die

Fähigkeit hätten, dann nach außen zu blicken und die Summe der Resonanzen zu fühlen, die aus den emotionalen, mentalen und physischen Facetten unseres Lebens hervorgehen, würden wir erkennen, dass sie vollkommen übereinstimmen.

Wenn wir uns nicht in Harmonie mit der Qualität unserer Lebenserfahrung fühlen, liegt es daher in unserer Verantwortung, die Prägung zu integrieren, die die Ursache hierfür ist. Dies kann niemand sonst für uns erledigen. Die Fähigkeit, dies für uns selbst tun zu können, macht den freien Willen aus.

Ein wichtiger Vorteil in The Presence Process ist, dass er uns Gelegenheit gibt, *mit Absicht* im einheitlichen Feld der menschlichen Erfahrung *zu leben.* Erforschen wir, wie das in unserem täglichen Leben praktisch umgesetzt werden kann.

Da ist eine Kluft zwischen uns und jedem anderen Menschen, der Raum, den wir zwischen uns wahrnehmen. Diese Kluft erscheint uns wegen unseres Körpers real. Genau in der Kluft zwischen den anderen und uns manifestiert sich die Welt. Unsere Welt ist diese Kluft.

Da uns unser Körper glauben macht, dass diese Kluft wirklich ist, glauben wir, dass wir von anderen getrennt sein können. Wir glauben, dass unser Körper von den Körpern der anderen getrennt ist und dass wir daher unsere eigenen, persönlichen physischen Empfindungen haben. Wir glauben, wir haben unseren eigenen, persönlichen mentalen Körper und daher unsere eigenen Gedanken. Wir glauben, wir haben unser eigenes Herz und daher unsere eigenen gefühlten Zustände. Wir glauben, wir haben unseren eigenen Schwingungskörper und daher unsere eigenen Einsichten und Offenbarungen auf der Schwingungsebene.

Diese Trennung in der Wahrnehmung macht uns glauben, dass wir vollkommen allein sind, wenn wir nicht in Gesellschaft eines anderen Menschen sind. Durch den Besitz unseres Körpers können wir glauben, dass wir im einheitlichen Feld vollkommen allein sein können.

Wir alle machen jedoch Erfahrungen, die beweisen, dass dem nicht so ist. Wir wollen sie »einheitliche Erfahrungen« nennen. Wir haben gesehen, wie andere sich physisch verletzt haben, und fühlten sofort deren Schmerz in unserem eigenen Körper. Wir haben über jemanden nachgedacht und kurz darauf diese Person zufällig getroffen oder einen Anruf von ihr erhalten. Wir haben etwas hinter uns gespürt und uns umgedreht, um zu entdecken, dass wir von jemandem beobachtet wurden. Wir haben schon erlebt, dass wir einen Gedanken äußern wollten und die Person neben uns genau den gleichen Gedanken ausgesprochen hat. Wir wollten uns jemandem anvertrauen und ihm unsere emotionalen Empfindungen mitteilen, als er uns zuvorgekommen ist und uns unterbreitete, dass er genau die gleiche emotionale Erfahrung macht wie wir. Wir hatten auch Einsichten und Offenbarungen auf der Schwingungsebene, von denen wir glaubten, dass nur wir sie hätten, stellten dann aber fest, dass andere über genau die gleiche Einsicht und Offenbarung berichteten.

Es gibt verschiedene Bezeichnungen, die wir diesen einheitlichen Erfahrungen geben können: »übersinnliche Fähigkeiten«, »Übertragung«, »Intuition«, »Einfühlungsvermögen«, »Telepathie« oder die Folgen »besonderer Feinfühligkeit«. Es macht keinen Unterschied, welche Bezeichnung wir ihnen geben. Worauf es ankommt, ist, dass wir unsere Wahrnehmung der »Wirklichkeit« so anpassen, dass sie mit den Beweisen übereinstimmt, die uns ständig durch solche einheitlichen Erfahrungen vorgesetzt werden. Die Belege durch solche einheitliche Erfahrungen zeigen uns:

- Unsere physischen Körper scheinen zwar getrennt, sind es aber nicht. Sie sind mit allen anderen Körpern energetisch eng verbunden.
- Unser mentaler Körper ist nicht das physische Gehirn in unserem Kopf. Seine Möglichkeiten übersteigen die Grenzen unseres physischen Körpers so weit, wie wir denken können.

- Unsere emotionalen Erfahrungen sind nicht auf uns beschränkt. Die Welt um uns herum nimmt an ihnen teil.
- Unser dauerhaftes und sich entwickelndes Schwingungsbewusstsein ist nicht persönlich und abgrenzend. Es ist universal und umfassend.

Trotz dieser offensichtlich einheitlichen Erfahrungen, die der mentale Körper so rasch wie möglich abtut, hält uns unsere Unfähigkeit, klar zu kommunizieren, was mit uns geschieht, in dem Glauben, dass wir eine von anderen getrennte, eigenständige Erfahrung machen. Wir erkennen noch nicht, dass wir ständig gegenseitig die gleiche Erfahrung in Worte fassen, wenn wir uns anderen gegenüber erklären. Wir erkennen dies nicht, weil wir uns auf unsere persönliche Interpretation der Erfahrung konzentrieren (unsere mentale Geschichte), nicht auf die Resonanz der Erfahrung selbst.

In dem Augenblick, in dem wir eine Erfahrung mental interpretieren, personalisieren wir sie und machen sie damit zu einem individuellen und daher gesonderten, scheinbar getrennten und isolierten Vorkommnis. Wenn andere Menschen nicht verstehen können, über was wir mit ihnen zu kommunizieren versuchen, oder sich damit nicht identifizieren können, fühlen wir eine gewisse Trennung und Entfremdung. Dies verstärkt die Illusion, dass wir von anderen getrennt sind und somit »unsere eigene Erfahrung« machen können.

Immer wenn wir versuchen, unsere physische, mentale und emotionale Erfahrung untereinander auszutauschen, konzentrieren wir uns zu stark darauf, was unsere Erfahrung *bedeutet,* und zu wenig darauf, was in uns auf der Ebene der reinen, gefühlten Wahrnehmung geschieht.

Aufgrund unserer unterschiedlichen Überzeugungen, die unsere mentalen Geschichten über die Art der Erfahrung sind, hat ein bestimmtes Ereignis für verschiedene Menschen unterschiedliche Bedeutungen. Da unsere Überzeugungen uns sehen lassen, wonach wir suchen, beugen wir die Interpretation dessen, was wir erleben, damit sie das bestätigt, was wir für wahr halten.

Wenn das, was wir vor uns sehen, nicht in unsere persönliche, mentale Geschichte des Möglichen hineinpasst, finden wir eine Erklärung, warum das nicht möglich ist. Dies ist das Gleiche, wie es *gar nicht zu sehen.* Der mentale Körper findet ständig solche Erklärungen, warum einheitliche Erfahrungen nicht möglich sind, weil sie nicht in unsere gegenwärtige, kollektive Geschichte passen, was uns sagt, dass unser Körper uns von anderen trennt.

Es ist sinnlos, eine Debatte oder Diskussion darüber einzugehen, ob wir einheitlich sind oder nicht, weil jeder eine andere Vorstellung davon hat, was »einheitlich sein« bedeutet – je nach unseren persönlichen Geschichten. Es ist daher produktiver, wenn wir ignorieren, was wir über das Einheitlichsein *denken*, und uns stattdessen darauf konzentrieren, was uns unsere Erfahrungen des Einheitlichseins bereits erkennen lassen. Unsere Erfahrung soll unser Nachweis sein. Unsere Erfahrung soll unsere Lehre sein. Lassen wir zu, dass wir unsere Erfahrung als stichhaltig und richtig annehmen.

Wenn wir an jemanden denken und uns diese Person gleich darauf anruft, warum verhalten wir uns weiter so, als ob wir von anderen getrennt sind? Sind unsere Erfahrungen nicht Beweis genug?

Wenn wir uns nun bewusst auf die einheitliche Erfahrung zubewegen, die die enge Verbundenheit der Präsenz in uns und allem Leben ist, erinnern wir uns auch daran, in welchem Maße wir nach wie vor unbewusst und in unserer Wahrnehmung von den uralten Prägungen unterjocht sind, die über viele Generationen an uns weitergereicht wurden. Diese Prägungen werden mental in sehr alte Überzeugungen umgesetzt, die ein Bewusstsein der Trennung stützen. In dem Augenblick, in dem wir in unsere gegenwärtige Erfahrung eingetreten sind, haben wir diese uralten Prägungen über unsere Eltern geerbt. – So wie unsere Eltern ihre Prägungen über ihre eigenen Eltern geerbt haben.

Beginnen wir damit, dass wir einräumen, dass diese uralten Prägungen und die daraus folgenden Überzeugungen darüber, »wie die Welt ist«, in ihrer Beschaffenheit überholt sind. Sie sind uns zwar vertraut und damit für den geistigen Körper angenehm, aber sie sind untauglich. Wir können anerkennen, dass sie uns an einem gewissen Punkt in unserer Entwicklung gedient haben, aber dies ist nun nicht mehr der Fall. Nun begrenzen sie uns und erhalten die Illusion aufrecht, dass wir voneinander getrennt sind, dass wir allein sind und hinausgehen müssen und »für unseren Anteil sorgen müssen«, weil wir sonst ohne dastehen.

Diese Prägungen und die veralteten Überzeugungssysteme, die sie unterstützen, sind die Grundlage für einen großen Teil unseres gegenwärtigen Leids als Spezies. Durch die Trennung, die Absonderung, den Rassismus, den Nationalismus und das Klassenbewusstsein, die sie fördern, bilden sie die Grundlage für ganze Zeitalter der Angst, Wut und Trauer. Wenn wir den Beweis für unsere gegenwärtige, einheitliche Erfahrung vor Augen haben, wäre es Wahnsinn, die Wahrnehmung aufrechtzuerhalten, dass wir auf irgendeiner Ebene voneinander getrennt sind. Das wäre Verleugnung und Irreführung. Es wäre das Gleiche wie daran festzuhalten, dass die Erde eine Scheibe ist, während wir doch ganz deutlich die Krümmung des Horizonts wahrnehmen.

Eine effiziente und schnelle Möglichkeit, eine Aktualisierung unserer Wahrnehmung zu erreichen, damit wir der Tatsache der einheitlichen Erfahrung Rechnung tragen, ist die absichtliche Provozierung von Zusammentreffen mit diesem Paradigma der einheitlichen Erfahrung, um unser Bewusstsein damit zu speisen. Wir leiten diese Aktualisierung unserer Wahrnehmung auf der Erfahrungsebene ein, indem wir uns entscheiden, uns von diesem Moment an *so zu verhalten, als ob wir mit allem Leben um uns herum eins wären.* Im gleichen Atemzug öffnen wir uns für tägliche Gegebenheiten, die die Wirkung dieses Paradigmas auf unsere persönliche Erfahrung unterstützen.

Bitten und Empfangen. Wir aktivieren dies über Ursache und Wirkung, indem wir bewusst nach praktischen Beweisen Ausschau halten, dass wir ein einheitlicher Körper, eine einheitliche mentale Matrix, ein einheitliches Herz und ein einheitliches Schwingungsfeld sind. Indem wir bewusst nach solchen Beweisen suchen, nehmen wir sie wahr, weil wir nach dem Gesetz von Ursache und Wirkung das wahrnehmen, wonach wir suchen.

Suchen und Finden. All das Bitten und Suchen hängt an einer Vereinbarung, die wir mit uns selbst treffen: *Wenn wir auf praktische Beweise treffen, erlauben wir es unserem mentalen Körper nicht, sie für unmöglich zu erklären.*

Die beste Möglichkeit sicherzustellen, dass dies nicht geschieht, ist die Anwendung eines Verfahrens, das wir *Zurückhaltung* nennen. Wenn wir in unseren alltäglichen Begegnungen auf praktische Beweise unseres Paradigmas der einheitlichen Erfahrung treffen, werden wir sie weder offenbaren noch anderen Menschen erklären. Wenn wir diese einheitlichen Erfahrungen offenbaren oder anderen Menschen erklären, streben wir nach einer Bestätigung, dass dies stichhaltig und richtig ist. Kein Mensch kann Ihnen jemals die Richtigkeit Ihrer persönlichen Erfahrung im einheitlichen Feld bestätigen. Der Akt der Erklärung einer einheitlichen Erfahrung ist eine unmittelbare Anerkennung des Getrenntseins. In dem Augenblick, in dem wir anderen Menschen einheitliche Erfahrungen erläutern, fallen wir aus dem Einssein und werden zwei! Die Erläuterung einer einheitlichen Erfahrung zwischen zwei Individuen erfordert und verstärkt das Bewusstsein des Getrenntseins.

Die Ablehnung oder Zustimmung einer anderen Person hat keinen Einfluss auf die Gültigkeit unserer Erfahrung.

Wenn wir nicht versuchen, anderen diese einheitlichen Erfahrungen zu erläutern, können sie auch nicht für unmöglich und ungültig erklärt werden. Wenn wir eine einheitliche Erfahrung machen und sie in uns aufnehmen, verarbeiten wir sie. Wenn wir diese Erfahrungen in uns aufnehmen, hat dies den Vorteil, dass unser Glaube an das Paradigma der einheitlichen Erfahrung zu einem »Wissen« heranwächst. Dieses Wissen durchdringt unser Bewusstsein und Verhalten trotz aller uralten Prägungen der Welt. Glaube in festem Vertrauen benötigt keine Unterstützung von außen, Überzeugungen schon.

Jeder, der uns in Kenntnis setzt, dass »wir eins sind«, spricht von einem Standpunkt des Bewusstseins der Trennung. Ein authentisches Gefühl des »Einheitlichseins« beeinflusst unser Verhalten ganz natürlich. Darüber brauchen wir keine Unterhaltung, Diskussion oder Debatte, um Bestätigung zu bekommen.

Wenn wir uns geeinigt haben, dass wir unsere Erfahrung mit Zurückhaltung handhaben und verarbeiten, können wir den Prozess beschleunigen, dieses Paradigma der einheitlichen Erfahrung in unser Bewusstsein einzuladen. Wir erreichen dies, indem wir auf eine Bestätigung dieses Paradigmas zugehen. Wir entscheiden uns bewusst, so zu leben. Es ist ganz einfach. The Presence Process führt uns dahin, das zu erreichen. Dies ist die Einladung, die mit der Erfahrung der Präsenz verknüpft ist. Einheitlichsein liegt im Bereich des Bewusstseins im gegenwärtigen Augenblick, weil die Erfahrung von Einheit mit allen Lebensformen nur in der Gegenwart möglich ist. Die Gegenwart ist das einheitliche Feld.

Bringen wir nun unsere Aufmerksamkeit zu der Kluft zurück, die wir zwischen uns wahrnehmen. – Die Kluft, in der die Welt existiert. In dieser Kluft liegt Zeug, viel Zeug. Wir wissen, was das Zeug in der Kluft zwischen uns ist, weil wir uns auf die Namen einigen, die wir den einzelnen Dingen geben.

Wenn wir zum Beispiel einen Füller in die Kluft zwischen uns legen, wissen wir beide, was das ist, weil wir uns darüber einig sind, wie wir diesen Gegenstand nennen und was dessen Zweck ist. Aufgrund dieser Vereinbarung können wir dann sagen: »Reich mir doch bitte den Füller herüber«, oder »Bitte fülle die Tinte im Füller nach.« Wegen unserer Vereinbarung darüber, was ein Füller ist, verstehen wir uns, ohne dass es das Bedürfnis gibt, eine Diskussion darüber zu führen. Wir verstehen uns, weil wir keine Debatte darüber führen, was ein Füller ist und was sein Zweck ist.

Dies ist die Natur aller Gegenstände, die wir in der Kluft zwischen uns finden: Sie haben alle einen Namen und einen Zweck. Über fast alle Namen für die verschiedenen Gegenstände, die in der Kluft zwischen uns auftauchen, haben wir uns geeinigt. Die Namen können sich ändern, weil die Person, die den Gegenstand benutzt, eine andere Sprache spricht, aber von der Übersetzung abgesehen sind wir uns im Wesentlichen darüber einig, dass ein Füller ein Füller, ein Auto ein Auto und ein Haus ein Haus ist.

Allerdings können Meinungsunterschiede zu der Art des Zwecks auftreten, und zwar dort, wo die Bedeutung eines Gegenstands in der Erfahrung des Benutzers relevant wird, und dann kann es zu Diskussionen, Debatten und möglicherweise Missverständnissen kommen. Der Füller selbst ist, wie alle Gegenstände in der Kluft zwischen uns, neutral. An und für sich hat er keinen Zweck und damit keine Bedeutung. Der Benutzer gibt dem Gegenstand Bedeutung und Zweck, und genau an diesem Punkt wird die Erfahrung zu einer gemeinsamen oder zu einer trennenden Erfahrung.

So kann ein Füller verwendet werden, um einen Liebesbrief zu schreiben oder um eine Kriegserklärung zu unterzeichnen. Der Füller selbst ist nicht mit Liebe oder Hass versehen, aber er wird von Liebe oder Hass eingesetzt. Ob wir Liebe oder Hass unterstützen, bestimmt, ob wir die Erfahrung der Person teilen, die den Füller benutzt. Der Füller ermöglicht nur eine Erfahrung.

In der Fortsetzung dieses Gedankengangs sind wir aufgefordert, unsere Überzeugungen über Trennung außer Kraft zu setzen, um darüber nachzudenken, in welche missliche Lage uns diese Vorstellung von Getrenntsein bringt. Wir mögen problemlos akzeptieren, dass es eine Kluft zwischen anderen Menschen und uns gibt. Wir mögen auch akzeptieren, dass die Welt, die wir kennen, in dieser Kluft existiert. The Presence Process lädt uns ein zu bedenken, dass diese Kluft zwischen uns, die Kluft, in der die Welt existiert und in der wir Namen und Zweckanwendungen vergeben haben, die Sache ist, die zwischen uns und unserer Erfahrung der gemeinsamen Präsenz steht.

Anders gesagt werden wir aufgefordert, in Erwägung zu ziehen, dass die Distanz, die wir zwischen anderen Menschen oder lebenden Wesen und uns wahrnehmen, genau die Distanz ist, die zwischen uns und unserer Erfahrung der Präsenz liegt. Gleichzeitig werden wir gebeten zu bedenken, dass in jedem Augenblick die Bedeutung, die wir dieser Kluft verleihen, genau das ist, was uns von der Erkenntnis abhält, dass *es immer die Präsenz ist, die von der anderen Seite der Kluft aus direkt auf uns zurückblickt.*

Nehmen Sie sich die Zeit, den obigen Absatz langsam und mit der Absicht noch einmal zu lesen, dass Ihr Herz die Worte fühlt und verarbeitet.

The Presence Process lädt uns ein wahrzunehmen, dass diese Kluft zwischen uns, diese Welt, die wir konstruiert haben, ein Schleier ist, dünner als die Flügel eines Schmetterlings und transparenter als die Atemluft. Aber weil wir den Gegenständen in der Kluft und der Bedeutung und dem Zweck, den wir damit verbinden, einen so hohen Stellenwert einräumen, vergessen wir, wie wir das wahrnehmen, was authentisch ist. Wir vergessen, wie wir über die Kluft blicken und das erkennen können, was sich nie ändert.

Alle Gegenstände in der Kluft ändern sich ständig. Deshalb lassen sich die Kluft und die Gegenstände darin nicht als von dauerhafter Realität definieren. Wenn wir uns durch die Entwicklung der gefühlten Wahrnehmung daran erinnern, wie wir das Authentische und Ewige wahrnehmen, erkennen wir, dass die Präsenz, die uns von der anderen Seite der Kluft anblickt, immer die gleiche ist.

Indem wir uns nur mit dem beschäftigen, was nicht authentisch ist – mit der Kluft und ihrem Inhalt –, konzentrieren wir uns auf den Ausdruck von Präsenz, nicht auf die Präsenz selbst.

Wenn wir über die Kluft hinwegblicken wollen, müssen wir uns erinnern, wie wir über die drei Komponenten hinaus wahrnehmen, die die Struktur unserer flüchtigen, menschlichen Erfahrung ausmachen. Wir müssen uns darin schulen, keine besonders große Bedeutung auf Verhalten, Aussehen oder Umstände des Ausdrucks der Präsenz zu legen, der uns in jedem beliebigen Augenblick präsentiert wird. Warum? Weil sich diese Aspekte der Präsenz ständig verändern und daher nicht authentisch sind. Sie sind nicht ursächlich und daher nicht als ursächlich wahrzunehmen. Sie sind ein Teil des Schleiers der Illusion zwischen uns und dem, was für immer unveränderlich ist. Wenn wir durch die gefühlte Wahrnehmung über diese Kluft hinwegblicken und wahrnehmen, was jenseits des sich verändernden Ausdrucks liegt, erkennen wir, dass es immer die gleiche Präsenz ist, die vor uns liegt. *Wir* sind Präsenz, einheitlich.

Wir müssen unsere gefühlte Wahrnehmung entwickeln, um in der Lage zu sein, dies zu erkennen. Die gefühlte Wahrnehmung entwickeln wir, indem wir die stark aufgeladenen Emotionen integrieren, die wir in unserer Kindheit in Form von Prägungen erhalten haben. Solange unsere stark aufgeladenen Emotionen nicht integriert sind und unsere gefühlte Wahrnehmung somit nicht entwickelt ist, glauben wir automatisch die mentale Geschichte, dass unser Verhalten, unser Aussehen und unsere Lebensumstände unsere authentische Identität ausmachen. Und wir legen diese Maßstäbe so auch bei anderen an.

Solange wir nicht in der Lage sind, uns mittels unserer gefühlten Wahrnehmung mit der Präsenz in uns selbst zu verbinden, haben wir damit zu kämpfen, uns mit der Präsenz in anderen zu verbinden. Folglich erkennen wir nicht, dass wir ein Körper, eine mentale Matrix, ein Herz und eine Schwingungsessenz sind. Glücklicherweise brauchen wir lediglich Absicht, um dieser Illusion ein Ende zu setzen.

Wir haben in jedem Augenblick nur zwei Möglichkeiten: *Entweder wir öffnen die Kluft zwischen uns, indem wir entsprechend unserer uralten Prägung leben, oder wir schließen diese Kluft, indem wir uns für die grenzenlosen Möglichkeiten öffnen, einheitliche Präsenz zu sein.* Entweder wir schätzen die Kluft und ihren Inhalt, oder wir schätzen die Präsenz auf der anderen Seite der Kluft. Es ist so einfach, so offensichtlich, so leicht. Wir haben die Wahl.

Wenn wir beispielsweise an der Kasse unsere Lebensmittel zahlen, konzentrieren wir uns entweder auf die Produkte, die wir kaufen, oder auf die Kassiererin, die die Produkte in der Kasse erfasst. Entweder regen wir uns über die hohen Preise auf oder grüßen die Kassiererin freundlich. Entweder machen wir uns Gedanken, ob wir die richtigen Zutaten für unser Essen besorgt haben, oder wir fragen den Kassierer nach seinen Plänen für das Wochenende. Entweder öffnen wir die Kluft, indem wir uns auf die Sachen darin konzentrieren, oder wir schließen die Kluft, indem wir die Präsenz auf der anderen Seite anerkennen. Es ist so einfach, so offensichtlich, so leicht. Wir haben die Wahl.

Wenn wir uns nur auf die Sachen im Leben konzentrieren, auf die Welt, die wir zwischen uns aufgebaut haben, wird die Kluft größer. Wenn wir uns auf die Präsenz auf der anderen Seite der Kluft konzentrieren, schließt sich die Kluft. Jede zwischenmenschliche Begegnung ist eine Gelegenheit, bei der wir die Kluft entweder öffnen oder schließen.

Das Öffnen der Kluft ist ein reaktives Agieren auf das Leben, während das Schließen der Kluft achtsames Reagieren ist.

Jeder Augenblick, den wir durchleben, ist ein Augenblick, in dem wir entweder den Schleier des Getrenntseins unterstützen oder ihn bewusst aufziehen und uns an unsere einheitliche, gemeinsame Präsenz erinnern.

Das Öffnen und Schließen der Kluft ist kein »Handeln«, sondern ein Zustand des Seins. Es gibt keinen bestimmten Zeitpunkt, keinen bestimmten Ort und auch keine bestimmte Aufgabe, die das Öffnen der Kluft möglich oder unmöglich machen würden. Es ist eine Betrachtungsweise, eine Perspektive, die »ein heiliges Du« anerkennt. Es ist Leben aus dem Herzen heraus. Es ist ein bewusst gewähltes Bewusstsein, das nur das Bewusstsein im gegenwärtigen Augenblick erfordert.

Unsere Wechselwirkung mit und Beziehung zu den Gegenständen in der Kluft bestimmen ebenfalls, ob wir die Kluft öffnen oder schließen. Wir können die Gegenstände für beide Zwecke verwenden, weil die Gegenstände an sich keinen bestimmten Zweck haben. Wir können uns darauf einigen, dass alles in der Kluft, die wir »die Welt« nennen, neutral ist, weil es so ist. Eine Bombe ist einfach nur Material, bis wir ihr einen Zweck zuteilen. Eine Rose ist nur eine weitere Blume, bis wir sie jemandem geben, den wir lieben. Wir können uns darauf einigen, dass die Gegenstände neutral sind, weil der Benutzer den Gegenständen in der Kluft die Bedeutung und den Zweck verleiht. Der Benutzer entscheidet, ob ein Füller Liebesbriefe oder Hasstiraden schreibt. Wenn wir Liebesbriefe schreiben, schließen wir die Kluft. Wenn wir Hasstiraden schreiben, öffnen wir die Kluft. Wir haben die Wahl. Die weitere Erfahrung unseres Lebens ist eine Folge der Entscheidungen, die wir treffen, und der Absicht, die wir verfolgen. Es ist so einfach, so offensichtlich, so leicht.

Leben mit Absicht

Wenn wir The Presence Process beginnen, gehen einige von uns mit der Absicht in diesen Prozess, herauszufinden, was unser Zweck im Leben ist. Möglicherweise glauben wir, es muss etwas sein, das wir »tun«. Wir glauben vielleicht, dass wir Ausgeglichenheit, Harmonie und Erfüllung finden, wenn wir feststellen, was wir »tun« sollen, was unsere besondere Berufung und Gabe ist. Wir mögen glauben, dass uns das Finden unseres Lebenszwecks Frieden bringt.

Die Vorstellung, dass der Zweck unseres Lebens in etwas zu finden sei, das wir »tun« sollen, ist ein Missverständnis, das auf unsere Kindheit zurückgeht. Es ist ein Missverständnis, das als Teil der alten Überzeugungssysteme weitergegeben wird, die uns von den Generationen vor uns energetisch mit der Prägung übertragen wurden.

Die Grundursache dieses Missverständnisses ist einfach zu finden. Weil wir nicht bedingungslos für das geliebt werden, was wir bereits sind, denn jeder von uns ist ein einzigartiger Ausdruck von Präsenz, versuchen wir herauszufinden, was wir tun müssen, um bedingungslose Liebe zu verdienen.

Weil wir als Kinder nicht bedingungslos geliebt werden, fühlen wir uns nicht wohl in unserer Haut. Wir fühlen uns nicht wohl mit uns selbst. Damit setzen wir eine Kettenreaktion von Folgen in Gang, bei denen wir das suchen, was uns Frieden mit dem finden lässt, was wir bereits sind. Weil wir für das, was wir bereits sind, keine Akzeptanz finden, richten wir unsere Aufmerksamkeit nach außen, weg von unserer authentischen Präsenz, und gehen auf die Suche nach dem, was wir sein sollen.

Unsere Eltern fragen uns: »Was willst du einmal werden, wenn du erwachsen bist?« Diese Frage verwehrt uns die Gültigkeit all dessen, was wir bereits sind. Folglich verhalten wir uns so, als ob das Konstruieren eines Lebens, das die richtige Antwort auf diese Frage liefert, uns die bedingungslose Liebe bringt, die wir als Kinder nicht empfangen haben.

Diese Suche setzt all das endlose »Handeln« in Gang, das zu unserem Leben als Erwachsene wird. Wir versuchen zu beweisen, dass wir es wert sind zu leben, indem wir Erfolg haben oder nicht. Obwohl wir bereits leben, suchen wir einen Sinn und Zweck, durch den wir uns das Recht »verdienen«, zu leben.

In Wirklichkeit versuchen wir, uns Liebe zu »verdienen«.

Als Konsequenz dieses reaktiven Agierens spüren wir Unbehagen, Verwirrung, Trennung, Mangel und all die Unausgewogenheiten, die sich aus Angst, Wut und Trauer ergeben. Unser Leben wird dann zu einer vergifteten Suche nach Bedeutung und Zweck in dem, was wir »tun«.

Da uns das, was wir bereits sind, nämlich ein einzigartiger Ausdruck unserer gemeinsamen Präsenz, nicht bedeutsam erscheint, versuchen wir, durch unser Handeln eine Bedeutung zu konstruieren. Außerdem messen wir den Gegenständen, mit denen wir Dinge tun, und den Gegenständen, die wir durch unser Handeln erwerben, unvertretbar viel Bedeutung bei. Indem wir glauben, dass unser Handeln und die Gegenstände, die wir für dieses Handeln heranziehen, die Quelle unserer Befreiung sind, errichten wir eine Mauer zwischen uns und dem, was authentisch ist. Wir konstruieren eine illusorische Kluft zwischen unserem angeborenen Gefühl der Ganzheitlichkeit und unserem konstruierten Ausdruck in der Welt. Diese Kluft und unser Glaube an ihre Gültigkeit sind eine primäre Ursache aller Angst, Wut und Trauer. Diese Kluft ist nicht unser Sinn und Zweck – und unser Sinn und Zweck lässt sich nicht in dieser Kluft finden. Die Kluft hat mit unserem Handeln zu tun. Sie ist nicht die Wahrheit, sondern nur ein flüchtiger Ausdruck von Wahrheit.

Wenn The Presence Process etwas erreicht, dann dies: Er fördert uns darin, uns selbst vor einer endlosen, unbewussten Reihe an Handlungen zu bewahren, und lädt uns gleichzeitig ein, zu einem Bewusstsein dessen zurückzukehren, was wir bereits sind.

Von Beginn an fordert uns dieser Prozess auf, *innezuhalten* – anzuhalten, unsere Atmung zu verbinden und durch die Resonanz der Gegenwart achtsam auf das zu reagieren, was wir bereits sind. So wie wir sind, sind wir bereits vollkommen. Wir sind bereits perfekt, so wie wir sind. Nichts, was wir tun, würde verbessern, was wir bereits sind. Es gibt nichts, das wir »werden« müssen, außer, dass wir in unserer gegenwärtigen Erfahrung, genau wie sie ist, präsent sind – vollkommen im *Dies-Hier-Jetzt.*

The Presence Process lädt uns ein, innezuhalten, damit wir Gelegenheit haben, unseren Sinn und Zweck zu entdecken – nicht als »Handeln«, sondern als *Sein.* Wir sind menschliche Wesen und bestimmen uns nicht durch das Handeln. Wir erkennen dies, indem wir unser reaktives Agieren zur Ruhe bringen, damit wir dies fassen können, die Prägung spüren können, die es unbewusst antreibt. Und durch das bedingungslose Fühlen – indem wir einfach damit »sind« – erlauben wir ihr, integriert zu werden.

Bis wir die Integration dieser uralten energetischen Prägungen erfahren, sind wir auf immer in einer Welt des unbewussten reaktiven Agierens verloren. Wir treiben in der Kluft. Bis wir erkennen, wie wir innehalten, unsere Atmung verbinden und ohne Bedingungen fühlen, was ist, irren wir in einer Erfahrung herum, in der wir fälschlicherweise glauben, dass alles in Ordnung kommen wird, wenn wir nur herausfinden, wie wir *handeln* und was wir *tun* sollen.

Indem wir die Gültigkeit und Stichhaltigkeit der gemeinsamen Präsenz, die wir bereits sind, fühlen, fühlen wir auch die Resonanz des Friedens, der bereits besteht. Dann haben wir Frieden, egal was ist.

Anerkennung ausdrücken

Wir nähern uns dem Abschluss dieses besonderen Verfahrens und erhalten von The Presence Process eine weitere Aufgabe gestellt: Dies ist eine Aufgabe, die uns über diese zehnwöchige Reise hinaus und für die Gesamtheit der Erfahrung, die sich vor uns entfaltet, vorgeschlagen wird. Auch diese Aufgabe erfordert kein »Handeln«, sondern ist eine Resonanz des *Seins.*

Wir sind eingeladen, uns selbst Anerkennung dafür auszudrücken, was wir bereits sind und immer gewesen sind, nämlich Präsenz – genauer gesagt, ein einzigartiger Ausdruck der einheitlichen Präsenz. Wir sind aufgefordert, in dem Bewusstsein auf das Gefüge unseres Lebens zu blicken, dass diese vergängliche Vorstellung nicht das ist, was wir sind, sondern dass es *ein sich ständig verändernder, strahlender und einzigartiger Ausdruck* dessen ist, was wir sind. Wir sind eingeladen, nicht nur unsere ewig gemeinsame Präsenz anzuerkennen, sondern auch ihren einzigartigen und zutiefst komplexen, wunderschönen Ausdruck in dieser Sphäre, die wir »die Welt« nennen. Wir wollen jedoch nicht das Bewusstsein dessen verlieren, was die Ursache ist und was nicht. Lassen Sie uns die Ursache anerkennen: unsere gemeinsame Präsenz.

Was bedeutet das Wort »Anerkennung« für uns? Oberflächlich bedeutet es bewundern, wertschätzen, dankbar sein für usw. Aber dieser Begriff hat noch eine weitere Bedeutung, die der Aufwertung. Wenn wir etwas anerkennen, steigt es im Wert – und vermehrt sich damit.

Eine unserer kreativen Fähigkeiten, die wir selten bewusst mit ihrem vollen Potenzial nutzen, ist die Möglichkeit, dass das *mühelos zunehmen wird, was immer wir bedingungslos mit unserer gefühlten Aufmerksamkeit beschenken.* In The Presence Process hat also das Wort »Anerkennung« auch die Bedeutung, *etwas liebevoll zu vermehren, indem wir es sehen und seinen Wert durch bedingungslose, gefühlte Aufmerksamkeit anerkennen.*

Wir sind eingeladen, unsere gemeinsame Präsenz anzuerkennen, damit wir unser Bewusstsein dieser Präsenz liebevoll vermehren können. Wir sind auch eingeladen, all die Facetten des Ausdrucks von Präsenz anzuerkennen. Durch die Anerkennung steigern wir gleichzeitig unser Bewusstsein der Eigenschaften unserer gemeinsamen Präsenz: Frieden, Unschuld, bedingungslose Liebe und bewusstes, einheitliches Sein mit allem, was ist.

Die Anerkennung der Präsenz kann kein anderer Mensch für uns erfahren. Erst, wenn wir es selbst erreichen, können wir unsere Wahrnehmung über die Illusion der Kluft hinaus erstrecken und so die vertraute Präsenz erkennen und anzuerkennen, die uns von allen anderen Lebensformen aus und durch sie beobachtet.

Durch die bedingungslose Anerkennung der Präsenz stellen wir unsere Gefolgschaft für das wieder her, was wir bereits sind, und hören auf, nur unsere Handlungen wertzuschätzen. Wenn wir diese Absicht verfolgen, schließen wir die Kluft mit jedem Atemzug. Wir erkennen auch, dass es unsere Entscheidung ist, wie wir die Gegenstände nutzen, die wir in der Kluft antreffen. Indem wir unsere gemeinsame Präsenz anerkennen, verwenden wir automatisch die in der Kluft vorhandenen Gegenstände, um die Kluft zu schließen.

Wenn wir uns entscheiden, die Kluft mit dem einfachen Werkzeug der Anerkennung zu schließen, erkennen wir etwas, das uns in endlose Ehrfurcht versetzt. Wir erkennen, dass *es die natürliche Neigung des einheitlichen Felds ist, die Kluft zu schließen.*

In dem Augenblick, in dem wir uns ernsthaft verpflichten, unsere Erfahrung und das »Zeug« dieser Welt zu verwenden, um die Kluft zu schließen, stellen sich sämtliche Ressourcen des einheitlichen Felds hinter uns und unterstützen jeden Schritt. Dann erkennen wir, dass unser Unbehagen, unsere Verwirrung und unsere Erfahrung von Mangel, Einsamkeit, Angst, Wut und Trauer daher kommen, dass wir so fühlen, denken, sprechen und handeln, als ob wir Getrenntsein leben. Das einheitliche Feld unterstützt solches Verhalten nicht, weil es Nicht-Authentizität nicht unterstützt. Diese Illusion mussten wir mit Blut, Schweiß und Tränen aufrechterhalten.

Leben in Getrenntsein ist wie der Versuch, einen Fluss an seine Quelle zurückzuschieben. Es erfordert eine große Maschinerie, viele Ressourcen und viel Arbeit – und es lässt sich nicht unbegrenzt fortsetzen. Wenn wir irgendetwas unter der falschen Annahme des Lebens im Getrenntsein erreicht haben, ist uns das nur mit großem Aufwand gelungen. Außerdem ist das, was wir von diesem Standpunkt aus erreicht haben, nicht von Dauer. Und es erzeugt unendlich viele Formen des Unbehagens.

Wenn wir unsere gemeinsame Präsenz als Ursache *aller* menschlichen Erfahrung anerkennen, *egal wie* diese Erfahrung aussehen mag, entdecken wir eine vollkommen neue Art des Seins. Wir entdecken Leichtigkeit, Klarheit, spontane Freude, Behaglichkeit, Sicherheit und eine grenzenlose Quelle bedingungsloser Liebe. Wir entdecken Frieden und Harmonie. Wir finden wieder, was authentisch ist. Wir entdecken das Potenzial der Präsenz – einer Präsenz, die uns allen gemeinsam ist, überall, in jedem Augenblick, eine Präsenz, die uns genau das, was erforderlich ist, bringen kann, genau wenn es erforderlich ist.

Die Aufgabe, die vor uns liegt, ist einfach. Wir sind eingeladen, unsere Aufmerksamkeit von den Lebensmitteln dieser Welt abzuziehen und stattdessen in die Augen der Kassiererin auf der anderen Seite der Kluft mit der Absicht zu blicken, unsere gemeinsame Präsenz anzuerkennen. Wir sind eingeladen, dies als die Wahrheit zu empfinden.

Von diesem Standpunkt aus könnten wir sagen: »Hallo! Wie geht es Ihnen heute?«

Es ist so einfach, so offensichtlich, so leicht.

Wenn sich unsere Begegnung dem Ende zuneigt, könnten wir anerkennend sagen: »Danke, dass Sie mich heute betreut haben.«

Es ist so einfach, so offensichtlich, so leicht.

In diesem Augenblick der Bestätigung, des Wiedererkennens, der Erinnerung und vor allem der *Anerkennung* laden wir die Präsenz ein, bewusst durch die Augen der anderen Person direkt in unsere Augen zu blicken. Wenn wir uns allen Menschen mit einer solchen Einstellung nähern, beobachten wir, wie sie Präsenz erlangen. Im Gegenzug löst dies aus, dass wir uns präsent fühlen. Wenn wir über die Kluft hinwegblicken und absichtsvoll mit der Präsenz interagieren, machen wir eine Erfahrung möglich, die authentisch ist.

Indem wir unsere Absicht darauf richten, die Präsenz in allen anderen Lebewesen anzuerkennen, geben wir uns gleichzeitig selbst eine Chance, direkt in die Augen dessen zu blicken, was immer die Quelle von allem für uns ist. Wir geben der so anerkannten Quelle Gelegenheit, zurückzublicken und uns zuzuzwinkern. Wir räumen uns selbst die Gelegenheit ein, uns daran zu erinnern, dass wir verbundene Zellen in einem Körper, eine mentale Matrix sind, aus einem Herzen heraus fühlen und in einer gemeinsamen Schwingungsresonanz tanzen.

Wenn wir das »Ausrufen der Präsenz« praktizieren, ohne jemandem zu erklären, was unsere Absicht ist, erleben wir das Wunder des Bewusstseins im gegenwärtigen Augenblick. Wir erkennen, wie die Präsenz auf unzählige, unerwartete Arten mittels scheinbar vollkommen fremder Menschen erwacht. In Augenblicken, in denen wir es am wenigsten erwarten, erleben wir das Spiel der Präsenz, die diese Anerkennung mit bedachten, zarten, liebevollen Gesten erwidert.

Je mehr wir uns erlauben, solche einheitlichen Erfahrungen zu machen, umso deutlicher wissen wir ohne eine Spur des Zweifels, dass wir niemals allein sind. Wir schätzen auch die Gesellschaft aller Lebensformen als einzigartigen und wertvollen Ausdruck unserer gemeinsamen Präsenz.

Wenn wir akzeptieren, dass wir alle eins sind, und dies aus persönlicher Erfahrung wissen, lüftet sich der Schleier, und wir nehmen alles so wahr, wie es ist – so, wie es sich absichtsvoll entfaltet. Dann haben wir den Sinn und Zweck unseres »Hierseins im Jetzt« entdeckt. Dieser Sinn und Zweck ist es, zu lieben und anzuerkennen, was wir bereits sind – bedingungslos.

Mit zunehmenden Erfahrungen der Präsenz in diesem einheitlichen Feld des Bewusstseins erinnern wir uns daran, die Freude an diesen Begegnungen in uns zu behalten, sie zu bewahren und zu verarbeiten – und nicht zu versuchen, sie jemandem zu erklären. Einheitlichsein, Einssein ist nichts, das wir unserer Quelle erklären müssten. Es ist eine Erfahrung, die nur wir wertschätzen können.

Herzlichen Glückwunsch!
Damit schließen wir die zehnte Woche und
unsere erfahrungsbasierte Reise durch The Presence Process ab.

TEIL IV

Möglichkeiten

Wo ein Gärtner ist, ist auch ein Garten

Das Leben eines Gärtners ist eine angemessene Metapher für die Natur unserer gemeinsamen Präsenz. Wenn wir unsere Ärmel hochkrempeln und mit unseren Händen in der Erde mit der Absicht graben, an allen Ausdrücken des Lebens teilzuhaben, bringen wir Bewusstsein im gegenwärtigen Augenblick in alle unsere Erfahrungen.

Bewusstsein im gegenwärtigen Augenblick in unsere Erfahrungen zu bringen, bedeutet, an der Ursache anzusetzen, was wiederum bedeutet, ein Ausdruck dessen zu werden, was die Ursache aller Dinge ist. Wir sind dann bewusste Gärtner des Lebens. Dies bringt uns auf eine Ebene des Dienens, auf der wir durch unser Vorbild die Tore öffnen, die für jeden, dem wir begegnen, den Weg in den kühlen Schatten des Bewusstseins im gegenwärtigen Augenblick aufzeigen.

Der nächste Teil des Buchs macht uns einige Möglichkeiten bewusst, die sich eröffnen, wenn wir uns entscheiden, die Verantwortung für den Garten unserer Erfahrung zu übernehmen. Er zeigt uns die möglichen Blumen und Früchte, die wir ernten können, wenn wir die Absicht verfolgen, das Strahlen der Präsenz zu einem engen Bestandteil unserer Erfahrung zu machen und vollständig im *Dies-Hier-Jetzt* zu stehen.

Es gibt zweifellos viele andere, faszinierende Orte und Erfahrungen im einheitlichen Feld, aber wir sind gerade jetzt hier, weil dies erforderlich ist. Nur, indem wir *hier, jetzt, in dieser Sache* sind, erlangen wir die Weisheit und den erfahrungsbasierten Schwung, die wir brauchen, um über die Begrenzungen unserer derzeitigen menschlichen Erfahrung hinausgelangen zu können. Durch Verleugnung und Ablenkung entwickeln wir uns nicht weiter. Wir entwickeln uns auch nicht weiter, wenn wir uns wünschen, irgendwo anders zu sein. Wir entwickeln uns, wenn wir uns den Umständen und Gelegenheiten, die im *Dies-Hier-Jetzt* vor uns liegen, verantwortungsbewusst stellen und sie annehmen.

The Presence Process begann mit der Einladung, einen bewusst verbundenen Atemzug zu nehmen, dann noch einen und noch einen, bis unsere Reise des Erwachens zum Bewusstsein im gegenwärtigen Augenblick vollkommen aktiviert war. Diese einfache Einladung wurde ausgesprochen, weil wir nur durch das Nähren des Lebens, das wir genau hier und genau jetzt erfahren, die Leiter für weitere Schritte und Entwicklungen erklimmen können.

Ob Sie diesen Prozess auf der Erfahrungsebene durchlaufen oder einfach den Text in sich aufgenommen haben, es wurde in jedem Fall eine energetische Absicht in Gang gesetzt, die den Lauf Ihrer Erfahrung für immer ändern wird. Blicken wir nun stärker darauf, welche Möglichkeiten sich eröffnen, wenn wir diese Reise ins Bewusstsein im gegenwärtigen Augenblick absichtsvoll antreten.

Blumen und Früchte

Im Abschnitt »Blumen und Früchte« beschäftigen wir uns mit den Möglichkeiten, denen wir uns öffnen, wenn wir uns das Bewusstsein im gegenwärtigen Augenblick zu eigen machen. Einige dieser Veränderungen nehmen Sie vielleicht schon in Ihrem Leben wahr. Lassen Sie uns diese Veränderungen bewusst anerkennen.

WIR REAGIEREN ACHTSAM, STATT REAKTIV ZU AGIEREN. Dies ist eine Folge des zunehmenden Bewusstseins im gegenwärtigen Augenblick. Wenn wir erkennen, dass wir für die Qualität unserer Erfahrung verantwortlich sind, neigen wir weniger dazu, reaktiv auf unsere Umstände zu agieren, egal wie sie sich entwickeln.

Auf einer tieferen Ebene wissen wir, dass unsere Erfahrungen die Summe unserer Emotionen, Gedanken, Worte und Handlungen aus der Vergangenheit sind und dass reaktives Agieren auf die Ereignisse durch Schuldzuweisungen eine Verleugnung dieser Wahrheit ist.

Wir stellen auch fest, dass wir uns infolge der Integration einer großen Menge an stark aufgeladenen Emotionen nicht mehr mit einer solchen »Last« durchs Leben bewegen. Es ist damit nicht mehr so wahrscheinlich, dass wir aufbrausen und in die Luft gehen. Ebenso sinkt die Wahrscheinlichkeit, dass wir Erfahrungen manifestieren, die durch Angst, Wut und Trauer generiert werden.

Reaktives Agieren ist unbewusstes Verhalten. Je präsenter wir werden, umso weniger verfallen wir in diesen Zustand.

WIR HABEN MEHR ENERGIE. Bevor uns die Gelegenheit gegeben wird, unsere stark aufgeladenen Emotionen abzubauen, investieren wir viel Energie in das Ruhigstellen und die Kontrolle des Unbehagens, das von unserem emotionalen Körper ausgeht.

Und bevor wir erkennen, dass die Welt als Spiegel fungiert und uns zeigt, was wir bezüglich unserer Prägungen nicht wahrnehmen können, verwenden wir üblicherweise viel Energie darauf, mit den Spiegelbildern zu kämpfen.

Außerdem ist jede Investition in Angst, Wut und Trauer auf jeder Ebene ermüdend. Wenn wir Groll hegen und unbewusst die Rache für die

Ereignisse der Vergangenheit planen, entzieht uns das viel Energie. Wenn wir versuchen, die Zukunft zu kontrollieren, damit die Vergangenheit uns nicht einholt, ermüdet uns das. In dem Augenblick, in dem wir aufhören, in reaktives Agieren zu investieren, erleben wir zunehmende Vitalität.

WIR ÜBERWINDEN UNSERE VERZÖGERUNGSHALTUNG. In einem zeitbasierten Paradigma haben wir viele Pläne darüber, was wir erreichen wollen, »wenn die Zeit reif ist«. Allerdings ist die Zeit nie reif, wenn wir sie damit verbringen, über die Vergangenheit nachzudenken oder uns Gedanken über die Zukunft zu machen.

Mit zunehmendem Bewusstsein im gegenwärtigen Augenblick erkennen wir, *dass genau jetzt der richtige Zeitpunkt ist.*

Ohne uns Gedanken darüber zu machen, beschäftigen wir uns mit den Tätigkeiten der Gegenwart, statt in Erinnerungen über die Vergangenheit zu schwelgen oder Tagträumen über die Zukunft nachzuhängen. Deshalb vollbringen wir Aufgaben, die wir ewig geplant hatten, für die wir aber nie präsent genug waren, um sie auszuführen.

WIR SCHLIESSEN UNSERE AUFGABEN EFFIZIENT UND MÜHELOS AB UND FÜHLEN UNS DABEI SO, ALS OB WIR MEHR ZEIT FÜR SIE ZUR VERFÜGUNG HÄTTEN. Vor unserer Entdeckung, wie wir unsere unbewusste geistige Aktivität integrieren können, treibt sie uns 24 Stunden am Tag um. Wenn wir uns unserer Arbeit widmen, können wir selten unsere volle Aufmerksamkeit der jeweils anstehenden Aufgabe schenken, obwohl wir das glauben. Ein großer Teil unserer Aufmerksamkeit ist durch die unbewussten Konflikte gebunden, die in uns wüten.

Wenn wir die Integration geschafft haben, verbessert sich unsere Fähigkeit, uns auf unsere aktuelle Aktivität zu konzentrieren. Dann lassen sich Aufgaben, die uns bisher schwierig und ermüdend vorkamen, mühelos und in viel kürzerer Zeit erledigen. Wir haben das Gefühl, dass wir mehr Zeit haben und gleichzeitig alles schneller schaffen.

Weil uns weniger unbewusste Aktivitäten von unseren aktuellen Aufgaben ablenken, entdecken wir außerdem, dass wir Aufgaben gerne erledigen und uns von ihnen energetisiert fühlen, die uns früher ausgelaugt haben. Das zunehmende Bewusstsein im gegenwärtigen Augenblick transformiert die banalen und lästigen Pflichten, die wir früher nur ungern erledigt haben, in sinnstiftende und beglückende Aktivitäten.

WIR HETZEN NICHT MEHR. Eine der Folgen des zunehmenden Bewusstseins im gegenwärtigen Augenblick ist die Erkenntnis, dass es in der Entfaltung des Abenteuers, das wir Leben nennen, für alles einen Ort und eine Zeit gibt. Wir erkennen, dass es sinnlos ist, etwas Unbewegliches in Gang bringen zu wollen oder etwas anhalten zu wollen, das der Bewegung zuneigt. Wir versuchen nicht mehr, den Fluss schneller fließen zu lassen. Wir geben bei der Ausführung von Aufgaben unser Bestes, aber wir schließen Frieden, wenn wir etwas nicht abschließen können.

Wir geben unser Bestes, aber wir bringen uns nicht um vor Eile. Wir erkennen, dass *Hetzerei die unbewusste Manifestation der Erfahrung von Zuspätkommen ist.*

Wenn wir beginnen, mit der Präsenz in Kontakt zu kommen, erkennen wir, dass das Leben kein Ende hat. Es besteht also kein Anlass zur Eile. Wir tauschen die Zielorientierung gegen bewusstes Reisen ein.

Wenn wir nicht durch das Leben hetzen, verbessert sich automatisch die Qualität unserer Aufmerksamkeit, was unweigerlich zur Verbesserung der Menge und der Qualität unserer Errungenschaften führt.

DIE ARBEITSBEDINGUNGEN WERDEN ANGENEHMER. Vor unserem Einstieg in The Presence Process haben viele von uns häufig darüber nachgedacht, die Arbeitsstelle zu kündigen und einen anderen Job zu suchen. Eine Folge des »Lebens in der Zeit« ist, dass wir selten genießen, wie wir unseren Lebensunterhalt verdienen, bzw. dass uns unser Arbeitsplatz nicht gefällt.

Wenn wir diesen Prozess jedoch abschließen, stellen wir fest, dass uns unser Arbeitsplatz besser gefällt. Unsere Arbeit wird interessanter und müheloser, wir finden den Umgang mit den Kollegen erfreulicher, und die Vorstellung der Suche nach einem »besseren« Arbeitsplatz verschwindet.

Wir erkennen, dass wir an der Stelle stehen, an der wir stehen sollen, und dass wir dort bleiben werden, bis sich in dieser Umgebung für uns ein Kreis vollendet. Wir wissen, dass sich, falls und wenn wir wechseln wollen, die Türen der Veränderung mühelos und automatisch öffnen werden. Wir erkennen, dass unsere Anwesenheit an diesem Ort zu diesem Zeitpunkt unseres Lebens zur Erfüllung des Zwecks unseres Lebens beiträgt. Von größter Bedeutung ist es, dass wir *hier sind, während wir hier sind.*

Wir genießen unser Arbeitsumfeld mehr, nicht weil *es* sich verändert hat, sondern weil wir unsere Erfahrung unseres Umfelds ändern, indem wir unsere stark aufgeladenen Emotionen integrieren.

WIR ÜBEN WENIGER WIDERSTAND GEGEN DIE UNVORHERSEHBAREN STRÖMUNGEN DES LEBENS AUS. Dies ist eine natürliche Entwicklung, wenn wir »wissen«, dass alles im Leben einen Ort und eine Zeit hat. Durch das zunehmende Bewusstsein im gegenwärtigen Augenblick können wir erkennen, dass alle Ereignisse der Vergangenheit, vor allem die schwierigen Erfahrungen, Ausgangsmaterial für unsere emotionale Entwicklung und die Entwicklung unserer Menschlichkeit ist.

Wir stellen fest, dass Glück ein flüchtiger Zustand ist, der kommt und geht. In den glücklichen Augenblicken genießen wir diesen Zustand, sind uns aber bewusst, dass solche Zeiten nicht unbedingt auf emotionales Wachstum ausgerichtet sind, sondern eher Ruhezeiten in unserer emotionalen Entwicklung darstellen.

Darum entscheiden wir uns für authentische Freude. Authentische Freude ist kein emotionaler Zustand, sondern ein Zustand des Seins, in dem wir alle Angebote des Lebens als *erforderlich* akzeptieren, vor allem schwierige Momente. Authentische Freude weiß, dass Glück eine Zeit für Lachen, Erholung und Spiel ist und dass Augenblicke, in denen wir scheinbar nicht glücklich sind, eine Zeit für Wachstum, Selbstbeobachtung und Stärkung für die Reise sind.

So betrachtet verschmelzen die Zustände, die wir als Glück und Unglück betrachten, miteinander. Wir sind in beiden Zuständen voller Freude, weil wir beides als notwendige Bestandteile für das Erreichen einer integrierten Lebenserfahrung hinnehmen. Wenn wir beides begrüßen, wird unsere Erfahrung ganz. Das bringt uns dem »im Heilsein« näher.

Also entwickeln wir weniger Widerstand gegen die unvorhersehbaren Strömungen des Lebens. Wir entdecken, wie wir uns ihnen hingeben und »mit dem Strom« schwimmen können. Wir erlauben dem Leben, uns in seinen Armen der Veränderung zu tragen, und ruhen in dem Wissen, dass unsere Erfahrung den höchsten und edelsten Zielen entspricht, egal wie sie uns in den einzelnen Augenblicken erscheinen mag.

WIR ERLEBEN SPONTANE KREATIVITÄT. Was wir als unsere Quelle ehren, ist kein »Heiler«. Was die Quelle erschafft, kann nicht kaputtgehen, weil es perfekt manifestiert worden ist. Was perfekt manifestiert worden ist, kann definitionsgemäß keine Mängel oder Fehler aufweisen.

Was unser mit Prägungen versehenes Selbst allerdings aus dem konstruiert, was manifestiert worden ist, bekommt aufgrund unserer Interpretationen jedoch Mängel und Fehler. Unsere prägungsgefärbten Interpretationen dessen, »was ist«, sind Täuschungen, weil sie auf einer nicht integrierten Vergangenheit beruhen und nicht darauf, was gerade jetzt geschieht. Deshalb glauben wir, uns selbst heilen zu müssen. Wenn wir erst einmal erkannt haben, dass wir unsere Erfahrung nur integrieren müssen, und damit begonnen haben, ist die Vorstellung nicht mehr nötig, dass wir uns heilen müssen. Unsere Energie erlangt dann Authentizität.

Heilung ist keine authentische Nutzung von Energie. Heilung ist eine vorübergehende, temporäre Neuausrichtung. Wenn wir uns ständig mit der Heilungsphase unserer Erfahrung identifizieren, sind wir wie ein Hund, der seinen Schwanz zu fangen versucht (haben allerdings nicht so viel Spaß dabei). Unsere gemeinsame Quelle ist kein Heiler – sie ist ein Schöpfer.

In dem Augenblick, in dem wir die Aufgabe bewältigen, unsere Erfahrung zu integrieren, erlangen wir Ganzheitlichkeit – »im Heil Sein«. In der Folge richtet sich unsere Erfahrung am Willen unserer gemeinsamen Quelle aus. Damit werden wir kreativ inspiriert. An der Quelle ausgerichtet zu sein, an der Ursache anzusetzen, bedeutet, kreativ zu sein. Wenn wir uns ständig mit der Vorstellung von Heilung beschäftigen, begrenzen wir uns selbst auf das defekte menschliche »Handeln«, statt uns in einen kreativen, schaffenden Menschen zu entwickeln.

Wenn wir uns für das Heilen als Beruf entscheiden, laufen wir Gefahr, dass wir uns unbewusst entscheiden, für unser Leben in dieser Welt mit Mängeln versehen zu bleiben.

WIR FÜHLEN UNS MIT UNSEREN ENGSTEN ANGEHÖRIGEN WOHLER. Bevor wir unsere stark aufgeladenen Emotionen integriert haben, sind unsere engsten Angehörigen der deutlichste Spiegel der inneren Arbeit, die auf uns wartet. Bevor wir erkennen, wie diese Spiegelungen funktionieren, und wir uns bewusst entscheiden, diese Spiegelbilder als Hilfsmittel anzuschauen, kann es oft schwierig sein, uns bei unserer Familie aufzuhalten. Denn sie spiegelt uns ständig Aspekte von uns, die wir noch nicht integriert haben. Wir erfahren das so, als ob sie uns nerven, indem sie uns triggern.

In dem Augenblick jedoch, in dem wir uns unserer integrativen Arbeit zuwenden, müssen unsere Angehörigen nicht mehr unsere nicht integrierten, stark aufgeladenen Emotionen spiegeln. Wir erleben Zeichen des Fortschritts, wenn wir uns in ihrer Anwesenheit wohler fühlen und mehr

Freude empfinden. Wir verspüren Frieden. Wenn wir uns bewusst unserer emotionalen Integration widmen, können wir uns mit unserer Familie wohlfühlen.

UMSTÄNDE UND MENSCHEN, DIE UNS FRÜHER VERSTIMMT HABEN, NEHMEN UNSERE AUFMERKSAMKEIT NICHT MEHR IN BESCHLAG. Wenn wir uns bewusst entscheiden, achtsam auf die Spiegelung im Spiegel zu reagieren, und nicht reaktiv zu agieren, verschwinden Dinge, die uns in der Welt aufgeregt und irritiert haben, scheinbar wie durch ein Wunder. In Wirklichkeit verschwinden sie nicht. Wenn wir die Welt sorgfältig beobachten, stellen wir fest, dass sie unverändert vorhanden sind. Wir haben unseren inneren Zustand geändert und damit auch unsere emotionale Beziehung zu unseren Erfahrungen.

The Presence Process überzeugt uns, dass es keinen Zweck hat, den Spiegel zu putzen, um die gespiegelten Mängel und Flecken zu integrieren.

UNSERE ENGEN BEZIEHUNGEN VERBESSERN SICH. Wie die Familie sind auch intime Beziehungen Spiegel. Bevor wir uns bewusst der emotionalen Integration zuwenden, fühlen wir uns unbewusst zu anderen Menschen hingezogen, weil sie unsere nicht integrierten Themen spiegeln. Anfangs erfreut uns diese Spiegelung, weil wir glauben, dass wir nun »eine Chance haben, glücklich zu werden«.

Die Vorstellung, dass *diese Person uns glücklich machen wird,* ist eine unbewusste Anerkennung der Tatsache, dass *sich die Qualität unserer Erfahrung verbessert, wenn wir die Prägungen integrieren, die von genau dieser Person gespiegelt werden.*

Unbewusst versuchen wir, die Prägungen aus der Kindheit, die wir von Mama und Papa mitbekommen haben, zu integrieren. Auf der bewussten Ebene glauben wir, dass wir »verliebt sind« und endlich »die Person gefunden haben, nach der wir gesucht hatten«. Er/sie ist »der

Mann/die Frau unserer Träume«. Ja, diese Person ist tatsächlich die Person, nach der wir gesucht haben, aber nicht, weil sie uns glücklich machen wird. Sie ist die Person, die wir gesucht hatten, weil wir eine heilige Vereinbarung mit ihr haben, dass sie uns genau das spiegelt, was wir integrieren müssen, damit wir das Bewusstsein im gegenwärtigen Augenblick wiedererlangen können.

Wenn uns klar wird, dass unsere romantischen Vorstellungen genau das sind, nämlich nur romantische und keine realistischen Vorstellungen, werden wir verbittert. Weil wir nicht die Gelegenheit ergreifen, mit den Aspekten zu arbeiten, die sie uns spiegeln, stören und irritieren uns jetzt genau die Eigenschaften, die uns anfangs angezogen haben. Wir ziehen unsere Rüstung an und gehen in unsere Verteidigungs- und Angriffshaltung. In dem Augenblick jedoch, in dem wir uns zur Integration unserer emotionalen Lasten bereiterklären, verwandelt sich die ganze Situation. Wir entdecken, dass die Eigenschaften, die uns anfangs angezogen haben, oberflächlich sind und auf einem Gefühl der Unerfülltheit in Bezug auf unsere Eltern beruhen.

Wenn wir die emotionale Integration für uns selbst erreicht haben, verwandelt sich unser Partner. Erstaunlicherweise lernen wir nun eine Person kennen, die wir scheinbar zum ersten Mal treffen! Wir nehmen diese Person so wahr, wie sie ist, und nicht so, wie uns das aufgrund unserer Vergangenheit vorgespiegelt wurde.

Diese Veränderung unserer Erfahrung kann sich in eine von zwei Richtungen entwickeln. Entweder unsere Liebe blüht auf und wird authentische Vertrautheit, oder wir stellen fest, dass es keine Vertrautheit zwischen uns gibt. In beiden Fällen verbessert sich unsere Beziehung und wird intimer, weil sie authentischer wird.

WIR HÖREN AUF, UNS IN DAS LEBEN ANDERER EINZUMISCHEN. Wenn wir die Tatsache akzeptieren, dass unsere Erfahrung genau so fließt, wie es erforderlich ist, und dass jedes Unbehagen von unseren nicht integrierten, stark aufgeladenen Emotionen kommt, ist es nicht sehr wahrscheinlich, dass wir anderen Menschen nicht erbetene Ratschläge erteilen. Wir erkennen, dass sie, wie wir auch, angesichts ihres Wissens und Verständnisses ihr Bestes geben. Auch sie erwachen zu ihrer angeborenen Verantwortung, wenn sie dafür bereit sind, nicht einen Augenblick früher.

Wenn wir uns in die Erfahrung anderer Menschen einmischen, indem wir ihnen ungebeten Hinweise geben, wie sie sich durch ihre Erfahrung bewegen sollen, handeln wir unbewusst in der Annahme, dass sich ihr Aussehen, Verhalten und ihre Umstände negativ auf uns auswirken könnten. Denn warum sonst würde es uns stören? Einmischung in das Leben anderer bedeutet, unserer eigenen Angst nachzugeben.

Wenn wir uns in die Erfahrung anderer Menschen einmischen, streiten wir damit offenkundig ab, dass wir alle für die Qualität unserer eigenen Erfahrung verantwortlich sind. Das Annehmen des Bewusstseins im gegenwärtigen Augenblick ermöglicht es uns zu erkennen, dass jeder auch wegen seiner nicht integrierten, stark aufgeladenen Emotionen an der Stelle seines Pfads steht, an der er gerade steht – und bei uns ist das nicht anders.

Aus diesem Grund ist die Angst unberechtigt, dass das Verhalten anderer sich in irgendeiner authentischen Weise auf die Qualität unserer Erfahrung auswirken wird. Wenn es tatsächlich den Anschein macht, dass sie einen Einfluss auf die Qualität unserer Erfahrung haben, liegt das daran, dass sie unsere nicht integrierten, emotionalen Lasten widerspiegeln.

Wir wissen jetzt bereits, dass wir keine authentische Integration bewirken können, indem wir den »Boten« in unsere Dramatik einbeziehen. Wir erreichen die Integration nur, indem wir auf ihre Spiegelung hören, sie beobachten und daraus Einsichten gewinnen. Je mehr unser Bewusstsein im gegenwärtigen Augenblick zunimmt, umso mehr ist uns klar, wie wichtig es ist, uns nicht einzumischen. Wenn wir unsere Angst integrieren, hören wir auf, wegen anderer in unsere Angst einzutauchen.

UNSER SCHLAF IST ERHOLSAMER. Bis wir unsere stark aufgeladenen Emotionen bewusst integrieren, versuchen wir, dies unbewusst zu erreichen. Das hat zwei Folgen: Erstens greift der bewusste Teil unseres Bewusstseins während des Tages auf so viele Strategien des Ruhigstellens und Kontrollierens zurück, wie notwendig sind, damit wir uns nicht mit unseren »Themen« befassen müssen. Zweitens versucht der unbewusste Teil unseres Bewusstseins nachts, wenn sich der bewusste Teil unseres Bewusstseins im Schlaf verliert und der unbewusste Teil die Oberhand gewinnt, sein Bestes zu tun, unsere Erfahrungen durchzuarbeiten und zu integrieren. Diese unbewusste Aktivität erfordert Energie und raubt uns den erholsamen Schlaf.

In dem Augenblick, in dem wir im Wachzustand bewusst die Verantwortung für die Qualität unserer Erfahrung übernehmen, stellen wir fest, dass sich unser Schlafmuster verändert. Zunächst schlafen wir vielleicht mehr. Dann kann es sein, dass wir nicht so gut schlafen können wie sonst. Schließlich kommt unser Schlafmuster zur Ruhe, und wir genießen einen erholsameren Schlaf. Wir können uns besser an Träume erinnern, die für unsere wache Erfahrung von Bedeutung sind. Diese umfassende Anpassung unseres Schlafmusters erfolgt, weil wir unsere innere Arbeit nun im Wachzustand erledigen und nicht mehr unbewusst im Schlaf.

QUÄLENDE SYMPTOME, DIE UNS JAHRELANG VERFOLGT HABEN, WERDEN INTEGRIERT. Dies ist eine natürliche Folge der Integration unserer stark aufgeladenen Emotionen. Es kommt oft vor, dass sich Menschen auf einen Weg wie The Presence Process machen, weil sie traumatische Symptome erleben. Wenn wir ein großes symptomatisches Trauma haben, haben wir sehr wahrscheinlich außerdem viele kleinere symptomatische Befindlichkeiten, mit denen wir leben und die wir als Teil unserer menschlichen Erfahrung hinnehmen. Es ist wunderschön zu erleben, wie diese kleinen, quälenden Symptome integriert werden.

LANGJÄHRIGE GEWOHNHEITEN HÖREN AUF. Lebenslange Gewohnheiten wie Nägelkauen oder Kratzen und Rupfen an unserem Körper hören auf. Dies kann so plötzlich geschehen, dass wir erst nach Wochen merken, dass sie nicht mehr da sind.

Solche Gewohnheiten, wie nervöses Zucken, werden von Ängsten ausgelöst, die wiederum den Wunsch ausdrücken, aus der Gegenwart zu fliehen. In dem Augenblick, in dem wir uns mit der Gegenwart und damit in unserem Körper wohlfühlen, werden diese Verhaltensweisen integriert.

WIR VERLIEREN GEWICHT, OHNE EINE DIÄT ZU MACHEN. Übergewicht ist ein Hinweis darauf, dass wir übermäßig viele stark aufgeladene Emotionen mit uns herumtragen. Wenn wir Diät halten, ohne die zugrunde liegenden, stark aufgeladenen Emotionen aufzulösen, ist das, wie wenn wir Pflaster auf einen Haibiss kleben würden.

Wir werden viele Möglichkeiten finden, um das Bewusstsein unseres inneren Zustands vorübergehend zu ersticken, indem wir die äußeren Manifestationen unseres inneren Unbehagens zwangsweise ruhigstellen und kontrollieren, aber wir können selten in Ruhe essen, bis wir die Ursache unseres Zustands integriert haben. Früher oder später erlahmt unsere Wachsamkeit, und dann kehren wir zu unserem Ausgangsgewicht zurück, das wir durch Diäten gewaltsam nach unten gedrückt haben.

Mit der Integration unserer stark aufgeladenen Emotionen passt sich unser Gewicht automatisch an. Übergewicht ist eine Auswirkung, keine Ursache. In jedem fülligen Menschen stecken viele stark aufgeladene Emotionen, die integriert werden wollen.

WIR VERBRINGEN GERNE ZEIT MIT KINDERN. Dies ist eine natürliche Folge der Auflösung von Prägungen aus unserer Kindheit. Man sagt ja auch: »Es ist nie zu spät für eine glückliche Kindheit.«

Das Kind in uns zieht sich in einen todesähnlichen Zustand zurück, weil es durch den unsicheren Erwachsenen, der wir geworden sind, erdrückt wird. Wenn wir die Unsicherheiten des Erwachsenseins integrieren, kommt das Kind in uns heraus, um zu spielen.

Häufig können die Erwachsenen in unserem Umfeld sich uns nicht diesem Impuls zum Spielen anschließen, weil sie zu sehr damit beschäftigt sind, erwachsen zu tun. Also zieht es uns in die Nähe von Kindern, und sie genießen die Zeit mit uns.

Wir alle sind Kinder der Präsenz.

WIR LACHEN MEHR UND SIND VERSPIELTER. Wie bereits gesagt: Es ist nie zu spät für eine glückliche Kindheit! Wenn wir in der Präsenz sind, erkennen wir, dass ein Erwachsener eine Erfindung des Menschen ist, während ein Kind die Manifestation der Präsenz ist. Erwachsene sind häufig so ernst und viel zu beschäftigt, um zu spielen. Da unser »Erwachsenenverhalten« die Präsenz meist erdrückt, fühlen wir uns dann, als ob der Lauf der ganzen Welt von uns abhängt, und wir wissen, was für eine wichtige und strapaziöse Aufgabe das ist!

Kinder sind leicht und voller Lachen. In der Präsenz stellen wir fest, dass es in dieser Welt keine Erwachsenen gibt. Es gibt Kinder, die lebendig, präsent und verspielt sind – und es gibt Kinder, die todernst sind und hart arbeiten, um diese Täuschung der Erwachsenenwelt aufrechtzuerhalten.

Wenn wir erst die Kümmernisse aus der Vergangenheit und die Ängste für die Zukunft loslassen, was ist da noch, das diesen Ernst rechtfertigen würde? Wir sind am Leben, und im Leben ist alles möglich. Es ist eine Fehleinschätzung, dass Menschen, die ein Schwingungsbewusstsein haben, ernst und fromm sind und in tiefer Kontemplation der Bedeutungsschwere religiöser Angelegenheiten versunken sind.

Je mehr wir erwachen, umso mehr lachen wir. Wenn wir anfangen, über uns und unsere scheinbar endlose Dramatik zu lachen, können wir endlos lachen. Ob wir die Einsicht und den Mut haben, es uns selbst gegenüber zuzugeben oder nicht, wir vergessen, dass letztendlich das Lachen die Medizin ist, die wir suchen. Herzliches, unschuldiges Lachen löst jedes Gefühl des Getrenntseins auf. Lachen ist wie ein Orgasmus auf der Schwingungsebene.

UNSERE ERNÄHRUNG WIRD MÜHELOS GESÜNDER. Dies ist eine Entwicklung, die sich natürlich ergibt, wenn wir in einem physischen Körper *präsent* sind. Wenn wir »in der Zeit leben«, essen wir zwar, fühlen aber nicht, welche Wirkung die Nahrungsmittel haben, weil wir nie lange genug in unserem Körper *präsent* sind, um diesen Aspekt der Erfahrung bewusst zu verarbeiten.

Mit zunehmendem Bewusstsein im gegenwärtigen Augenblick werden wir uns insbesondere auf der physischen Ebene mehr und mehr bewusst, wie sich die Lebensmittel in unserem Körper anfühlen. Nahrungsmittel, die uns nicht so gut bekommen, sprechen uns dann weniger an. Nahrungsmittel, die lebendig und vital sind, üben eine Anziehungskraft auf uns aus. Diese Veränderung müssen wir nicht anhand von Regeln und Ernährungsvorschriften erzwingen. – Wir aktivieren einfach das Bewusstsein im gegenwärtigen Augenblick.

Unsere Art zu essen ist eine Auswirkung. Häufig essen wir, um unsere stark aufgeladenen Emotionen ruhigzustellen und zu kontrollieren. Wir benutzen Essen, um eine auftauchende, stark aufgeladene Emotion hinunterzuwürgen, und als Ablenkung von unbehaglichen Umständen. Wenn wir erst unsere stark aufgeladenen Emotionen integriert haben, verliert das Essen als Selbstmedikation seine Funktion. Dann essen wir nicht mehr um des falschen Genusses und der leeren Befriedigung willen, sondern für unsere Ernährung, unsere Gesundheit und unser Wohlbefinden.

Es gibt Menschen, die behaupten, dass das Essen unter dem Gesichtspunkt des Nährwerts statt des Vergnügens zu einer langweiligen Ernährungsweise führen würde. Das Gegenteil ist der Fall. Lebensmittel, die lebendig sind und einen hohen Nährwert haben, schmecken besser und sehen besser aus. Sie fühlen sich im Körper auch besser an und führen zu klareren mentalen Zuständen und einem ruhigeren emotionalen Ausdruck.

WIR SETZEN UNS AKTIV FÜR UNSERE GESUNDHEIT EIN. Nur wenn wir in unserem physischen Körper präsent sind, fühlen wir die Auswirkungen seines Zustands auf unser mentales und emotionales Wohlergehen.

Bis wir in unserem physischen Körper präsent sind, ist er größtenteils eine unbewusste Manifestation unserer nicht integrierten, emotionalen Zustände. In dem Augenblick, in dem wir in ihm präsent werden, können wir ihn als ein an der Ursache ansetzendes Instrument nutzen. Wenn wir die physische Präsenz aktivieren, wird uns bewusst, was für ein großes Privileg es eigentlich ist, dass wir einen Körper haben. Dieser Körper ist ein bemerkenswerter organischer Mechanismus, der über mehr Funktionen verfügt, als wir zählen können. Die primäre Funktion des Körpers ist es jedoch, als zentraler Punkt unseres Fokus zu dienen, um unser volles Bewusstsein in unserer gegenwärtigen Erfahrung zu verankern. Ohne Körper können wir nicht vollkommen im *Dies-Hier-Jetzt* präsent sein.

Es ist schwierig, in einem unbehaglichen Körper präsent zu sein. Es ist ein wichtiger Bestandteil der Annahme unserer Verantwortung für die Qualität unserer Erfahrung, dass wir lernen, für unser physisches Wohlbefinden zu sorgen. Ohne Körper können wir nicht tanzen. Ohne Tanz sind wir nicht lebendig. Ohne Körper können wir nicht im *Dies-Hier-Jetzt* präsent sein.

Unser Körper ist unser Tempel, denn darin ist der Altar, auf dem wir die Gebete unserer Dankbarkeit für die Quelle von allem niederlegen. Mit zunehmendem Bewusstsein im gegenwärtigen Augenblick fangen wir an, uns zärtlich, liebevoll und verantwortungsbewusst um diesen einzigartigen Ausdruck unserer gemeinsamen Präsenz zu kümmern.

MENSCHEN FÜHLEN SICH ZU UNS HINGEZOGEN UND GENIESSEN UNSERE GESELLSCHAFT. Dies liegt daran, dass wir authentischer sind. Ob wir uns darüber klar sind oder nicht, streben wir doch alle nach Authentizität. Das liegt in unserer Natur.

Wenn sich viele Menschen zu einer bestimmten Person hingezogen fühlen, nehmen wir an, dass das an ihrem Aussehen, ihrem Verhalten oder ihrer Lebenssituation liegt. Tatsächlich liegt das selten an diesen äußeren Merkmalen. Es liegt vielmehr an dem einzigartigen Ausdruck der Präsenz in dieser Person. Das verdrängte Bewusstsein der Präsenz in uns strebt danach, sich zum Ausdruck zu bringen, und fühlt sich zu jeder Person hingezogen, die ihrer Präsenz Ausdruck gibt. Gleich und Gleich gesellt sich gern.

Präsenz, auch verdrängte Präsenz, fühlt sich zu Präsenz hingezogen. Je präsenter wir also sind, umso attraktiver erscheinen wir für andere. Wir scheinen das zu besitzen, wonach sie streben, auch wenn sie nicht bewusst erkennen, dass sie danach streben. Wir hören oft, dass Menschen diese Erfahrung der Anziehungskraft so beschreiben, dass ihnen jemand »überlebensgroß« vorkommt. Manche sagen vielleicht auch, dass eine Person eine »so starke Präsenz« hat.

WIR GENIESSEN DAS ALLEINSEIN. Wenn das Sein in der Präsenz für uns schwierig ist, nutzen wir die Gesellschaft anderer Menschen, um uns abzulenken. In dem Augenblick, in dem wir uns um die Integration unserer Prägung kümmern, sinkt die Wahrscheinlichkeit, dass wir uns in die Gesellschaft anderer begeben, um uns damit abzulenken. Wir beginnen, die Ruhe und den Frieden zu genießen, wenn wir mit uns selbst allein sind. Wir sind nicht einsam, wir sind allein. Wenn wir Alleinsein genießen, ist dies ein Zeichen, dass wir emotional reifen.

WIR NEHMEN EREIGNISSE WAHR, BEVOR SIE EINTRETEN. Dies geschieht, weil Präsenz aus einem Bereich kommt, der jenseits der »Zeit« liegt. Präsenz ist eng mit dem Fluss des Lebens verknüpft und weiß daher alles, was je geschehen ist und was sich ereignen wird. Wenn wir auf unsere Einsichten hören, scheint es, als ob wir wissen, was in der Zukunft geschehen wird. Tatsächlich aber nehmen wir wahr, was *die Folgen dessen sind, was genau jetzt geschieht.*

Alles, was geschieht, hat Folgen. Wir können es nicht erkennen, wenn wir »in der Zeit leben«, aber je präsenter wir sind, umso stärker stimmen wir uns intuitiv in die Folgen ein. Das fühlt sich dann für uns so an, als ob wir von Ereignissen wissen, noch bevor sie eintreten. In gewisser Hinsicht stimmt das auch. Aber eine Folge ist etwas, das bereits passiert ist, auch wenn sie sich noch nicht in unserem Feld des Bewusstseins im gegenwärtigen Augenblick manifestiert hat.

Jeder Augenblick der Ursache macht eine Wirkung nötig. Wenn wir am ursächlichen Punkt des Lebens leben, im gegenwärtigen Augenblick, sind die zwangsläufigen Wirkungen bereits offensichtlich für uns – obwohl sie sich physisch, mental und emotional noch nicht manifestiert haben. Denn Ursache und Wirkung sind nicht zwei verschiedene Ereignisse, sie geschehen gleichzeitig. In der »Zeit« scheinen sie mit Verzögerung zu geschehen. Das ist der Trick der Zeit. Alles geschieht in dem Sinn gleichzeitig, dass Ursache und Wirkung eins sind. Der mentale Körper kann diese Gleichzeitigkeit nicht nachvollziehen, weil sie zwar gefühlt, aber nicht verstanden werden kann.

WIR ERFAHREN IN DEN EREIGNISSEN DES LEBENS SYNCHRONIZITÄT. Synchronizität ist eine weitere Erfahrung, die wir machen, wenn wir die energetische Verbindung zwischen Ursache und Wirkung wahrnehmen. *Déjà-vu*-Erlebnisse sind ebenfalls eine Folge des Bewusstseins im gegenwärtigen Augenblick. Ein *Déjà-vu*-Erlebnis tritt ein, wenn unser Bewusstsein die Wirkung berührt, bevor es der Ursache gewahr wird. Wenn wir uns dann der Ursache bewusst werden, fühlen wir uns, als ob sich das Geschehen bereits ereignet hätte. Auch dies ist eine Folge unseres Eintritts in das Bewusstsein der Gleichzeitigkeit.

WIR ERFAHREN GRÖSSEREN REICHTUM. Geld ist eine äußere Spiegelung eines inneren Energieflusses. Wenn es schwerwiegende Blockaden in unserem emotionalen Körper gibt, manifestiert sich das im Äußeren als Mangel an Geld. Es wäre jedoch nicht richtig anzunehmen, dass wir plötzlich große Mengen an Geld anhäufen würden, wenn wir durch die emotionale Integration zunehmend präsent werden. Die Ansammlung großer Geldsummen entspringt der Angst, ganz besonders, wenn dieser Reichtum durch Blut, Schweiß und Tränen sowie durch die Kontrolle und Manipulation anderer Menschen und der äußeren Welt zusammengetragen wird.

Wenn wir in das Bewusstsein im gegenwärtigen Augenblick eintreten, wird Geld wie Brot: Wir manifestieren immer genau so viel, wie wir gerade brauchen. Wir haben genug für *diesen* Augenblick. Wir horten es nicht, sondern lassen zu, dass es – in vollem Bewusstsein unserer Verantwortung – frei *durch* uns *hindurch*fließt. Wenn wir aus Angst vor dem Hunger so viel Brot kaufen, dass wir auf Jahre genug haben, wird es schimmeln und nutzlos werden, noch bevor wir auch nur ein paar Laibe davon gegessen haben. Geld im gegenwärtigen Augenblick ist Energiefluss, der in der erforderlichen Menge in unserer Erfahrung ankommt, wenn wir es brauchen, häufig tatsächlich nur wenige Augenblicke, bevor wir das Geld brauchen.

Wenn wir präsent sind, haben wir in Bezug auf den Fluss des Geldes keine Angst, weil wir wissen, dass die Ursache des Geldflusses in unserer Reaktion auf die Erfahrung liegt. Je präsenter wir sind, umso weniger wahrscheinlich werden wir uns selbst Unbehagen bereiten. Damit ist es umso unwahrscheinlicher, dass wir Mangel manifestieren. Wir manifestieren in jedem Augenblick genug. Da wir im Augenblick leben, haben wir genug. Und wenn wir das Gefühl haben, dass das nicht so ist, erkennen wir, dass auch diese Erfahrung erforderlich ist. Wir wissen, dass wir nur *durch die Erkenntnis, jetzt genug zu haben,* auch in allen zukünftigen Varianten des »Jetzt« genug haben werden.

Finanzieller Reichtum im gegenwärtigen Augenblick bedeutet nicht, dass wir viel haben. Es bedeutet, genau das zu haben, was wir brauchen, zu dem Zeitpunkt, zu dem wir es brauchen. Wir können dies so verstehen, dass wir in Übereinstimmung mit der Wirtschaft der Quelle leben. Die Wirtschaft der Quelle braucht keine riesigen Tresore, die aus Angst errichtet werden, um unermessliche Reichtümer darin zu verwahren, nur für den Fall, dass morgen etwas Unvorhergesehenes geschieht. Die Wirtschaft der Quelle basiert auf Vertrauen, dem Vertrauen in unsere Fähigkeit, für die Qualität unserer Erfahrung verantwortlich zu sein.

Es gibt keine größere Energieverschwendung als die *Ansammlung um der Ansammlung willen*. Reich zu sein, um reich zu sein, ist eine Krankheit, die der Angst und einem Verhalten mangelnden Vertrauens entspringt.

WIR SIND WENIGER GENEIGT, DIE ZUKUNFT ZU PLANEN. Wenn wir uns um das kümmern, was genau jetzt geschieht, im einzigen Augenblick, in dem wir etwas authentisch bewirken können, dann haben wir uns damit auch um die zukünftigen gegenwärtigen Augenblicke gekümmert.

Planung ist ein bisschen, wie einen Fluss hinunterzutreiben, während wir versuchen zu entscheiden, welchen Verlauf der Fluss auf dem Weg zum Meer nehmen sollte. Ein solches Verhalten entspringt der Überheblichkeit und der Täuschung. Es gibt nur einen Verlauf, den der Fluss des Lebens nimmt, und der liegt im Willen unserer gemeinsamen Präsenz.

Natürlich ist die Vorstellung, nicht zu planen und dass es so etwas gibt, wie den Willen der Präsenz, eine Bedrohung für den mentalen Körper. Der mentale Körper glaubt verzweifelt an den freien Willen. Der mentale Körper glaubt jedoch, dass freier Wille bedeutet, »genau das tun zu können, was ich will, wann immer ich es will«. Der mentale Körper glaubt, dass der freie Wille die Fähigkeit ist, getrennt vom Ganzen funktionieren zu können. Dies ist genauso eine gravierende Täuschung wie die Vorstellung, man könne den Verlauf eines Flusses bestimmen, indem man auf ihm hinuntertreibt. Wenn sich eine Zelle im menschlichen Körper so verhält, nennen wir es Krebs. Wenn sich ein Mensch so verhält, nennen wir es »Ehrgeiz« oder »Kapitalismus«.

Wenn wir zu unserer Reise ins Bewusstsein im gegenwärtigen Augenblick aufbrechen, erkennen wir, wie wir von unserer Kindheitserfahrung mitgerissen worden sind. Wir erkennen, dass das, was wir für unseren freien Willen halten, wenn wir »in der Zeit leben«, in Wirklichkeit ein unbewusstes reaktives Agieren auf das Leben ist, das uns durch Prägung energetisch eingepflanzt worden ist. Wir nehmen wahr, dass sogar unsere Eigenarten Kopien sind. Wie können wir unser Leben und unsere Erfahrung *frei* nennen, wenn wir die Kopien unserer Eltern sind, die selbst die Kopien ihrer Eltern sind?

Es gibt in der gesamten Schöpfung nur eine Sache, die frei ist: die Quelle unseres kollektiven Ausdrucks. Wir verbinden uns durch Präsenz und Bewusstsein im gegenwärtigen Augenblick mit dieser kollektiven Quelle. Die Verbindung zur Quelle wird nicht dadurch bestimmt, wie wir uns in der äußeren Welt bewegen, sondern dadurch, wie wir den heiligen Raum des Herzens in uns selbst betreten. Je mehr wir uns nach innen wenden und uns an der Präsenz ausrichten, umso freier fühlen wir uns.

Freier Wille ist nur im gegenwärtigen Augenblick ein stichhaltiges Konzept. In einem zeitbasierten Paradigma gibt es keinen freien Willen, weil zeitbasierte Aktivitäten eine emotionale Kopie dessen sind, was schon früher war. In reaktivem Agieren gibt es keinen freien Willen. Nur wenn wir uns an unserer kollektiven Quelle ausrichten, stellen wir die Freiheit wieder her. Freiheit bedeutet Verantwortung. Wenn wir uns dem gegenwärtigen Augenblick hingeben, befreien wir uns vom »Leben in der Zeit«. Wenn wir uns dafür entscheiden, die Verantwortung für die Qualität unserer Erfahrung zu übernehmen, wie unsere kollektive Quelle, haben wir die Freiheit, auf alles, was in jedem beliebigen Augenblick geschieht, achtsam zu reagieren.

Was gibt es in solch einem Zustand des Seins für eine Notwendigkeit, im Voraus zu planen? Wenn wir planen, bedeutet das, dass wir an die Möglichkeit glauben, dass ein Stock in das Rad der sich entfaltenden Absicht geworfen werden kann. Wenn wir wissen, dass wir selbst für die Qualität unserer Erfahrung verantwortlich sind, wer sollte uns auflauern?

WIR VERANSTALTEN EINEN FRÜHJAHRSPUTZ IN UNSEREM HAUS UND LASSEN »ZEUG« LOS, DAS WIR SCHON SEIT JAHREN HORTEN. Ähnlich wie bei Übergewicht ist die Neigung, Dinge zu horten und unser Leben mit überflüssigen Sachen vollzustopfen, eine Wirkung nicht integrierter, emotionaler Themen. Sie drückt den Wunsch aus, an der Vergangenheit festzuhalten und uns vor der Zukunft zu verschanzen. Wenn wir die Prägungen unserer stark aufgeladenen Emotionen erst einmal integriert haben, erkennen wir angehäufte Sachen als das an, was sie sind: überflüssiges Zeug. Wenn wir diese Sachen ohne Bedingungen weggeben, befreit uns das. Es schafft eine Leichtigkeit des Seins.

Häufig tragen dünne Menschen mit starken emotionalen Prägungen ihr Übergewicht in Form von Sachen mit sich herum, die ihr Leben zumüllen.

WIR MANIFESTIEREN WENIGER DRAMATIK. Dramatik ist doch nicht mehr als ein unbewusster Schrei nach Aufmerksamkeit. In dem Augenblick, in dem wir erkennen, wie wir zu unseren eigenen Eltern werden können – uns selbst anleiten, lehren, nähren und unsere eigene Erfahrung integrieren können –, sind wir bereit, unseren Hang zur Dramatik loszulassen. Es ist auch der Augenblick, in dem wir uns ganz natürlich von den Menschen trennen, die ihre Dramatik als Banner ihrer Leistung vor sich hertragen. In dem Augenblick, in dem wir unseren Wunsch nach Dramatik loslassen, erwacht unser Durst nach *Dharma*. Wenn wir reaktiv agieren, hindert uns das am Handeln »mit Absicht«.

MANCHE MENSCHEN VERLASSEN UNSER UMFELD. Nicht jeder Mensch strebt danach, die eigene Vergangenheit zu integrieren. Nicht jeder versucht, das Bewusstsein im gegenwärtigen Augenblick anzunehmen. Nicht alle Menschen wollen bewusst leben.

Die Menschen, die an den Dingen festhalten wollen, die gestern geschehen sind, und sich ängstlich auf die schrecklichen Dinge von morgen vorbereiten möchten, fühlen sich in der Gegenwart von Menschen nicht wohl, die beschlossen haben, aus diesen dramatischen Illusionen aufzuwachen.

Menschen, die weiterhin in einer zeitbasierten Ängstlichkeit schlummern wollen, tun dies, weil sie noch Ruhe brauchen. Aus diesem Grund bewegen sie sich allmählich aus unserem Umfeld heraus, wenn wir uns für das Bewusstsein im gegenwärtigen Augenblick entscheiden. Damit fühlen sie sich behaglicher, weil wir für sie zu klaren Spiegeln ihrer verdrängten emotionalen Themen werden, wenn sie im Strahlen unserer zunehmenden Präsenz verweilen.

Im Bewusstsein im gegenwärtigen Augenblick befassen wir uns nicht mit Schuldzuweisungen oder Reue. Wir benutzen nicht die scheinbar ungerechten Wunden des Lebens als Gesprächsthemen. Deshalb werden die, die nicht bereit sind, ihre Opfer- oder Siegermentalität zu überwinden, wie Staub aus der Präsenz derer geblasen, die sich auf den Weg in das Bewusstsein persönlicher Verantwortung begeben.

WIR SIND VON NATUR AUS OPTIMISTISCH. Warum auch nicht? Wenn wir für die Qualität unserer Erfahrung verantwortlich sind, warum sollten wir nicht jeden Augenblick genießen? Wenn wir erkannt haben, dass alle unerwarteten Erfahrungen und Herausforderungen zu unserem Besten auf unserem Weg liegen, bleiben wir selbst unter den schwierigsten Umständen optimistisch. Optimismus ist einfach, wenn das Leben einfach ist, aber nur im Bewusstsein im gegenwärtigen Augenblick bleiben wir optimistisch, egal was geschieht.

Das Bewusstsein im gegenwärtigen Augenblick erzwingt jedoch keine positive Einstellung. Eine erzwungene positive Einstellung ist eine Art der Verleugnung. Wenn wir in unserer Lebenserfahrung präsent sind, ist eine optimistische Herangehensweise an das Leben nicht lästig und nicht gekünstelt. Sie ist vielmehr spontan und ansteckend.

Negativität ist eine Form der Dramatik. Negativität ist ein Zustand des Leugnens. Negativität ist reaktives Agieren.

WIR INTERESSIEREN UNS FÜR UNSER WOHLERGEHEN AUF DER SCHWINGUNGSEBENE. Durch die Zunahme des Bewusstseins im gegenwärtigen Augenblick erleben wir einen Aspekt unseres Seins, der unter allen Umständen unverändert bleibt. Unsere Unsterblichkeit wird uns somit als authentisches »Wissen« gewahr. Wir erinnern uns an etwas, das sich nie ändert. Wir werden uns mehr und mehr bewusst, was immer ist.

Naturgemäß streben wir an, eine Beziehung zu diesem Aspekt unseres Seins aufzubauen, weil uns mit zunehmendem Bewusstsein im gegenwärtigen Augenblick klarer wird, dass unsere gemeinsame Präsenz die Quelle aller Authentizität ist. Also neigen wir zu Praktiken, die das Bewusstsein unserer Identität auf der Schwingungsebene anregen. Unsere Quelle ist nicht länger eine Persönlichkeit, die von unserer religiösen Ausrichtung bestimmt wird. Unsere Quelle wird zu einer gesichtslosen, zeitlosen Präsenz, die gleichzeitig *das Nichts* und *die Quelle allen Lebens* ist. Es ist ganz natürlich, dass wir hier eine Neugierde entwickeln. Anders als bei zeitbasierten Ausflügen in das schwingungsbasierte Paradigma nähern wir uns jedoch unserer Quelle in der Gegenwart angetrieben durch Authentizität. *Wir verzichten auf das Verstehen und entscheiden uns für eine direkte Erfahrung.*

WIR STREBEN NICHT MEHR NACH ABLENKUNG. Wenn wir unbewusst stark aufgeladene Emotionen hegen, finden wir endlose Möglichkeiten, uns davon abzulenken. Ob mit lauter Musik, Essen, Sport, der Gesellschaft anderer oder Arbeit, wir versuchen ständig, beschäftigt und in Bewegung zu sein. Unsere Unfähigkeit, Ruhe zu finden, ist der Beweis dafür, dass wir etwas verdecken wollen.

Wenn wir ständig beschäftigt sind, liegt das daran, dass wir nicht in der Lage sind zu *sein,* einfach nur zu *sein*, und die Kostbarkeit unseres eigenen, wunderschönen Seins zu genießen. Indem wir unsere stark aufgeladenen Emotionen abbauen, reduzieren wir unsere Rastlosigkeit. Wir kommen ganz natürlich zur Ruhe. Wenn wir in einem zeitbasierten Bewusstsein leben, *gibt es nichts Schwierigeres, als nichts zu tun, wenn es nichts zu tun gibt!*

WIR SIND UNS SELBST GEGENÜBER RÜCKSICHTSVOLLER UND MITFÜHLENDER. Wenn wir als Kinder keine bedingungslose Liebe empfangen haben, unterstellen wir, dass wir keine bedingungslose Liebe verdient haben. Dann bestrafen wir uns unbewusst selbst und setzen uns selbst herab.

Und wenn unsere Eltern Ehe- oder Verhaltensprobleme haben, glauben wir als Kinder häufig, dass dies an uns liegt. Als Kinder geben wir uns für alles die Schuld, das schiefgeht. Der Grund: In der Tiefe unseres Herzens wissen wir, dass wir für die Qualität unserer Erfahrung verantwortlich sind.

In unserer Unschuld denken wir jedoch, dass wir auch für die Qualität der Erfahrung unserer Eltern und Geschwister verantwortlich sind. Diese Fehlannahme führt zu einem Leben, in dem wir zu intensiv Dinge zu erreichen versuchen, überflüssige Opfer bringen und zum »Helfer« werden. »Helfer« zu werden, ist eine Erfahrung, die Kinder machen, deren Eltern mit Abhängigkeiten oder akuten Leiden kämpfen.

In dieser Welt ist es normal, wenn wir aufwachsen und nicht wissen, wie wir für uns selbst sorgen können, ja sogar glauben, dass es ein Zeichen von Schwäche und Selbstsucht sei, wenn wir für uns selbst sorgen. Diese Haltung ändert sich, wenn wir The Presence Process durchlaufen.

Wir erkennen, dass wir für uns selbst sorgen müssen, weil wir bedingungslose Liebe nicht »bekommen«, sondern sie uns selbst geben müssen. – Und nur dann sind wir fähig, anderen Menschen authentisch bedingungslose Liebe zu schenken.

Wir gehen also rücksichtsvoller und mitfühlender mit uns selbst um. Wir erkennen, dass wir uns zuerst selbst bedingungslos geben müssen, was immer wir von anderen empfangen wollen. Erst wenn wir das gelernt haben, entwickeln wir die Fähigkeit, es bedingungslos jedem Menschen zu geben, der in unser Leben tritt. Wenn wir uns selbst bedingungslos Rücksichtnahme und Mitgefühl zuteil werden lassen, spiegelt uns die Welt dies, sodass wir eine rücksichtsvolle und mitfühlende Welt erleben.

WIR VERSPÜREN WENIGER ANGST. Angst oder Ängstlichkeit ist ein Zustand, in dem wir dem Bewusstsein der Gegenwart entrinnen wollen und uns lieber in die Illusion eines anderen Ortes, einer anderen Zeit, begeben.

Ein Merkmal von The Presence Process ist, dass uns dieser Prozess das emotionale Integrationsverfahren lehrt. Wenn wir dieses Werkzeug beherrschen, können wir jede Erfahrung integrieren, egal wie schwierig sie sein mag. Wenn wir durch die konsequente Anwendung dieses Werkzeugs erkennen, dass wir jede Erfahrung integrieren können, sinkt das Maß unserer Angst, weil uns die Ungewissheiten des Lebens keine Angst mehr machen. Wir wissen, dass wir jedes Ereignis verarbeiten und an den Herausforderungen wachsen können, indem wir Einsicht und Weisheit aus ihnen beziehen. Unsere Unsicherheit wird dann zu Akzeptanz und schließlich zur Annahme unserer gesamten Lebenserfahrung.

Wo in einem Leben, das wir liebevoll begrüßen, ist noch Platz für Angst?

WIR HABEN MEHR MITGEFÜHL UND GEDULD FÜR ANDERE. Wir bringen für andere Menschen mehr Mitgefühl und Geduld auf, weil wir wissen, dass wir alle im selben Boot sitzen. Das Leben ist nicht einfach, vor allem nicht, wenn wir die Mechanismen hinter der Manifestation unserer Erfahrung nicht kennen. The Presence Process stärkt uns, indem er uns diese Mechanismen aufzeigt. Er zeigt uns, wie sich die Prägungen aus unserer Kindheit auf uns auswirken und dass wir die Wahl haben, sie zu integrieren, die Verhaltensweisen abzulegen, die uns nicht dienen, und sie durch Verhaltensweisen zu ersetzen, die uns dienen.

Es ist anmaßend, über die Erfahrung anderer zu urteilen, wo wir doch alle in der gleichen Lage sind. Wir alle sind durch Prägungen geformt worden und machen das Beste aus dem, was uns gegeben ist, ob das an der Oberfläche erkennbar ist oder nicht. Das Leben jedes Menschen ist eine Manifestation dessen, wie er nach bedingungsloser Liebe strebt. The Presence Process unterstützt uns darin, mehr Mitgefühl und Geduld für die Umstände zu entwickeln, denen sich andere stellen müssen, indem er die Wahrheit dieser misslichen Lage in unserer eigenen Erfahrung aufzeigt.

UNSER LEBEN WIRD ZU EINER REISE UND KONZENTRIERT SICH NICHT AUF EIN GEPLANTES ZIEL. Solange wir »in der Zeit leben«, ist unser Wunsch zu *beenden,* was wir tun, unbewusst dadurch motiviert, dass wir nach Zustimmung, Anerkennung und bedingungsloser Liebe streben. Wir glauben unbewusst, dass wir durch Leistungen und vollendete Aufgaben endlich die bedingungslose Liebe empfangen werden, die wir ersehnen. Selbstverständlich ist das ein Irrglauben. Wenn wir erst einmal erkannt haben, dass nichts, was wir tun, uns im *Sein* unterstützen kann und dass wir durch nichts, was wir tun, die bedingungslose Liebe »bekommen«, die wir anstreben, entspannen wir uns und bewerten die Lage neu.

Wenn wir »in der Zeit leben«, liegt unser Fokus auf dem Anfang und dem Ende der Dinge und auf den Mitteln zum Zweck. Mit unserem Bewusstsein im gegenwärtigen Augenblick erkennen wir jedoch, dass nichts einen Anfang oder ein Ende hat – alles setzt sich für immer fort.

Es wird auch klarer, dass nichts jemals aufhört, denn die Dinge verwandeln sich nur in etwas anderes. Das Bewusstsein im gegenwärtigen Augenblick gibt uns die Kraft, uns in die ewige Essenz des *Seins* einzustimmen, die jenseits von allem existiert, das wir je tun.

Also fahren wir unsere Geschwindigkeit herunter und bleiben stehen, um den Duft der Rosen zu genießen. Es gibt keinen Grund zur Eile, denn in Wirklichkeit gehen wir nirgends hin. Wir tauschen Quantität gegen Qualität. Wir genießen den Augenblick und richten unsere Aufmerksamkeit nicht mehr auf die Ergebnisse.

Die Reise ist eine Ursache, während das Ziel eine Wirkung ist, mit der wir uns nicht befassen müssen, weil sie automatisch erfolgt. Die Zunahme von Bewusstsein im gegenwärtigen Augenblick ist eine Reise, die nicht aufhört. Da unsere Quelle unendlich ist, ist auch die Reise in die Erkenntnis der Quelle unendlich. Warum also eilen? Genießen Sie den Tag, atmen Sie tief durch, lächeln Sie und leben im Einklang.

WIR ERLEBEN SPONTANE DANKBARKEIT. Dankbarkeit ist ein guter Gradmesser dafür, wie präsent wir sind. Je tiefer wir in das Bewusstsein im gegenwärtigen Augenblick eintauchen, umso dankbarer sind wir für alles. Das Leben ist voller Reichtum, auch wenn wir nur einen Cent haben. Das Leben fließt vor Freude über, auch wenn sich die Umstände scheinbar nicht zu unseren Gunsten wenden. Das Leben strotzt vor Gesundheit, auch wenn wir Schmerzen haben.

Eine solche Dankbarkeit lässt sich jemandem schwer beschreiben, der sie noch nicht erfahren hat. Es ist eine Dankbarkeit, die sich nicht auf Vergleiche stützt. Es ist eine Dankbarkeit, die keinen Grund, keine Rechtfertigung und keine Erklärung braucht. Die Dankbarkeit, die wir fühlen, wenn wir in das Bewusstsein im gegenwärtigen Augenblick eintreten, gilt nicht nur den Dingen des Lebens, dem Aussehen oder den Umständen, sondern all dem, was das Leben ist, und der unendlichen Ehre, Teil davon sein zu dürfen.

Indem wir das Bewusstsein im gegenwärtigen Augenblick annehmen, nehmen wir wahr, was unter der Oberfläche der Veränderungen in der Welt fließt. Damit fühlen wir die unsichtbare Kraft dessen, was die Quelle ist, die uns annimmt, hält und auf mysteriöse Weise, aber mit Absicht, auf ein Ziel zubewegt. So betrachtet, sind wir dankbar für alle Erfahrungen aus unserer Vergangenheit, ob sie nun schwierig oder glanzvoll waren. Wir sind ebenfalls dankbar für alle Erfahrungen, die uns noch bevorstehen, weil wir wissen, dass alles, was auf uns zufließt, auf einem Fluss der Gnade auf uns zukommt.

Unsere Dankbarkeit fühlt sich häufig so an, als ob sie aus allen Poren unserer Haut quillt und unsere gesamte Erfahrung durchtränkt. Dankbarkeit dieser Art ist nicht zu erzwingen. Das ist nichts, das wir einfordern oder uns holen. Sie kommt spontan auf, *weil* wir uns für Authentizität entschieden haben. Sie macht uns angesichts des Lebens ehrfürchtig staunen, weil wir mittendrin sind – weil wir es *sind.*

WAS WIR BRAUCHEN, KOMMT ZU UNS. Bevor wir mit The Presence Process begonnen haben, haben wir uns sehr wahrscheinlich benommen wie alle, die »in der Zeit leben«. Wenn wir etwas wollten, sind wir losgezogen und haben es uns besorgt. Manchmal mit Blut, Schweiß und Tränen, damit wir es bekamen.

Arbeit, die mit Herausforderungen verbunden ist, ist in Ordnung, solange es Arbeit ist, die uns Freude macht. Sobald wir das Bewusstsein im gegenwärtigen Augenblick aktiviert haben, stellen wir jedoch fest, dass solches Verhalten immer seltener vorkommt. Wir werden immer mehr wie der Medizin-Buddha, der still sitzt, die Augen geschlossen, die Handflächen geöffnet nach oben gerichtet. Was immer der Medizin-Buddha braucht, erscheint mühelos in diesen wunderschönen Handflächen.

Wir haben alle das gleiche Potenzial. Je mehr Bewusstsein im gegenwärtigen Augenblick wir gewinnen, umso größer wird diese Fähigkeit. Wir stellen fest, dass Dinge, die erforderlich sind und auf die wir uns mit der entsprechenden gefühlten Wahrnehmung und ohne Bedingungen konzentrieren, ohne Mühe erscheinen. Wir werden zu Magneten für die Dinge, die für uns erforderlich sind. Wir bemerken, dass wir es, je müheloser wir unsere bedingungslose, gefühlte Aufmerksamkeit auf das Benötigte richten, umso müheloser manifestieren. Denn Präsenz ist in allem und jedem. Sie ist der Regisseur, der hinter allen Wendungen des Lebens steht.

Wenn wir uns für den Pfad mit »Blut, Schweiß und Tränen« entscheiden, der mit Angst, Zweifeln und Mangel an Vertrauen in die Verbundenheit des Lebens gepflastert ist, lässt die Präsenz zu, dass wir diesen Weg beschreiten, bis wir erschöpft sind. Die Präsenz mischt sich nicht ein. Aber wenn wir die Kontrolle loslassen und durch Glauben und Vertrauen der Präsenz erlauben, uns das Erforderliche zu bringen, dann wird es so *sein*. Dies ist eine der Lehren des Medizin-Buddha. Die Frequenz des Medizin-Buddha schlummert in uns allen und wartet darauf, durch das Bewusstsein im gegenwärtigen Augenblick aktiviert zu werden.

WIR FÜHLEN EINE GRÖSSERE VERBUNDENHEIT MIT DER NATUR. Alles Leben auf diesem Planeten hat Bewusstsein im gegenwärtigen Augenblick, ob es sich als ein Vogel, ein Baum oder eine Wolke manifestiert. Dies ist das gleiche Bewusstsein im gegenwärtigen Augenblick, das wir durch The Presence Process aktivieren. Denn es gibt nur eine Präsenz, die allem innewohnt. Alles ist eine Manifestation und ein Ausdruck dieser Präsenz. Je mehr wir uns darauf einstimmen, umso mehr spiegelt sich diese Beziehung in unserer Erfahrung der Welt. Dann sind wir auf natürliche Weise in Resonanz mit allen Lebensformen.

Wenn wir in das Bewusstsein im gegenwärtigen Augenblick eintauchen, erleben wir Momente, in denen sich Vögel und Schmetterlinge unserer scheinbar sehr bewusst sind. Dies liegt daran, dass *sie sich unserer bewusst sind*. Nur, wenn wir »in der Zeit leben«, gehen wir von der falschen Annahme aus, dass die Natur kein Bewusstsein hat und selbstvergessen ist. Die Natur scheint nur so lange selbstvergessen, wie wir es sind. Jede Pflanze, an der wir vorübergehen, jedes Lüftchen, das uns in die Haare fährt, ist sich unserer Präsenz bewusst.

Anfangs ist dies schwierig zu akzeptieren und noch schwieriger zu verstehen, weil wir aufgrund unserer uralten Prägung davon ausgehen, dass die Natur nicht wissend und nicht bewusst ist. Wenn etwas nicht sprechen kann, halten wir es für minderwertig. Wenn etwas nicht gehen kann, verhalten wir uns, als sei es tot. Wir benehmen uns meistens, als sei die Natur unbelebt. Wir glauben, dass Vögel singen, einfach nur um Geräusche zu machen. Aber die Natur ist lebendig, unendlich intelligent und bewusst. Wie andere Menschen ist die Natur für uns ein Spiegel. Je präsenter wir sind, umso verbundener fühlen wir uns mit der Natur.

Nur ein Mensch, der nicht präsent ist, schadet der Natur. Nur ein Mensch, der »in der Zeit lebt«, tötet zum Spaß. »In der Zeit« ist unser Herzzentrum geschlossen, und wir können die Auswirkungen unserer Handlungen auf die Lebensformen um uns herum nicht fühlen. Je mehr Bewusstsein im gegenwärtigen Augenblick wir haben, umso stärker sind wir uns bewusst, welche Auswirkungen wir auf unsere natürliche Umgebung haben und wie eng wir damit verbunden sind. Wenn wir Bewusstsein im gegenwärtigen Augenblick haben, gehen wir behutsam durch diese Welt. Und dann geht die natürliche Welt behutsam an unserer Seite. Wir sind eins mit ihr.

WIR WERDEN ZU EINEM TEIL DER NATÜRLICHEN KREISLÄUFE. Je präsenter wir sind, umso bewusster sind wir uns der energetischen Zyklen, die im einheitlichen Feld ablaufen. Man könnte sogar sagen, dass das gesamte einheitliche Feld ein energetischer Zyklus ist.

Wenn wir »in der Zeit leben«, führen wir Rituale und Zeremonien durch, weil es Vollmond ist oder weil gerade die Wintersonnenwende oder die Sommersonnenwende stattfindet. Im Bewusstsein im gegenwärtigen Augenblick handhaben wir dies jedoch anders. Wir haben nicht mehr das Gefühl, dass wir diese Zeremonien beachten müssen, und trotzdem achten wir die Zyklen der Natur. So beschließen wir zum Beispiel spontan, ein Nachtpicknick zu veranstalten. Wenn wir dann unsere Picknickdecke unter den Sternen ausbreiten, sehen wir nach vorn und stellen fest, dass der Vollmond gerade hinter dem Horizont hervorkommt. Oder wir entscheiden aus dem Bauch heraus, Frühjahrsputz zu machen. Nach Abschluss unserer Aktivitäten erzählt uns dann jemand, dass es nach dem Stand der Planeten gerade ein guter Zeitpunkt ist, »durchzuputzen«.

Diese synchronistischen Begebenheiten treten auf, weil wir durch unsere Verankerung in der Gegenwart die natürlichen Zyklen in unserem einheitlichen Feld anerkennen, ohne darum viel Aufhebens zu machen. Weil diese Zyklen zu einem Teil unserer normalen Erfahrung werden, müssen wir keine besonderen, zusätzlichen oder ungewöhnlichen Dinge tun. Wir erkennen sie als einen normalen Teil unserer Erfahrung an, weil wir im gegenwärtigen Augenblick präsent sind. Wir fühlen sie und reagieren entsprechend. Wir *werden zu* den Zyklen und agieren nicht mehr als getrennte Einheiten, die Handlungen ausführen müssen, um sie anzuerkennen. Wir werden dazu und müssen sie deshalb nicht mehr »beachten«.

WIR NEHMEN DIE AUGENWISCHEREI DER WELT WAHR. Eine der vielen Folgen von The Presence Process ist, dass Anmaßung und Protz keinen Bestand mehr haben. Wir müssen keine besondere Kleidung tragen, um zu erkennen, wie besonders wir sind. Wir müssen nicht auf uns aufmerksam machen, damit die Menschen erfahren, dass es uns gibt. Wir müssen kein Schild an die Tür hängen, das verkündet: »Wir sind dabei!«

Wenn wir in das Bewusstsein im gegenwärtigen Augenblick eingetreten sind, müssen wir nicht einmal mehr unser Handwerk bekannt geben. Wir streben danach, es zu *sein*, und die Präsenz bringt uns die, die unsere Dienste brauchen. Wir lassen die Menschen um uns herum wissen, was wir tun, *indem wir es sind* – nicht, indem wir darüber reden. Diese Herangehensweise gilt nicht nur für die metaphysischen Berufe, sondern für alle. Auch dies ist eine Lehre des Medizin-Buddha.

Wir entdecken auch, dass wir nicht mehr nach denen suchen müssen, deren Dienste wir brauchen, weil sie in dem Augenblick in unser Leben treten, in dem wir für sie bereit sind.

Viele von uns leben bereits so. Wir machen keine Reklame, weil wir wissen, dass die Präsenz allgegenwärtig ist. Wir versuchen nicht, bei anderen einen Profit zu erzielen, indem wir uns selbst verkaufen. Wir versuchen nicht, andere klug zu manipulieren, damit sie unsere Dienste nutzen. Wir suchen uns keine Kunden oder Klienten und binden sie dann an uns, damit wir so lange wie möglich an ihnen verdienen. Wir perfektionieren unsere Kunst und lassen zu, dass die Präsenz uns diejenigen Menschen zuführt, die unserer Aufmerksamkeit bedürfen. Dies ist die Wirtschaft der Quelle.

WIR STREBEN NICHT MEHR NACH DEM AUSSERGEWÖHNLICHEN. Wenn uns die Präsenz fremd ist, streben wir nach dem Außergewöhnlichen. Wir tun es, weil wir die innewohnende Großartigkeit und Schönheit der Präsenz, in der wir bereits sind, nicht zu würdigen wissen. Dies ist einer der Gründe, warum wir auf besondere Kleidung, oberflächliche Titel und andere Formen der Nicht-Authentizität zurückgreifen.

Mit zunehmendem Bewusstsein im gegenwärtigen Augenblick nehmen wir jedoch wahr, wie töricht wir sind, wenn wir uns so verhalten, und lachen herzhaft über unser protziges Benehmen. Dieses Lachen bringt uns zu authentischem Verhalten zurück. Es ist ein herzhaftes Lachen über uns selbst, das uns von diesem selbstgefälligen Unsinn befreit.

Im Bewusstsein im gegenwärtigen Augenblick hören wir wie selbstverständlich damit auf, nach dem Außergewöhnlichen zu suchen. Wenn wir in jedem gewöhnlichen Augenblick unserer Erfahrung präsent sind, in der Dusche, beim Essen, beim Abwasch und beim Gespräch mit dem

Nachbarn, wird unser gesamtes Leben außergewöhnlich. Wir stellen fest, dass es nicht die Suche nach dem Außergewöhnlichen ist, die das Leben außergewöhnlich macht, sondern dass wir fähig sind, jeden scheinbar gewöhnlichen Augenblick wahrzunehmen und die außergewöhnliche Energie der Präsenz anzunehmen, die durch diesen Augenblick fließt.

Wir entspannen uns und genießen jeden Augenblick so, wie er ist, denn er ist außergewöhnlich, genau so, wie unsere kollektive Quelle ihn gestaltet.

UNSERE FÄHIGKEIT, UNSEREN EINSICHTEN ZU VERTRAUEN, NIMMT ZU. Dies ist unser letzter Schritt, uns vom Denken, Planen und von dem Versuch zu befreien, die Welt kontrollieren zu wollen. Unsere Versuche, die Welt zu kontrollieren, sind Versuche, unsere kollektive Quelle zu kontrollieren. Die Quelle spielt mit und lässt uns alle Arten von Dramatik nutzen, aber letztendlich erreichen wir nichts.

Wenn wir uns aus dieser zwecklosen Misere befreien wollen, müssen wir uns wieder mit unserer Fähigkeit zur Einsicht verbinden, weil die Einsicht die Stimme der Quelle ist. Einsicht ist verschwiegen und still. Sie übertönt nicht die arrogante Stimme des kontrollierenden, mentalen Körpers. Sie spricht deutlich, und wenn wir lernen, auf sie zu hören, erzählt sie uns alles, was wir wissen müssen. Da diese Stimme aus einem Bereich jenseits der Zeit kommt, weiß sie alles, was je geschehen ist und was sich ereignen wird.

Wenn wir auf unsere Einsicht hören und ihr vertrauen, brauchen wir unseren Tag nicht mehr zu planen. Wir spazieren in unseren Tag hinein und achten auf jeden Augenblick, der sich entfaltet. Jeder Augenblick macht uns deutlich, wie wir achtsam auf den nächsten Augenblick reagieren können. Wir brauchen keine Einkaufslisten mehr, sondern gehen mit unserem Einkaufswagen durch das Geschäft und öffnen uns für die Einsicht. Wenn wir es zulassen, ersetzt die Einsicht unseren Wecker und sogar die Uhr an unserem Handgelenk. Die Einsicht spricht durch jeden und alles zu uns. Sie lässt vielleicht ein Fenster zuschlagen, damit wir wissen, dass sich ein Sturm nähert. Ein Nachbarhund bellt, um uns aus dem Mittagsschlaf zu wecken. Die Einsicht kann auch durch unseren Vorgesetzten in der Arbeit sprechen oder durch ein Lied im Radio. Wir müssen uns allerdings darin schulen, zuzuhören – damit wir nicht nur mit unseren Ohren, sondern auch mit unserem Herzen hören und das Gehörte in unser Herz aufnehmen.

Die Herausforderung dabei ist, dass die Einsichten nicht unbedingt sinnvoll sind, weil sie von einem Ort aus sprechen, der jenseits unserer Position auf unserer derzeitigen Zeitachse liegt. Wenn wir uns aber nach der Einsicht richten, erkennen wir, dass diese Einsichten unser Bestes wollen. Sie warnen uns vor bevorstehenden Unfällen und Naturkatastrophen ebenso wie sie uns darüber informieren, dass wir den Wasserhahn nicht zugedreht haben oder dass die Milch zur Neige geht.

Das Vertrauen in unsere Einsichten ist die größte unserer Fähigkeiten, weil wir dadurch eine direkte Leitung von der Quelle zu unserem Ohr spannen. Wir brauchen dann keine Mittelmänner mehr – keine Pfarrer, keine Wahrsager, keine Wettervorhersage. Wir haben eine direkte Verbindung zur Quelle. Wo bleibt da die Angst? Wo bleiben da die Sorgen? Sie lösen sich auf, und wir spazieren direkt und ohne Umwege auf die Vision zu, die die Quelle für uns vorgesehen hat. Wir leben in Ehrfurcht vor dem Wunder, das wir Leben nennen.

Das Leben lernen, *ist,* zuhören zu lernen. Zuhören ist empfangen. Wenn wir zuhören können, erkennen wir, dass wir immer alles empfangen, was für uns erforderlich ist.

WIR FÜHLEN UNS DURCH EINEN SINN GESEGNET. Indem wir The Presence Process durchlaufen, erkennen wir, dass wir nichts tun können, das uns zu weniger oder mehr machen könnte als das, was wir bereits sind. Als »Wesen« sind wir bereits perfekt und unveränderlich. Vielleicht ist unsere Erfahrung nicht im Gleichgewicht, aber wir wissen jetzt, wie wir sie integrieren können.

Dass wir perfekt sind, so wie wir sind, ist die Erkenntnis, nach der wir uns strecken und die wir erfassen sollen. Wir erkennen, dass unser authentischer Sinn und Zweck keine Handlung ist, die wir ausführen sollen. Der Sinn und Zweck besteht darin, jetzt hier an diesem Ort und in dieser Sache zu sein, wo wir gegenwärtig stehen. Durch The Presence Process sind wir eingeladen zu bedenken, dass es keinen größeren Sinn und Zweck gibt, als ganz im Leben zu stehen, zur Verfügung zu stehen und nützlich zu sein, indem wir vollkommen präsent und achtsam sind. Wenn wir das erreichen, werden wir zu den Augen, Ohren, Händen und Füßen der Quelle. Wir gehen, wir sprechen, wir leben und lieben für die Quelle. Unsere Präsenz *ist* die Präsenz der Quelle.

Wenn wir zulassen, dass dies so ist, leben wir unser Leben ganz bewusst. Alles, was wir tun, tun wir mit Absicht. Wir sind einfach. Wir haben kein Programm, keinen Plan und keine Interpretation. Wir lassen alle Bedingungen los. Leben wird zu einer Erfahrung, in der wir das »Bedürfnis haben, zu wissen«. In dieser Erfahrung vertrauen wir darauf, dass wir wissen, was wir wissen müssen, wenn wir es wissen müssen. Das ist unsere Beziehung zur Quelle.

Wir nehmen nichts, wir mischen uns in nichts ein, wir unterbrechen nichts und kontrollieren nichts. Unser Leben und seine Inhalte werden zu Werkzeugen, mit denen unsere individuelle und gemeinsame Weiterentwicklung stimuliert wird. Wir leben, um zu lieben. Wir lieben das Leben.

WIR LEISTEN EINEN AUTHENTISCHEN BEITRAG FÜR DIESE WELT. Mit unserem Eintritt in das Bewusstsein im gegenwärtigen Augenblick wird offensichtlich, dass die höchste Frequenz an Aktivität das *Dienen* ist. – Das Dienen für das Ganze, indem wir uns um den Teil kümmern, der in unserem Leben ist. Mit zunehmendem Bewusstsein im gegenwärtigen

Augenblick bricht diese Begeisterung für das Dienen aus unserem Inneren heraus. Wenn wir diesem Ruf folgen, führt er uns zu einer freudvollen und zutiefst zufriedenstellenden Erfahrung.

Es gibt keinen gesegneteren Ort als mitten in einem Leben, das dem bedingungslosen Dienen gewidmet ist. Dies ist die ewige Quelle bedingungsloser Liebe. Dies ist die Spitze des höchsten Berges, den wir erklimmen können. Die Möglichkeit zu haben, uns den Mantel des freudvollen Dienens umhängen zu können, ist das größte Geschenk, das wir unserem Herzen machen können.

Die Spuren liebevollen Dienens entspringen aus dem Zentrum des Herzens unserer Quelle und führen in es hinein. Zunächst dienen wir uns selbst, indem wir Bewusstsein im gegenwärtigen Augenblick wiederherstellen. Dann dienen wir unserer Familie, indem wir sie als perfekt sehen, als ganz und als genau das, was sie sein soll, aber auch als Segen für jeden unserer Schritte. Dann dienen wir unserer Gemeinschaft, indem wir uns vollkommen wach in ihr bewegen, ohne Urteil oder Eigeninteresse. Dann dienen wir unserer Stadt, indem wir die Vision der Befreiung aller vom Nebel der Zeit hochhalten. Dann dienen wir unserem Planeten, indem wir im Zentrum unserer Erfahrung stehen und der Quelle erlauben, in jedem Atemzug so präsent wie möglich zu sein.

Dann blicken wir so authentisch, wie es uns möglich ist, über das einheitliche Feld und lächeln die Sterne, den Mond und die Sonne an. Denn der größte Dienst von allen, den wir der Erde erbringen können, ist, wach zu stehen und in stiller Gewissheit zu erklären:

Ich bin jetzt vollkommen hier, wach und lebendig. Ich bin ein menschliches Wesen und so viel mehr. Ich bin Schwingung, vollständig präsent, und ich bin Bewusstsein in Materie. Durch unsere gemeinsame Präsenz blicke ich dich in Liebe an, erkenne dich wieder. Ich bin hier, um dich als mich zu erinnern und mich als dich. Lass uns zusammen aus dem Bannkreis der Zeit erwachen und das Lied des ewigen Lebens singen, jetzt und für immer.

Verantwortungsvolles Ausstrahlen des Bewusstseins im gegenwärtigen Augenblick

Nun, da wir wieder erwachen,
lass uns vorsichtig das Bett verlassen,
uns still aus dem dunklen Raum schleichen
und in das Morgenlicht gehen.
Lass uns hier spielen.
Wir wollen die anderen in ihren Betten nicht stören.
Sie schlafen, weil sie die Ruhe brauchen.
Wenn sie erwachen und uns spielen hören,
werden sie kommen und sich uns anschließen.

The Presence Process lädt uns ein, aus unseren Träumen zu erwachen und als Vorbilder authentischer Verantwortung durch das Leben in dieser Welt zu gehen. Er lehrt uns, dass wir selbst die Erfahrung des Bewusstseins im gegenwärtigen Augenblick machen müssen. Wir können diese Erfahrung nicht für andere machen, niemand anderes kann die Erfahrung für uns machen.

Wenn die Reise authentisch sein soll, müssen wir die Schritte selbst und für uns selbst gehen, die uns aus dem zeitbasierten Bewusstsein befreien und in das Bewusstsein im gegenwärtigen Augenblick führen. Wenn wir erst einmal damit begonnen haben, strahlt unsere Hingabe an diese Reise dieses Bewusstsein in jede einzelne Zelle jeder Lebensform, die durch unsere Gegenwart gesegnet ist. An diesem Punkt unserer Reise fangen wir bewusst an, die Aufgabe verantwortungsvoll zu übernehmen, das Bewusstsein im gegenwärtigen Augenblick auszustrahlen.

Andere Menschen aufzuwecken, nur weil wir merken, dass sie schlafen, wäre töricht. Es wäre arrogant, ignorant und eine Einmischung. Schlaf ist kein Fehler, er hat seinen Zweck. Ein Samenkorn schläft, bis es keimt. Es keimt und sprießt nicht nur, weil es bereit ist für das Leben, sondern auch, weil alle Lebensformen um das Samenkorn herum ebenfalls bereit sind, das Erwachen zu unterstützen. Wenn wir ein Samenkorn zum Keimen zwingen würden, würden wir es als getrennt wahrnehmen und damit die eng verwobene Teilnahme aller Bestandteile des einheitlichen Feldes in dem Wunder des Erwachens missachten.

Um auf die Aufgabe des verantwortungsvollen Ausstrahlens des Bewusstseins im gegenwärtigen Augenblick einzugehen, trete ich einen Schritt von der Beschreibung unserer gemeinsamen Reise zurück und greife auf meine eigene, persönliche Erfahrung zurück. Wenn ich Ihnen meine Erfahrung des Erwachens in die Resonanz der Nichteinmischung mitteile, kann ich diese Hinweise am besten an Sie weitergeben. Diese Hinweise sind wichtig, denn je präsenter wir sind, umso verantwortungsbewusster müssen wir sein. Solches Wissen erfordert Integrität. Ohne Integrität richten wir Schaden an.

Mit unserem zunehmenden Bewusstsein im gegenwärtigen Augenblick können wir die Misere anderer Menschen deutlich wahrnehmen, während sie schlafwandelnd durch die Welt stolpern. Falls Sie jemals eine Person geweckt haben, die schlafwandelte, wissen Sie, in welchem Zustand der Orientierungslosigkeit sich Schlafwandler befinden. Wenn wir einem Schlafwandler begegnen, führen wir ihn am besten sanft zu seinem sicheren Bett zurück, ohne ihn ganz aufzuwecken, und lassen ihn dort bequem weiterschlafen und von selbst aufwachen. Wenn wir ihn wachrütteln würden, wäre das ein gefährlicher Fehler. Ich habe einen Preis für diese Lektion gezahlt. Ich gebe diese Erkenntnis an Sie weiter, damit Ihre Erfahrung möglichst schonender und von mehr Verantwortungsbewusstsein geprägt ist, als das bei mir anfangs der Fall war.

Wie ich bereits in den Zeilen erläutert habe, die ich diesem Buch vorangestellt habe, entdeckte ich The Presence Process aufgrund meines Vorsatzes, dass es ein solches Verfahren geben müsste. Ich habe den Prozess dann entdeckt, indem ich selbst hineingeschritten und durch ihn hindurchgegangen bin. Ich wollte nicht, dass es um »Erleuchtung« geht. Das denke ich heute immer noch nicht. Tatsächlich glaube ich, dass ich in meiner Welt der Einzige bin, der derzeit nicht erleuchtet ist. Dies liegt möglicherweise daran, dass ich nicht an ein solches mental gesteuertes, zielorientiertes Konzept glaube.

Ich habe das starke Gefühl, dass ich, wenn ich meine Prägungen vollständig integriert habe und wieder in die ewige Gegenwart eintrete, dort von allen anderen geduldig erwartet werde, weil schon alle dort sind. Der Schriftzug für die Begrüßung wird lauten: »Warum hast du so lange gebraucht?« Wahrscheinlich werde ich an diesem Punkt meiner Reise auf die Knie sinken und hysterisch über meine Torheit lachen. Dieser besondere Lachanfall ist die Medizin, auf die ich hoffe. Weil ich aber das Konzept des Dienens so liebe, habe ich mir die Absicht gesetzt, dass mein Eintreten in das unvergängliche Bewusstsein im gegenwärtigen Augenblick allmählich und methodisch erfolgen soll, damit ich den Weg genau skizzieren und festhalten kann. Ich habe mich für diesen Ansatz entschieden, damit meine Spuren für andere, die an einer solchen Reise interessiert sind, als Wegweiser dienen können. Dies ist mein kleiner Beitrag zum *Dharma* der Menschheit. Mir ist bewusst, dass hier ein Paradox eingebaut ist, aber als genau das stellt sich mein Leben heraus: als ein Paradox, das dem Verständnis des mentalen Körpers nicht zugänglich ist, aber für die Absicht des Herzens klar und offenkundig.

Als ich begann, in meine Erfahrung des zunehmenden Bewusstseins im gegenwärtigen Augenblick hineinzuschreiten, tat ich dies unbewusst, in dem verzweifelten Versuch, »mich zu heilen«. Ich begann diese Reise, indem ich in die Welt der Heilung eintauchte, nicht weil ich ein Heiler werden wollte, sondern weil ich Schmerzen hatte. Aber aufgrund meiner Erfahrung mit den Methoden der verschiedenen Heilkünste stellte ich fest, dass ich mich für die Möglichkeit begeisterte, nicht nur meinen eigenen Zustand beeinflussen zu können, sondern auch den anderer Menschen.

Es gibt der Selbstherrlichkeit viel Nahrung, wenn man das Heilen als »Beruf« verfolgt. Das trifft uns ohne Vorwarnung. Es ist mir selbst so gegangen, und ich habe es bei anderen beobachtet.

Bevor ich so etwas wie Harmonie in meinem eigenen Leben wiederherstellen konnte, war ich schon dem Versuch verfallen, die ganze Welt zu heilen. Ich bildete mir ein, ein »Heiler« zu sein, aber ich verschleierte meine aufgeblasene Selbstherrlichkeit dadurch, dass ich bescheiden zugab, ein »Selbstheiler« zu sein. Insgeheim gefiel mir die Vorstellung, eine unsichtbare, mystische und magische Fähigkeit nutzen zu können, die den Leidenden Linderung bringen, den Müden Ruhe geben und den Verzweifelten Hoffnung schenken würde. Diese Haltung ist möglicherweise eine zu erwartende Nebenwirkung religiöser Prägung.

Betrunken von der Vorstellung, meine Welt aus ihrer verzweifelten Misere zu retten, vergaß ich bald die Aufgabe, mein eigenes Leiden zu heilen, und wurde auf der Suche nach der Perfektionierung meiner Fähigkeit zur Heilung der Leiden, die ich überall in der Welt gespiegelt sah, hungrig nach Macht. Natürlich spielten meine Spiegelungen in der Welt mit, sodass mir die Welt umso mehr aus dem Gleichgewicht geraten erschien, je mehr ich die Welt heilen wollte.

Schließlich führte mich dieser Pfad der Selbstherrlichkeit, der »mit guten Absichten gepflastert« schien, in eine Sackgasse. Nachdem ich strebsam meine eigene Heilpraxis eröffnet hatte, bekam ich immer mehr Probleme, während die Menschen, die ich zu »heilen« versuchte, so feststeckten wie ich selbst. Dann begann die Erfahrung mit meinem Leiden, mich zu überwältigen, und ich drohte, darin abzusaufen. Also rannte ich so schnell ich konnte vor jedem weg, der auch nur den Anschein machte, meine Hilfe zu brauchen. Ich konnte es nicht ertragen, Beschwerden, Wehklagen und Stöhnen zu hören, weil mir schmerzhaft klar wurde, dass ich nicht die Fähigkeit hatte, authentisch etwas dagegen zu unternehmen.

Etwa zwei Jahre lang litt ich an tiefgreifender physischer Ablenkung, mentaler Verwirrung und emotionalem Aufruhr. Ich fühlte, ich hatte mit meinem ganzen Schwingungsbewusstsein Schiffbruch erlitten und war auf einer Insel der Enttäuschung gestrandet. Dieser Zustand wurde so intensiv, dass ich Angst bekam, ich würde meine körperlichen und mentalen Fähigkeiten verlieren. Den Kontakt zu meinem Herzen hatte ich schon lange verloren. Ich hatte vor langer Zeit meine Integrität verraten. Ich war verwirrt und nicht in der Lage zu verstehen, wie ich durch meine guten Absichten in solch eine verfahrene Lage hatte geraten können.

Erst als ich den Punkt der absoluten Hoffnungslosigkeit erreicht hatte, konnte ich die weisen Worte eines anderen Menschen hören und sie auch verstehen: »Wann befolgst du deinen eigenen Rat? Wann wirst du für dich selbst das tun, was du für andere zu erreichen versuchst? Wann wirst du dein eigenes Leben heilen?«

In diesem Augenblick der Erkenntnis und mit meiner Bereitschaft, meinen törichten und arroganten Feldzug zur Heilung der Welt einzustellen, begann ich, aus der Grube des »verwundeten Heilers« herauszukrabbeln. Ich sah in den Spiegel und erkannte deutlich, dass mein Leben an einem dünnen Faden hing und jede weitere Arroganz diesen dünnen Faden durchtrennen konnte. Ich erkannte, dass ich nicht in der Lage war, irgendeine andere Person zu heilen, und ich musste zugeben, dass niemand in meiner Welt die Heilung dringender nötig hatte als ich selbst.

Wie immer spielte die Welt die Rolle meines vertrauten und gehorsamen Spiegels. Solange ich davon überzeugt war, dass die Welt *meine* Hilfe brauchte, spiegelte sie mir diese Täuschung. Sie rief aus jedem Winkel nach meiner Unterstützung. Sie überwältigte mich mit ihren mitleidserregenden Hilferufen. Jammer und Elend hatten kein Ende. Aber in dem Augenblick, in dem ich erkannte, dass tatsächlich ich die Hilfe nötig hatte, und meinen Stolz und meinen Hochmut lange genug zurückstellte, um um Hilfe zu bitten, bekam ich auf vielfältige Weise authentische Unterstützung, die mir aus meiner Grube der Selbstherrlichkeit heraushalf. Erst dann zeigte mir meine Welt weise Lehrer, die mir offenbarten, wie ich mich selbst nähren, anleiten, heilen und unterrichten konnte. Alle diese Lehrer vermittelten mir ihre Lektion für mich und verschwanden dann so rasch, wie sie gekommen waren, damit ich nicht von ihnen abhängig werden konnte. Sie zeigten mir die Aufgabe, überließen es aber mir allein, sie auszuführen. Da war kein Auffangen. Keine Einmischung. Sie breiteten liebevoll ihre Lektion vor mir aus und traten dann leise zurück, sodass jede Entscheidung allein von mir getroffen wurde. Sie traten ohne Mitleid oder Verständnis an mich heran und gingen ohne Sorge. Sie boten mir authentische Selbststärkung an und wollten nichts dafür.

Das wurde zur Grundlage meiner Herangehensweise an und die Entwicklung von The Presence Process. Ab dem Augenblick, in dem ich mich zur Unterstützung dieser Reise bereiterklärte, war ich nichts mehr als ein bereitwilliger Studierender des Bewusstseins im gegenwärtigen Augenblick. Ich bin kein Lehrer. Ich bin ein williger, aber mittelmäßiger Schüler. – Jetzt weiß ich das. Es ist unsere gemeinsame Präsenz, die für jegliche Errungenschaften verantwortlich ist, die nun meine Erfahrung schmücken.

Ich habe mich sehr bemüht, die Tür meines Herzens und meines mentalen Körpers offenzuhalten, damit andere Menschen weiterhin meine Lehrer sein können. In der Tat war jeder, der gekommen ist, um diesen Prozess unter meiner persönlichen Anleitung zu durchlaufen, mein Lehrer. All diese Menschen kamen und haben mir ihre Lehre zu Füßen gelegt. Durch ihre Bereitschaft, ihre Erfahrung des Bewusstseins im gegenwärtigen Augenblick zu aktivieren, haben sie die Integrität dieses Prozesses gefestigt. Oberflächlich betrachtet scheint es, als hätte ich die Moderation für sie gemacht und den Prozess gestaltet, aber so war das nicht. Ich war bereit zu entdecken, wie sich das Bewusstsein im gegenwärtigen Augenblick durch den Aufbau einer authentischen Beziehung zu unserer gemeinsamen Präsenz effizient aktivieren lässt – und sie sind gekommen, von der Präsenz geschickt, um mir den Weg zu zeigen.

So gesehen hat jede Person, die diesen Prozess durchlaufen und mir gestattet hat, dabei als Moderator zu dienen, das Schreiben dieses Buches ermöglicht. Sie sind und bleiben die wahren Helden in diesem Unterfangen. Dieses Buch ist ein Geschenk, das durch jeden Einzelnen von ihnen in Ihre Hand gelegt wird. Keinen Augenblick lang glaube ich, dass ich sie von irgendetwas geheilt habe. Ich habe zu jedem Zeitpunkt versucht, mir in meinem Herzen darüber klar zu sein, dass ich meine eigene Erfahrung integriert habe und dabei so viel wie möglich über das Bewusstsein im gegenwärtigen Augenblick gelernt habe, indem ich die beobachtete und auf sie hörte, die zu mir gekommen sind, um mir zu zeigen, wie sich dieser Prozess weiter verbessern lässt. Das Leben ist mein Lehrer, und ich bin sein Schüler.

Heute benutze ich, wie ich bereits gesagt habe, auch nicht mehr den Begriff »Heilung«. Ich bevorzuge den Begriff »Integration«. Ich könnte mich niemals, unter keinen Umständen, wohl damit fühlen, als »Heiler« bezeichnet zu werden. Wenn eine Bezeichnung für meine Aktivität vergeben werden muss, bevorzuge ich jedoch »Integrationist.«

Der Prozess, den wir The Presence Process nennen, hat sich entwickelt – angefangen bei der Beobachtung, wie andere ihren Kurs in das Bewusstsein im gegenwärtigen Augenblick verfolgt haben, und durch die Aufzeichnung meiner Spuren durch die Lektionen hindurch, die diese Personen mir gezeigt haben. Der Prozess entstand aus dem Stellen großer Fragen und dem geduldigen Warten, bis sich die Antworten als integrierte physische, mentale und emotionale Erfahrungen manifestierten. Alles an The Presence Process wurde aus authentischen Erfahrungen im gegenwärtigen Augenblick gewonnen – und auch aus Erfahrungen völliger Ablenkung. Das Fundament ist jedoch stabil und beruht auf einem Wort: Erfahrung. Das ist der Grund, warum dieser Prozess jeden berührt, der sich auf den Weg begibt.

Tief in meinem Herzen weiß ich, dass alle, die sich bewusst entscheiden, dieses Buch zu lesen und diesen Prozess vollständig zu durchlaufen und die dabei vertrauensvoll in ihren eigenen emotionalen Abgrund springen, die Erfahrung aktivieren, »sich selbst von den Toten zu erwecken«. Die bewusste Integration der Prägungen unserer stark aufgeladenen Emotionen ist der Weg, den nur die Tapfersten gehen. The Presence Process ist in der Tat eine Vertrauenssache, die aus Vertrauen entstanden ist. Alle, die sich im Licht solchen Vertrauens auf diesen Prozess einlassen, werden dadurch belohnt, dass sie genau das empfangen werden, was erforderlich ist.

Es ist äußerst wichtig zu bedenken, dass The Presence Process als erfahrungsbasierte Reise wohl nicht für jeden geeignet ist. Bitte machen Sie nicht den Fehler, so zu denken. Die, die für diesen Prozess bereit sind, müssen nicht überredet oder überzeugt werden, *weil* sie bereit sind. Die, die noch nicht bereit sind, sind dann auch nicht interessiert oder zeigen Widerstand.

Dies ist keine Erfahrung, die wir anderen näherbringen müssen, nur weil sie für uns funktioniert. Es ist eine Reise, die nur von denen auf der Erfahrungsebene unternommen wird, die bereit sind für Authentizität. Manche von uns bekommen genau das, was erforderlich ist, indem sie diesen Text einfach nur lesen. Außerdem legen wir unabhängig von der Ebene, auf der wir einsteigen, alle in unserem Garten des Bewusstseins im gegenwärtigen Augenblick Samenkörner aus – und jedes einzelne Samenkorn ist geeignet, ist willkommen und wird gefeiert. Wir pflanzen möglicherweise nur ein einziges, winziges Samenkorn, aber es könnte sich herausstellen, dass dies der Samen einer Eiche oder eines Apfelbaums ist.

Bedenken Sie, dass wir durch das vollständige Durchlaufen dieser Reise – durch das Lesen und durch die erfahrungsbasierte Teilnahme an diesem Prozess – unsere gesamte Wahrnehmungsmatrix verändern und damit auch die Erfahrung unserer Welt. Unsere Welt verändert sich, wenn wir die Erfahrung dieser Welt verändern. Bedenken Sie bei der Entwicklung Ihrer Erfahrung von diesem Punkt aus, dass The Presence

Process tiefgreifende Folgen hat, die erfahren werden müssen, um verstanden zu werden.

Durch unser weiteres Leben strahlen wir Bewusstsein im gegenwärtigen Augenblick in die Erfahrung aller Menschen aus, denen wir begegnen. Diese Folge bleibt für den Rest unseres Lebens auf diesem Planeten – und darüber hinaus – bestehen und nimmt weiter zu. Durch unsere gemeinsame Präsenz sind wir in der Lage, den Schatz, den wir uns selbst durch diese Erfahrung geschenkt haben, mit allen Menschen zu teilen, die wir in unserer Welt treffen. Manche werden die Früchte der Pflanze, die wir haben wachsen lassen, mit Dankbarkeit essen, andere werden vielleicht fragen, wie sie ihren eigenen Garten des Bewusstseins im gegenwärtigen Augenblick bepflanzen können. Wenn wir diese beiden Gruppen auseinanderhalten, werden wir nicht den Fehler der Einmischung begehen.

In diesem Buch bin ich nicht auf irgendwelche Fallbeispiele eingegangen. Aber da wir uns dem Ende dieses Teils unserer gemeinsamen Reise nähern, möchte ich Ihnen von einer Begebenheit erzählen. Wenn wir uns in dieses Beispiel vertiefen, können wir die Möglichkeiten erkennen, die in der Aktivierung des Bewusstseins im gegenwärtigen Augenblick liegen. Wenn der Groschen fällt, befällt uns Ehrfurcht angesichts dessen, was wir wirklich sind und was möglich ist, wenn wir »bedingungslos für uns tun, was wir für andere tun«.

Die Geschichte von Clive und Nadine

Eines Tages rief mich ein Mann namens Clive an und fragte mich, ob ich auch mit Kindern arbeiten würde. Er erzählte, dass seine zwölfjährige Tochter Nadine kürzlich in eine psychiatrische Einrichtung eingewiesen worden sei. Die Diagnose lautete »bipolare Störung«. Das Mädchen wurde medikamentös behandelt.

Clive berichtete, dass er kürzlich geschieden worden sei und dass seine Tochter danach bei seiner Exfrau gelebt habe. Offensichtlich hatte sich Nadine nach der Scheidung sehr merkwürdig und unberechenbar verhalten, und er hatte nichts davon gewusst. Zu ihren Verhaltensweisen hatten gewalttätige Ausbrüche und wohl auch Episoden geistiger Umnachtung gehört. Die Lage verschlimmerte sich so rasch, dass seine Frau der Empfehlung eines Psychiaters zustimmte, dass Nadine medikamentös behandelt und eingewiesen wird.

Clive erzählte mir verärgert, dass er sofort zu der Einrichtung gefahren sei und seine Tochter mitgenommen habe, als er davon hörte – trotz der Proteste der Mitarbeiter dort. Er erklärte mir, dass er jetzt eine schwer unter Medikamenten stehende und unberechenbare Zwölfjährige in seinem Haus hätte und von mir wissen wolle, ob ich mit ihr arbeiten würde. Meine Antwort überraschte ihn: »Nein. Aber wenn *Sie* bereit sind, zu mir zu kommen und Erfahrungen mit dieser Arbeit zu machen, wird sie ihren Zustand integrieren können.«

Ich erläuterte ihm kurz, dass unsere Kinder automatisch unsere Prägungen übernehmen, wenn wir unsere eigenen Prägungen aus unserer Kindheit nicht auflösen. Ich sagte ihm auch, dass Kinder erst dann eigene, authentische Erfahrungen machen können, wenn sie integrieren können, was wir ihnen in Form von Prägungen mitgeben. Alle Kinder mit Problemen seien Spiegelbilder von Eltern mit Problemen, sagte ich ihm.

Dann fragte ich ihn, was das achtsame Reagieren seiner Exfrau auf den Zustand der Tochter gewesen sei. Er antwortete, dass sie offensichtlich beunruhigt gewesen sei, aber überzeugt davon, dass die psychiatrische Einrichtung »schon damit fertig werden« würde. – Selbst wenn das bedeuten sollte, dass Nadine ihr Leben in dieser Einrichtung verbringen und unter Medikamenteneinfluss stehen würde. Zu Hause wurde sie nicht mit Nadine fertig und hatte auch keine Pläne dafür. Er sagte, dass *sie* zwar offensichtlich nicht in der Lage und nicht bereit sei, Nadine zu sich zu nehmen, er das aber tun müsse, weil er nicht mit der Vorstellung klarkommen könne, dass sich seine Tochter weiter in dieser Lage befinde. Er sagte, er fühle sich traumatisiert durch ihren Zustand.

Ich bestätigte ihm, dass aufgrund unseres kurzen Gesprächs, aufgrund seiner tiefen Sorge um seine Tochter und weil *er* auf mich zugekommen war, für mich offensichtlich war, dass die Situation seiner Tochter zu einem größeren Teil eine Spiegelung seiner nicht integrierten Kindheitsthemen war. Ich erläuterte ihm, dass dies der Grund dafür sei, dass er derjenige war, der »tief besorgt« war. Ich sagte: »Mit deiner Tochter ist alles in Ordnung, Clive. Sie spiegelt deine nicht integrierten Prägungen aus deiner Kindheit. Wenn du deine verdrängten, stark aufgeladenen Emotionen integrierst, wird sie sich gleichzeitig erholen.«

Verständlicherweise war er verblüfft. Er meinte, dass er von so einem Ansatz noch nie gehört hätte. Dann fragte ich, was ihm widerfahren war, als *er* im Alter von zwölf Jahren war. Am anderen Ende der Leitung war es still. Nach einiger Zeit erklang seine Stimme sehr schwach: »Mein Vater hat uns verlassen. Woher wusstest du, dass etwas vorgefallen ist, als ich zwölf war?« Ich erklärte kurz den 7-Jahres-Zyklus. Dann fragte ich ihn, ob er erkannte, dass sich die Lebensumstände aus seiner Vergangenheit im Leben seiner Tochter wiederholten. Ob er sehen könne, dass sein Weggang nach der Scheidung ein Wiederholungsmuster war, das sich in ihrem Leben abspielte? Er antwortete, dass er sich bis zu diesem Augenblick nicht bewusst gewesen war, dass der Zustand seiner Tochter irgendetwas mit seiner schwierigen Jugend zu tun haben könnte.

Bis heute glaube ich, dass Clive erst wirklich verarbeitet hat, was ich über »emotionale Prägung« und die Natur des 7-Jahres-Zyklus gesagt hatte, als er selbst den Prozess abgeschlossen hatte. Ich denke, dass er anfangs meinem Ansatz, zuerst seine Erfahrung zu integrieren und nicht mit seiner Tochter zu arbeiten, nur zugestimmt hat, weil er verzweifelt war und weil ich, ebenso wie er, mit der Lage von Nadine nicht besonders glücklich war. Für ihn war es auch eine bedeutende Einsicht, die Verbindung zwischen der aktuellen Lage seiner Tochter und seinem eigenen, nicht integrierten emotionalen Zustand herzustellen.

Clive stimmte zu, sofort mit The Presence Process anzufangen. Er stimmte auch zu, dass er berechnen würde, wie es zu schaffen war, dass die Medikamente von Nadine allmählich so reduziert werden würden, dass sie zu dem Zeitpunkt ganz ohne auskommen würde, zu dem er die Reise durch diesen Prozess abschließen wollte. Bitte beachten Sie, dass die Version des Prozesses, die Clive im Rahmen persönlicher Anleitung erlebte, nicht identisch mit dem in diesem Buch beschriebenen Prozess ist. Zusätzlich zu dem Prozess, der in diesem Buch beschrieben ist, umfasste die persönliche Moderation eine angeleitete Atemsitzung von drei Stunden Dauer pro Woche, Sitzungen der persönlichen Spiegelung durch mich sowie drei Wassersitzungen von drei Stunden Dauer in sehr warmem Wasser. Keine dieser Komponenten sollten Sie allein versuchen!

Ich könnte nicht sagen, dass das, was Clive und Nadine in diesen zehn Wochen durchgemacht haben, einfach gewesen wäre, aber es war für beide eine authentische Erfahrung. Aufgrund seiner Bereitschaft, die persönlich angeleitete Version von The Presence Process vollständig zu durchlaufen (eine Leistung, die ich nicht mehr anbiete), wurde die Vertrautheit der Beziehung zwischen Vater und Tochter wiederbelebt. Langsam zog die Freude wieder in ihr Heim ein.

In den ersten drei Wochen blieb Clive in erster Linie bei dem Prozess, weil er mir vertraute und als besorgter Vater verzweifelt war. Ich selbst hatte keine Zweifel bezüglich der unausweichlichen Folgen dieses Unterfangens, weil ich die Integrationspotenziale von The Presence Process wieder und wieder erlebt hatte. Ihm schien es, als habe er keine Alternative zum Durchhalten. Ich bin mir sicher, dass er sich in den ersten paar Wochen an meine unerschütterliche Sicherheit klammerte, dass wir die Integration erfolgreich durchführen würden.

Während Clive die Traumata in seinem eigenen emotionalen Körper aufgriff und integrierte, manifestierten sich wunderbare Veränderungen. Er kam nach der Arbeit nach Hause und entdeckte plötzliche, unerklärliche Veränderungen im Verhalten von Nadine. In die Sitzung bei mir kam er mit einem ungläubigen Kopfschütteln. »Sie schreit mich nicht mehr an« wurde zu »Gestern Abend saß sie in der Küche und hat mit mir geredet.« Daraus wurde dann: »Gestern hat sie mit mir abgespült, und ich hatte sie noch nicht einmal darum gebeten.« Und schließlich: »Heute hat sie mich im Auto umarmt und mir gesagt, dass sie mich liebt.«

Als die zehn Wochen für Clive zu Ende gingen, war Nadine wieder in der Schule, nahm keine Medikamente mehr und tat, was Mädchen im Teenager-Alter eben so tun. Seine Exfrau war verblüfft, besonders als Clive Nadine bei ihr absetzte, damit sie einige Zeit zusammen verbringen konnten. Auch die Herangehensweise von Nadine an ihre Arbeiten für die Schule hatte sich derart verändert, dass der Lehrer Clive anrief, um über die glänzenden Ergebnisse zu berichten.

Nach seiner letzten Sitzung bei mir fragte mich Clive: »Warum weiß die Welt nichts über diese Arbeit?« Natürlich lächelte ich darüber, weil ich weiß, dass es für alles einen Ort und eine Zeit gibt. Er sagte, er wolle über das Geschehene ein Buch schreiben. Ich wusste, dass dies seine Art war, mir zu sagen, wie dankbar er für die Blumen und Früchte des Bewusstseins im gegenwärtigen Augenblick war. Ich hoffe wirklich, dass er eines Tages die Geschichte von Nadine für die Clives und Nadines dieser Welt aufschreibt. Falls nicht, wurde seine Stimme durch diese Zeilen gehört.

Die Geschichte von Clive und Nadine ist nur eine von vielen. Ich habe beschlossen, über diese Geschichte zu berichten, weil ich möchte, dass Sie in Ihrem Herzen wissen, dass es bei The Presence Process nicht darum geht, dass wir umherziehen und diese Welt oder irgendeine Person heilen. Es geht darum, dass wir selbst den Mut haben, unsere eigene Erfahrung zu integrieren. Dieser Prozess soll nicht verwendet werden, damit wir uns einmischen. Es ist nicht so gedacht, dass wir jemandem vorschlagen, er oder sie solle doch bitte The Presence Process machen, damit er oder sie zu der Person wird, die wir uns vorstellen. Denken Sie daran, dass der Weg, der mit guten Absichten gepflastert ist, oft zu teuflischen Ergebnissen führt, ganz besonders, wenn es unsere unbewusste Absicht ist, andere zu verändern, damit sie in unser Bild vom Leben passen. Wenn wir etwas nicht mögen, das wir bei anderen wahrnehmen, müssen wir unsere Wahrnehmung ändern, indem wir die entsprechenden, stark aufgeladenen Emotionen in uns integrieren, und nicht an den äußeren Umständen herumpfuschen, die wir wahrnehmen. The Presence Process soll eine Reise sein, die wir für uns selbst und in uns selbst hineinmachen. Aber an der Geschichte von Clive und Nadine sehen wir, dass ein Wunder geschieht: Wenn wir unser Bewusstsein im gegenwärtigen Augenblick bedingungslos aktivieren, ist das für alle von Vorteil.

Authentisch aktiviertes Bewusstsein im gegenwärtigen Augenblick strahlt in unsere Umwelt wie der Duft reifer Pfirsiche.

Die natürliche Entfaltung des Bewusstseins im gegenwärtigen Augenblick

Erst nachdem ich meinen fehlgeleiteten Wunsch überwunden hatte, die »Welt zu heilen«, trat ich meine Reise zur authentischen Ganzheitlichkeit an. Ich begann damit, mich selbst zu betrachten und mit den offensichtlichen Prägungen zu arbeiten, die in meiner unmittelbaren Erfahrung Unbehagen verursachten. Dann sah ich mir meine Familie als Spiegel an und nutzte diese Spiegelungen, um mehr von dem zu erkennen, was ich zu integrieren hatte.

Unsere engsten Familienmitglieder sind die deutlichsten und ehrlichsten Spiegelungen unserer nicht integrierten Prägungen. Alles, was uns an unseren engsten Familienmitgliedern »falsch« erscheint und uns vielleicht auch emotional aufwühlt, ist tatsächlich *unser Thema*. Das ist bittere Medizin, aber zu dieser Regel gibt es keine Ausnahme. Unsere Familie spiegelt uns. – Deshalb ist sie unsere Familie. Wenn wir den Fehler begehen und versuchen, den Spiegel zu putzen, um unsere unbehaglichen Spiegelungen zu bereinigen, vergrößern wir den Haufen unglücklicher Familien. Aber wenn wir unseren engen Familienkreis als Menschen verstehen, die uns so sehr lieben, dass sie die Rolle des ehrlichen Spiegelbilds übernehmen, können wir Wunder bewirken.

Früher bin ich vor meiner Familie davongelaufen. Ich wollte mich mit jedem umgeben, nur nicht mit meiner Familie. Heute sehe ich meinen engsten Familienkreis und nehme meine Familienangehörigen als das wahr, was sie sind, als perfekt, weil ich die Segnungen und Einsichten des Bewusstseins im gegenwärtigen Augenblick kenne. All die Dinge, die ich in der Vergangenheit an ihnen ändern wollte, sind heute genau die Dinge, die ich vermisse, wenn ich nicht bei meiner Familie bin. Heute bin ich mit einer glücklichen Familie gesegnet, nicht weil ich irgendeine dieser Personen verändert hätte, sondern weil ich meine Wahrnehmung dieser Personen durch das verändert habe, was sie gespiegelt haben. Sie sind perfekt. Es war nur meine Wahrnehmung, die verschleiert war. Sie sind nicht ihre Prägungen, sie sind einzigartiger Ausdruck unserer gemeinsamen Präsenz.

Dieses Buch wurde nicht geschrieben, um meinen Planeten und die Menschen, mit denen ich ihn teile, zu verändern, denn wir sind bereits perfekt. Wir sind nicht unsere Prägungen und daher auch nicht das Aussehen, das Verhalten oder die Lebensumstände, die von diesen Prägungen ausgehen. Ich sende dieses Buch jedoch als Einladung an jeden, der gegenwärtig eine unbehagliche Lebenserfahrung macht. Dieses Buch wird jeden darin unterstützen, die Qualität seiner Lebenserfahrung zu verändern, indem es ihm zeigt, wie er die Verantwortung für seine emotional aufgeladene Situation übernimmt.

Bisher ist es mir noch nicht gelungen, irgendjemanden zu verändern. Ich danke der Quelle dafür, dass sie dies so eingerichtet hat, denn ich möchte mich nicht in die verschiedenen Formen des Ausdrucks unserer gemeinsamen Präsenz in dieser wunderschönen Schöpfung einmischen.

Wie ich weiß, wann ich präsent bin und wann nicht? Wenn ich meine Erfahrung der Welt betrachte und Umstände aus der Vergangenheit wahrnehme, von denen ich glaube, dass sie hätten anders sein sollen, und wenn ich anfange, Veränderungen an den gegenwärtigen Umständen zu planen, dann weiß ich, dass ich an einem Ort bin, der sich »Zeit« nennt. Die Zeit ist ein Ort, an dem – jetzt – nie etwas richtig ist. Aber wenn ich meine Welt betrachte und ihre Schönheit, ihre perfekte Unvollkommenheit, ihre Fülle des Lebens wahrnehme und vollkommen grundlos Dankbarkeit verspüre, hier sein zu dürfen, für jeden Augenblick und jeden Bestandteil davon dankbar bin, dann weiß ich, dass ich genau jetzt vollkommen hier bin.

Ich habe lange »Zeit« gebraucht, um »das Alles« dankbar annehmen zu können, das das Leben ist. Jetzt bin ich in alles verliebt, weil alles ein Ausdruck dessen ist, was die Quelle für mich ist. Es gibt nicht eine Sommersprosse auf dem Gesicht des Lebens, die ich ändern möchte. Natürlich gehe auch ich immer wieder mal auf die Palme. Das liegt aber daran, dass es immer noch Prägungen gibt, die ich zu integrieren habe. In Krankheit und Gesundheit, in Armut und Reichtum, in der Jugend und im Alter, im Schlaf und im Wachen liebe und ehre ich jeden Augenblick.

Das Leben *ist* meine Quelle. Das Bewusstsein im gegenwärtigen Augenblick ist der Altar, auf dem ich die Gebete meiner Dankbarkeit niederlege. Jetzt brauche ich nichts. Jetzt gibt es nichts, das ich nicht will. Jetzt habe ich, was erforderlich ist, und halte ich für erforderlich, was ich habe. Wie kann es auch anders sein? Wenn es anders ist, habe ich den Augenblick verlassen. In meinem Herzen fühle ich jetzt die Wärme und das ansteckende Lächeln unserer endlosen und ewigen, gemeinsamen Präsenz. Solange diese Reise dauern soll, bin ich gerne dabei.

Ich weiß, dass sich durch die Aktivierung des Bewusstseins im gegenwärtigen Augenblick Türen öffnen, die über das hinausgehen, was ich in diesem Buch beschreiben kann. Das sind Zustände des Seins, die nur durch unsere persönliche Erfahrung des Bewusstseins im gegenwärtigen Augenblick kommuniziert werden können. Dies ist der Abgrund, in den ich mich wieder und wieder so waghalsig, wie ich kann, hineinstürze. Dies sind die Abenteuer, zu denen ich Sie einlade. Dies sind die großen Fragen, die ich Sie ermutigen will zu stellen.

Anders als es die zeitbasierte Welt behauptet, ist es nicht unsere Aufgabe, Frieden auf diesen Planeten zu bringen. Eine solche Vorstellung ist wahnhaft und eine Ablenkung. Dieser Planet ist neutral. Als solcher ist er die perfekte »Szenerie« für jeden Menschen, der bereit ist, sich durch persönliche Verantwortung weiterzuentwickeln. Wir sind hier, weil wir dafür »aufgestellt« sind. Wir sind hier, weil wir eingeladen sind, »zu sein«, trotz der Ablenkungen der endlosen Handlungen. Die Schule dieser Erde ist ein großer Saal voller Spiegel.

Wir sind jetzt vollkommen hier, um zu entdecken, dass wir nur Frieden schaffen können, wenn wir das Bewusstsein dieser Schwingung unserem eigenen Herzen authentisch anbieten. Wenn wir das Bewusstsein dessen, was Frieden für uns ist, anbieten, lacht der Spiegel, der diese Welt ist, freudig über dieses Spiel. Dann strömt aus allen Richtungen das Bewusstsein des Friedens herein, der bereits ist und der immer sein wird.

TEIL V

Beständigkeit

Wenn wir The Presence Process durchlaufen haben, haben wir mehr Samenkörner ausgelegt, als wir zählen können. Diese Reise steht für den Frühling unseres Wiedererwachens in das Bewusstsein im gegenwärtigen Augenblick. Indem wir diesen Prozess vollständig durchlaufen, stellen wir sicher, dass der Garten unserer sich entfaltenden Erfahrung reichhaltig und üppig wächst. – Und das so sehr, dass wir andere einladen können, mit uns im kühlen Schatten zu sitzen und die Schönheit und Fülle unserer Blumen und Früchte zu genießen. Wir leben ständig in der Resonanz großer Möglichkeiten. Andere Menschen fühlen das. Das gilt natürlich nur, solange wir uns bewusst um die Samenkörner kümmern, die wir ausgebracht haben.

Wir kommen allmählich zu den letzten Seiten dieses Buches. Aber denken Sie daran, dass dieser »Abschluss« im Rahmen von The Presence Process nicht das »Ende« des Prozesses ist. Der Abschluss dieser besonderen Reise bedeutet, dass wir einen Bewusstseinszustand erreicht haben, in dem wir bereit und willens sind, die volle Verantwortung für die Qualität – den kausalen, gefühlten Aspekt – unserer Erfahrung zu übernehmen. Es bedeutet, dass wir uns auf eine Ebene begeben haben, auf der wir nahe an der Kausalität unseres Bewusstseins leben. Absichtsvoll in der Kausalität unseres Bewusstseins zu leben, ist vergleichbar mit einem ständigen Ausbringen von Samenkörnern in fruchtbarem Boden. Es ist ein Zustand der fortgesetzten Reifung.

Neben dem Eintritt in das Kausalitätsbewusstsein bedeutet der Abschluss dieser Reise im Rahmen von The Presence Process auch, dass wir nun mit dem Bewusstsein persönlicher Verantwortung getränkt sind. Daher sind wir willens und begierig darauf, die Samenkörner, die wir mit bewusst gefühlter Erfahrung, Gedanken, Worten und Taten ausgebracht haben und die nun als Keimlinge durch die Erdkruste brechen und ans Tageslicht kommen, zu gießen und zu umsorgen. Wir sind fest entschlossen, jeden Augenblick bewusst zu leben, weil wir wissen, dass dies die einzige Art des Seins ist.

Wir streben danach, jeden Augenblick unserer Erfahrung in einer Art und Weise anzunehmen, die unser Bewusstsein im gegenwärtigen Augenblick nährt und fördert. Wir wissen jetzt, wie wir dies erreichen können: indem wir uns für achtsames Reagieren entscheiden, und nicht reaktiv agieren. Gleichzeitig sind wir ein Vehikel, nicht ein Opfer oder ein Sieger. In dieser letzten Phase von The Presence Process blicken wir auf die Straße, die vor uns liegt. Dies bietet uns einige wertvolle Einblicke in die Resonanz des Lebens »als Ursache« und die Verantwortung, ein solch tiefgründiges Vorhaben auf sich zu nehmen. Außerdem wird uns ein Werkzeug geschenkt, mit dem wir uns dem Schwingungsbewusstsein absichtsvoll annähern können.

Freiheit ist Verantwortung

Sie haben nun Ihre Reise durch The Presence Process erfolgreich abgeschlossen. Ich möchte nur noch einige weitere Einsichten an Sie weitergeben, bevor ich dieses Buch abschließe. Sprechen Sie sich selbst Anerkennung dafür aus, dass Sie diese schöne und tiefgründige Reise vollständig durchlaufen haben, bevor Sie weitermachen. Nur Sie wissen, was Sie dabei durchgemacht haben, also ist nur Ihre eigene Anerkennung dieser Erfahrung wertvoll und stichhaltig. Sie sollen wissen, dass diese

Erfahrung gültig und stichhaltig ist, was immer sie auch war und was immer Sie noch erfahren werden. Es ist Ihr Schatz, aus dem Sie weiterhin Einsichten gewinnen werden.

Der erfolgreiche Abschluss einer solchen Erfahrung ist eine große Leistung, egal ob Sie in dem Buch *Die Kraft gelebter Gegenwart* über The Presence Process gelesen oder diesen Prozess auf der Erfahrungsebene durchlaufen haben. Sie haben etwas Authentisches erreicht. Sie haben authentische Bewegung in der Qualität Ihrer Erfahrung aktiviert. Möglicherweise haben Sie Ihre persönliche Hölle durchlaufen, um an diesem Punkt anzukommen, also halten Sie inne, verbinden einige Augenblicke lang sanft Ihre Atmung, lächeln Sie innerlich und genießen diesen Augenblick. Das haben Sie gut gemacht! Sie haben für sich selbst, für Ihr Leben und für alle, mit denen Sie Kontakt haben, etwas Gutes getan. Gut gemacht!

Zum Glück ist dies kein Ende. Dieser Augenblick kennzeichnet den Punkt, an dem Sie eine tiefgründige Reise zu einer beständigen Erfahrung des Bewusstseins im gegenwärtigen Augenblick fortsetzen.

Was wir tatsächlich erreicht haben, indem wir The Presence Process vollendet haben, ist, das Schiff unseres Lebens herumzureißen und es auf einen Kurs auszurichten, der uns endlich dient. Wir nehmen nun Kurs aus der zeitbasierten Mentalität heraus, statt weiter in ihr zu versinken. Wir sind soweit, dass wir die Blumen und Früchte dieser Reise auf immer genießen können, weil es eine Reise ist, die unser Bewusstsein unvermeidlich auf die Ewigkeit ausrichtet. Unsere Erfahrung der Welt wird nicht mehr die gleiche sein. Wir erwachen nun allmählich aus einem langen, unbewussten Traum, indem wir die Geschenke eines authentisch gelebten Lebens bewusst ergreifen.

Und hier gewinnt es an Bedeutung, das Leben als verantwortungsbewusster Mensch zu leben.

Nur weil wir uns jetzt in die richtige Richtung bewegen, nehmen wir nicht die Hände vom Steuer. Auch wenn uns die verantwortungsbewusste Lebensführung die Fähigkeit verleiht, scheinbar müheloser segeln zu können, verfügt unsere Fähigkeit für das Bewusstsein der Verantwortung nicht über einen Autopiloten. An Verantwortung gibt es nichts Unbewusstes. Im Gegenteil. Wir müssen nun mehr als je zuvor ganz praktisch die Qualität unserer Erfahrung steuern. Von diesem Punkt an ist es von Vorteil, wenn wir den folgenden Vergleich in Erinnerung behalten:

Ein Pilot, der ein Flugzeug fliegt, bleibt selten auf direktem Kurs. Ein Pilot korrigiert ständig seinen Kurs, weil das Flugzeug von atmosphärischen Turbulenzen immer wieder vom beabsichtigten Kurs abgebracht wird. Also passt der Pilot die Steuerung ständig an, um diese Abweichungen auszugleichen. Wenn wir an das geplante Ziel gelangen wollen, müssen wir unseren Kurs ständig anpassen und die Abweichungen ausgleichen.

Denken Sie daran, dass wir mit dem Abschluss dieses Buches in vielen Aspekten unserer Erfahrung authentische Bewegung eingeleitet haben. Wir sind jetzt wie ein Zug, der früher stillstand, der sich aber nun schneller und schneller über die Gleise bewegt. Wenn wir nun keine Verantwortung für die Qualität eines jeden Augenblicks übernehmen, werden wir von den Gleisen abkommen. Wenn wir die Lok unserer Absicht, präsent zu bleiben und unsere Beziehung zum Bewusstsein im gegenwärtigen Augenblick zu intensivieren, plötzlich anhalten, spüren wir, wie sich das erhebliche Gewicht der Güterwaggons hinter uns, die für die verschiedenen Aspekte unserer Erfahrung stehen, auf unsere Lok schiebt und uns von unserer bewussten Reise in die Authentizität entgleisen lässt. Das soll nicht bedrohlich wirken. Es ist unsere neue Lage, denn mit dem höheren Bewusstsein haben wir auch mehr Verantwortung.

Wir erleiden Schiffbruch, wenn wir zulassen, dass wir wieder unbewusst werden. Der Schiffbruch tritt ein, wenn wir uns erlauben, zum tödlichen Tanz mit den imaginären Spiegelungen einer nicht integrierten Vergangenheit zurückzukehren. In Schiffbruch geraten wir, wenn wir weiterhin unbewusst Angst, Wut und Trauer auf die Spiegelfläche der Welt projizieren, wenn wir uns physisch ablenken, mental verwirren und emotional aus dem Gleichgewicht bringen lassen. Wenn wir verantwortungslos in Bezug auf die Folgen der noch nicht integrierten, stark aufgeladenen Emotionen in unserem emotionalen Körper werden, erleiden wir Schiffbruch.

Wenn wir uns für den Schiffbruch entscheiden, indem wir nicht die Verantwortung zeigen, unser Bewusstsein im gegenwärtigen Augenblick zu erhalten und zu erweitern, können wir uns dieses Mal nicht auf Unwissenheit herausreden. Wenn wir jetzt ins Unbewusste versinken, ist das eine bewusste Entscheidung. Wir müssen nicht Schiffbruch erleiden. Wir können aber immer noch ab und zu solche Erfahrungen manifestieren, nur um uns daran zu erinnern, dass es wünschenswert ist, unserer Verantwortung gerecht zu werden.

Es liegt in unserer Verantwortung, standhaft in unserer Absicht zu bleiben und die erforderlichen Anpassungen vorzunehmen, wenn uns der Fokus verloren geht. – Es liegt in unserer Verantwortung, achtsam zu reagieren. Es wird unweigerlich passieren, dass wir meinen, dass unser Bewusstsein absinkt, was Verwirrung und die scheinbare Auflösung unserer Absicht auslösen kann. Warum? Weil uns die atmosphärischen Turbulenzen des Lebens und die energetischen Zyklen des physischen, mentalen und emotionalen einheitlichen Feldes immer wieder vom Kurs abbringen. Wir erinnern uns dann daran, wie wir achtsam reagieren.

Unsere Absicht ist der Kurs für unseren Flug. Wenn wir uns durch die »Zeit« ins Unbewusste gestürzt fühlen, wie sollen wir denn dann bewusst und achtsam reagieren? Wie gleichen wir das aus und nehmen die erforderlichen Anpassungen vor?

Wir halten inne in dem, was wir gerade tun, und verbinden unsere Atmung, bis das Bewusstsein im gegenwärtigen Augenblick wiederhergestellt ist. Es ist so einfach. Es ist so offensichtlich.

Durch das bewusste Verbinden unserer Atmung stellen wir das Bewusstsein im gegenwärtigen Augenblick wieder her und erinnern uns an unsere Absicht, wenn die Turbulenzen unserer Erfahrung Verwirrung stiften. Das bewusste Verbinden unserer Atmung rettet uns aus dem Wrack eines jeden Unfalls, den wir manifestieren. Wenn wir uns verpflichten, unsere 15-minütige Atemtechnik so sehr zu einem Teil des Tagesablaufs zu machen wie das Zähneputzen, schützen wir uns vor dem Verfall der Präsenz in unserer Erfahrung. Die *Routine* unserer Atmung ist unsere Verantwortung, weil sie uns einen bewussten Weg in uns selbst sichert. In uns nehmen wir alle Anpassungen der Navigation vor. Unsere Atempraxis ist unser Sicherheitsgurt in Zeiten starker Turbulenzen, unsere Nabelschnur zum Leben in Zeiten großer Katastrophen und der Kompass für unseren Weg durch alle Verwirrung hindurch.

Wir stehen im Zentrum unserer Erfahrung und werden immer dort stehen. Unsere Erfahrung geschieht nur, *weil* wir dort stehen. Deshalb liegt es in unserer Verantwortung, uns immer wieder neu zu verpflichten, so präsent wie möglich zu sein. Es liegt in unserer Verantwortung, dass wir uns bewusst sind, dass der Frieden in uns ist, indem wir uns in voller Absicht *entscheiden, uns jeden Tag einige Augenblicke lang friedvoll zu fühlen*. Es liegt in unserer Verantwortung, uns selbst bedingungslos zu geben, was wir empfangen wollen. Es liegt in unserer Verantwortung, offen dafür zu sein, das bedingungslos zu empfangen, was wir freudvoll geben. Es liegt in unserer Verantwortung, beständig das Schiff unserer Erfahrung dankbar in den Hafen des Herzens unseres authentischen Selbst auf der Schwingungsebene zu steuern, welche Techniken und Methoden wir auch immer zu diesem Zweck einsetzen. Es liegt in unserer Verantwortung, dass wir uns an unsere Unschuld erinnern und unsere spontane Freude, Verspieltheit und Kreativität fördern. Es liegt in unserer Verantwortung, uns selbst bedingungslose Liebe zu schenken. Es liegt in unserer Verantwortung, ab und zu stehen zu bleiben, um die ewige, kostbare Erfahrung wertzuschätzen, die wir »Gegenwart« nennen, die uns gegeben ist, damit wir einen weiteren, bewusst verbundenen Atemzug machen können. Es liegt in unserer Verantwortung, zu leben, als wären wir vollkommen lebendig.

Wenn wir nochmals am Anfang des Buches beginnen, werden wir erstaunt sein, wie viele Werkzeuge der Wahrnehmung uns im Text angeboten werden, die diese Reise unterstützen. Wir haben nun ein gutes Rüstzeug für die bewusste Navigation bei dieser fantastischen Reise, die wir Leben nennen. Wenn wir immer dann in diesem Buch lesen, wenn uns dies sinnvoll erscheint, werden wir auch feststellen, dass wir die Einsichten in diesem Buch besser verstehen. Dies ist an sich schon ein Zeichen dafür, wie deutlich und wie rasch unser Bewusstsein zugenommen hat. Dies wird uns sicherlich anspornen, das bewusste Neuerwachen zu den unbegrenzten und atemberaubenden Möglichkeiten einer bewussten Beziehung zu unserer gemeinsamen Präsenz fortzusetzen.

Nach einer gewissen Zeit der Integration entscheiden wir uns vielleicht, wie viele andere auch, diese Erfahrung zu wiederholen oder diesen Text erneut zu lesen, um zu tieferen Einsichten zu kommen. Sie können diesen Prozess so oft wiederholen, wie Sie es für nötig halten. Der Prozess holt uns immer dort ab, wo wir stehen, und führt uns in tiefere Ebenen des Bewusstseins im gegenwärtigen Augenblick. Unsere Erfahrung ist immer stichhaltig und richtig.

Rosen haben Dornen

Eine der Einsichten, die uns The Presence Process vermittelt, ist die, dass das Leben wie eine Rose ist – und Rosen haben Dornen. Unsere kollektive Quelle hat die Rosen als Symbol und als Duft der Liebe und des Liebens erschaffen. Unsere Quelle hat diese wunderschönen Blumen mit Absicht auch mit spitzen Dornen versehen. Diese göttliche Gestaltung erinnert uns an Ausgewogenheit, stimuliert die Integration und erweckt in uns erneut Güte und Respekt.

Wir haben alle schon Unbehagen verspürt. Jeder von uns hat in diesem einen Leben bereits so viel physisches, mentales und emotionales Unbehagen erlebt, dass wir dazu neigen, bewusst und unbewusst nach einem Zustand zu streben, in dem wir ständig und ewig voller Freude sind. Ein solcher Zustand des Seins ist möglich, aber er entsteht nicht dadurch, dass wir einen Weg wählen, der ein »Ziel« hat, oder einen Weg, auf dem wir Exklusivität praktizieren. Da unsere Quelle unendlich ist, ist die Reise zur Quelle eine immerwährende Reise. Da die Quelle alles erschaffen hat, müssen wir *alles* annehmen, wenn wir integrieren, was die Quelle ist.

Während wir in dieser Welt sind, erreichen wir nicht authentische Freude, indem wir bestimmte Erfahrungen von uns weisen und andere anzuziehen versuchen. Bei der Freude geht es nicht darum, einen Punkt des grenzenlosen Glücks zu erreichen. Darum geht es überhaupt nicht im Leben. Wenn wir uns damit beschäftigen, dass wir uns immer gut fühlen wollen, dass wir es immer leicht haben wollen und dass wir in jedem Aspekt unseres Lebens vollständige und sofortige Integration erreichen wollen, täuschen wir uns selbst. Das Leben umfasst immer beide Seiten. Das Leben ist immer und auf allen Wegen.

Ein Weg in eine authentisch freudvolle Erfahrung ist nur möglich, wenn wir jede Erfahrung, die uns das Leben anbietet, als erforderlich annehmen. Ja, das ist schwer. Freude entsteht, wenn wir die Schönheit, den Duft *und* die Dornen des Lebens annehmen. Das mag für Sie im Augenblick noch keinen Sinn ergeben, weil Sie vielleicht noch versuchen, einem Zustand des Seins zugunsten eines anderen zu entfliehen. Es wird für Sie aber zur gegebenen Zeit einen Sinn ergeben, wenn Sie lernen, wie Sie sich durch all das »hindurchfühlen« können. Wenn Sie weiterhin umsetzen, was wir im Presence Process aufgegriffen haben, ohne sich dabei auf einen Endpunkt der Reise zu konzentrieren, werden Sie unweigerlich auf eine Frequenz der Freude gelangen. Freude ist die zwangsläufige Folge von all dem, was The Presence Process in die Wege leitet. Auf der Frequenz der Geduld keimen alle Samenkörner und tragen alle Blüten Früchte.

Insbesondere in schwierigen Zeiten ist es wichtig, dass wir uns daran erinnern, dass alles im Leben ein Ausdruck unserer kollektiven Quelle ist, unabhängig davon, wie wir es im jeweiligen Augenblick interpretieren.

Bedingungslose Akzeptanz statt Widerstand ist der Schlüssel zur Integration.

Wir können das umfassende Bewusstsein unseres innewohnenden »Heilseins« – unserer Ganzheitlichkeit – nicht erreichen, wenn wir irgendwelche Formen dieses Ausdrucks auf dem physischen, mentalen oder emotionalen Gesicht der Quelle auf der Schwingungsebene ausgrenzen. Das ist eine Einsicht unserer Reifung und vollkommenen Menschwerdung.

Es gibt eine Möglichkeit festzustellen, ob wir in die Präsenz eingestimmt sind oder nicht. Wir können aufsteigen, ohne davon auszugehen, dass ein Abstieg »das Ende« wäre, und wir können absteigen, ohne anzunehmen, dass wir nie wieder aufsteigen können. Auf und ab, ab und auf. – Beides ist Teil der gleichen Vergnügungsfahrt durch das Leben. Wenn wir uns weder an das Auf noch an das Ab klammern, nehmen wir mit den Augen der Quelle wahr. Dann können wir die endlose Vergnügungsfahrt wirklich voller Freude genießen.

Der einzige Ort, der für uns je ein Zuhause sein wird, während wir in dieser Erfahrung des Lebens sind, ist der endlose, gegenwärtige Augenblick, in dem wir uns bereits aufhalten. Unser Zuhause ist unser ewiges Bewusstsein im gegenwärtigen Augenblick. Das Streben, in uns selbst zu Hause zu sein – vollkommen präsent zu sein, während wir in dieser Welt sind –, ist eine Suche. Wenn wir keine anderen Zufluchtsorte aufsuchen, werden wir selten enttäuscht werden. Das Bewusstsein im gegenwärtigen Augenblick ist kein Ziel, sondern eine endlose Reise. Daher kultivieren wir endlose Geduld und endloses Mitgefühl in uns, für uns selbst. Wir bemühen uns, uns bedingungslos genau das zu geben, was für diese Reise erforderlich ist.

Je mehr unser Bewusstsein zunimmt, umso deutlicher wird, dass die Tatsache, dass Rosen Dornen haben, nicht unbedingt bedeutet, dass wir bluten müssen, obwohl wir wohl manchmal bluten werden. Die Dornen sollen uns daran erinnern, dass wir uns mit Bewusstsein im gegenwärtigen Augenblick durch diese Welt bewegen, dass wir nicht in Eile sind und dass wir so sanft mit uns umgehen sollen, wie die Oberfläche des Blütenblatts der Rose sanft ist. So nehmen wir wahr, wie die Dornen des Lebens unseren Weg schmücken, um uns zu mehr Bewusstsein zu verhelfen.

Diese königliche Blume birgt noch eine weitere Lehre für uns. Dass die Rose Dornen hat, bedeutet nicht, dass sie korrigiert, repariert oder verbessert werden muss. Die Dornen sagen uns, dass die Schönheit dieser Schöpfung mit der Liebe, Sorgfalt, Aufmerksamkeit und dem Respekt behandelt werden will, die dem Bewusstsein im gegenwärtigen Augenblick innewohnen. The Presence Process ist eine ständige Einladung an jeden von uns, uns so zu verhalten, dass dies für jeden Menschen möglich ist.

Das Vermögen der Präsenz

Denken wir daran, was für ein Segen wir für jeden Menschen sind, der in unser Leben tritt, wenn wir uns absichtsvoll für das Bewusstsein im gegenwärtigen Augenblick entscheiden.

Wir müssen nicht wissen, wie sich unser Bewusstsein im gegenwärtigen Augenblick auf andere auswirkt, um bei ihnen Spuren zu hinterlassen. Das Bewusstsein im gegenwärtigen Augenblick strahlt mühelos und automatisch aus. Es begibt sich still unter die Oberfläche der Dinge und bringt den Lichtstrahl der Erinnerung in das Dunkel des Vergessens. Schon ein kleiner Augenblick des lichten Bewusstseins im gegenwärtigen Augenblick reicht aus, um das Leben anderer in einer Art und Weise zu berühren, die den Segen des Lebens selbst untermauert.

Wissentlich eingesetztes Bewusstsein im gegenwärtigen Augenblick pflanzt die Samen des Mitgefühls, das Qualen und Pein in jedem Menschen, der uns begegnet, schmelzen lässt. Wenn wir uns auf diese Weise durch unsere Erfahrung der Welt bewegen, wird in unserem Gefolge Harmonie wiederhergestellt, weil das Bewusstsein im gegenwärtigen Augenblick direkt von unserer Quelle aus strahlt. Es kennt keine unterschiedlichen Schwierigkeitsgrade und bewegt sich über Bedingungen und Begrenzungen hinweg. Es bewirkt, was erforderlich ist.

Bewusstsein im gegenwärtigen Augenblick schickt das Versprechen der Freude voraus. Es erweckt in anderen die Erinnerung des Ewigen in ihnen selbst, ein Ausdruck, der authentischer ist als alles, was die Welt zu bieten hat. Unser Bewusstsein im gegenwärtigen Augenblick erweckt andere zu dem, was uns allen gemeinsam ist, und lädt sie damit ein, das Einheitlichsein, das Einssein, zu erfahren. Wenn wir uns bewusst entscheiden, bei anderen präsent zu sein, zeigen wir ihnen einen Weg, der es ihnen ermöglicht, sich an das Authentische zu erinnern. Dann erinnern sie sich auch an ihre Quelle. Wenn wir uns an unsere Quelle erinnern, bringen wir wiedererwecktes Bewusstsein in unsere Erfahrung aller Dinge.

Wir brauchen keine besonderen Qualifikationen, um die Harmonie in der Qualität unserer Erfahrung wiederherzustellen. Wir müssen keine bestimmten Studiengänge oder Kurse durchlaufen und keine komplizierten Techniken ausüben, um ein Bewusstsein von Frieden in alle Dinge und Menschen unseres Lebens zu bringen. Wir müssen auch keinen besonderen Kurs belegen, um das umfassende Potenzial bedingungsloser Liebe freizusetzen. Wir müssen nicht ein einziges Wort sagen, um das

Gültige zu offenbaren. Wir müssen keine Kleidung in bestimmten Farben tragen, keine besonderen Nahrungsmittel essen und keine magische Haltung annehmen, um Vorbilder des Schwingungsbewusstseins zu werden. Wir brauchen keine Rituale oder Gesänge, um das Vermögen unserer Quelle offenzulegen.

Wir müssen nichts *tun*, um präsent zu *sein*. Wir müssen uns nur entscheiden, präsent zu sein.

Unser tief empfundenes Bewusstsein im gegenwärtigen Augenblick trägt die volle Macht, den umfassenden Ruhm und das unbeschreibliche Potenzial des einheitlichen Feldes in sich. Das Bewusstsein im gegenwärtigen Augenblick integriert alle Schranken, die von Angst, Wut und Trauer errichtet wurden. Es integriert die Wunden, die durch unbewusstes Verhalten aufgrund unserer nicht integrierten, stark aufgeladenen Emotionen geschlagen wurden. Es löst Missverständnisse sofort auf. Unser beruhigendes Bewusstsein im gegenwärtigen Augenblick ist der Balsam, der alle Erfahrungen mildert, die vom Wahrnehmungsvirus der »Zeit« befallen sind. Das Bewusstsein im gegenwärtigen Augenblick vergibt jedem und allen alles. Es tröstet die Einsamen und lässt die Müden rasten. Es ist das Zuhause für die Verlorenen dieser Welt.

Unsere Entscheidung, ganz hier zu sein und in unserer Erfahrung präsent, stärkt andere Menschen darin, ganz hier zu sein und in ihrer Erfahrung präsent. Dann können sie wiederum ihr Bewusstsein im gegenwärtigen Augenblick mit anderen teilen. Das Bewusstsein im gegenwärtigen Augenblick löst so eine Kettenreaktion aus, die immer heller strahlt. Das Bewusstsein im gegenwärtigen Augenblick ist eine ewige Flamme des Bewusstseins, die unbegrenzt strahlt, wenn sie einmal entzündet ist. Nichts in der Schöpfung kann sie zum Erlöschen bringen, wenn wir uns entscheiden, sie wieder zum Leben zu erwecken und mit anderen zu teilen.

Wenn es bedingungslos geteilt wird, ermöglicht das Bewusstsein im gegenwärtigen Augenblick unserer kollektiven Quelle, physisch, mental und emotional in unserer Erfahrung dieser Welt präsent zu sein. Es ermöglicht uns, trotz aller Bedingungen der bedingungslosen Liebe Ausdruck zu verleihen. Wenn wir das Bewusstsein im gegenwärtigen Augenblick teilen, *wissen* wir, dass unsere kollektive Quelle Liebe ist. Dann – und nur dann – werden wir unserer Verantwortung für das Geschenk gerecht, das wir »Leben« nennen.

Ein Geschenk zum Abschied

Bewusste Annäherung an das Schwingungsbewusstsein

Wenn wir unsere erfahrungsbasierte Reise durch The Presence Process abgeschlossen haben, mögen wir uns fragen: »Was nun?«

Um diese Frage zu beantworten, möchte ich Ihnen eine tägliche Übung von mir vorstellen, die ich die »bewusste Annäherung an das Schwingungsbewusstsein« nenne. Ich empfehle Ihnen, mit dieser Übung jeden Tag zu beginnen, wenn Sie die Folgen dieser Übung erforschen wollen. Es ist eine einfache, praktische Möglichkeit, uns an dem ursächlichen Punkt allen Lebens auszurichten: dem Schwingungsstrom, der durch uns und alle Manifestationen fließt, die wir »Schöpfung« nennen.

Das hier vorgestellte Werkzeug hat keinen religiösen oder spirituellen Hintergrund. Es entstammt einem Ansatz der Wahrnehmung, der die Art und Weise ehrt, wie unsere menschliche Erfahrung aus ihrer einheitlichen Quelle nach außen fließt. Durch die tägliche Anwendung der Übung schulen wir unsere Fähigkeiten, dem natürlichen Fluss unseres Bewusstseins zurück zur Quelle zu folgen.

Wenn wir diese Übung täglich praktizieren, hilft uns das, bei allen unseren inneren und äußeren Aktivitäten in der Ursache zu bleiben.

Wenn die Übung konsequent angewendet wird, werden die Folgen der Nutzung dieses Werkzeugs der Wahrnehmung offensichtlich und lassen sich als erkennbare Verschiebungen in der Wahrnehmung in unserem täglichen Leben erfahren.

TEIL I:

1. Setzen Sie sich bequem hin, mit gekreuzten Beinen oder auf einen Stuhl und mit geradem, aber entspanntem Rücken. Stellen Sie sicher, dass Ihnen nicht kalt wird.

2. Halten Sie Ihre Augen während der gesamten Übung geschlossen.

3. Praktizieren Sie 15 Minuten lang die bewusst verbundene Atmung. (Gemäß The Presence Process. Dies bedeutet, dass Sie ohne lange Pausen zwischen den Atemzügen ein- und ausatmen.)

4. Atmen Sie so intensiv, dass Sie Ihre eigene Atmung deutlich hören können.

5. Atmen Sie möglichst nur durch die Nase. Wenn Sie nicht durch die Nase atmen können, atmen Sie nur durch den Mund ein und aus.

6. Im Rhythmus mit der verbundenen Atmung wiederholen Sie mental den Satz: »Ich bin jetzt vollkommen hier.« Ich (mit dem Einatmen) bin (mit dem Ausatmen) jetzt (mit dem Einatmen) voll- (mit dem Ausatmen) kommen (mit dem Einatmen) hier (mit dem Ausatmen).

TEIL II:

1. Nach etwa 15 Minuten atmen Sie so tief wie möglich durch den Mund ein, füllen Ihre Lungen maximal mit Luft und halten dann die Luft an, während Sie bis 20 zählen. (Wenn Ihnen 20 zu viel ist, wählen Sie eine kleinere Zahl.)

2. Atmen Sie durch den Mund aus.

3. Wiederholen Sie diesen Zyklus dreimal: Einatmen, Luft anhalten und bis 20 zählen, ausatmen.

TEIL III:

1. Jetzt richten Sie Ihre Aufmerksamkeit nicht mehr auf die Atmung. Ihre Aufmerksamkeit ruht auf dem Punkt, in dem Ihr Bewusstsein ist, wenn Sie »mit geschlossenen Augen präsent sind«. Dieser innere Punkt liegt etwas oberhalb und zwischen den Augen. Dieser Punkt ist das dritte Auge.

2. Während Ihre Aufmerksamkeit auf dem dritten Auge ruht, wiederholen Sie mental 5 oder 10 Minuten lang: »Ich bin jetzt vollkommen hier.«

3. Wenn Ihnen bewusst wird, dass Ihre Aufmerksamkeit von den Wörtern abgewandert ist, die Sie wiederholen, und sich anderen, unbewusst erschaffenen Gedanken zugewendet hat, bringen Sie Ihre Aufmerksamkeit behutsam zu den Wörtern zurück und setzen die Wiederholung fort.

4. Werden Sie sich der zwei Orte bewusst, auf die Ihr Bewusstsein während dieser Übung gerichtet sein kann: in der absichtsvollen Wiederholung im dritten Auge präsent – und unbewusst vom dritten Auge abwandernd und in den Traumzustand versinkend, der »Nachdenken« (über Vergangenheit und Zukunft) genannt wird.

5. Machen Sie sich keine Sorgen wegen dieser unbewussten Wanderschaft. Beobachten Sie sie einfach. Seien Sie bedingungslos dabei.

TEIL IV:

1. Stellen Sie die mentalen Wiederholungen ein.

2. Nutzen Sie Ihre gefühlte Wahrnehmung und werden Sie sich aller Empfindungen bewusst, die in Ihrem Körper und um ihn herum entstehen. Egal wie Sie sie wahrnehmen, diese gefühlte Erfahrung ist eine Begegnung mit dem Schwingungsfeld.

3. Bleiben Sie einige Augenblicke lang bei dieser gefühlten Erfahrung des Schwingungsfeldes.

TEIL V:

1. Stellen Sie das bewusste Fühlen des gesamten Schwingungsfeldes ein und konzentrieren Sie sich nur auf das *Hören*.

2. Zunächst hören Sie einige Augenblicke lang darauf, welche Geräusche in der Welt zu hören sind. Hören Sie bedingungslos. Hören Sie auf diese Geräusche, als ob Sie sie akustisch »empfangen«, als ob Sie nun ein

Empfänger dieser Audio-Schwingungen sind. Erlauben Sie sich, all diese äußeren Geräusche, egal was es für Geräusche sind, so wahrzunehmen, als ob sie von dem einen einheitlichen, kausalen Punkt aller Dinge ausgesendet würden. So, als ob all diese kumulierten, äußeren Geräusche die »Gespräche Gottes« ergeben würden.

3. Ziehen Sie Ihr Bewusstsein behutsam von diesen äußeren Geräuschen ab und lassen Sie es wieder auf dem Punkt der inneren Präsenz ruhen, dem dritten Auge. Dieses Mal hören Sie während des Ruhens auf dem dritten Auge auf Geräusche, die aus dem *Inneren* kommen. Alles, was Sie hören, ist stichhaltig und gültig. Wenn Sie nichts hören, lauschen Sie diesem Nichts.

4. Während Sie diesen Geräuschen, oder dem Nichts, lauschen, halten Sie Ihre Aufmerksamkeit auf das dritte Auge gerichtet.

5. Wenn Ihnen bewusst wird, dass Ihre Aufmerksamkeit vom Zuhören auf dem dritten Auge abgewandert ist und sich unbewusst erschaffenen Gedanken oder Geräuschen zugewendet hat, bringen Sie Ihre Aufmerksamkeit behutsam zurück und setzen das Zuhören fort.

6. Werden Sie sich der zwei Orte bewusst, auf die Ihre Aufmerksamkeit während dieser Übung gerichtet sein kann: im absichtsvollen Zuhören im dritten Auge präsent – und unbewusst vom dritten Auge abwandernd und in den Traumzustand versinkend, der »Nachdenken« (über Vergangenheit und Zukunft) genannt wird.

7. Machen Sie sich keine Sorgen wegen dieser unbewussten Wanderschaft. Beobachten Sie sie einfach. Seien Sie bedingungslos dabei.

8. Horchen Sie etwa 5 Minuten lang nach innen. Wenn Sie wollen, können Sie diese Zeit verlängern.

9. Dieser Zustand des »Zuhörens«, des »Empfängerseins«, ist eine Kontemplation auf der Schwingungsebene. Das Herz fühlt die Resonanz der Schwingung zunächst als *Hören*.

Wenn wir den inneren Geräuschen – oder dem Nichts – lauschen, stehen wir an *der Tür unseres inneren Portals zum Schwingungsbewusstsein.* Was immer jenseits dieses Punktes geschieht, ist nur für uns bestimmt.

Die Wirkung dieser Übung liegt nicht darin, *was wir im Inneren hören*, sondern in unserer Fähigkeit, weiterhin hinzuhören. Dieses Zuhören, dieser Zustand, bewusst ein Empfänger zu sein, versetzt uns in die Lage, uns zu öffnen und direkt von unserer einheitlichen Quelle all das zu empfangen, was wir für unsere täglichen Begegnungen brauchen. Je besser unsere Fähigkeit zum Zuhören entwickelt ist, umso größer ist unsere Fähigkeit, zu empfangen.

Bei dieser Übung geht es nicht um Perfektion, sondern um unsere vollständige Teilnahme an der menschlichen Erfahrung von einer »kausalen Sichtweise« aus. *Strengen Sie sich nicht an.* Entspannen Sie sich dabei und genießen die unausweichlichen Folgen. Mühelosigkeit entspringt der Mühelosigkeit. Mögen Sie mit dieser Übung mit allem, was Sie lieben, und allem, was für Sie erforderlich ist, auf immer gesegnet sein.